HARALD FUCHS

Zur Interdependenz des Europäischen Währungssystems und der privaten Verwendung von ECU

Untersuchungen über das Spar-, Giro- und Kreditwesen

Abteilung A: Wirtschaftswissenschaft

Herausgegeben von

G. Ashauer, W. Ehrlicher, H.-J. Krümmel, F. Voigt

Band 137

Zur Interdependenz des Europäischen Währungssystems und der privaten Verwendung von ECU

Von

Dr. Harald Fuchs

Duncker & Humblot · Berlin

CIP-Titelaufnahme der Deutschen Bibliothek

Fuchs, Harald:
Zur Interdependenz des Europäischen Währungssystems und der privaten Verwendung von ECU / von Harald Fuchs. — Berlin: Duncker u. Humblot, 1989
(Untersuchungen über das Spar-, Giro- und Kreditwesen: Abt. A, Wirtschaftswissenschaft; Bd. 137)
Zugl.: Freiburg (Breisgau), Univ., Diss., 1988
ISBN 3-428-06630-8
NE: Untersuchungen über das Spar-, Giro- und Kreditwesen / A

Druck: Werner Hildebrand, Berlin 65
Printed in Germany

ISSN 0720-7336
ISBN 3-428-06630-8

Meinen Eltern

Inhaltsverzeichnis

Tabellenverzeichnis

Abbildungsverzeichnis

ERSTES KAPITEL

Einführung

Mit der Errichtung des Europäischen Währungssystems EWS im Jahre 1979 wurde gleichzeitig die Europäische Währungseinheit ECU als zentraler Bestandteil des neuen Systems ins Leben gerufen. Definiert als Korb aus festgelegten absoluten Beträgen der Mitgliedswährungen der Europäischen Gemeinschaft hat die ECU überwiegend Aufgaben im Rahmen der währungspolitischen Zusammenarbeit zwischen den Notenbanken der EG zu erfüllen. Darüber hinaus fungiert sie aber auch als offizielle Recheneinheit der EG-Institutionen sowie in begrenzter Weise als Zahlungsmittel zwischen den Organen der Gemeinschaft und den nationalen Regierungen.

Als Währungskorb mit einer bestimmten Mischung aus Hart- und Weichwährungen zeichnet sich die ECU durch eine spezifische Kombination von Wechselkursrisiko und Verzinsung aus. Dieses besondere Charakteristikum der Korb-ECU wurde von den internationalen Finanzmärkten bereits frühzeitig erkannt, die die ECU für ihre Zwecke adaptierten und einen von der offiziellen ECU-Verwendung losgelösten privatwirtschaftlich organisierten ECU-Kreislauf entwickelten. Gefördert von der EG-Kommission findet die ECU seit den frühen 80er Jahren - verstärkt allerdings erst seit 1984 - zunehmende Verwendung an den internationalen Geld- und Kapitalmärkten für Zwecke der Anleiheemission, der Darlehensgewährung, der Depositenhaltung sowie auch der Außenhandelsfakturierung. Diese sogenannte "private" ECU - im Gegensatz zu der eingangs skizzierten "offiziellen" - steht im Mittelpunkt der Betrachtungen dieser Schrift.

Das dynamische Vordringen der Europäischen Währungseinheit ECU an den internationalen Geld- und Kapitalmärkten hat in den letzten Jahren eine breit angelegte Diskussion in der Öffentlichkeit ausgelöst, die weit über den Kreis der beteiligten Währungstheoretiker und -politiker hinausreicht. Offensichtlich beeindruckt von den spektakulären Erfolgen der privaten ECU wird in einer Vielzahl einschlägiger Beiträge und Stellungnahmen auf die bisherige Entwicklung und die zukünftigen Perspektiven der ECU an den internationalen Geld- und Kapitalmärkten eingegangen, werden Rechtsfragen der ECU-Verwendung, die integrationspolitische Rolle der ECU und vereinzelt ihre währungspolitische Bedeutung angesprochen. Überwiegend handelt es sich bei diesen Beiträgen jedoch um eine Untersuchung von Einzelaspekten, die eine übergeordnete Einordnung der privaten ECU sowie eine Gesamtsicht von EWS und ECU vermissen lassen. Insbesondere mangelt es an einer geschlossenen Darstellung, die einerseits die Entwicklung der ECU im privaten Bereich aus der Logik und faktischen Entwicklung des EWS heraus zu erklären versucht, die aber andererseits die weitere Entwicklung der privaten ECU auch in ihren Rückwirkungen auf das EWS hin betrachtet.

Diese Interdependenz zwischen EWS und privater ECU, die sich aus einem EWS-ECU- sowie aus einem ECU-EWS-Zusammenhang ergibt, soll im Rahmen der vorliegenden Untersuchung, die sich auf die Übergangsphase zum angestrebten Endzustand einer Wirtschafts- und Währungsunion in der Gemeinschaft bezieht, betrachtet werden. Dazu soll im folgenden zweiten Kapitel die Wirtschafts- und Währungsunion als Integrationsziel zunächst im Rahmen eines tatsächlich vorgenommenen ersten Anlaufs (*Werner*-Plan) und zweier theoretischer (Alternativ-) Konzeptionen konkretisiert werden. Diese beiden theoretischen Konzepte (Parallelwährungsansatz und Konzept abgestufter Integration) dienen dann im dritten Kapitel der Einordnung bzw. Erfassung der Logik des EWS, das aufbauend auf den Prinzipien des *Werner*-Plans eine Synthese der beiden genannten Konzeptionen darstellt. Hierbei soll ein besonderes Augenmerk auf die Ausgestaltung der mit diesem System institutionalisierten offiziellen Währungseinheit ECU gerichtet werden.

Im anschließenden vierten Kapitel soll dann gezeigt werden, wie diese Währungseinheit unabhängig von ihren offiziellen Funktionen über das Wirken von Marktkräften Eingang in den privaten Bereich internationaler Geld- und Kapitalmärkte gefunden hat und wie sie sich seitdem entwickeln konnte. Entsprechend der Logik des EWS und der mit diesem System (implizit) verfolgten Absichten erfüllt sie die Funktionen eines im europäischen (Integrations-) Raum zunehmend verwendeten Rechen-, Tausch- und Wertaufbewahrungsmittels. Diese vermehrte Verwendung der ECU im Rahmen ökonomischer Transaktionen ist in enger Beziehung zur Entwicklung des EWS-Wechselkurssystems zu sehen. Denn wie die empirische Betrachtung dieses Kapitels zeigen wird, entfaltet sich die ECU im privaten Bereich um so besser, je ruhiger die Entwicklung der Wechselkurse im EWS erfolgt. Diese Beziehung soll als EWS-ECU-Zusammenhang bezeichnet werden.

Im vorletzten (fünften) Kapitel soll dann die währungspolitische Rolle der privaten ECU-Verwendung im weiteren Prozeß monetärer Integration der EG-Staaten herausgearbeitet werden. Unter der Voraussetzung freien Kapitalverkehrs sowie der Abwesenheit von ECU-Verwendungsbeschränkungen wird differenziert nach Geldfunktionen gezeigt, daß die zunehmende Verwendung der ECU für grenzüberschreitende Transaktionen anstelle der nationalen Währungen einen Beitrag zur Stabilisierung der EWS-Wechselkurse und damit des Gesamtsystems EWS leistet. Gleichzeitig entfaltet die private ECU-Verwendung einen Beitrag zur Harmonisierung der einzelstaatlichen Wirtschaftspolitiken und damit indirekt auch wieder zur Stabilisierung des EWS. Diesen Wirkungsstrang wollen wir als ECU-EWS-Zusammenhang bezeichnen. Mit der Ableitung dieses Zusammenhanges sind EWS und private ECU-Entwicklung als interdependent miteinander verbunden gekennzeichnet. Durch die zunehmende Stabilität des EWS-Wechselkursgefüges wird die Verwendung der privaten ECU im europäischen Raum gefördert, und die steigende Verwendung der ECU als Tausch- und Wertaufbewahrungsmittel wirkt ihrerseits stabilisierend zurück auf den Wechselkursmechanismus des EWS. Stabilität des Wechselkurssystems und die Ausweitung der privaten ECU als sich gegenseitig fördernde Entwicklungen können somit in Richtung auf die Verwirklichung einer Wirtschafts- und Währungsunion wirksam werden.

Die Arbeit schließt mit einem Ausblick über die Rolle der privaten ECU in der beabsichtigten Endphase, der Wirtschafts- und Währungsunion.

ZWEITES KAPITEL

Zielpunkt Wirtschafts- und Währungsunion: Erster Anlauf und theoretische Alternativen

A. ZUR REGELUNG DER WIRTSCHAFTS- UND WÄHRUNGSPOLITIK IM EWG-VERTRAG

Der Bestand und die Entwicklung der Gemeinschaft hängen u.a. auch entscheidend von der Regelung der Zusammenarbeit der Mitgliedstaaten auf wirtschafts-und währungspolitischem Gebiet ab. Konkrete Bestimmungen hierzu, die die jeweilige Form der Zusammenarbeit im einzelnen festlegen, sind bei der Gründung der EWG im Jahre 1957 in das Vertragswerk der Gemeinschaft jedoch nicht aufgenommen worden. So findet sich insbesondere auch noch keine Definition des angestrebten Endzustandes, in der die Errichtung einer Wirtschafts- und Währungsunion inhaltlich umrissen wird, auch wenn die langfristig am Ziel der Integration ausgerichtete Orientierung der Partnerstaaten im EWG-Vertrag eindeutig dokumentiert ist. Denn in der Präambel des Vertrages werden die Länder der Gemeinschaft bereits dazu festgelegt, "die Voraussetzungen für einen immer engeren Zusammenschluß der europäischen Völker zu schaffen"[1].

Die im Vertrag zu der Frage, wie dieser Zusammenschluß auf wirtschaftlichem Gebiet erreicht werden soll, enthaltenen Aussagen sind eher als unverbindlich einzustufen und beziehen sich im wesentlichen auf die Koordination der Währungspolitik der Mitgliedstaaten untereinander sowie auf bestimmte Formen währungspolitischen Beistands, die im Falle auftretender Zahlungsbilanzungleichgewichte zwischen den Partnerstaaten zur Anwendung gelangen sollen.[2] Über diese Bestimmungen hinausgehende Regelungen - wie beispielsweise eine Vereinheitlichung der Währungspolitik oder die Etablierung von Gemeinschaftsinstitutionen mit entsprechender Kompetenzaustattung - sind im EWG-Vertrag noch nicht vorgesehen. Befugnisse im Bereich der Wirtschafts- und Währungspolitik bleiben eindeutig dem Zuständigkeitsbereich nationalstaatlicher Kompetenzen überlassen[3].

---

1 Vgl. hierzu die Präambel des EWG-Vertrages aus dem Jahre 1957.

2 Vgl. hierzu beispielsweise *H. Möller* und *W. Cezanne* (1979), S. 31ff. Zu Begriffsbildung und Terminologie im EWGV vgl. *H.R. Krämer* (1969), S. 51ff.

3 So auch die Auffassung von *W. Cezanne* (1983), S. 4.

Im einzelnen sehen die für den Bereich der Wirtschafts- und Währungspolitik relevanten Artikel des EWG-Vertrages folgendes vor:[4]

- "Errichtung eines Gemeinsamen Marktes und die schrittweise Annäherung der Wirtschaftspolitik der Mitgliedstaaten" (Art. 2 EWGV),
- "Jeder Mitgliedstaat betreibt die Wirtschaftspolitik, die erforderlich ist, um unter Wahrung eines hohen Beschäftigungsstandes und eines stabilen Preisniveaus das Gleichgewicht seiner Gesamtzahlungsbilanz zu sichern und das Vertrauen in seine Währung aufrechtzuerhalten" (Art. 104 EWGV),
- "Um die Verwirklichung der Ziele des Artikels 104 zu erleichtern, koordinieren die Mitgliedstaaten ihre Wirtschaftspolitik" (Art. 105 Abs. 1 EWGV),
- Die Wechselkurspolitik wird von jedem Mitgliedstaat "als eine Angelegenheit von gemeinsamem Interesse" behandelt (Art. 107 Abs. 1 EWGV),
- Schutzmaßnahmen, die bei Zahlungsbilanzproblemen ergriffen werden können, "dürfen nur ein Mindestmaß an Störungen im Funktionieren des Gemeinsamen Marktes hervorrufen und nicht über das zur Behebung der plötzlich auftretenden Schwierigkeiten unbedingt erforderliche Ausmaß hinausgehen (Art. 109 Abs. 1 EWGV).

Um die Zielsetzung einer währungspolitischen Integration auf Gemeinschaftsebene grundsätzlich operationalisierbar zu machen, mußten diese im Vertragswerk lediglich rudimentär angelegten Bestimmungen, die ihrem Charakter nach nur als allgemeine Harmonisierungsrichtlinien aufzufassen sind, in den Folgejahren durch Setzung weiterer Rechtsakte inhaltlich präzisiert und aufgefüllt werden. Zu den wichtigsten in der Frühphase der Gemeinschaft hierzu getroffenen Entscheidungen zählen folgende:[5]

- die Ratsentscheidung über die Koordinierung der Konjunkturpolitik der Mitgliedstaaten vom 3. März 1960, mit der gleichzeitig der Ausschuß für Konjunkturpolitik gegründet wurde,
- der Beschluß über die Zusammenarbeit der Zentralbanken der Mitgliedstaaten vom 21. Mai 1964, der die Gründung eines Ausschusses der Präsidenten der Zentralbanken vorsieht,

---

4 Zur Analyse der wirtschaftspolitischen Bestimmungen des EWG-Vertrages vornehmlich aus integrationstheoretischer Sicht vgl. *W. Harbrecht* (1981), S. 39ff.

5 Vgl. hierzu die chronologische Aufarbeitung der einzelnen Beschlüsse und Maßnahmen zur Errichtung einer Wirtschafts- und Währungsunion in der Gemeinschaft bei *R.W. Strohmeier* (1980), S. 4ff.

- Gründung eines Ausschusses für mittelfristige Wirtschaftspolitik vom 22. April 1964,
- Beschluß über die Zusammenarbeit auf dem Gebiet der internationalen Währungsbeziehungen vom 21. Mai 1964 und
- Beschluß über die Zusammenarbeit zwischen den zuständigen Verwaltungsstellen der Mitgliedsstaaten auf dem Gebiet der Haushaltspolitik vom 21. Mai 1964, mit dem gleichzeitig der Ausschuß für Haushaltspolitik gegründet wurde.

Mit diesen aus der ersten Hälfte der 60er Jahre stammenden Einzelbeschlüssen waren für die meisten Teilbereiche der Wirtschafts- und Währungspolitik entsprechende Koordinationsinstanzen ins Leben gerufen worden, die zu einer gegenseitigen Abstimmung der nationalen wirtschaftspolitischen Aktivitäten beitragen sollten. Wie sich jedoch im Verlauf der folgenden Jahre immer deutlicher zeigte, erwiesen sich die verschiedenen Versuche, die nationalen Wirtschafts- und Währungspolitiken der Mitgliedstaaten in den dafür zuständigen Ausschüssen und Gremien miteinander in Übereinstimmung zu bringen als nur wenig erfolgreich[6]. Dieses Problem mangelnder Abstimmungsfähigkeit und -bereitschaft der einzelnen Länder wirkte sich allerdings so lange nicht negativ für den Gemeinsamen Markt aus, wie sich die Mitgliedstaaten den funktionalen Zwängen des Festkurssystems von Bretton Woods unterwarfen und auf die Ausübung einer autonomen, an binnenwirtschaftlichen Größen orientierten Stabilitätspolitik verzichteten[7]. Ein entsprechendes Verhalten der Partnerstaaten kann für die ersten zehn Jahre der Existenz der Gemeinschaft konstatiert werden. Hieraus ergab sich, daß die Mitgliedstaaten der Gemeinschaft - wie *Harbrecht* zutreffend feststellt - "trotz des Fehlens einer gemeinsamen Wirtschafts- und Währungspolitik aufgrund der Einbindung aller (damals) noch sechs EWG-Staaten in das westliche Weltwährungssystem von Bretton Woods wegen dessen starker ökonomischer Integrationswirkungen einen hohen Grad an monetärer Integration besaßen"[8].

Diese ökonomische Integrationswirkung des Bretton Woods Systems dürfte sicherlich auch als ein Grund dafür anzusehen sein, weshalb die Väter des EWG-Vertrages trotz ihres Bewußtseins um die Notwendigkeit einer verstärkten wirtschafts- und währungspolitischen Zusammenarbeit auf Gemeinschaftsebene einer allgemeingültigen Fassung des Vertragstextes den Vorzug gaben gegenüber Bestimmungen, mit denen die Mitgliedstaaten bereits auf ein konkretes Verhalten festgelegt worden wären. Hinzu kommt, daß die Mitgliedstaaten im Falle weiter-

6 So auch die Einschätzung von *W. Harbrecht* (1981), S. 93.
7 Vgl. *W. Cezanne* (1983), S. 5.
8 Vgl. *W. Harbrecht* (1981), S. 92.

gehender Bindungen im Vertragswerk schon in einer frühen Phase auf autonome wirtschafts- und währungspolitische Rechte hätten verzichten müssen. Zum Zeitpunkt des Vertragsabschlusses dürfte sich jedoch kein Mitgliedstaat zu einem solchen Verzicht bereit gefunden haben.[9]

An dieser grundsätzlichen Auffassung hat sich bis heute - nunmehr 30 Jahre nach Gründung der Gemeinschaft - noch nichts wesentliches geändert. So werden sich die Partnerstaaten auch heute noch nicht dazu bereit finden, auf eigene Zuständigkeiten im Bereich von Wirtschafts- und Währungspolitik zu verzichten oder gar einer Übertragung von Verantwortlichkeiten auf vorhandene oder neu zu schaffende Gemeinschaftsinstitutionen zuzustimmen. Gleichzeitig ist jedoch erkennbar, daß im Rahmen bestehender Zuständigkeiten Reformen auf dem Weg zur Wirtschafts- und Währungsunion angestrebt werden und langfristig auch eine Änderung von Zuständigkeiten nicht ausgeschlossen wird. Denn neben einer die Partnerstaaten rechtlich nicht verpflichtenden Absichtserklärung zur Verwirklichung eines europäischen Binnenmarktes bis zum Jahre 1992 sowie den Beschlüssen zu einer gemeinsamen Umweltpolitik und zu Fragen von Forschung und Technologie und zur Sozialpolitik, die als neue Kapitel in den EWG-Vertrag aufgenommen werden sollen, soll ebenso der Problemkreis "Wirtschafts- und Währungspolitik" fortan definitiv im Rahmen des Vertragswerks der Gemeinschaft verankert werden[10].

Frühere Absichtserklärungen der Staats- und Regierungschefs[11], die auf die Errichtung einer Wirtschafts- und Währungsunion in der Gemeinschaft zielen und nur in rechtlich unverbindlicher Form vorliegen, werden nun in der Präambel des Vertrages festgeschrieben, das Endziel Wirtschafts- und Währungsunion damit formell bekräftigt[12]. In diesem Zusammenhang wird die Zusammenarbeit der Mitgliedstaaten unter Berücksichtigung der Erfahrungen, die mit dem Europäischen Währungssystem und der EG-Währungseinheit ECU gesammelt wurden, in einem neuen Vertragsartikel kodifiziert. Konkret sieht die neu unter der Überschrift: "Zusammenarbeit in der Wirtschafts- und Währungspolitik (Wirtschafts- und Währungsunion)" in den EWG-Vertrag aufgenommene Bestimmung des Artikels 102 a folgendes vor:

---

9 So auch *E. Bechler* (1981), S. 479.

10 Zur Reform der Gemeinschaft vgl. z.B. *R. Hrbek* (1986), S. 172ff; ebenso den Kommentar von *E. Wisdorff* im Handelsblatt vom 5.12.1985.

11 Vgl. hierzu beispielsweise den Wortlaut des sogenannten Haager Kommuniqués der Staats- und Regierungschefs der Gemeinschaft aus dem Jahre 1969, abgedruckt bei *B. Ehrhardt* (1979), S. 35f.

12 Vgl. Einheitliche Europäische Akte, in: Kommission der Europäischen Gemeinschaften (Hrsg.), Bulletin der EG, Beilage 2/1986, S. 5.

"1. Um die für die Weiterentwicklung der Gemeinschaft erforderliche Konvergenz der Wirtschafts- und Währungspolitiken zu sichern, arbeiten die Mitgliedstaaten gemäß den Zielen des Artikels 104 zusammen. Sie berücksichtigen dabei die Erfahrungen, die bei der Zusammenarbeit im Rahmen des Europäischen Währungssystems (EWS) und bei der Entwicklung der ECU gesammelt worden sind, und respektieren die bestehenden Zuständigkeiten.

2. Sofern die weitere Entwicklung im Bereich der Wirtschafts- und Währungspolitik institutionelle Veränderungen erforderlich macht, findet Artikel 236 Anwendung. Bei institutionellen Veränderungen im Bereich der Währungspolitik werden auch der Währungsausschuß und der Ausschuß der Präsidenten der Zentralbanken gehört."[13]

Insgesamt dürfte die Einfügung dieser ergänzenden Bestimmungen in das Vertragswerk der Gemeinschaft einen qualitativ bedeutsamen Schritt in Richtung auf das Endziel der Verwirklichung einer Wirtschafts- und Währungsunion in den Ländern der EG darstellen, auch wenn die bestehenden Zuständigkeiten unberührt bleiben. Institutionelle Veränderungen, wie sie beispielsweise bei der Gründung eines Europäischen Währungsfonds notwendig würden, werden auch in Zukunft erst von den nationalen Regierungen ratifiziert werden müssen und unterliegen auch weiterhin der Einstimmigkeitsregel. Dennoch dürfte aber die währungspolitische Integrationsaufgabe durch Einfügung dieses Passus einen neuen Impetus erhalten.

Aus der Sicht der Deutschen Bundesbank sollte eine verstärkte währungspolitische Zusammenarbeit im Zuge dieses Prozesses jedoch "von parallelen Fortschritten auf dem Weg zu mehr Konvergenz in der Wirtschaftsentwicklung und Wirtschaftspolitik der Mitgliedstaaten begleitet sein."[14] Hierin kommt deutlich der bereits als traditionell zu bezeichnende konzeptionelle Dissens zum Ausdruck, der die Diskussion um die währungspolitische Integration in der Gemeinschaft seit Anbeginn wie ein roter Faden durchzieht. Auf diesen sogenannten "Monetaristen/Ökonomisten-Streit" wird im folgenden Abschnitt noch einzugehen sein.

13 Vgl. *ebenda*, S. 12.

14 Vgl. *Deutsche Bundesbank* (1986 a), Geschäftsbericht für das Jahr 1985, S. 77.

B. VORLÄUFER DES EWS: DER WERNER-PLAN ZUR VERWIRKLICHUNG EINER WIRTSCHAFTS- UND WÄHRUNGSUNION

1. Die Entschließung zur Wirtschafts- und Währungsunion

Wie im vorigen Abschnitt dargestellt wurde, war die Zielsetzung der Verwirklichung einer Wirtschafts- und Währungsunion in der Gemeinschaft im EWG-Vertrag ursprünglich nicht berücksichtigt. Dies konnte zu einem wesentlichen Teil mit den ökonomischen Integrationswirkungen des (damals noch) funktionierenden Bretton-Woods-Systems und der Einbindung der EG-Staaten in dieses System begründet werden[15], dessen interne Logik darin bestand, daß zwischen dem Leitwährungsland USA und den angeschlossenen Nichtleitwährungsländern ein entsprechender Konsens über die anzustrebenden geldpolitischen Aktivitäten wirksam war[16]. Hierdurch gewährleistete das System des Gold-Devisen-Standards[17] den beteiligten Ländern ein hohes Maß an internationaler Währungsstabilität und damit an monetärer Integration.

Dieser Zustand änderte sich erst dann, als die Länder der Gemeinschaft ungefähr ab Mitte der 60er Jahre immer weniger dazu bereit waren, sich dem geldpolitischen Oktroi des Leitwährungslandes USA zu beugen und anfingen, eigene - und zunehmend voneinander abweichende - stabilitätspolitische Zielprioritäten zu entwickeln, was nicht zuletzt durch die in diesen Jahren heftig geführte Phillips-Diskussion beeinflußt war.[18] Mit der Aufgabe einer bis dahin im wesentlichen am Ziel

---

15 Auch wäre es zum damaligen Zeitpunkt sicherlich aus politischer Sicht nicht opportun gewesen, auf europäischer Ebene ein unabhängiges Währungssystem zu lancieren, dem weder der US-Dollar als damaliger Welt-Leitwährung noch das britische Pfund angehörten. Vgl. zu diesem Standpunkt auch *J.v.Ypersele* und *J.-C. Koeune* (1984), S. 35.

16 Dieses für die Funktionsfähigkeit des Systems von Bretton Woods konstitutive Prinzip wird auch von *Ehrlicher* herausgestellt, wenn er beispielsweise bemerkt: "Das Währungssystem von Bretton Woods setzte die Einhaltung bestimmter Spielregeln hinsichtlich der inneren Geldversorgung in den einzelnen Ländern und vor allem in den Reservewährungsländern voraus: Die Geldversorgung mußte so gesteuert werden, daß das Preisniveau bei ausgeglichener Zahlungsbilanz stabil blieb." Vgl. hierzu *W. Ehrlicher* (1980), S. 114.

17 Zur Funktionsweise eines Systems des Gold-Devisen-Standards vgl. z.B. *H. Adebahr* (1978), S. 404ff.

18 Eine sehr illustrative Darstellung des Modells einer Währungsunion bei voneinander abweichenden stabilitätspolitischen Zielvorstellungen der beteiligten Länder findet sich bei *P. De Grauwe*. Ausgehend von der Annahme eines Zwei-Länder-Modells und festen Wechselkursen wird auf geometrische Weise der Nachweis geführt, daß es in einer solchen Situation für die beteilig-

des Zahlungsbilanzausgleichs bei festen Wechselkursen orientierten Geldpolitik wurde gleichsam die Erosion der bestehenden Weltwährungsordnung eingeläutet.

In Anbetracht dieser für die monetäre Integration der Gemeinschaft insgesamt negativen Entwicklungen des währungspolitischen Umfelds und gleichfalls mit der Erkenntnis der Gefahren einer größeren Wechselkursflexibilität für den Gemeinsamen Markt sahen sich die Partnerstaaten gezwungen, den bisher erreichten Integrationsstand - im Jahre 1968 war gerade die Zollunion verwirklicht worden - durch entsprechende Maßnahmen auf wirtschafts- und währungspolitischem Gebiet abzusichern, denn mit der zunehmenden Auflösung der internationalen Währungsordnung wurde erst jenes Vakuum geschaffen, das eigene europäische Integrationsanstrengungen auf monetärem Gebiet notwendig machte[19].

Vor diesem Hintergrund und verstärkt durch die Valutakrise des Jahres 1968/69 und den damit verbundenen Einschränkungen des Kapitalverkehrs in der Gemeinschaft[20] müssen die Beschlüsse der Staats- und Regierungschefs der Mitgliedstaaten auf der Gipfelkonferenz in Den Haag im Dezember 1969 gesehen werden, auf der zum ersten Mal die Verwirklichung einer Wirtschafts- und Währungsunion als offizielle Zielrichtung proklamiert wurde. In ihrem Abschlußkommuniqué beauftragten die Staats- und Regierungschefs den Rat, einen Stufenplan für die Errichtung einer Wirtschafts- und Währungsunion ausarbeiten zu lassen; gleichzeitig wurde der Rat beauftragt, die Möglichkeiten der Errichtung eines Eu-

---

ten Staaten nicht möglich ist, die jeweils präferierte Kombination von Inflationsrate und Arbeitslosenquote entlang der Phillips-Kurve zu realisieren, ohne dadurch den Bestand der konstitutierten Währungsunion zu gefährden. Vgl. hierzu *P. De Grauwe* (1975), S. 634ff.

19 So stellt beispielsweise die Sachverständigengruppe "Wirtschafts- und Währungsunion", Kommission der Europäischen Gemeinschaften, Brüssel 1973, in ihrem viel beachteten Beitrag zur europäischen Integration zur Problematik flexibler Wechselkurse für den Bestand des Gemeinsamen Marktes folgendes lapidar fest: "Frei floatende Wechselkurse sind mit dem zur Währungs- und Wirtschaftsintegration führenden Prozeß nicht zu vereinbaren." Vgl. *ebenda*, S. 18. Zu einer ähnlichen Einschätzung in dieser Frage gelangen auch *H.v.d. Groeben* und *E.J. Mestmäcker* (1972, S. 112): "Mögen flexible Wechselkurse als Gleichgewichtsmechanismus berechtigt sein, eine fortbestehende nationale Wirtschaftspolitik in ihren globalen Wirkungen auf den internationalen Handel zu neutralisieren, so können sie gleichwohl keinen Fortschritt innerhalb des Gemeinsamen Marktes bringen. Die Integration zielt in ihrem politischen Gehalt auf Angleichung bestehender Unterschiede, während flexible Wechselkurse die als fortbestehend vorausgesetzten strukturellen Unterschiede nur in ihren Kostenwirkungen ausgleichen." Ausführlich zu den Problemen flexibler Wechselkurse für den Gemeinsamen Markt auch *W. Cezanne* und *H. Möller* (1979), S. 89ff.

20 Zu den Ereignissen der Valutakrise vgl. z.B. *R.W. Strohmeier* (1980), S. 7.

ropäischen Reservefonds prüfen zu lassen, der am Endpunkt einer gleichgerichteten gemeinsamen Wirtschafts- und Währungspolitik stehen sollte.[21]

Hinsichtlich der Zusammenarbeit auf wirtschafts- und währungspolitischem Gebiet stellen die Staats- und Regierungschefs fest, daß sich "die Entwicklung der Zusammenarbeit in Währungsfragen ... auf die Harmonisierung der Wirtschaftspolitik stützen"[22] solle. Diese an sich recht auslegungsfähige Formel bildete in der Folge den Kristallisationspunkt der Auseinandersetzungen zwischen den sogenannten Ökonomisten und Monetaristen[23], die einen bereits aus den frühen 50er Jahren bekannten grundsätzlichen Prinzipienstreit wiederbelebten. Bekannt sind aus dieser Zeit die Äußerungen *von Mangoldts*, denenzufolge "eine gemeinsame Währung und ein einheitliches Zentralbanksystem mehr oder minder nur als Schlußstein und Krönung einer bereits vollzogenen wirtschaftlichen und politischen Integration in Aussicht genommen werden kann"[24] sowie das integrationstheoretische Pendant hierzu von *Jacques Rueff*: "L'Europe se fera par la monnaie, ou ne se fera pas"[25]; zwei Äußerungen, die die gegensätzlichen Positionen beschreiben.

Bei diesem Konflikt der beiden Denkschulen geht es im wesentlichen um die Frage, ob die zu verfolgende Integrationsstrategie mehr auf eine umfassende ökonomische ex ante Harmonisierung gesamtwirtschaftlicher Größen oder aber eher auf eine währungspolitische Vereinheitlichung - beispielsweise im Sinne einer frühzeitigen Verengung von Wechselkursbandbreiten - gerichtet sein sollte.

Aus der Sicht der Integrationstheorie stehen sich damit seit Jahren die "funktionelle" bzw. die "institutionelle" Integrationsmethode gegenüber[26].

Nach der ökonomistischen Sichtweise, die der funktionellen Integrationsmethode entspricht und die von der Bundesrepublik, den Niederlanden und Italien vertreten wurde, stellt eine ex ante Harmonisierung der nationalen Wirtschaftspolitiken angesichts der gravierenden Unterschiede in der Entwicklung makroökonomischer Variablen in den einzelnen Volkswirtschaften die conditio sine qua non für jegliche währungspolitische Weiterentwicklung und insbesondere für die Verwirklichung einer Wirtschafts- und Währungsunion dar. Durch die damit einhergehende zunehmende Verstärkung konjunktureller Interdependenzen würde die Entstehung

---

21 Der genaue Wortlaut des Abschlußkommuniqués der Staats- und Regierungschefs der EWG-Mitgliedstaaten vom 1. und 2. Dezember 1969 ist beispielsweise abgedruckt bei *B. Ehrhardt* (1979), S. 35f.

22 Vgl. *ebenda*, S. 35.

23 Eine umfassende Diskussion beider Positionen findet sich beispielsweise bei *O. Emminger* (1971), S. 67ff.; ebenso bei *R. Hasse* (1971), insbesondere S. 10-14.

24 Zitiert nach *U. Andersen* (1977), S. 200.

25 Zitiert nach *B. Kohler* und *G. Schlaeger* (1968), S. 32.

26 Zu den Begriffen vgl. beispielsweise *W.D. Klingelhöfer* (1978), S. 21f.

eines einheitlichen Wirtschaftsraumes im Verlauf dieses Prozesses zwangsläufig gefördert[27]. Als Endpunkt und gleichsam Krönung dieses Prozesses wirtschaftspolitischer (und damit wirtschaftlicher) Konvergenz in der Gemeinschaft wird die Einführung einer gemeinsamen Währung gesehen (Krönungstheorie).

Demgegenüber stellt die im wesentlichen von den frankophonen Mitgliedstaaten der Gemeinschaft vertretene monetaristische Auffassung, die der institutionellen Integrationsmethode entspricht, darauf ab, daß eine weitgehend institutionalisierte Währungspolitik (Verengung bzw. Fixierung von Bandbreiten, Schaffung eines gemeinsamen Reservefonds) mehr oder weniger automatisch zu einer ökonomischen Harmonisierung zwingen würde. Die frühzeitige Währungsvereinigung würde dadurch zum Motor der weiteren wirtschaftlichen Integration (Motortheorie).

Im Gefolge dieser integrationsstrategischen Kontroverse wurde eine Reihe von Stufenplänen entwickelt und vorgestellt, die alle das Ziel einer Wirtschafts- und Währungsunion in der Gemeinschaft entweder mehr in Anlehnung an die eine oder die andere Integrationsstrategie zu erreichen versuchten. Aus der Fülle offizieller sowie inoffizieller Vorschläge[28] ist insbesondere der *Werner*-Plan (genannt nach dem Vorsitzenden der vom Rat beauftragten 15-köpfigen Expertengruppe zur Ausarbeitung eines Stufenplans, dem luxemburgischen Ministerpräsidenten *Pierre Werner*) von Bedeutung, da er die konkrete Grundlage der nachfolgenden politischen Entscheidungen anfangs der 70er Jahre darstellt[29]. Seine Strategie und Konzeption sollen im folgenden skizziert werden.

2. Die Strategie des Werner-Plans

Entsprechend dem Haager Auftrag aus dem Jahre 1969 wurde nach einem Zwischenbericht im Mai 1970 im Oktober desselben Jahres die Schlußfassung des sogenannten *Werner*-Berichts vorgelegt. In diesem Plan wird im Einklang mit den Vorstellungen der Kommission ein stufenweises Vorgehen auf dem Weg zur Wirtschafts- und Währungsunion vorgeschlagen. Als Kompromiß zwischen ökonomisti-

---

27 Vgl. *ebenda*, S. 22.

28 Eine chronologische Darstellung und Besprechung der einzelnen Vorschläge bietet *R.W. Strohmeier* (1980), S. 16ff.

29 Bericht an Rat und Kommission über die stufenweise Verwirklichung der Wirtschafts- und Währungsunion in der Gemeinschaft (*Werner*-Bericht), auszugsweise abgedruckt bei *B. Ehrhardt* (1979), S. 49ff.

scher und monetaristischer Position enthält er die Empfehlung eines parallelen Vorgehens[30] von wirtschaftspolitischer Abstimmung einerseits sowie technisch institutioneller Integration andererseits[31].

Der Plan sah vor, daß sich die Errichtung einer Wirtschafts- und Währungsunion in drei Stufen vollziehen sollte. In einer ersten Stufe, die auf einen konkreten Zeitraum von drei Jahren ab dem 1.1.1971 festgelegt war, war neben einer Reihe von Fortschritten in der Koordination der nationalstaatlichen Wirtschaftspolitiken auch eine engere Zusammenarbeit auf monetärem Sektor vorgesehen. In erster Linie bedeutete das eine engere Bindung der Partnerwährungen aneinander als in den Statuten der damals noch bestehenden internationalen Währungsordnung festgelegt war. Die deutlich verringerten Bandbreiten sollten durch abgestimmte Interventionsmaßnahmen der Partnerzentralbanken zunächst in US-Dollar und später auch in Gemeinschaftswährungen eingehalten und verteidigt werden. War die erste Stufe zusätzlich durch eine Reihe konkreter Einzelmaßnahmen definiert (wie z.B. bestimmte Konsultationsmaßnahmen über die Geld- und Kreditpolitik, eine stärkere Koordinierung der kurzfristigen Wirtschaftspolitik, Abstimmung der Haushaltspolitiken o.ä.), so bestand das Ziel der zweiten Stufe, die insgesamt weniger bestimmt war, darin, den erreichten Integrationsstand zu konsolidieren. Hierzu gehörte beispielsweise eine weitere Reduktion der Bandbreiten sowie die Schaffung eines europäischen Fonds für währungspolitische Zusammenarbeit, der als Vorstufe einer für die Endphase der Wirtschafts- und Währungsunion vorgesehenen Europäischen Zentralbank installiert werden sollte.

Insgesamt sollte diese Entwicklung innerhalb eines Zeitraums von zehn Jahren abgeschlossen sein. Als Endzustand wird eine Situation avisiert, die durch drei Merkmale beschrieben wird:[32]

- zum einen soll die Freiheit des Verkehrs von Personen, Gütern, Dienstleistungen und Kapital gewährleistet sein,
- daneben soll eine Währungsunion verwirklicht sein, in der die Währungen der Partnerstaaten vollständig konvertierbar, die Schwankungsbreiten beseitigt und die Paritäten unwiderruflich fixiert sind
- sowie ein gemeinschaftliches Zentralbanksystem existiert.

Eine solchermaßen definierte Wirtschafts- und Währungsunion könnte durchaus unter Beibehaltung nationaler Geldzeichen einhergehen; "psychologische

30 Eine ausführliche Analyse des Parallelitätspostulats im *Werner*-Bericht bietet *W. Stock* (1972, S. 112ff.), der den Begriff der Parallelität in sachlicher, zeitlicher und institutioneller Hinsicht untersucht.

31 Vgl. *N. Kloten* (1979), S. 85.

32 Vgl. hierzu z.B. *W. Cezanne* und *H. Möller* (1979), S. 32.

und politische Gründe sprechen aber für die Einführung einer einheitlichen Währung, welche die Unwiderruflichkeit des Prozesses demonstrieren würde."[33]

Politisch umgesetzt wurde der *Werner*-Bericht in der Ratsentschließung vom 22. März 1971, in der die Vorstellungen des Konzepts grundsätzlich übernommen wurden[34].

3. Die internationalen Währungsunruhen des Jahres 1971 und das Schicksal des Werner-Plans

Zu einer praktischen Umsetzung der im Werner-Bericht und ebenso in der Ratsentscheidung vom März 1971 vorgesehenen Maßnahmen zur Verwirklichung einer Wirtschafts- und Währungsunion in der Gemeinschaft ist es aufgrund der turbulenten Währungsereignisse im Frühsommer des Jahres 1971 zunächst allerdings nicht gekommen. So war es insbesondere aufgrund des rapiden Vertrauensverlustes in die amerikanische Währung[35] und der dadurch notwendig gewordenen Freigabe des Wechselkurses von D-Mark und Gulden nicht möglich gewesen, die gemäß der Ratsentschließung vom 22. März 1971 für den 15. Juni desselben Jahres vorgesehene erste Verringerung der Bandbreiten zwischen den Gemeinschaftswährungen zu vollziehen. Statt dessen gingen in der Folge alle Mitgliedstaaten - mit Ausnahme Frankreichs - zu flexiblen Wechselkursen über.

Diese Störung der internationalen Währungsordnung wurde im sogenannten Smithsonian Agreement vom 18.12.1971[36], in dem im Rahmen eines umfassenden Wechselkursrealignments die weltweite Rückkehr zu einem System fester Wechselkurse geregelt wurde, zu beheben versucht. Kernstück dieses Übereinkommens war, daß die zulässige Schwankungsbreite gegenüber der Leitwährung, dem US-Dollar, auf nunmehr ±2,25 v.H. erhöht wurde. Für Nicht-Dollarwährungen untereinander (also auch zwischen den Gemeinschaftswährungen) ergab sich damit eine

33 Vgl. hierzu den Textauszug des *Werner*-Berichts abgedruckt bei *B. Ehrhardt* (1979), S. 49.

34 Vgl. Entschließung des Rates und der Vertreter der Regierungen der Mitgliedstaaten vom 22. März 1971 über die stufenweise Verwirklichung der Wirtschafts- und Währungsunion in der Gemeinschaft, in: Abl. EG C 28/1.

35 Dies kommt in den enormen Dollarzuflüssen zum Ausdruck, die die Deutsche Bundesbank in den ersten Monaten des Jahres 1971 aufnehmen mußte, als sie zur Stützung der amerikanischen Währung für mehr als 18 Mrd. D-Mark Dollar aus dem Markt nehmen mußte.

36 Vgl. zu den Regelungen des Smithsonian Abkommens z.B. *H.J. Jarchow* und *P. Rühmann* (1984), S. 224.

Gesamtschwankungsbreite von 9 v.H. Für die Länder der Gemeinschaft wurde dieses Intervall als entschieden zu breit und mit der Zielsetzung monetärer Integration als nicht mehr vereinbar empfunden. Aus diesem Grund sah sich der Ministerrat gezwungen, den ursprünglich gefaßten Plan in modifizierter Form wieder aufzugreifen und beschloß daher am 21. März 1972, die Bandbreite zwischen den Gemeinschaftswährungen auf die Hälfte der nach dem Smithsonian Abkommen gültigen Marge zu reduzieren[37].

Mit dem Vollzug der Bandbreitenverringerung zwischen den EG-Währungen am 24. April 1972 wurde der Europäische Wechselkursverbund ins Leben gerufen, dem außer den damals sechs EWG-Staaten auch bereits die Beitrittskandidaten Dänemark, Großbritannien und Irland sowie als assoziiertes Mitglied Norwegen angehörten. Aufgrund der aus dem Währungsbeschluß resultierenden Parallelentwicklung der Gemeinschaftswährungen in bezug auf den Dollar, die sich innerhalb eines bestimmten Bandes zu vollziehen hatte, wurde für den Europäischen Wechselkursverbund in der Folge auch das Bild einer "Schlange im Tunnel" geprägt.

Mit dieser neuen Regelung war für die Partnerstaaten eine mehrseitige Interventionsverpflichtung verbunden. Zum einen waren Interventionsmaßnahmen notwendig, um die im Rahmen des Smithsonian Abkommens festgelegten Bandbreiten einzuhalten, zum anderen waren die Partnerstaaten zu Interventionen in Gemeinschaftswährungen verpflichtet, "wenn deren Kurse auf den Devisenmärkten die ... höchstzulässige Schwankungsgrenze erreichten"[38]. Die Finanzierung fand dabei zunächst im Rahmen bilateraler Kreditgewährung zwischen Gläubiger- und Schuldnerzentralbanken statt[39]. Erst mit der Gründung des Europäischen Fonds für währungspolitische Zusammenarbeit (EFWZ) am 3. April 1973 konnten die aus den Interventionen im Wechselkursverbund und aus den Beistandskrediten resultierenden Schuld- und Forderungssalden auf multilateraler Basis ermittelt werden. Der Aufgabenbereich des EFWZ war somit von Anfang an - obwohl ursprünglich als Nukleus eines europäischen Zentralbanksystems ins Leben gerufen - auf buchhalterische Kontenführung beschränkt. Zwar wurden die Funktionen des EFWZ bei der Gründung des EWS geringfügig erweitert, jedoch hat sich an seiner grundsätzlichen Stellung im Rahmen der Gemeinschaft bis heute nichts wesentliches geändert.

---

37 Vgl. hierzu die Entschließung des Rates und der Vertreter der Regierungen der Mitgliedstaaten vom 21. März 1972 betreffend die Anwendung der Entschließung vom 22. März 1971 über die stufenweise Verwirklichung der Wirtschafts- und Währungsunion in der Gemeinschaft, in: Abl. EG Nr. C 38/3.

38 Zitiert nach *R. Caesar* (1975), S. 93.

39 Vgl. *Ebenda*, S. 94.

Der Europäische Wechselkursverbund wurde aber bereits wenige Monate nach seinem Start - die Vereinbarungen des Smithsonian Abkommens brachten nur kurzzeitige Entspannung - von den weiterhin andauernden internationalen Währungskrisen, die im endgültigen Zusammenbruch des Bretton-Woods-Systems am 19. März 1973 ihren Höhepunkt fanden, erheblich in Mitleidenschaft gezogen. Betrachtet man sich nämlich die Entwicklung der Währungsschlange im Zeitablauf, so fallen der häufige Wechsel der Mitglieder und die vielen, oftmals kurz aufeinander durchgeführten Wechselkursanpassungen auf. In seiner ursprünglichen Zusammensetzung existierte der Europäische Wechselkursverbund insgesamt nur knappe zwei Monate bis zum 23. Juni 1972, als Großbritannien und Irland, nachdem es vorher zu heftigen Spekulationen gegen das britische Pfund gekommen war, die Schlange wieder verließen. Im Februar des nächsten Jahres folgte Italien, nachdem heftige Spekulationen gegen den US-Dollar vorausgegangen waren. Weiterhin anhaltende Dollarspekulationen führten kurz darauf zur völligen Auflösung des Systems von Bretton Woods und dem Beginn des Blockfloatings, dem die Bundesrepublik, Dänemark, zunächst auch Frankreich, die Beneluxstaaten und als assoziierte Mitglieder Norwegen und Schweden angehörten.

Nach dem vorübergehenden Austritt Frankreichs im Jahre 1974, seinem kurzzeitigen Wiedereintritt Mitte 1975 und seinem schließlich endgültigen Austritt im März 1976 war es nun nicht mehr möglich, die im Verbund verbliebenen Länder, die sogenannte "Mini-Schlange", als einen Grundstein für eine europäische Wirtschafts- und Währungsunion zu sehen, wenn gleichzeitig bedeutende europäische Länder ihre Teilnahme am Verbund aufkündigten und ihre Währungen frei schwanken ließen. Dieser Eindruck wird noch durch die Tatsache verstärkt, daß sich die Wechselkursvereinbarung aufgrund der dominierenden Position der D-Mark tendenziell in Richtung eines D-Mark Blocks entwickelte, in dem dieser Währung in steigendem Maße die Funktion einer Leitwährung zukam.[40]

Mit der Vorlage des sogenannten *Marjolin*-Berichts im Jahre 1975 werden dann auch die seit 1969 eingeleiteten Bemühungen zur Errichtung einer Wirtschafts- und Währungsunion in der Gemeinschaft offiziell als gescheitert beurteilt. So stellt der Bericht im Hinblick auf die Entwicklung zu einem gemeinsamen Wirtschaftsraum lapidar fest: "Wenn überhaupt eine Entwicklung festgestellt werden kann, dann eine rückläufige".[41] Ein recht eindrucksvolles Bild von der wechselhaften Entwicklung des Europäischen Wechselkursverbunds gibt die Übersicht auf der folgenden Seite.

40 Vgl. hierzu die entsprechende Diagnose *W. Harbrechts* (1981), S. 106.

41 Vgl. EG-Kommission, Generaldirektion Wirtschaft und Finanzen, Bericht der Studiengruppe "Wirtschafts- und Währungsunion 1980" (*Marjolin*-Bericht), Brüssel, März 1975, S. 1.

Chronik des Europäischen Wechselkursverbundes (Schlange)

1972		
	24.04.72	Baseler Abkommen tritt in Kraft. Teilnehmer der dadurch geborenen sog. Schlange im Tunnel: Belgien, Bundesrepublik Deutschland, Frankreich, Italien, Luxemburg und Niederlande
	01.05.72	Beitritt Großbritanniens, Dänemarks und Irlands
	23.05.72	Assoziierung Norwegens
	23.06.72	Austritt Großbritanniens und Irlands
	27.06.72	Austritt Dänemarks
	10.10.72	Rückkehr Dänemarks
1973		
	13.02.73	Austritt Italiens
	19.03.73	Übergang zum Blockfloating; Interventionen zur Aufrechterhaltung fester Bandbreiten gegenüber dem Dollar entfallen; die Schlange bleibt erhalten; Assoziierung Schwedens; Aufwertung der DM um 3%
	03.04.73	Beschlußfassung zur Errichtung eines Europäischen Fonds für währungspolitische Zusammenarbeit
	29.06.73	Aufwertung der Deutschen Mark um 5,5%
	17.09.73	Aufwertung des holländischen Guldens um 5%
	16.11.73	Aufwertung der norwegischen Krone um 5%
1974		
	19.01.74	Austritt Frankreichs
1975		
	10.07.75	Wiedereintritt Frankreichs
1976		
	15.03.76	Austritt Frankreichs; Benelux-Staaten erweitern die Schwankungsbreite für ihre Währungen von 1,5% auf 2,25 %
	17.10.76	Aufwertung der DM um 2%; Abwertung der norwegischen und schwedischen Krone um 1%, der dänischen Krone um 4%
1977		
	01.04.77	Abwertung der schwedischen Krone um 6% und der dänischen und norwegischen Krone jeweils um 3%
	28.08.77	Auflösung der Assoziierung Schwedens; Abwertung der dänischen und norwegischen Krone um jeweils 5%
1978		
	01.02.78	Abwertung der norwegischen Krone um 8%
	15.10.78	Aufwertung der DM gegenüber dem holländischen Gulden um 2% und gegenüber der norwegischen und dänischen Krone um 4%
	12.12.78	Auflösung der Assoziierung Norwegens

Quelle: *W. Cezanne* und *H. Möller* (1979), S. 45f.; ebenso *R. Walser* (1979), S. 362.

Somit haben sich die monetaristischen Hoffnungen auf den integrationsfördernden Zwang eines Festkurssystems nicht erfüllt. Häufiges Ausscheiden eines Teils der Mitglieder - permanent waren nur die Beneluxstaaten, die Bundesrepublik und Dänemark sowie die Nicht-EG-Länder Norwegen und Schweden am Verbund beteiligt - sowie zahlreiche Wechselkursanpassungen haben deutlich gemacht, daß es mittels eines rein wechselkurs-orientierten Integrationsansatzes nicht möglich ist, eine ausreichende Bereitschaft zu weitergehenden Integrationsschritten zu erzwingen, sofern die an der Wechselkursvereinbarung teilnehmenden Staaten nicht von sich aus bereit sind, sich den Zwängen des Systems zu unterwerfen und die impliziten Verhaltensregeln zu beachten.

C. ALTERNATIVE KONZEPTE ZUR ERRICHTUNG EINER WIRTSCHAFTS- UND WÄHRUNGSUNION

Als sich die Anzeichen für das Scheitern der wechselkurs-orientierten Integrationsbemühungen im Sinne der Vorstellungen der Werner-Kommission allmählich zu mehren begannen und erst recht, nachdem sich der Europäische Wechselkursverbund weitgehend aufgelöst hatte, wurden von wissenschaftlicher und politischer Seite verschiedene Vorschläge an die Öffentlichkeit gebracht, wie der währungspolitische Integrationsprozeß wieder inganggesetzt werden könnte. Ausgehend von den Fehlleistungen des bisherigen Integrationskonzepts versuchten diese Ansätze entsprechend der neuen Ausgangssituation den veränderten äußeren Rahmenbedingungen Rechnung zu tragen sowie den politischen Gesamtzusammenhang in der Gemeinschaft zu berücksichtigen.[43] Gleichzeitig wurde an den langfristig formulierten wirtschafts- und währungspolitischen Integrationszielen festgehalten. Wie das Scheitern der Werner-Konzeption deutlich gemacht hat, konnte sich eine neue Strategie nicht mehr ausschließlich auf einen Parallelismus von währungspolitischer Autonomiebeschränkung einerseits und von freiwilligen wirtschaftspolitischen Harmonisierungsanstrengungen andererseits verlassen. Eine derartige Konzeption ließe sich nur unter der Voraussetzung erfolgreich realisieren, daß sich alle beteiligten Länder dem disziplinierenden Zwang des Festkurssystems unterwerfen und ihre Wirtschafts- und Geldpolitik in erster Linie an der notwendigen Harmonisierungsaufgabe ausrichten würden.

---

43 Vgl. *F. Franzmeyer* (1976), S. 153f.

Die beiden im folgenden dargestellten alternativen Integrationsansätze versuchen diese Schwierigkeiten zu beheben. So stellt das Konzept der abgestuften Integration eine Lösung dar, die einen Währungszusammenschluß einzelner Staaten zu einem bestimmten Zeitpunkt nur von denjenigen Ländern vorsieht, die bereits ein hohes Maß an wirtschaftlichem und wirtschaftspolitischem Gleichklang vorweisen können. Die anderen EG-Staaten sollen sich erst später diesem Integrationskern anschließen, wenn sie ein vergleichbares Harmonisierungsniveau erreicht haben. Demgegenüber schlagen die Vertreter der Einführung einer europäischen Parallelwährung einen marktdeterminierten Integrationsansatz vor, indem eine europäische Parallelwährung neben den weiterhin bestehenden nationalen Währungen in Umlauf gegeben wird, die im Zuge eines Wettbewerbsprozesses die nationalen Währungen sukzessive aus dem Markt verdrängen und schließlich als alleinige Gemeinschaftswährung übrig bleiben soll. Beide Konzepte haben in der damaligen Diskussion um die weitere monetäre Integration der Gemeinschaft große Resonanz gefunden und haben die spätere Konzeption des Europäischen Währungssystems ganz entscheidend beeinflußt.

1. Das Konzept der abgestuften Integration

a) *Zum Integrationsbegriff*

Wie wir in einem der früheren Abschnitte bereits festgehalten haben, haben sich die Länder der Gemeinschaft bereits im EWG-Vertrag auf langfristige Fortschritte in der Integration ihrer Länder festgelegt, indem sie vornehmlich auf wirtschaftlichem Gebiet einen immer engeren Zusammenschluß der europäischen Völker anstreben.[44] Gleichzeitig verpflichten sich die vertragschließenden Staaten auch dazu, ihren gemeinsamen Beitrag zu einer harmonischen Entwicklung des Wirtschaftslebens, zu einer größeren Stabilität sowie zu einer beschleunigten Hebung der Lebenshaltung ihrer Länder zu leisten[45]. Über die Errichtung eines Gemeinsamen Marktes und die Annäherung der Wirtschaftspolitiken der Mitgliedstaaten

44 Diese bewußte Beschränkung des EWG-Vertrages auf primär wirtschaftliche Integration läßt sich im wesentlichen damit erklären, daß frühere Versuche, eine umfassende politische Einigung Westeuropas herbeizuführen, scheiterten. Vgl. hierzu beispielsweise *B. Langeheine* (1984), S. 53f. Die verschiedenen Anläufe (Europäische Verteidigungsgemeinschaft und Europäische Politische Gemeinschaft) beschreibt *W. Harbrecht* (1978), S. 14ff.

45 Vgl. Artikel 2 EWG-Vertrag.

sowie die dadurch bewirkten verstärkten wirtschaftspolitischen Interdependenzen sollte ein dynamischer Prozeß inganggesetzt werden, in dessen Verlauf sich die zunehmende Integration schrittweise vollziehen sollte[46].

Der Begriff "Integration", der heute in der Literatur zur Entwicklung der Gemeinschaft eine herausragende Bedeutung hat, bezeichnet in einer allgemeinen Definition die Angleichung bzw. Verschmelzung von Teilen zu einem übergeordneten Ganzen[47]. Folgt man dieser Definition, dann ist unter Integration ein Prozeß zu verstehen, in dessen Verlauf einzelne Teile in einen höherwertigen Komplex eingehen und verschmolzen werden. Das mit dem Integrationsprozeß verbundene Ziel wird dann als erreicht angesehen, "wenn durch den Zusammenschluß ökonomischer Einheiten ein synergistischer Nutzen entsteht und das neue Ganze effizienter arbeitet als die Summe der alten Einheiten."[48]Bezieht man diese bereits auf ökonomische Zusammenschlüsse reduzierte Anwendung des Integrationsbegriffs auf die Länder der Europäischen Gemeinschaft, so bedeutet dies, daß durch den Zusammenschluß einzelner Volkswirtschaften zu einem großen Wirtschaftsraum eine Art Solidargemeinschaft geschaffen werden kann, die einen Beitrag zu größerer wirtschaftlicher Effizienz und zu größerem Wohlstand in der Gemeinschaft leistet.

Neben dieser prozessualen Sichtweise des Begriffs Integration wird unter Integration aber auch der Zustand nach der erfolgten Verschmelzung der Einzelteile verstanden. Damit dient der Integrationsbegriff nicht mehr nur der Charakterisierung eines bestimmten Ablaufs (dynamische Sichtweise), sondern auch der Umschreibung eines konkret angestrebten oder erreichten Zielzustands (statische Sichtweise).

Auf der Basis dieser differenzierten Abgrenzung von Integration als Prozeß oder Zustand hat die Integrationsforschung unterschiedliche theoretische Erklärungsansätze entwickelt, die in der Literatur unter den Oberbegriffen Ziel- bzw. Prozeßtheorien vertreten werden.[49]

Zieltheorien setzen hierbei am ökonomisch zu realisierenden Ziel an und unterscheiden - je nach erwünschtem Integrationsausmaß - beispielsweise zwischen der Schaffung einer Freihandelszone als niedrigster wirtschaftlicher Integrationsstufe und der Errichtung einer Wirtschafts- und Währungsunion als höchster wirtschaftlicher Integrationsform, die sich durch binnenmarktähnliche Verhältnisse bei gleichzeitiger Vergemeinschaftung der Wirtschaftspolitiken auszeichnet. Die Erreichung der letztgenannten Stufe setzt dabei notwendigerweise die Institutionalisierung supranationaler Instanzen voraus.

46 Vgl. *W.D. Klingelhöfer* (1978), S. 13f.
47 Vgl. *B. Balassa* (1969), S. 1.
48 Vgl. *H. Witte* (1985), S. 18.
49 Vgl. *ebenda*, S. 20.

Theorien, die den Integrationsprozeß in den Mittelpunkt rücken, definieren zwar auch einen konkret angestrebten Zielzustand, knüpfen dabei aber an den verschiedenen Stufen an, dieses Ziel zu erreichen. Hinsichtlich der einzelnen Stufen auf dem Weg zum angestrebten Endziel ist nun eine weitere Unterscheidung möglich. Denn so kann es einmal möglich sein, daß bestimmte vorgegebene Integrationsschritte für alle Mitglieder der Integrationsgemeinschaft bereits zum gleichen Zeitpunkt verbindlich sein sollen - man spricht dann von Vollintegration[50] - oder aber, daß es einzelnen Mitgliedern der Gemeinschaft freisteht, bestimmte Verpflichtungen erst zu einem späteren Zeitpunkt, dann nämlich, wenn es ihnen entsprechend ihrer individuellen Integrationskraft möglich erscheint, einzugehen. Diese zweite Form, die grundsätzlich auch von der Bereitschaft, die langfristig gesteckten gemeinschaftlichen Integrationsziele zu verwirklichen, ausgeht, wird als abgestufte Integration bezeichnet[51].

b) Abgestufte Integration bei Brandt und Tindemans

Der Gedanke an die Möglichkeit abgestufter Integration in der Gemeinschaft als Alternative zur Doktrin des "alle oder keiner", der neuerdings nach erfolgter Süderweiterung der Gemeinschaft durch Spanien und Portugal zunehmend

50 Unter Vollintegration wird jedoch nicht nur die gleichzeitige Anwendung einer sachlich uniformen Regelung i.S. einer Einheitsregelung verstanden. Der Begriff ist insofern umfassender, als auch dann von vollständiger Integration gesprochen werden kann, wenn die beschlossenen Integrationsmaßnahmen zwar zum gleichen Zeitpunkt bereits verbindlich sind, jedoch nicht in inhaltlich identischer Form in den einzelnen Ländern wirksam werden. Diese sachlich differenzierenden Regelungen, die im Rahmen des Gemeinschaftsrechts sehr häufig anzutreffen sind, beruhen auf den tatsächlich vorgefundenen Unterschieden, die in der wirtschaftlichen und sozialen Struktur der Mitgliedstaaten begründet sind. Ein gutes Beispiel für diesen Sachverhalt stellen die im Rahmen der mittelfristigen Wirtschaftspolitik erlassenen Programme dar, die für jeden Mitgliedstaat getrennt die konkreten Leitlinien für die zu verfolgende mittelfristige Wirtschaftspolitik vorgeben. Diese Leitlinien sind differenziert den nationalen Gegebenheiten des jeweiligen Landes angepaßt. Die Mitgliedstaaten akzeptieren die gesetzten Daten und verpflichten sich, entsprechend den formulierten Leitlinien zu handeln. Zu den möglichen Differenzierungen im Gemeinschaftsrecht vgl. ausführlich *E. Grabitz* und *C. Iliopoulos* (1984), S. 33ff.

51 Abgestufte Integration stellt insofern eine mögliche Form unvollständiger Integration dar. Dem betreffenden Mitgliedstaat ist es freigestellt, unbefristet, aber nicht dauerhaft, die Anwendung einer bestimmten einheitlichen Regelung auszusetzen, Zu den weiteren Formen unvollständiger Integration vgl. *E. Grabitz* und *C. Iliopoulos* (1984), S. 40ff.

an Bedeutung gewinnt[52], wurde zum ersten Mal von *Brandt* im Jahre 1974 der Öffentlichkeit präsentiert. *Brandts* Aufruf richtete sich damals vornehmlich an die wirtschaftlich stärkeren Länder, die, um die Stagnation des europäischen Einigungsprozesses zu überwinden, die wirtschaftliche Integration in der Gemeinschaft vorantreiben sollten:[53]

> "Die Gemeinschaft braucht eine Politik der Abstufung der Integration. Angesichts der starken Unterschiede in der wirtschaftlichen Situation der verschiedenen Mitgliedsländer der Gemeinschaft würde eine mechanistische Gleichbehandlung aller Mitglieder bei ihren Rechten und Lasten den Zusammenhalt der Neun jetzt ernsthaft gefährden. Die Gemeinschaft sollte sich deshalb die Einsicht zu eigen machen, daß sie nicht geschwächt, sondern gestärkt wird, wenn die ihrer Wirtschaftslage nach objektiv stärkeren Länder die wirtschaftliche Integration voranbringen, während andere Länder aufgrund ihrer objektiv abweichenden Lage hieran zunächst in Abstufungen teilnehmen".

Anknüpfend an die Überlegung, daß der stockende Integrationsprozeß in der Gemeinschaft zu einem großen Teil der wirtschaftlichen Heterogenität der Partnerstaaten zuzuschreiben sei, verfolgt der Vorstoß *Brandts* ein differenziertes Hinführen der verschiedenen Länder zum angestrebten Endzustand Wirtschafts- und Währungsunion entsprechend ihrer jeweiligen ökonomischen Entwicklung. Dabei sollen die insgesamt integrationsfähigeren mitteleuropäischen Mitgliedstaaten eine Vorreiterrolle im Integrationsprozeß spielen, denn "man tritt niemandem zu nahe, wenn man darauf hinweist, daß die Bundesrepublik, Frankreich und die Beneluxländer über günstigere Voraussetzungen eines aufeinander abgestimmten Verhaltens verfügen, als dies gegenwärtig bei Italien und Großbritannien gegeben ist."[54]

Hinter diesem Vorschlag verbirgt sich die Erwartung, daß durch die Vorreiterrolle einzelner zum gegebenen Zeitpunkt integrationsfähigerer Staaten der gemeinschaftliche Einigungsprozeß insgesamt wieder an Dynamik gewinnen könnte und dadurch der Gemeinschaft als Ganzes gedient wäre. Fakten und Sachzwänge, die sich bei den gegenwärtig weniger integrationsfähigen Staaten im Bereich der Währungspolitik ergeben, würden - so die Überzeugung - letztlich auch diese Staaten dazu veranlassen, sich bei Gelegenheit dem Integrationskern anzuschließen[55].

---

52 Vgl. *C.A. Ehrhardt*, Die Doktrin "Alle oder Keiner" verliert in der Gemeinschaft an Bedeutung, in: Handelsblatt vom 1.6.1984.

53 Zitiert nach *H.E. Scharrer* (1984), S. 6f.

54 Zitiert nach *H.E. Scharrer* (1984), S. 7.

55 Vgl. *J. Schiemann* (1983), S. 206.

Diese Vorstellung wurde von *Tindemans* im Jahre 1975 in seinem Bericht an den *Europäischen Rat* wieder aufgegriffen und - da *Brandt* insbesondere auf Vorschläge zur praktischen Umsetzung seines Konzepts verzichtet hat - zu einer Art politisch-strategischer Gesamtkonzeption weiterentwickelt.[55] Die Vorschläge im *Tindemans*-Bericht resultieren dabei aus der Erkenntnis, daß die Staats- und Regierungschefs der Mitgliedstaaten auch weiterhin gewillt sind, die Gemeinschaft zu einer echten Wirtschafts- und Währungsunion auszubauen, daß aber gleichzeitig noch keine politische Übereinkunft besteht, wie diese gemeinschaftliche Wirtschafts- und Währungspolitik zustande gebracht werden kann.[56] Als möglichen Lösungsansatz schlägt *Tindemans* ein abgestuftes Vorgehen in der Gemeinschaft vor, wobei er an das Integrationsinstrument der Europäischen Währungsschlange anknüpft:[57]

> "Es ist unmöglich, heute ein glaubwürdiges Aktionsprogramm zu entwickeln, wenn man davon ausgeht, daß es absolut erforderlich ist, daß in allen Fällen alle Etappen von allen Staaten zum gleichen Zeitpunkt zurückgelegt sein müssen. Objektiv gesehen, bestehen in der Wirtschafts- und Finanzlage derart große Unterschiede, daß mit dieser Forderung jeder Fortschritt unmöglich wird und Europa weiter zerfällt. Man muß sich dazu bereit finden können:
>
> - daß im Gemeinschaftsrahmen einer Gesamtvorstellung von der Europäischen Union, wie sie in diesem Bericht definiert wird und nachdem ihr die Neun zugestimmt haben,
> - und auf der Grundlage eines Aktionsprogramms, das für ein bestimmtes Gebiet von den Gemeinschaftsorganen aufgestellt worden ist und dem grundsätzlich alle zugestimmt haben,
>
> 1. die Staaten, welche die Möglichkeit haben, Fortschritte zu machen, auch die Pflicht haben, dies zu tun,
> 2. die Staaten, welche vom Rat auf Vorschlag der Kommission als objektiv anerkannte Gründe haben, nicht weiter vorzurücken, dies nicht tun, ...".

Weiter heißt es an dieser Stelle:[58]

> "... Ich schlage daher vor, daß der Europäische Rat folgenden Grundsätzen zustimmt:
>
> - Angesichts der objektiven Schwierigkeiten einzelner Staaten können Fortschritte in der Wirtschafts- und Währungspolitik

55 Vgl. *E. Grabitz* (1983), S. 69.
56 Vgl. auszugsweisen Abdruck des *Tindemans*-Berichts bei *B. Ehrhardt* (1979), S. 59ff.
57 Vgl. *ebenda*, S. 61.
58 Vgl. *Tindemans*-Bericht, auszugsweise abgedruckt bei *B. Ehrhardt* (1979), S. 61.

zuerst unter einzelnen Staaten im Rahmen des Gemeinschaftsrechts mit den oben genannten Einschränkungen angestrebt werden.
- Die Gemeinschaftsschlange muß als Kern der Währungsstabilität der Ausgangspunkt für diese Aktion sein ...".

Gemäß der Auffassung *Tindemans* hatte nämlich die Europäische Währungsschlange, die als Relikt der einstmals so kühnen Integrationsvorstellungen aus der Zeit des *Werner*-Plans übrig geblieben war, "ihre Brauchbarkeit für die Aufrechterhaltung stabiler Wechselkurse bewiesen"[59] und sollte nun dazu genutzt werden, "um eine Konvergenz der Wirtschafts- und Währungspolitik unter den Ländern, die dazu in der Lage sind, anzustreben"[60]. Zu diesem Zweck sollte die Währungsschlange konsolidiert und verbessert werden.

Konkret schlägt *Tindemans* folgende Maßnahmen vor:[61]

- Auch diejenigen Staaten, die nicht am System der Währungsschlange partizipieren, sollten in die Diskussionen um die weitere Entwicklung des Systems einbezogen werden, um ihnen stets die Gelegenheit für eine Annäherung zu geben;
- Neben den (außen)-währungspolitischen Verpflichtungen der Partnerstaaten sollten ähnliche Verpflichtungen auch in der Geld- und Kreditpolitik, in der Haushalts- sowie in bestimmten Bereichen der Wirtschaftspolitik übernommen werden;
- Änderungen der Leitkurse sollten nur noch durch Gemeinschaftsentscheid möglich sein; ähnliche Regelungen sollten auch dann gelten, wenn einzelne Staaten den Verbund wieder verlassen wollen;
- Als Gegenleistung für die eingegangenen Verpflichtungen sollte der kurz- und mittelfristige Beistand automatisch und in größerem Umfang gewährt werden;
- Schließlich wären die bestehenden Beschränkungen des Kapitalverkehrs einzelner Länder schrittweise aufzuheben.

Diese Vorschläge *Tindemans* - wie zuvor auch schon der Vorstoß *Brandts* - stießen fast überall auf einhellige Ablehnung[62]. So wurde insbesondere daran kritisiert, daß mit einem solchen Vorgehen das Bild einer Zwei-Klassen-Gemeinschaft geschaffen

59 Vgl. *ebenda,* S. 62.
60 Vgl. *ebenda,* S. 62.
61 Vgl. *ebenda,* S. 62f.
62 Vgl. *J. Schiemann* (1983, S. 207) und die in dieser Quelle angegebene umfangreiche Literatur zum *Tindemans*-Vorschlag.

würde, wenn man die Mitgliedstaaten einerseits in besonders integrationsfähige und andererseits in solche Mitgliedstaaten einteilt, die sich aufgrund gegenwärtig mangelnder Integrationsfähigkeit erst zu einem späteren Zeitpunkt dem Integrationskern anschließen könnten.[64] Auch fragte man sich, wie ein derartiges "Europe à deux vitesses" auf Dauer spannungsfrei funktionieren könnte. Zudem wurde gegen das Konzept der abgestuften Integration eingewendet, daß durch ein solches Vorgehen der Zwang zur Erarbeitung gemeinsamer Lösungen in dem Maße gelockert würde, wie es einzelnen Mitgliedern jederzeit freigestellt sei, durch einfaches "opting out" von der Teilnahme der sie ggf. belastenden Projekte abzusehen[65].

Die vorgebrachten Argumente haben durchaus ihre Berechtigung und werden auch von den Verfechtern des Konzepts, die sich selbst darüber im klaren sind, daß es sich dabei um keine ideale Lösung handelt, nicht geleugnet.[66] Aber man muß bei einer Beurteilung des Konzepts gleichsam berücksichtigen, daß sich abgestufte Integration stets in den Fällen als mögliche Integrationsform anbietet, in denen anstelle einer "first best solution" als Ideallösung nur eben die Alternative einer "second best solution" realisierbar erscheint. Denn in all diesen Fällen trägt abgestufte Integration dazu bei, nationale Alleingänge und/oder einen generellen Verzicht auf gemeinsames Handeln zu vermeiden und auf diesem Wege den Integrationsprozeß ingangzuhalten[67].

In diesem Sinne wird abgestufte Integration im wissenschaftlichen Schrifttum mittlerweile durchweg "realistisch positiv" beurteilt. So sieht beispielsweise *Schiemann* die Vorteile des Konzepts abgestufter Integration im wesentlichen darin, "daß es wenigstens partielle, regional begrenzte Integrationsfortschritte auf zahlreichen Gebieten ermöglichen könnte, ohne daß sofort alle Mitgliedstaaten die damit verbundenen Konsequenzen akzeptieren müßten"[68]. Und *Harbrecht* meint sogar, daß "die abgestufte Integration gegenwärtig der einzig gangbare Weg zu sein (scheint), um die gegenwärtige Stagnation des Integrationsprozesses zu überwinden"[69].

Die Idee des Abstufungskonzepts ist in der Folge in vielfältiger Weise modifiziert worden. Es sei in diesem Zusammenhang, ohne näher darauf einzugehen, beispielsweise an das von *Dahrendorf* propagierte "Europe à la carte" oder an die in

64 Vgl. *ebenda*, S. 207.
65 Vgl. *W. Harbrecht* (1981), S. 117.
66 Vgl. z.B. *B. Langeheine* und *U. Weinstock* (1984), S. 270.
67 Vgl. *U. Weinstock* (1984), S. 377.
68 Vgl. *J. Schiemann* (1983), S. 207f.
69 Vgl. *W. Harbrecht* (1981), S. 117.

jüngster Zeit sehr aktuelle Vorstellung eines "Europe à géométrie variable"[69] erinnert.

Diese Vorstellungen sind allerdings mit dem in dieser Schrift in Anlehnung an *E. Grabitz* vertretenen Begriff der abgestuften Integration nicht kompatibel, da sie wesentliche Merkmale des Abstufungskonzepts nicht berücksichtigen. Deshalb sollen abschließend an dieser Stelle noch einmal die zentralen Elemente dieses Konzepts zusammengefaßt werden. Von abgestufter Integration soll nur dann gesprochen werden, wenn

- die allgemeinen Integrationsziele gemeinsam und für alle Staaten verbindlich im voraus festgelegt werden,
- es einzelnen Staaten erlaubt ist, unbefristete Zeit, nicht jedoch dauerhaft, hinter diesen Zielen zurückzubleiben sowie
- sich die einzelnen Staaten bemühen, die der Abstufung zugrundeliegenden sozialökonomischen Unterschiede durch nationale oder gemeinschaftliche Maßnahmen sukzessive abzubauen[70].

Wir werden an späterer Stelle zeigen, wie das Konzept abgestufter Integration sowie die weitreichenden Vorstellungen *Tindemans* zur Konsolidierung und Verbesserung der Europäischen Währungsschlange bei der Konzeption des EWS Berücksichtigung fanden.

2. Das Konzept einer europäischen Parallelwährung

a) Ausgangspunkt und Prinzipien der Parallelwährungsstrategie

Die traditionelle Sichtweise des Währungsvereinigungsprozesses - wie sie in der Konzeption des *Werner*-Berichts sowie in den beiden Ratsentscheidungen anfangs der 70er Jahre dokumentiert ist - verlangt die langfristige Realisierung irre-

---

69 Zur inhaltlichen Auffüllung dieser Begriffe vgl. z.B. *B. Langeheine* und *U. Weinstock* (1984), S. 262f.; zur generellen Problematik vgl. *E. Grabitz* (1983), S. 70.

70 Diese Zusammenfassung orientiert sich an *E. Grabitz* (1983), S. 70.

versibel fixer Wechselkursverhältnisse in der Gemeinschaft. Krönender Abschluß dieses Prozesses sollte die Einführung einer gemeinsamen Währung sein.

Wie wir gesehen haben, erwiesen sich diese Vorstellungen allerdings als zu anspruchsvoll, denn sie verlangten von den am Wechselkursverbund teilnehmenden Staaten bereits zu einem frühen Zeitpunkt ein hohes Maß an wirtschafts- und währungspolitischer Disziplin, was angesichts der großen strukturellen Unterschiede zwischen den Mitgliedsländern kaum möglich war. So hätte nämlich die zur Erreichung des angestrebten Endziels notwendige schrittweise Einengung der Bandbreiten zwischen den Mitgliedswährungen gleichzeitig die Annäherung der nationalen Inflationsraten auf ein möglichst niedriges Niveau als Grundvoraussetzung für die (dauerhafte) Funktionsfähigkeit des Festkurssystems erfordert.[71] Zu den mit einer solchen Maßnahme notwendigerweise verbundenen geldpolitischen Einschnitten waren die einzelnen Länder jedoch nicht bereit. Unterschiedliche binnenwirtschaftliche Erfordernisse sowie voneinander abweichende Vorstellungen über die Existenz eines 'Trade off' zwischen Beschäftigungsstand und Inflationsrate, wie er in der *Phillips*-Kurve zum Ausdruck kommt, machten ein gleichgerichtetes geldpolitisches Verhalten zum damaligen Zeitpunkt unmöglich.[72] Vor diesem Hintergrund ist den Verfassern des *Werner*-Berichts ein gewisser Idealismus nicht abzusprechen, wenn sie den politischen Willen zur Akzeptanz notwendiger geldpolitischer Einschnitte bei den einzelnen Staaten so einfach voraussetzten, ohne die "internen Kosten" dieser Länder, im Sinne der Anpassungslasten, zu berücksichtigen, die der geforderte Rigorismus mit sich gebracht hätte.[73]

Die Vertreter des Parallelwährungskonzepts hingegen tragen diesem Anpassungsproblem explizit Rechnung und sehen daher ein gewisses Maß an Kursflexibilität bzw. die Möglichkeit fallweiser Wechselkursänderungen angesichts der bestehenden wirtschaftlichen Gegebenheiten in der Gemeinschaft vorerst als nicht zu vermeiden an[74]. Somit unterscheidet sich dieser Ansatz vom *Werner*-Plan insofern, als die Herausbildung fixer Wechselkursverhältnisse erst als langfristiges Ergebnis des Integrationsprozesses erwartet wird. In gewisser Weise bedeutet dieser

---

71 Zur Notwendigkeit der Angleichung nationaler Inflationsraten zur Stabilerhaltung eines Systems fester Wechselkurse vgl. auch *R. Vaubel* (1983, S. 103) bezogen auf die Regelungen der EWS.

72 Zu den Implikationen des Phillips-Theorems vgl. beispielsweise *A. Woll* (1978), S. 390ff.

73 In diesem Sinne äußern sich auch die Verfasser des All Saints' day manifesto. "As in most endeavours which try to alter radically the course of events, the Werner Report suffered from an excess of idealism. It overestimated the willingness of governments to depart from national decision-making because it underestimated the costs associated with a fast resetting of ultimate targets and the policy strategy necessary to meet such targets." Vgl. *G. Basevi u.a.* (1975), S. 33.

74 Vgl. *F. Holzheu* (1976), S. 3.

Integrationsansatz aber auch ein zeitliches Umkehren des bislang verfolgten Konzepts: Wurde nämlich im *Werner*-Plan die Einführung eines einheitlichen europäischen Geldes als Schlußpunkt eines Entwicklungsprozesses gesehen, in dessen Verlauf die Mitgliedswährungen in immer stärkerem Maße aneinander gebunden werden sollten, so stellt die Schaffung eines einheitlichen europäischen Geldes, das parallel zu den nationalen Geldzeichen in Umlauf gegeben werden soll, den Ausgangspunkt des Integrationsprozesses dar.[75]

Die üblicherweise in der Literatur vertretene Definition einer Parallelwährung[76] findet sich beispielsweise bei *E.M. Classen*[77]:

> "Die europäische Parallelwährung ist ein Währungsmittel, das in jedem Land der Gemeinschaft parallel zum nationalen Geld als zweites gesetzliches Zahlungsmittel umläuft und das gleichzeitig ein in allen Ländern der Gemeinschaft verwendbares europäisches Zahlungsmittel ist."

In mehr oder weniger modifizierter Form kann diese Definition in den meisten Publikationen, die sich mit der Problematik einer europäischen Parallelwährung befassen, nachgelesen werden. Bemerkenswert ist dabei jedoch, daß eine Reihe von Autoren die Auffassung zu vertreten scheint, daß die in Umlauf gebrachte Parallelwährung erst durch die Rechtseigenschaft eines gesetzlichen Zahlungsmittels, d.h. durch einen gesetzlich verfügten Annahmezwang auf dieses Geld, ihre marktliche Akzeptanz und Umlauffähigkeit erhält[78]. Diese Sichtweise, die

75 Vgl. *D. Graumann* (1979), S. 19.

76 Der Vollständigkeit halber soll darauf hingewiesen werden, daß in der Literatur zwischen Parallel- und Doppelwährungen - je nach institutionalisiertem Wechselkursregime (flexible bzw. feste Wechselkurse) - unterschieden wird. Zu dieser Differenzierung vgl. beispielsweise *O. Veit* (1969), S. 88ff. Für die vorliegende Arbeit ist diese terminologische Abgrenzung allerdings nicht von Bedeutung. Eine spezielle Form eines Parallelwährungssystems liegt auch dann vor, wenn neben dem nationalen Geld auch ausländisches Geld für Transaktionszwecke Verwendung findet. Dies ist beispielsweise sehr oft in Ländern mit nicht frei konvertierbarer Währung der Fall. Ausländische Devisen erfüllen dann die Funktion einer Nebenwährung. Vgl. hierzu *M. Willms* (1980), S. 220. Insbesondere hinsichtlich der mit einer Nebenwährung verbundenen Konsequenzen für die monetäre Stabilität in diesen Ländern vgl. *E. Sell* und *H.J. Thieme* (1980), S. 127ff.

77 Vgl. *E.M. Claassen* (1977), S. 202.

78 Diese Eigenschaft der Parallelwährung scheint beispielsweise für *D. Graumann* (1979, S. 23) der entscheidende Faktor zu sein. "Dies (gemeint sind economies of scale der Geldnutzung, H.F.) legt auch nahe, die Parallelwährung gar nicht erst mit nur beschränkten Geldfunktionen auszustatten, sondern ihr die universale Verwendbarkeit durch den gewichtigen Rang eines gesetzlichen Zahlungsmittels von Anfang an zu sichern." Eine ähnliche Hervorhebung der Bedeutung der Rechtseigenschaft des gesetzlichen Zahlungs-

nicht zuletzt auf einer Überschätzung des Charakters eines gesetzlichen Zahlungsmittels beruht und die - um die englischen Termini zu wählen - einen "legal" mit einem "forced tender"[79] gleichsetzt, soll an späterer Stelle der Untersuchung wieder aufgegriffen und dann entsprechend beurteilt werden.

Die Strategie der Einführung einer europäischen Parallelwährung als Mittel zur Währungsvereinigung in der Gemeinschaft wurde im wesentlichen in den frühen 70er Jahren als Alternative zum Stufenplan ausgearbeitet und entwickelt[80]. Dabei ging es diesen Vorschlägen nicht darum, eine insgesamt optimale Lösung des Währungsvereinigungsprozesses anzustreben, sondern sie versuchten in erster Linie einen denkbaren Weg aufzuzeigen, wie vor dem Hintergrund wirtschaftlicher Strukturunterschiede und wirtschaftspolitischer Divergenzen in der Gemeinschaft überhaupt eine monetäre Integration zustande gebracht werden kann. Insofern waren sie für den konkreten Fall der EWG in ihrer damaligen Entwicklungsphase konzipiert, in der von einer notwendigen freiwilligen Harmonisierung noch keine Rede sein konnte[81].

Der Grundgedanke der einzelnen Parallelwährungsvorschläge, die ihrem Charakter nach keineswegs homogen sind, sondern die sich im Inhalt und in der Präzision ihrer Aussagen deutlich voneinander abheben, besteht darin, in den Ländern der Europäischen Gemeinschaft eine Gemeinschaftswährung in Umlauf zu setzen, die von einer entsprechenden Währungsbehörde (oder von den nationalen Zentralbanken) emittiert neben den nationalen Währungen zirkulieren und diese sukzessive aus dem Verkehr verdrängen soll, bis am Ende dieser Übergangsphase nur noch die Parallelwährung als einziges Geld in Umlauf ist. Analog zu dieser Verdrängungsfunktion läßt sich ein alternativer Integrationsmechanismus der Parallelwährung in der Weise vorstellen, daß die verschiedenen Regierungen allein durch die Androhung der Verdrängung ihrer nationalen Währungen dazu veranlaßt würden, einen wirtschaftspolitischen Gleichklang herbeizuführen und ihre wirtschaftspolitischen Ziele unter die Dominanz des Preisstabilitätsziels zu stellen (Harmonisierungsfunktion). Festere Wechselkursrelationen als Folge dieser (erzwungenen)

---

mittels findet sich z.B. auch bei *M. Willms* (1980), S. 220; ebenso *J. Schiemann* (1983), S. 215 und *E.M. Claassen* (vgl. obiges Zitat); ebenso auch *Gablers* Wirtschaftslexikon (1971), Artikel Parallelwährung.

79 Vgl. *R. Vaubel* (1977), S. 438.

80 Vgl. zu den verschiedenen Plänen zur Einführung einer europäischen Parallelwährung die Übersichten bei *R. Vaubel* (1972), S. 136ff; *D. Graumann* (1979), S. 129ff; *E.M. Lipp* (1979), S. 31ff; ebenso die Auswahl bei *W. Harbrecht* (1981), S. 132ff; sowie zum allgemeinen Konzept *J. Schiemann* (1983), S. 212ff und die an dieser Stelle angegebene umfangreiche Literatur.

81 Vgl. *R. Vaubel* (1972), S. 136.

Harmonisierung würden somit die Entwicklungsrichtung zu einer gemeinsamen Währung markieren[82].

Ausgehend von der Annahme, daß die monetäre Integration Europas "nicht einfach per Dekret über Nacht"[83] herbeigeführt werden kann, sondern daß sie sich in einem allmählich wirksamen Prozeß vollziehen soll[84], setzt dieses Integrationskonzept auf die Funktionsweise der Marktkräfte[85], die letztlich über Akzeptanz und Umlauffähigkeit des neuen Geldes entscheiden sollen.

Da sich dieses neue Umlaufsmittel[86] in einem freien Wettbewerbsprozeß gegenüber den nationalen Währungen durchsetzen soll, muß gewährleistet sein, daß das sogenannte *Gresham'sche* Gesetz, wonach die "schwächere" Währung die "stärkere" aus dem Umlauf verdrängt, nicht wirksam wird.[87] Voraussetzung hierfür ist, daß es nur einen einzigen Wechselkurs zwischen der Parallelwährung und den nationalen Währungen gibt und daß dauerhafte Wechselkursungleichgewichte zwischen den Währungen ausgeschlossen sind. Hierzu müssen die Wechselkurse entweder flexibel sein, oder aber Abweichungen von festen Wechselkursen werden durch Interventionen an den jeweiligen Märkten oder durch rechtzeitige Leitkursanpassungen verhindert[88]. In diesem Fall werden die Wirtschaftssubjekte bemüht sein, sich vom schlechteren, stärker inflationierenden Geld zu trennen und nur noch Kasse in der Währung zu halten, von der sie Aufwertungen erwarten. Damit ist erreicht, daß gemäß der Intentionen des Parallelwährungskonzepts die "stärkere" Währung die "schwächere" aus dem Umlauf verdrängt (sog. Anti-*Gresham'sches* Gesetz).[89]

Neben der Beachtung dieser Bedingung hinsichtlich der erforderlichen Wechselkursregelung müßte das neue Geld aber auch so ausgestaltet werden, daß

---

82 Vgl. *D. Graumann* (1979), S. 20.

83 Vgl. *W. Harbrecht* (1981), S. 132. Ähnlich auch die Formulierung im Allerheiligenmanifest. Vgl. hierzu *G. Basevi u.a.* (1975), S. 33.

84 Fortschritte in der monetären Integration Europas lassen sich auch nach Auffassung *R. Vaubels* (1978, S. 42f.) nicht in einem Satz erreichen ("big-leap-solution"), sondern sollten sich in einem allmählichen Prozeß vollziehen. Politische und vornehmlich auch ökonomische Gründe sprächen für eine solche Lösung.

85 In diesem Zusammenhang sei auch an den Ausspruch *C.P. Kindlebergers* (1972, S. 476) erinnert: "The market, not government determines what is money."

86 Vgl. zu diesem Begriff, der auf *L.v.Mises* zurückgehen dürfte, *F.A. von Hayek* (1977), S. 41.

87 Zum *Gresham'schen* Gesetz vgl. z.B. *F.A. von Hayek* (1977), S. 23ff, *R. Vaubel* (1974), S. 220ff sowie *J. Starbatty* (1982), S. 390ff.

88 Vgl. *R. Vaubel* (1978), S. 93; ebenso auch *M. Burret* (1982), S. 81.

89 Das allmähliche Verdrängen der stärker inflationierenden durch eine stabilere Währung wird ausführlich beschrieben bei *G. Tullock* (1975), S. 491ff.

es seine Aufgabe gemessen an der jeweiligen Zielsetzung (Verdrängungs- bzw. Harmonisierungsfunktion) ökonomisch effizient zu leisten vermag. Daneben müßte bei der Konstruktion der Parallelwährung aber auch darauf geachtet werden, daß sie politisch ohne größere Friktionen durchgesetzt werden kann.[90]

Knüpft man am ersten Kriterium, der "ökonomischen Effizienz" des neuen Geldes an, so müßte die Parallelwährung, um am Markt erfolgreich sein zu können, mit einer besonderen Attraktivität ausgestattet sein[91]. Ihre Verwendung müßte den jeweiligen Geldbenutzern trotz bestimmter "economies of scale"[92], denen die Geldverwendung in ausgeprägter Weise unterliegt, besonders vorteilhaft erscheinen. Geldtheoretisch würde dieser Vorteil darin bestehen, daß das neue Umlaufsmittel die Geldfunktionen - die neuere Geldtheorie definiert das Geld über seine Funktionen[93] - besser erfüllt, als dies bei den bisherigen nationalen Geldzeichen der Fall war. Dies soll jedoch noch nicht heißen, daß die Parallelwährung gleich in allen Geldfunktionen das überlegene Währungsmittel sein wird. Es dürfte vielmehr anzunehmen sein, daß das neue Geld die Funktion eines allgemeinen Tauschmittels erst dann übernehmen wird, wenn es sich bereits als Rechen- und Wertaufbewahrungsmittel weitgehend durchgesetzt hat[94].

Neben dieser besonderen Attraktivität als Determinante für die ökonomische Effizienz müßte das neue Geld aber auch so ausgestaltet sein, daß es politisch überhaupt durchsetzbar ist. Wenn man von der Annahme ausgeht, daß den nationalen Regierungen daran gelegen sein dürfte, ihre geldpolitische Souveränität nur möglichst langsam aufzugeben, dann müßte die Parallelwährung demnach so konstruiert werden, daß ihr Durchsetzungsprozeß autonomieschonend und allmählich verlaufen wird.[95] Mit anderen Worten formuliert bedeutet das, der Parallelwährung müßte die "Gradualität in der Durchsetzung gesichert werden"[96], womit letztlich nichts anderes ausgedrückt werden soll, als daß sich dieser Verdrängungsprozeß ruhig und in nicht zu großer Geschwindigkeit vollziehen sollte, da einzelne Länder, deren Währungen von einer besonders schnellen Verdrängung bedroht wären, dann einer derartigen Integrationsstrategie nicht zustimmen würden. Gleichzeitig aber sollte die Parallelwährung auch so ausgestaltet werden, daß Ungleichheiten in der Verdrängung der nationalen Währungen möglichst gering gehalten werden[97].

90 Vgl. zum folgenden insbesondere *D. Graumann* (1979), S. 21ff.
91 Vgl. *ebenda*, S. 21f.
92 Zu "economies of scale" im Rahmen der Geldnutzung vgl. *R. Vaubel* (1972), S. 138; ebenso *N. Walter* (1973), S. 129.
93 Zu den verschiedenen Geldfunktionen vgl. *W. Ehrlicher* (1975), S. 353f; ebenso Kapitel 4 dieser Schrift, S.
94 Vgl. *R. Vaubel* (1978), S. 181ff.
95 Vgl. *D. Graumann* (1979), S. 26.
96 Vgl. *ebenda*, S. 26.
97 Vgl. *ebenda*, S. 27.

Vergleicht man nun die beiden bei der Konstruktion einer Parallelwährung zu berücksichtigenden Kriterien miteinander, so stellt man fest, daß die gleichzeitige Forderung nach besonderer ökonomischer Effizienz und nach politischer Durchsetzbarkeit - oder anders formuliert: nach "Attraktivität" und "Gradualität" - in einem bestimmten Gegensatz zueinander stehen[98]. Denn je attraktiver das neue Währungsmittel ausgestaltet sein wird, desto eher wird es auch in der Lage sein, die nationalen Währungen aus dem Verkehr zu verdrängen und desto weniger allmählich wird sich dieser Prozeß vollziehen. Zudem wird die Verdrängungsgeschwindigkeit bei den Währungen am größten sein, zu denen die Parallelwährung die größten komparativen Vorteile aufweist.

Attraktivität des neuen Geldes und Gradualität des Durchsetzungsprozesses stehen somit in einem inversen Verhältnis zueinander. Wird dieser Zusammenhang bei der Konzeption einer Parallelwährung berücksichtigt, so müßte demzufolge die effektive Ausgestaltung eines neu in Umlauf zu bringenden Geldes Ergebnis eines Kompromisses ein, bei dem sich die gewünschte Attraktivität letztlich am politisch Machbaren orientiert.

b) Spezielle Parallelwährungskonzepte: Kaufkraftstabilität vs. Währungskorb

Versucht man nun eine Klassifizierung der mittlerweile mehr als zwanzig vorgelegten Parallelwährungsvorschläge vorzunehmen, so erscheint es sinnvoll, die verschiedenen Pläne danach zu beurteilen, in welcher konkreten Abstufung sie diesem Kompromiß Rechnung tragen. In einer groben Einteilung lassen sich die verschiedenen Konzepte demnach zwei Gruppen zuordnen.

Die erste Gruppe - es handelt sich hierbei um die Pläne einer kaufkraftstabilen Parallelwährung, wie sie beispielsweise im Kieler Plan[99] oder im bereits mehrfach zitierten Allerheiligenmanifest[100] angeregt wird - geht bei ihrer Konzeption in erster Linie vom besonderen Stabilitätsrang des neuen Geldes aus, dessen Wertentwicklung im Zeitablauf durch eine bestimmte Form der Indexbindung kon-

98 Vgl. *ebenda*, S. 27.

99 Vgl. hierzu den Vorschlag von *N. Walter* (1972), S. 41ff.

100 Vgl. *G. Basevi u.a.* (1975), S. 33ff. Zur Darstellung der Kritik des Manifests vgl. *F. Holzheu* (1976). Zum speziellen Problem der permanenten Schuldaufwertung bei völliger Kaufkraftstabilität der Parallelwährung vgl. *D. Laidler* (1978), S. 55ff.

stant gehalten werden soll[101]. Eine auf diese Weise in ihrer Kaufkraft stabilisierte Parallelwährung wäre - so der Grundgedanke - zu jedem Zeitpunkt stabiler als jede der nationalen Währungen, zu denen sie in Konkurrenz tritt. Ist dies unter dem Gesichtspunkt der Attraktivität des neuen Geldes zwar als eindeutiger Vorzug (die inflationierenden nationalen Währungen würden sehr rasch aus dem Umlauf verdrängt werden)[102] zu bewerten, so hat es doch gleichzeitig den entscheidenden Nachteil, daß dadurch die Forderung nach Gradualität in der Durchsetzung erheblich beeinträchtigt wird.

Für den Vorschlag einer Parallelwährung mit konstanter Kaufkraft ergibt sich daraus insgesamt, daß er als politisch überhaupt zumutbare Integrationsalternative insofern "unglaubwürdig"[103] ist, als der oben als notwendig bezeichnete Kompromiß so eindeutig zu Lasten des Gradualitätspostulats entschieden ist. Dieser schwerwiegende Mangel dürfte sicherlich auch ein wesentlicher Grund dafür sein, weshalb diese Konzeption politisch nie ernsthaft in Erwägung gezogen wurde und bisher auch keine praktische Bedeutung erlangt hat.

Die zweite Gruppe von Vorschlägen sieht die besondere Attraktivität der Parallelwährung nicht in ihrer völligen Kaufkraftstabilität, sondern in einem relativ ruhigen Kursverlauf gegenüber den nationalen Währungen gegeben. Deshalb wird eine Parallelwährung in Form eines Währungskorbes vorgeschlagen, in dem die nationalen Währungen in bestimmter prozentualer Gewichtung enthalten sein sollen. Die Wertentwicklung dieses Bündels von Währungen wird dabei ausschließlich von der Wertentwicklung der nationalen Währungen bestimmt. Wechselkursschwankungen der nationalen Währungen schlagen aber nicht voll, sondern nur entsprechend ihres Anteils am Währungskorb auf den Kurs der Parallelwährung durch. Hinzu kommt, daß sich die Wechselkursveränderungen zweier Korbwährungen, die gemäß der Kaufkraftparitätentheorie langfristig von der Entwicklung der Preisniveaus bestimmt werden[104], in der Regel teilweise aufheben werden. Denn die Aufwertung einer Währung im Korb bedeutet dann - bilateral - immer gleichzeitig auch die Abwertung einer anderen. Insgesamt stellen sich die Kursschwankungen des Korbes somit als verminderter Reflex der Wertänderungen der nationalen Währungen dar. Dieser vergleichsweise ruhige Kursverlauf der Währungskorb-Par-

101 Die beabsichtigte Indexbindung kommt darin zum Ausdruck, daß die seitens des Emissionsinstituts in nationaler Währung geschuldeten Beträge sich kontinuierlich entsprechend einer vorweg bestimmten Regel anpassen. Zu möglichen Formen der Indexbindung vgl. *W. Cezanne* und *H. Möller* (1979), S. 152. Einzelne Techniken der Kaufkraftsicherung beschreibt *D. Graumann* (1979), S. 73ff.

102 Zum gegensätzlichen Ergebnis vgl. *E.M. Lipp* (1979), S. 87ff.

103 Vgl. *D. Graumann* (1979), S. 69.

104 Vgl. hierzu beispielsweise *E.M. Claassen* (1980), S. 1ff.

allelwährung kann darüber hinaus noch dadurch verstärkt und gesichert werden, daß man die Parallelwährung mit einer zusätzlichen Ankerfunktion ausstattet. In diesem Fall wird neben der Definition einer Parallelwährung ein Wechselkurssystem mit Bandbreitenregelung errichtet, das die bilateralen Wertveränderungen der Korbwährungen begrenzt und in dem die einzelnen Währungen zur Ankerwährung feste Wechselkurse bilden. Gesichert werden soll dieser ruhige Kursverlauf der Parallelwährung - so die Ratio des Konzepts - durch eine weitgehende Ausrichtung der nationalen Wirtschaftspolitiken an der vereinbarten Wechselkursregelung.

Versucht man eine Bewertung des Vorschlags einer Währungskorb-Parallelwährung auf der Basis der formulierten Konstruktionsprinzipien "Attraktivität und Gradualität", so ist diese Form der Parallelwährung als gewichtetes Mittel von Währungen unterschiedlichen Stabilitätsgrades zwar weniger attraktiv als die kaufkraftstabile Variante, zeichnet sich dementgegen aber bereits durch ein höheres Maß an Gradualität in der Verdrängung der nationalen Währungen aus. Allerdings würde auch die Einführung einer Währungskorb-Parallelwährung insbesondere diejenigen Länder stärker treffen, die bislang wesentlich höhere Inflationsraten aufzuweisen hatten, und die aufgrund der anonymisierten Sanktionsautomatik des Konzepts entweder eine raschere Verdrängung ihrer Währungen zulassen müßten oder aber gezwungen wären, durch eine Politik drastischer Inflationsdrosselung der Verdrängung entgegenzuwirken. Damit würde aber auch diese Form der Parallelwährung der Forderung nach Gradualität des Durchsetzungsprozesses bei gleichzeitiger Minimierung der Ungleichheiten in der Verdrängung nur unzureichend gerecht werden. Damit ließe sich auch eine solchermaßen konstruierte Parallelwährung politisch nur schwerlich durchsetzen. Erst die Einführung einer als europäische Ankerwährung konstruierten Parallelwährung bietet unter der Voraussetzung, daß die teilnehmenden Staaten bestrebt sind, die vereinbarte Wechselkursregelung durch gegenseitige Abstimmung ihrer nationalen Wirtschafts- und Währungspolitiken weitgehend einzuhalten, ein höheres Maß an Gleichheit in der Verdrängung und somit auch an Gradualität des Verdrängungsprozesses. Damit dürfte auch hinter dem Ankerwährungskonzept - stärker noch als bei einer reinen Währungskorb-Parallelwährung - neben der Erwartung, die schwächeren Währungen aus dem Umlauf zu verdrängen - Währungen, die stabiler sind als die Parallelwährung würden ohnehin nicht in ihrer Existenz bedroht - besonders die Erwartung stecken, die währungspolitisch Verantwortlichen unter einen Harmonisierungsdruck zu stellen. In dem Maße nämlich, wie die schwächeren Währungen allmählich mit ihrer Verdrängung bedroht würden, würden die Emittenten dieser Währungen - die nationalen Zentralbanken - unter einen Anpassungsdruck gestellt, die Entwicklung ihrer Inflationsraten stärker an die Preisniveauentwicklung der Stabilitätsländer anzupassen.[105] Damit würden sich im Laufe der Zeit stabilere Wechselkursrelationen zwischen den einzelnen nationalen Währungen einstellen können. Auf dieser harmonisierten Basis könnte es dann möglich sein, in der Gemeinschaft eine Einheitswährung einzuführen.

Ob diese Rolle jedoch von einem Währungskorb - der bisherigen Parallelwährung etwa - übernommen werden könnte, soll an späterer Stelle im Zusammenhang mit der Europäischen Währungseinheit ECU noch diskutiert werden.

D. ZUSAMMENFASSUNG

Wie in diesem Kapitel gezeigt wurde, scheiterte der erste Versuch zur Errichtung einer Wirtschafts- und Währungsunion "noch ehe er begonnen hatte"[106]. Dieser für die Gemeinschaft negative Befund wurde von Politik und Wissenschaft zum Anlaß genommen, nach alternativen Strategien des Integrationsprozesses zu forschen. Aus den verschiedenen Vorschlägen, die in den damaligen Jahren entwickelt wurden,[107] wurde speziell auf die Strategien der abgestuften Integration sowie der Einführung einer Europäischen Parallelwährung abgestellt. Beide Ansätze wurden in die spätere Konstruktion des Europäischen Währungssystems (EWS) übernommen. Damit präsentiert sich das EWS als eine Synthese bisheriger Konzeptionen, in dem Grundelemente des Werner-Plans, der abgestuften Integration sowie des Parallelwährungskonzepts zu einer Gesamtstrategie verdichtet sind.

105 Allgemein zur Disziplinierungsfunktion einer als Währungskorb ausgestalteten Parallelwährung vgl. *D. Graumann* (1979), S. 101ff.

106 Vgl. *H.E. Scharrer* (1973), S. 102.

107 Vgl. beispielsweise auch *Kommission der Europäischen Gemeinschaften* (1975, 1976, OPTICA Report 1975 und 1976); ebenso auch *Sachverständigenrat* (1976), Ziffer 467ff.

DRITTES KAPITEL

Das Europäische Währungssystem (EWS) als erneuter Versuch währungspolitischer Harmonisierung: Ergebnis früherer Integrationsansätze und Ausgangspunkt zukünftiger Entwicklung

A. DIE KONZEPTION DES EUROPÄISCHEN WÄHRUNGSSYSTEMS

1. Zur Entstehung und Zielsetzung des Systems

Die dargestellten Pläne zur Errichtung einer Wirtschafts- und Währungsunion in Europa sind entweder gescheitert (*Werner*-Plan) oder aber auf politischer Ebene als mögliche Integrationskonzepte nicht mit der notwendigen Entschlossenheit, neue Wege zu gehen, verfolgt worden (Konzept abgestufter Integration, Parallelwährungsstrategie).

Die Ursachen für diesen ernüchternden Befund sind zum einen - wie gezeigt - in der erheblichen Unterschätzung der Schwierigkeiten des beschrittenen Integrationsweges sowie in den krisenhaften Erschütterungen des Weltwirtschafts- und -währungssystems in dieser Zeit zu suchen, von denen die Mitgliedstaaten jeweils in unterschiedlicher Weise betroffen wurden. Zum anderen war die Kommission der Europäischen Gemeinschaft in diesen Jahren offensichtlich politisch nicht stark genug, um von sich aus eine der vorliegenden Konzeptionen als weitere Integrationsstrategie zu lancieren und durchzusetzen und auf diesem Wege der monetären Integration Europas entscheidende Impulse zu geben[1]. Somit ergab sich auf diese Weise seit der Einführung des Europäischen Wechselkursverbundes bis zur Errichtung des Europäischen Währungssystems ein integrationspolitisch höchst unerwünschtes Interregnum von rund sieben Jahren, in denen einzelne Staaten der Gemeinschaft zwar durch feste Wechselkurse miteinander verbunden waren, während andere jedoch außerhalb des Verbunds ihre Währungen frei schwanken ließen.

1 Vgl. dazu *R. Hellmann* (1979), S. 16.

Erst als sich im Laufe des Jahres 1977 die allgemeinen Rahmenbedingungen für die europäische Integration allmählich zu bessern begannen und sich im Zuge der "monetaristischen Revolution" in der Geldpolitik Geldmengenwachstum und Inflationstempo in den einzelnen Ländern deutlich verringerten, schien die Zeit für zukunftsweisende europapolitische Initiativen günstig[2]. So ist denn auch der informelle Vorstoß von *Roy Jenkins*: "Wir müssen jetzt von neuem die Frage der Währungsunion angehen"[3]. im Rahmen seiner *Jean-Monnet*-Vorlesung, gehalten am Europa-Institut in Florenz im Jahre 1977, vor dem Hintergrund zu sehen, diese insgesamt positive Entwicklung abzusichern. Gleichzeitig sollte diese Initiative aber auch dazu dienen, die währungspolitische Teilung der Gemeinschaft in Länder, deren Währungen nur gegenüber dem Dollar frei schwankten, ansonsten aber feste Austauschverhältnisse untereinander aufwiesen, und in solche Mitgliedstaaten, die nicht am Wechselkursverbund teilnahmen und ausschließlich flexible Wechselkurse hatten, zu überwinden.

An diesen "Auftrag" von *Jenkins* knüpft die gemeinsame Initiative des damaligen französischen Staatspräsidenten *Giscard d'Estaing* und des damaligen deutschen Bundeskanzlers *Helmut Schmidt* zur Errichtung eines Europäischen Währungssystems an, die insbesondere auch vor dem Hintergrund der zeitweiligen Führungsschwäche der *Carter*-Administration in den Vereinigten Staaten und der Schwäche der US-Devise in dieser Zeit ihre Chance zur politischen Umsetzung ihrer Vorstellungen energisch nutzten.[4] So konnte das Europäische Währungssystem in einem Zeitraum von nur elf Monaten, nachdem der Gedanke an die Errichtung dieses Systems zum ersten Mal offiziell den Kollegen aus den anderen Mitgliedstaaten auf der Tagung des *Europäischen Rates* am 7. April 1978 in Kopenhagen präsentiert worden war, inkrafttreten. Denn bereits am 6. und 7. Juli konnten in Bre-

2 So hatte sich das Inflationsniveau in der Gemeinschaft zum damaligen Zeitpunkt im Vergleich zu den Jahren 1974 bis 1976 praktisch auf die Hälfte zurückgebildet. Vgl. hierzu *K.O. Pöhl* (1979), S. 21. Zur Annäherung der stabilitätspolitischen Zielvorstellungen der EG-Regierungen vgl. auch *N. Kloten* (1979 a, S. 86f.), der an dieser Stelle aber auch kritisch anmerkt, daß Stabilisierungswille noch nicht gleichzeitig Stabilisierungsfähigkeit bedeutet.

3 Vgl. *Roy Jenkins'* programmatische Rede zur Frage der Währungsunion, gehalten in Florenz am 27. Oktober 1977, abgedruckt in LLoyds Bank Review, Nr. 127, Januar 1978, S. 1-14. Eine offizielle deutsche Übersetzung findet sich bei *R. Hellmann* (1979), S. 113ff., hier insbesondere S. 115.
Jenkins' Vorstellungen gehen weit über das hinaus, was später im Rahmen des EWS realisiert wurde. In insgesamt sieben Thesen, die von der Bedeutung der Währungsunion für die Steigerung der Effizienz des Gemeinsamen Marktes, über die Vorzüge einer neuen internationalen Währung bis hin zur Bedeutung der Währungsunion für das politische Zusammenwachsen Europas reichen, stellt *Jenkins* die Vorzüge der Errichtung einer Europäischen Währungsunion heraus.

4 Vgl. zu den dahinterstehenden Interessen beispielsweise auch die Darstellung bei *J. Carr* (1983), S. 38ff.

men die Grundlagen des neuen Systems festgelegt werden[5] und auf der Tagung des *Europäischen Rates* in Brüssel am 4. und 5. Dezember 1978 wurde das System formell beschlossen[6]. Die Zielsetzung des EWS besteht darin,

> "Ein höheres Maß an Währungsstabilität herbeizuführen, und dies sowohl zwischen den einzelnen Währungen als auch für jede einzelne Währung nach innen. (...) Dieses gemeinsame Währungssystem wird die wirtschaftspolitische Konvergenz innerhalb der Gemeinschaft erleichtern und dem Prozeß der Europäischen Union neue Impulse geben. Wir erwarten aber auch, daß dieses System eine stabilisierende Wirkung ausüben wird auf die internationalen, über die Grenzen der Gemeinschaft hinaus gerichteten Wirtschafts- und Währungsbeziehungen"[7].

Entsprechend dieser globalen Zieldefinition soll über das EWS ein höheres Maß an Währungsstabilität in der Gemeinschaft herbeigeführt werden. Mit der Zielsetzung der Errichtung einer stabilen Währungszone in Europa, die sich sowohl auf die Förderung äußerer (Währungs-)Stabilität als auch innerer (Preisniveau-) Stabilität bezieht, soll das EWS gleichzeitig auch einen Beitrag zur Förderung wirtschaftlicher Konvergenz in den Partnerstaaten leisten und damit als übergeordnete integrationspolitische Aufgabe dem Prozeß der Europäischen Union neue Impulse geben. Auf Weltwirtschafts- und -währungsebene versucht das EWS die internationalen Währungsbeziehungen zu festigen und ist als Antwort auf das globale Problem der Instabilität der Devisenmärkte zu sehen. Inwieweit das EWS die bei seiner Gründung gehegten Erwartungen in den neun Jahren seines Bestehens erfüllt hat, werden wir an späterer Stelle noch eingehend untersuchen. Dabei wird es sinnvoll sein, den Währungsverbund an seinen eigenen Zielsetzungen und Ansprüchen zu messen, insbesondere ob es mit dem EWS gelungen ist - wie beabsichtigt - ein höheres Maß an wirtschaftspolitischer Konvergenz herbeizuführen.

Zuvor wollen wir jedoch zunächst den Charakter sowie die offiziellen Aufgaben und Funktionen der Europäischen Währungseinheit ECU, die als zentraler Bestandteil in das System eingeführt worden ist, betrachten. In erster Linie hat die ECU als Rechnungseinheit im Rahmen dieses Systems eine ökonomische Aufgabenstellung zu erfüllen. Darüber hinaus läßt sich jedoch in den folgenden Abschnitten dieses Kapitels aus den Überlegungen der EG-Kommission zur sog. nichtinstitutionellen (evolutorischen) Weiterentwicklung des EWS sowie aus der Untersu-

---

5 Zu den Grundzügen des Systementwurfs vgl. *H. Lehment* (1978), S. 1ff.

6 Vgl. *J. van Ypersele* und *J.-C. Koeune* (1984), S. 47f.

7 Vgl. die Erklärung der Bundesregierung über die Ergebnisse des Europäischen Rates in Brüssel, abgegeben von Bundeskanzler *Helmut Schmidt* vor dem Deutschen Bundestag am 6. Dezember 1978, abgedruckt in *R. Hellmann* (1979), S. 176ff.; hier insbesondere S. 176.

chung der konzeptionellen Grundlagen des Systems die herausragende integrationspolitische Bedeutung dieser Währungseinheit ableiten. In letzter Instanz zielt die ECU auf die Institutionalisierung einer europäischen Parallelwährung. Vor diesem Hintergrund sind dann die Überlegungen des vierten Kapitels, in dem die Entwicklung der ECU außerhalb der formalen Regelungen des EWS - als ausschließlich private ECU und Quasi-Parallelwährung - dargestellt wird, zu sehen. Insbesondere werden wir im Rahmen dieses Kapitels auch sehen, daß die Entwicklung der ECU im privaten Bereich nicht losgelöst von der Entwicklung des EWS betrachtet werden kann, sondern daß das Verhalten des EWS-Wechselkursmechanismus im Sinne von Stabilität bzw. Instabilität letztlich die private Verwendung der ECU ganz entscheidend beeinflußt.

2. Die Europäische Währungseinheit ECU als zentraler Bestandteil des EWS

a) Entwicklung und Einordnung künstlicher Recheneinheiten

Rechnungseinheiten stellen nicht erst eine Erfindung der neueren Zeit dar, sondern ihr Auftreten kann in Europa bereits bis ins 12. Jahrhundert zurückverfolgt werden, als die Bank von Venedig den "Zechino d'oro" als Verrechnungseinheit einführte[8]. Auf den mittelalterlichen Handelsmessen des 15. und 16. Jahrhunderts, wie sie beispielsweise in Lyon oder Genua stattfanden, dienten künstliche Währungseinheiten (écu de marc) den anwesenden Kaufleuten dazu, ihre aus Warengeschäften resultierenden Forderungen bzw. Verbindlichkeiten multilateral verrechnen zu können[9]. Nur noch die verbleibenden Restsalden mußten dann in bar ausgeglichen werden oder konnten bis zur nächsten Messe kreditiert werden[10]. Eine

8 Einen guten Überblick über die verschiedenen Formen von Rechnungseinheiten gibt *M. Burret* (1982), S. 4ff.

9 Vgl. *W. Fischer* (1982), S. 342f.

10 Vgl. *ebenda*, S. 343. Wenn man sich darüber hinaus vorstellt, mit welchen Unannehmlichkeiten und Kosten, aber auch Gefahren, der Transport und Austausch von Metallmünzen und -barren verbunden gewesen ist, ist es auch nicht verwunderlich, daß sich bereits im frühen Mittelalter die ersten "Banken" entwickeln konnten. So stellen *G.A. Selgin* und *L.H. White* (1985, S. 6) hierzu folgendes fest: "Thus trading individuals come by steps to the practice of keeping money balances with agencies which can make payments by means of ledger-account transfers. Money-transfer services of this sort, provided by

ähnliche Funktion hatten auch die künstlichen Währungseinheiten der frühen Girobanken. Bekannt geworden ist in diesem Zusammenhang beispielsweise die Mark Banco der Hamburger Girobank des 19. Jahrhunderts, die zu einer Zeit, als man unter Geld nur Edelmetallmünzen oder -barren verstand, einen Lieferanspruch lautend auf eine bestimmte Menge Silber gegen den Emittenten darstellte.[11] Diese wenigen historischen Beispiele mögen soweit genügen, um zu zeigen, daß bereits in früheren Zeiten künstliche Währungseinheiten zur Erleichterung und Vereinheitlichung des nationalen wie internationalen Zahlungsverkehrs verwendet wurden.

Diese Rechnungseinheiten wurden damals im wesentlichen als Konsequenz praktischer Notwendigkeiten der Kaufmannschaft zur Verwendung im Handelsverkehr geschaffen und beruhten ausschließlich auf privatwirtschaftlicher Initiative. Wichtige Rechnungseinheiten der neueren Zeit hingegen sind nicht mehr primär zur Verwendung im Privatrechts- und Handelsverkehr entwickelt worden, sondern entstanden im Zuge der Gründung multinationaler Institutionen und Organisationen, die zur Erfüllung ihrer länderübergreifenden Aufgabenstellung auf die Verwendung künstlicher Rechnungseinheiten zurückgreifen mußten[12]. Zu diesem Zweck wurden das Sonderziehungsrecht des Internationalen Währungsfonds[13] sowie die verschiedenen Rechnungseinheiten der Europäischen Gemeinschaft geschaffen.

Bei der Gründung der Europäischen Wirtschaftsgemeinschaft im Jahre 1975 wurde insbesondere für die Zwecke der Haushaltsführung eine gemeinsame Recheneinheit benötigt[14]. Aus diesem Grund führte die Gemeinschaft im Jahre 1962 die RE I ein, die mit einem Feingoldgehalt von 0,88867008 g definiert war und über die jeweils gültigen IWF-Paritäten in nationale Währungen umgerechnet werden konnte. Nach dem Zusammenbruch des Systems von Bretton Woods im Jahre 1973, wurde die RE I von der Europäischen Währungsrechnungseinheit EWRE abgelöst. Diese war ebenso mit einer Goldparität sowie mit festen - aber veränderbaren Leitkursen - ausschließlich gegenüber den Teilnehmern am Europäischen Wechselkursverbund definiert. Mit zunehmendem Übergang der Mitgliedstaaten zu freiem Floaten, verzichtete man vollends auf eine Goldparität und führte eine als Währungskorb definierte Rechnungseinheit ein. Auf diese Weise entstand die ERE, die

---

money-changers and bill-brokers in twelfth century Genoa and at the medieval trade fairs in Champagne, mark the earliest forms of banking for which records exist."

11 Vgl. *H. Rittmann* (1975), S. 427f.

12 Vgl. *S. Bürger* (1984), S. 69; ebenso *J. Aschheim* und *Y.S. Park* (1976), S. 3.

13 Die Abkürzung für Sonderziehungsrecht ist SZR, im englischen SDR für "Special Drawing Right".

14 Vgl. zu den verschiedenen Rechnungseinheiten der Europäischen Gemeinschaft *M. Burret* (1982), S. 8ff.

im Jahre 1979 von der Europäischen Währungseinheit ECU (Abkürzung für European Currency Unit) abgelöst wurde.

Parallel zu diesen für offizielle Zwecke geschaffenen Rechnungseinheiten, haben sich in den letzten 25 Jahren auch verschiedene auf privatwirtschaftliche Initiative entstandene Währungseinheiten entwickeln können, die ausschließlich als Anleiheinstrumente auf den internationalen Kapitalmärkten Verwendung fanden[15], oder aber die im offiziellen Bereich entstandenen Rechnungseinheiten wurden in den privaten Bereich, so beispielsweise auch zur Denomination von Anleihen, übernommen. Beispiele hierfür sind die EUA (European Unit of Account[16]) bzw. neuerdings die ECU, deren privatwirtschaftliche Verwendung wir im vierten Kapitel dieser Schrift ausführlich behandeln werden.

Neben der bisherigen Unterscheidung der Rechnungseinheiten nach der ausgebenden Institution in private oder öffentliche Einheiten, kann eine Klassifizierung auch nach der zugrundeliegenden Bezugsbasis vorgenommen werden[17]. Wählt man dieses Einteilungskriterium, so haben in Europa praktisch nur Währungseinheiten auf der Basis des Goldes oder eines Währungskorbs größere Bedeutung gefunden[18]. Mit dem Zerfall des Systems von Bretton Woods und dem Übergang zu einem System freier Wechselkursbildung haben zudem die Rechnungseinheiten, die auf einer bestimmten Goldparität basieren, zunehmend an Bedeutung verloren, während verstärkt Rechnungseinheiten auf der Basis eines Währungskorbes entwickelt wurden.

Hinsichtlich der Konstruktion der Bezugsbasis "Währungskorb" lassen sich im wesentlichen drei Prinzipien unterscheiden: die Standardkorb-Technik, die Adjustable-Basket-Technik sowie die Asymmetrical-Basket Technik[19]. Bei einem Standardwährungskorb - so sind das SZR und die ECU konstruiert - werden feste absolute Beträge einzelner Währungen in den Korb gegeben, die bis zur Modifikation des Korbes (Korbrevision) nicht verändert werden dürfen. Diese Technik impliziert, daß Wechselkursänderungen der einzelnen Währungen im Korb zu einer Veränderung der Gewichtsverteilung im Bündel führen. Da die in den Korb gegebenen Beträge fest bleiben, erhöht sich das Gewicht (relativer Anteil) der aufwertenden Währungen, während das Gewicht der abwertenden Währungen zu-

15 Vgl. *ebenda*, S. 18ff.

16 Vgl. *J. Aschheim* und *Y.S. Park* (1976), S. 3.

17 Als mögliche Bezugsbasen können Edelmetalle, andere Währungen, Realwerte o.ä. in Betracht kommen. Vgl. *M. Burret* (1982), S. 45f.

18 Vgl. *ebenda*, S. 60ff.

19 Zu den möglichen Konstruktionsprinzipien von Währungskörben vgl. *U. Sommer-Herberich* (1983), S. 325ff.; ebenso *D. Graumann* (1979), S. 87f. und 107f.; auch *B. Müller* (1987), S. 188ff.; speziell zur Konstruktion des Sonderziehungsrechts *J.J. Polak* (1979), S. 627ff.

rückgeht. Würden keine Modifikationen des Währungskorbes vorgenommen, indem die absoluten Beträge turnusmäßig angepaßt werden, würde ein nach der Standardkorb-Technik konstruierter Währungskorb im Zeitablauf von der stabilsten Korbwährung dominiert.

Die Adjustable-Basket-Technik hingegen zielt darauf ab, die ursprüngliche Gewichtsverteilung zwischen den Währungskomponenten aufrechtzuerhalten. Ein solcher Korb ist ebenso definiert als Summe einer festgelegten Anzahl nationaler Währungsbeträge. Im Unterschied zum Standardkorb sind diese Beträge allerdings veränderlich. So werden die Mengenanteile von abwertenden (aufwertenden) Währungen proportional zur Abwertung (Aufwertung) erhöht (vermindert). Dadurch ergibt sich, daß der Wert der Rechnungseinheit unmittelbar in nationalen Währungen endgültig fixiert ist[20].

Bei anpaßbaren (symmetrischen) Währungskörben werden die Mengenanteile abwertender Währungen erhöht, während die Beträge aufwertender Währungen vermindert werden. Ist der Währungskorb hingegen nach der Asymmetrical-Basket-Technik konstruiert, werden entweder nur die Beträge abwertender oder aufwertender Währungen angepaßt. Je nachdem, ob man sich für die erste oder für die zweite Anpassungsklausel entscheidet, hätte der Währungskorb eine tendenzielle Aufwertungsneigung, da Abwertungen einzelner Währungen den Korbwert nicht beeinflussen, oder eine tendenzielle Abwertungsneigung eingebaut, da die Korbgegenwerte in aufwertenden Währungen proportional zur Aufwertung sinken, während die Korbgegenwerte der anderen Währungen konstant bleiben.[21]

Der Nachteil dieser letzten beiden Korbkonstruktionen (Adjustable-Basket- und Asymmetrical-Basket-Technik) liegt jedoch darin, daß Währungskörbe, die nach diesen Prinzipien konstruiert sind, nicht den Charakter einer Währung, deren Wert sich am Markt gemäß Angebot und Nachfrage frei bildet, haben. "Thus, neither of these two alternative baskets is a straighforward combination of currencies, and neither can, therefore, be considered as the equivalent of a currency."[22]

Dies dürfte sicherlich einer der Gründe dafür sein, weshalb bislang nur Währungskörbe in Form eines Standardkorbs Eingang in die Praxis gefunden haben.

---

20 Vgl. *M. Burret* (1982), S. 62.
21 Vgl. *B. Müller* (1987), S. 197.
22 Vgl. *J.J. Polak* (1979), S. 632.

b) Die Europäische Währungseinheit ECU als Standardwährungskorb

aa) Der allgemeine Charakter der ECU

Das Europäische Währungssystem, dessen Start eigentlich für den 1.1.1979 geplant war, konnte erst am 13.03.1979 nach einigen "agromonetären Verzögerungen"[23] inkrafttreten. Politische Grundlage dieses Systems ist die Brüsseler Entschließung des *Europäischen Rates* vom Dezember 1978[24]. Hierin treffen die Staats- und Regierungschefs der Mitgliedstaaten die entscheidenden Festlegungen über die Europäische Währungseinheit ECU[25] und ihre Funktionen. So heißt es in Absatz 2 dieser Entschließung: "Zentraler Punkt des EWS ist eine Europäische Währungseinheit (ECU). Wert und Zusammensetzung der ECU sind zu Beginn des Systems identisch mit Wert und Zusammensetzung der ERE (Europäische Rechnungseinheit, H.F.)."[26]

Mit dieser Bestimmung war festgelegt worden, daß sich die ECU als Währungskorb aus festen absoluten Beträgen der Währungen der EG-Mitgliedstaaten zusammensetzen soll. Diese Beträge waren bereits für die ERE am 28. Juni 1974 entsprechend der wirtschaftlichen Bedeutung jedes Mitgliedslandes festgelegt worden. Die zugrundeliegenden Bezugsgrößen waren der Anteil am Bruttosozialpro-

---

23 Vgl. hierzu im einzelnen *N. Berthold* (1981), S. 16ff.; ebenso *R. Hellmann* (1979), S. 89f; auch *W. Gösele* (1979), S. 378.

24 Vgl. Entschließung des *Europäischen Rates* vom 5. Dezember 1978 über die Errichtung eines Europäischen Währungssystems und damit zusammenhängende Fragen, in: Bulletin der EG, Heft 12 (1978), S. 1361ff. Da der Europäische Rat selbst keine Rechtssetzungsbefugnis hat, wurden die notwendigen Rechtsakte durch den Finanzministerrat erlassen. Hierzu gehören die Verordnung (EWG) Nr. 3180/78 des Rates vom 18. Dezember 1978 zur Änderung des Wertes der vom Europäischen Fonds für währungspolitische Zusammenarbeit verwendeten Rechnungseinheit, in: Abl. EG L 379/1, und die Verordnung (EWG) Nr. 3181/78 des Rates vom 18. Dezember über das Europäische Währungssystem, in: Abl. EG L 379/2.

25 Zufällig stimmt die englische Abkürzung ECU für European Currency Unit mit der Bezeichnung für eine alte französische Münzeinheit (écu) überein, die von Ludwig dem Heiligen im 13. Jahrhundert eingeführt wurde und bis ins 19. Jahrhundert hinein für Gold- und Silbermünzen gebräuchlich war. Nicht zuletzt aufgrund dieser Gleichheit dürfte sich die französische Aussprache von ECU hierzulande weitgehend durchgesetzt haben.

26 Vgl. Entschließung des *Europäischen Rates* vom 5. Dezember 1978 über die Errichtung eines Europäischen Währungssystems und damit zusammenhängende Fragen, in: Bulletin der EG, Heft 12 (1978), S. 1361ff.

dukt, die Beteiligung am innergemeinschaftlichen Handel sowie der Anteil an den EG-Beistandsmechanismen[27].

Diese beim Start des EWS festgelegten Währungsbeträge sowie die relativen Gewichtsanteile sind in der folgenden Tabelle dargestellt.

TABELLE 1

Zusammensetzung des ECU-Währungskorbes, ECU-Leitkurse sowie relative Gewichtsanteile der nationalen Währungen beim Inkrafttreten des EWS und nach dem bisher letzten Realignment am 12.01.1987

Währung	absolute Beträge der nationalen Währungen		ECU-Leitkurs der nationalen Währungen		relatives Gewicht der nationalen Währungen in v.H.	
	13.03.1979 (1)	17.09.1984[1)] (2)	13.03.1979 (3)	12.01.1987 (4)	13.03.1979 (5)=(1):(3)	12.01.1987 (6)=(2):(4)
Belg./Lux. F.	3,800	3,850	39,4582	42,4582	9,63	9,06
Dän. Krone	0,217	0,219	7,08592	7,85212	3,06	2,79
D-Mark	0,828	0,719	2,51064	2,05853	32,98	34,93
Franz. F.	1,150	1,310	5,79831	6,90403	19,83	18,98
Ir. Pfund	0,00759	0,00871	0,662638	0,768411	1,15	1,13
Ital. Lira	109	140	1148,15	1483,58	9,49	9,44
Holl. Gulden	0,286	0,256	2,72077	2,31943	10,51	11,04
Brit. Pfund[2)]	0,0885	0,0878	0,663247	0,739615	13,34	11,87
Gr. Drachme[3)]	-	1,150	-	150,792	-	0,76

1) Die erste Neufestsetzung der festen Korbanteile fand statt am 17.09.1984.

2) u. 3) Britisches Pfund und griechische Drachme nehmen bisher nicht am Wechselkursmechanismus des EWS teil. Für beide Währungen besteht daher kein offizieller Leitkurs. Die hier angegebenen Kurse sind fiktive Leitkurse.

27 Vgl. *R. Hellmann* (1979), S. 43.

Im Gegensatz zu ihrer Vorgängerin ist die ECU mit einer Revisionsklausel ausgestattet[28]; d.h. die einzelnen Währungsgewichte sind nicht unveränderlich, sondern werden in bestimmten Zeitabständen überprüft und ggf. angepaßt. Die erste Revision fand bereits sechs Monate nach Inkrafttreten des EWS statt, ohne daß eine Anpassung der Währungsgewichte vorgenommen wurde. Weitere Überprüfungen sind turnusmäßig alle fünf Jahre vorgesehen. Sie können auf Antrag jedoch auch zwischen den genannten Terminen vorgenommen werden, sofern sich der relative Gewichtsanteil einer Währung um mindestens 25 v.H. verändert hat. Die Revision muß einstimmig beschlossen werden und muß auf der Basis der zugrundeliegenden ökonomischen Kriterien erfolgen. Darüber hinaus darf sich am Tag der Neudefinition der Außenwert der ECU nicht ändern.

Für die ECU gilt grundsätzlich das Prinzip des offenen Korbs. D.h. neben den turnusmäßig stattfindenden Korbrevisionen, bei denen die Gewichtung der im Korb befindlichen Währungen wieder der tatsächlichen Entwicklung der wirtschaftlichen Gegebenheiten und der ökonomischen Bedeutung der Korbwährungsländer angepaßt wird[29], können zusätzlich weitere Mitgliedswährungen in den Korb aufgenommen werden. So wurde im Zuge der ersten Fünfjahresrevision im Jahre 1984 die griechische Drachme mit einem festen Anteil von 1,15 Drachmen in den Korb einbezogen, was einem damaligen relativen Korbgewicht von 1.3 v.H. entsprach. Die Aufnahme der Währungen der Neumitglieder Spanien und Portugal in den Korb steht noch aus. Jedoch ist im Rahmen der Beitrittsverhandlungen zur EG diesen Ländern bereits zugesichert worden, Peseta und Escudo spätestens anläßlich der nächsten planmäßigen Korbrevision 1989 in die ECU einzubeziehen[30]. Der Anteil dieser Währungen am Korb dürfte sich dann auf etwa 6-7 v.H. belaufen, was gleichzeitig eine Reduktion der relativen Gewichtsanteile der anderen Korbwährungen um genau diesen Prozentsatz bedeutet.

---

28 Vgl. Entschließung des *Europäischen Rates* vom 5. Dezember 1978 über die Errichtung eines Europäischen Währungssystems und damit zusammenhängende Fragen, in: Bulletin der EG, Heft 12 (1978), S. 1362.

29 Eine vergleichende Übersicht über die unterschiedliche Entwicklung der Währungsgewichte im Korb und über die tatsächliche Gewichtung, die sich aus den zugrundeliegenden ökonomischen Kriterien ergibt, findet sich für die Zeit vor der ersten Korbrevision bei *F. Abraham u.a.* (1984), S. 29. Wie diese Gegenüberstellung im einzelnen zeigt, war der Korbanteil der D-Mark aufgrund verschiedener Aufwertungen deutlich höher, der Anteil von FF und Lira hingegen aufgrund mehrerer Abwertungen deutlich niedriger als den zugrundeliegenden Kriterien, insbesondere ihrem Anteil am Bruttosozialprodukt und am innereuropäischen Handel, entsprach.

30 Vgl. *R. Hellmann* (1985), S. 217.

bb) Einzelaspekte der Korbtechnik

Die Europäische Währungseinheit ECU ist als revidierbarer Standardwährungskorb (revisable basket)[31] konstruiert. Sie setzt sich zusammen aus festen Beträgen von den zur Zeit neun Mitgliedswährungen der Europäischen Gemeinschaft[32].

Allgemein bestimmt sich der Wert einer Einheit ECU, ausgedrückt in einer bestimmten Mitgliedswährung i, als Summe der festen Währungsbeträge B_j, multipliziert mit dem Wechselkurs dieser Währungen j, ausgedrückt in Währung i (w_{ij})[33].

Algebraisch umgesetzt bedeutet das:

$$ECU_i = \sum_{j=1}^{n} B_j w_{ij}$$

wobei:

ECU_i	=	Wert der ECU ausgedrückt in Einheiten einer bestimmten Mitgliedswährung i,
B_j	=	fester Betrag der Währung j im Korb,
w_{ij}	=	Wechselkurs der Währung j ausgedrückt in Währung i und
n	=	Anzahl der Währungen im Korb

bedeutet.

Entsprechend dieser Ermittlungsmethode ergibt sich beispielsweise der ECU-Tageswert in D-Mark dadurch, daß man die einzelnen festen Währungsbeträge mit den amtlichen Devisenkursen in D-Mark multipliziert und aufsummiert.

---

31 Vgl. *W. Rieke* (1979), S. 342.

32 Da die beiden Länder Belgien und Luxemburg zu einer Währungsunion zusammengeschlossen sind, ist es möglich, die Währungen beider Länder (belgischer und luxemburgischer Franc) zu einer Währung zusammenzufassen.

33 Die Wertermittlung der ECU kann dabei entweder in Leit- bzw. Mittelkursen oder aber in Tages- bzw. Marktkursen erfolgen. Vgl. *R. Hasse* (1985), S. 202.

Dies soll an einem Rechenbeispiel für die D-Mark/ECU-Parität wahlweise für den 21.08.1986 nachvollzogen werden.

TABELLE 2

Beispielrechnung zur Bestimmung des ECU-Gegenwerts der D-Mark am 21.08.1986

B_j	$W_{DM/j}$	$B_j W_{DM/j}$	g_j in v. H.
0,719 DM	1 DM/DM	0,719	34,16
3,850 bfrs/lfrs	0,04829 DM/b(l)frs	0,1859	8,83
0,256 hfl	0,88704 DM/hfl	0,2271	10,79
0,0878 Pfund	3,07409 DM/Pfund	0,2699	12,82
0,219 dkr	0,26471 DM/dKr	0,0580	2,76
1,31 FF	0,30524 DM/FF	0,3999	19,00
140 Lire	0,00145 DM/Lire	0,2030	9,65
0,00871 ir. Pfund	2,76503 DM/ir. Pfund	0,0241	1,15
1,15 Dr.	0,01526 DM/Dr.	0,0176	0,84
1 ECU =		2,1045 DM	100,00

Nach der gleichen Berechnungsmethode können nun die ECU-Gegenwerte für alle anderen Korbwährungen bestimmt werden. Da dieses Verfahren allerdings sehr aufwendig ist, bedient man sich, um die Anzahl der notwendigen Rechenoperationen zu verringern, in der Praxis eines numéraire.[34] Als gemeinsamer Bezugspunkt wurde der US-Dollar gewählt, "da sein Kurs auf den Devisenmärkten am aussagekräftigsten ist"[35]. Zur Errechnung des Dollar-Gegenwerts der ECU meldet die Zentralbank jedes Mitgliedslandes täglich den um 14.30 Uhr (Brüsseler Zeit) festgestellten Marktkurs des US-Dollars auf ihrem Markt. Die belgische Nationalbank teilt diese Werte daraufhin der EG-Kommission mit, die sie dann benutzt,

34 Vgl. hierzu ausführlich *U. Sommer-Herberich* (1983), S. 359.,

35 Vgl. Mitteilung betreffend die Berechnung des von der Kommission veröffentlichten Gegenwertes des ECU und der Europäischen Rechnungseinheit, in: Abl. EG Nr. C 69 vom 13.03.1979, S. 4; abgedruckt in *R. Hellmann* (1979), S. 148ff; hier insbesondere S. 148. Zur Kritik an der Wahl des US-Dollar als numéraire vgl. auch *U. Sommer-Herberich* (1983), S. 361.

"um den Gegenwert des ECU und der ERE zunächst in Dollar und dann in den Währungen der Mitgliedsländer zu berechnen."[36] Diese täglich notwendig werdende Berechnung eines ECU-Tageskurses ergibt sich aus der Konstruktion der ECU als Standardwährungskorb. Denn die Standardkorb-Technik impliziert, daß sich der Wert einer Korbeinheit ausgedrückt in einer bestimmten Währung i mit den Wechselkursschwankungen w_{ij} aller Währungen, die Bestandteil des Korbes sind, verändert. Oder anders formuliert, daß sich der Korbwert aus den täglichen bilateralen Veränderungen der Wechselkurse der Korbwährungen multipliziert mit ihren konstanten Beträgen im Korb errechnet.[37]

Für die tatsächliche Veränderung des Wertes der ECU ist jedoch nicht nur das Ausmaß der täglichen Wechselkursschwankungen der einzelnen Korbkomponenten relevant, sondern die relative Verteilung der Korbanteile übt auch einen wesentlichen Einfluß auf die Wertentwicklung der ECU aus[38]. Denn Ausmaß und Richtung der Wertänderung der ECU bestimmen sich dann nicht mehr allein nur aus der Differenz der Auf- und Abwertungssätze der einzelnen Korbkomponenten, sondern sie ergeben sich aus den Auf- und Abwertungssätzen der Korbwährungen, gewichtet mit ihren relativen Anteilen. Nur wenn die Währungsgewichte aller Währungen im Korb ungefähr übereinstimmen würden, würde die Wertänderung der ECU allein von den Auf- und Abwertungssätzen der Korbwährungen bestimmt[39]. Die Gewichtsverteilung der einzelnen Währungen im Korb bewegt sich jedoch zwi-

---

36 Vgl. Mitteilung betreffend die Berechnung des von der Kommission veröffentlichten Gegenwertes des ECU und der Europäischen Rechnungseinheit, in: Abl. EG Nr. C 69 vom 13.03.1979, S. 4; abgedruckt in *R. Hellmann* (1979), S. 148ff; hier insbesondere S. 148. An dieser Stelle findet sich auch ein Beispiel zur Errechnung der jeweiligen Gegenwerte. Ebenso auch in *A.v. Moltke* (1986), S. 8.

37 Vgl. *U. Sommer-Herberich* (1983), S. 325. Für den Standardwährungskorb ECU sind diese bilateralen Schwankungen jedoch insofern begrenzt, als die einzelnen Korbkomponenten im Rahmen des Wechselkursmechanismus des EWS nur in einem eng begrenzten Band frei beweglich sind (vgl. zum Bandbreitensystem den folgenden Abschnitt). Ausnahmen hierzu bilden die italienische Lira, die ein breiteres Schwankungsintervall besitzt, sowie das britische Pfund und die griechische Drachme, die beide noch nicht in den Wechselkursmechanismus einbezogen sind und auch gegenüber den Gemeinschaftswährungen frei schwanken. Dadurch daß diese drei Währungen noch nicht - oder nur eingeschränkt - am Wechselkursmechanismus des EWS teilnehmen, wirken sich deren Kursschwankungen insgesamt stärker auf die Wertentwicklung der ECU aus. Zum Einfluß des Pfund Sterling auf die Kursentwicklung der ECU vgl. auch eine Beispielrechnung der Commerzbank, Bericht der Abteilung Volkswirtschaft, vom 26.06.1986. Stärkere Verschiebungen der Währungsrelationen im Bündel kann es abgesehen von diesen Ausnahmen nur im Rahmen einer allgemeinen Paritätsanpassung im EWS geben.

38 Vgl. *U. Sommer-Herberich* (1983), S. 326ff.

39 Analog gilt bei gleichen Auf- bzw. Abwertungssätzen der Korbkomponenten, daß dann die Wertänderung der ECU nur noch von den Gewichtsanteilen bestimmt wird.

schen etwas weniger als 1 v.H. (griechische Drachme) und ungefähr 35 v.H. (D-Mark). D.h. prozentual gleich große Wechselkursschwankungen der einzelnen Korbkomponenten werden den Wert der ECU in unterschiedlicher Weise beeinflussen. Allgemein gilt, daß die Wertänderung einer Währung j im Korb den Wert der ECU (gemessen in Währung i) umso mehr (weniger) verändert, je größer (kleiner) ihr relativer Gewichtsanteil ist. Ausgehend von der gegenwärtigen Korbzusammensetzung dürften demzufolge nur die täglichen Schwankungen der "großen" Währungen (D-Mark und Französischer Franc) einen stärkeren Einfluß auf die Wertentwicklung der ECU ausüben (wenn man von den Ausnahmefällen Britisches Pfund und Italienische Lira einmal absieht).

Auf der anderen Seite bedingt die unterschiedliche Gewichtsverteilung der Währungen im Bündel aber auch - da die auf- bzw. abwertende Währung selbst ein Bestandteil des Korbes ist - daß eine Wertänderung einer bestimmten Währung (bezogen auf die anderen Korbkomponenten) sich umso weniger (mehr) im Kursverlauf der ECU (bezogen auf die wertändernde Währung) bemerkbar macht, je größer (kleiner) ihr relativer Korbanteil ist, da ja der Wechselkurs einer Währung gegenüber sich selbst unverändert bleibt.[40] Oder mit anderen Worten formuliert: Je größer (kleiner) der Anteil der anderen Währungen am Korb ist (Fremdwährungsanteil), desto mehr (weniger) schlägt sich die Wertänderung der eigenen Währung auch im Kursverlauf der ECU (gegenüber der eigenen Währung) nieder.

Damit übt der Eigenwährungsanteil am ECU-Korb eine stabilisierende Wirkung auf die Kursentwicklung der ECU aus. Dieser stabilisierende Effekt dürfte allerdings nur für die anteilsmäßig stärker vertretenen Währungen (DM bzw. FF) von Bedeutung sein; für die "kleineren" Währungen (Irisches Pfund bzw. Griechische Drachme) mit einem Korbgewicht von jeweils nur ungefähr einem Prozent, wirkt sich der Eigenwährungsanteil am Korb kaum aus. Für diese Währungen nimmt die ECU bereits den Charakter einer weitgehend fremden Währung an.

Die ECU ist grundsätzlich als offener Korb konstruiert, d.h. es können zusätzlich weitere Währungen einbezogen werden. Dies hat jedoch Folgen für den Eigenwährungsanteil am Korb, der - besonders für die "großen" Währungen - sinken wird. Denn die Aufnahme weiterer Korbwährungen führt stets zu einer Reduktion der Gewichtsanteile aller Währungen im Korb. Insgesamt wird dadurch die Verteilung der Währungsgewichte gleichmäßiger, da die bisher anteilsmäßig stärker vertretenen Währungen eine absolut größere Einbuße ihres Korbanteils hinnehmen müssen. Damit wird auch der tendenziell stabilisierende Einfluß des Eigenwährungsanteils auf die Wertentwicklung der ECU (bezogen auf die eigene Währung) zurückgehen. Gleichzeitig wird sich aber auch in dem Maße, wie der Vorteil des ei-

40 Vgl. *U. Sommer-Herberich* (1983), S. 335; ebenso *M. Burret* (1982), S. 61.

genen Währungsanteils für eine Währung j abnimmt, die Kursvariabilität der ECU bezogen auf die anderen Korbwährungen verringern, wenn die betreffende Währung j ihren Wert ändert[41].

Wechselkursänderungen der Korbkomponenten haben also immer Auswirkungen auf die Wertentwicklung der ECU. D.h. aber auch, daß sich die relativen Währungsgewichte der auf- bzw. abwertenden Währungen verändern, da die in den Korb gegebenen festen Währungsbeträge unverändert bleiben (Standardkorb-Technik)[42]. Aufwertungen einzelner Währungen - was gleichbedeutend ist mit einer relativen Verbilligung der ECU - führen zu einem Anstieg des Gewichts im Korb, während bei Abwertungen - die ECU wird relativ teurer - das Korbgewicht dieser Währungen abnimmt. "In consequence, the actual weight of each currency will vary with the changes in its value relative to other basket currencies, and as a rule will differ from the historical weight that prevailed at the time the currency basket was imposed"[43]. Das bedeutet aber auch nichts anderes, als daß sich bei der Wertänderung einer Währung relativ zur ECU zwangsläufig auch die ECU-Kurse aller übrigen Währungen - und somit auch deren relative Gewichtsverteilung im Korb - verschieben werden. Ansonsten würde die Summe der Währungsgewichte im Korb von 100 v.H. abweichen. Dieser Zusammenhang ergibt sich aufgrund der Korbkonstruktion der ECU bei den täglichen Marktschwankungen der Korbelemente; bei offiziellen Leitkursanpassungen im Rahmen des Europäischen Währungssystems ist er jedoch explizit zu berücksichtigen.

Tabelle 3 auf der folgenden Seite zeigt die Entwicklung der relativen Korbanteile der Mitgliedswährungen seit Inkrafttreten des EWS und nach der ersten Korbrevision am 17.09.1984 jeweils für den Tag einer Leitkursanpassung[44]. Wie aus der Tabelle hervorgeht, nehmen die Währungsgewichte der aufwertenden Währungen (D-Mark, holländischer Gulden) kontinuierlich zu, während die Korbanteile abwertender Währungen (französischer Franc, italienische Lira) entsprechend zurückgehen. So hat sich der Korbanteil der D-Mark bis zum 17.09.1984 von ursprünglich knapp 33 v.H. auf rund 37 v.H. erhöht, während der Anteil des französi-

---

41 Diese Überlegung steckte auch hinter der ursprünglichen Konstruktion des Sonderziehungsrechts des Internationalen Währungsfonds (IWF). "Here the conclusion was partly economic - to include a broad range of currencies, so that movements in the value of the currency of any one country would not have too large an influence on the value of the SDR...". Vgl. hierzu *J.J. Polak* (1979), S. 637.

42 Relatives Gewicht der nationalen Währungen in v.H. bestimmt sich als fester Betrag der betreffenden Währungen ins Verhältnis gesetzt zum ECU-Kurs der betreffenden Währungen.

43 Vgl. *J. M. von der Schulenburg* (1984), S. 66.

44 Eine Zusammenstellung der offiziellen Leitkursanpassungen (Realignments) findet sich in Tabelle 4.

TABELLE 3

Veränderungen der relativen Währungsanteile vom 13.03.1979 bis zum 12.01.1987

Währung	Gewichte der Korbwährungen in v. H. (g_i)										Korbgewichte in v.H. (g_i)					
	13.03. 1979	24.09. 1979	30.11. 1979	23.03. 1981	05.10. 1981	22.02. 1982	14.06. 1982	21.03. 1983	14.09.[1] 1984	Δg_i in v.H.	17.09[2] 1984	22.07. 1985	07.04. 1986	02.08. 1986	12.01. 1987	Δ gi in v.H.
BFR/LFR	9,63	9,55	9,55	9,31	9,32	8,50	8,45	8,57	8,41	-12,69	8,52	8,59	8,81	8,93	9,06	6,34
DKR	3,06	2,96	2,81	2,75	2,74	2,65	2,64	2,70	2,67	-12,74	2,69	2,69	2,76	2,80	2,79	3,72
DM	32,98	33,31	33,36	32,53	34,36	34,24	35,48	37,38	36,87	11,80	32,00	32,12	33,63	34,06	34,93	9,16
FF	19,83	19,64	19,67	19,18	18,62	18,56	17,39	16,93	16,68	-15,89	19,03	19,08	18,81	19,06	18,98	-0,26
IRP	1,13	1,12	1,12	1,10	1,10	1,09	1,09	1,05	1,04	- 7,96	1,20	1,20	1,22	1,14	1,13	-5,83
LIT	9,49	9,40	9,41	8,63	8,38	8,35	8,07	7,86	7,88	-16,97	10,13	9,21	9,36	9,48	9,44	-6,81
HFL	10,51	10,50	10,42	10,17	10,74	10,70	11,09	11,46	11,30	7,52	10,11	10,15	10,63	10,76	11,04	9,20
UKP	13,50	13,54	13,65	16,33	14,74	15,90	15,80	14,06	15,11	11,93	14,99	15,81	13,93	12,93	11,87	-20,81
DRA	-	-	-	-	-	-	-	-	-	-	1,31	1,14	0,85	0,84	0,76	-41,98

1) Letzte Gewichtsverteilung vor Korbrevision;
2) Erste turnusmäßige Korbrevision;

Quelle: ECU-Newsletter, verschiedene Jahrgänge; eigene Berechnungen.

schen Franc von anfangs knapp 20 v.H. auf 16,7 v.H. abnahm. Die Korbrevision am 17.09.1984 stellte die Repräsentativität der Währungsgewichte wieder her.

Würden die Währungsgewichte nicht turnusmäßig der wirtschaftlichen Bedeutung der Mitgliedstaaten wieder angepaßt, würde die ECU aufgrund des Korbautomatismus mit der Zeit in zunehmendem Maße von den starken Währungen dominiert, während die relativen Korbanteile der schwachen Währungen immer weiter sinken würden. Gegenüber diesen Währungen würde die ECU zunehmend zur Fremdwährung. Diese Praxis turnusmäßiger Überprüfung und Anpassung der Währungsgewichte übt damit auch einen Einfluß auf die Wertentwicklung der ECU aus. Allgemein bestimmt sich der Wert der ECU gemäß den bilateralen Kursschwankungen der Korbkomponenten gewichtet mit ihren relativen Anteilen. Für den Fall, daß die Korbzusammensetzung der ECU im Zeitablauf nicht angepaßt würde, würde sich die Wertentwicklung der ECU aufgrund der Dominanz der wertstabileren Währungen immer mehr der Entwicklung dieser Währungen angleichen. Letzten Endes würde die ECU mit der stabilsten Mitgliedswährung übereinstimmen. Diese Überlegungen hinsichtlich der Wertentwicklung der ECU im Zeitablauf gelten gleichermaßen auch für die Bestimmung des ECU-Zinssatzes, der sich als gewichtetes Mittel der einzelnen Korbwährungszinssätze errechnen läßt. Ohne planmäßige Korbrevisionen würde der ECU-Zins mit der Zeit dem Zinssatz für die stabilste Korbwährung entsprechen.

Korbrevisionen stellen nun jeweils eine Zäsur in dieser kontinuierlichen Entwicklung dar. Eine Anpassung des Korbes führt nämlich zunächst grundsätzlich dazu, daß ECU-Inflationsrate und ECU-Zins ansteigen werden, wenn die Währungskomponente einer Korbwährung mit überdurchschnittlich (unterdurchschnittlich) hoher Inflationsrate und Zins erhöht (gesenkt) wird, und beide werden zurückgehen, wenn die Währungskomponente einer Währung mit unterdurchschnittlich (überdurchschnittlich) hoher Inflationsrate und Zins erhöht (gesenkt) wird. Danach tritt der aus der Standardkorbtechnik resultierende Zusammenhang der Anpassung von ECU-Wert und -Zins an die Entwicklung der jeweils stabilsten Korbwährung wieder auf.

c) Die offizielle Verwendung der ECU im Rahmen des EWS

Nachdem im vorigen Abschnitt der allgemeine Charakter der Korbwährungs-ECU näher bestimmt wurde, soll nun im folgenden an den offiziellen Funktionen, die die ECU im Rahmen des EWS zu erfüllen hat, angeknüpft werden. Dadurch werden gleichzeitig die grundsätzlichen institutionellen Regelungen des EWS in seiner gegenwärtigen Ausgestaltung dem Prinzip nach erläutert[45] Mit dieser Darstellung sollen im wesentlichen zwei Zwecke erfüllt werden. Zum einen dient sie als Grundlage für die Beurteilung des EWS aus integrationstheoretischer Perspektive (qualitative Fortentwicklung des Systems der Schlange, Einbeziehung der Anliegen Tindemans sowie des Parallelwährungskonzepts). Zum anderen bietet die Spezifikation der offiziellen Funktionen der ECU eine Abgrenzungsmöglichkeit zu ihrer sich außerhalb der Vereinbarungen des Systems vollziehenden privatwirtschaftlichen Verwendung, die den Gegenstand des folgenden Kapitels bilden wird. Denn beide ECU stimmen zwar in ihrer Definition vollständig überein, sie unterscheiden sich jedoch in ihrer Verwendung und zirkulieren in zwei völlig voneinander unabhängigen Kreisläufen.

Die derzeitige offizielle Verwendung der Europäischen Währungseinheit ECU im Rahmen des EWS (offizieller Kreislauf) ist auf die Zwecke der währungspolitischen Zusammenarbeit sowie den Zahlungsverkehr zwischen den Zentralbanken beschränkt. Gemäß Abschnitt 2.2. der Entschließung des *Europäischen Rates* vom Dezember 1978 hat die ECU die folgenden vier Funktionen zu erfüllen:[46]

1. Sie dient als Bezugsgröße für den Wechselkursmechanismus.
2. Sie wird als Rechengröße (Denominator) für Operationen sowohl im Interventions- als auch Kreditmechanismus verwendet.
3. Sie fungiert als Referenzgröße für den sogenannten Abweichungsindikator.
4. Schließlich dient sie als Instrument für den Saldenausgleich zwischen den Zentralbanken.

---

45 Umfassende Darstellungen der Funktionsweise des Europäischen Währungssystems finden sich in *Deutsche Bundesbank* (1979), S. 11ff.; ebenso in *Kommission der Europäischen Gemeinschaften* (1979), S. 67ff.; auch *W. Gösele* (1979), S. 377ff., *W. Harbrecht* (1981), S. 146ff., *R. Hellmann* (1979), *C. Köhler* (1979), S. 288ff.; eine kurze Übersicht gibt *R. Hasse* (1985), S. 201ff.; speziell zu den Vereinbarungen zur institutionellen zweiten Stufe des EWS vgl. *N. Kloten* (1981), S. 161ff.

46 Vgl. Entschließung des *Europäischen Rates* vom 5. Dezember 1978 über die Errichtung eines Europäischen Währungssystems und damit zusammenhängende Fragen, in: Bulletin der EG, Heft 12 (1978), S. 1361ff.

aa) Bezugsgröße für den Wechselkursmechanismus

Das Wechselkurssystem des EWS läßt sich kennzeichnen "als ein System fester, aber anpassungsfähiger Leitkurse mit engen Schwankungsmargen für Kassafluktuationen und Interventionsverpflichtungen der beteiligten Zentralbanken zur Sicherung dieser Margen"[47]. Zu Beginn wurde für jede der am Wechselkurssystem beteiligten Währungen von den zuständigen nationalen Währungsbehörden ein ECU-bezogener Leitkurs festgelegt. "Diese Leitkurse dienen zur Festlegung eines Gitters bilateraler Wechselkurse"[48], so daß sich damit auch zwischen den Gemeinschaftswährungen untereinander jeweils feste Austauschverhältnisse ergeben. Um diese auf der Basis der ECU-Leitkurse ermittelten bilateralen Wechselkursrelationen wurden Bandbreiten von ± 2,25 v.H. gelegt, die die täglichen Schwankungen der Partnerwährungen begrenzen. Ländern mit bis zur Einführung des EWS floatenden Währungen (Italien, Großbritannien, Frankreich) sowie neuen Mitgliedern wurde zugestanden, eine erweiterte Bandbreite bis max. ± 6 v.H. zu wählen. Diese Bandbreite sollte sukzessive auf das übliche Ausmaß reduziert werden, "sobald es die wirtschaftlichen Gegebenheiten erlauben"[49]. Von dieser Option macht seither nur Italien Gebrauch. Großbritannien[50] und Griechenland nehmen überhaupt noch nicht am Wechselkursmechanismus teil, so daß Kursveränderungen des Pfund Sterling sowie der Griechischen Drachme gegenwärtig nicht durch Interventionsregeln begrenzt werden. Auch ist mit einer Teilnahme der Neumitglieder Spanien und Portugal, deren Währungen noch nicht einmal im ECU-Korb enthalten sind, sobald nicht zu rechnen[51].

Adjustierungen der Leitkurse sind nach der Brüsseler Entschließung ausdrücklich vorgesehen. Sie sollen nach einem gemeinsamen Verfahren, "in das alle am Wechselkursmechanismus beteiligten Länder sowie die Kommission einbezogen sind"[52], vorgenommen werden. Veränderungen der Währungsparitäten können dabei aber nur mit Zustimmung aller am System Beteiligten durchgeführt werden, da die Konstruktion der ECU als Währungskorb impliziert, daß sich bei Änderung

---

47 Vgl. *H.E. Scharrer* (1983), S. 175.

48 Vgl. Entschließung des *Europäischen Rates* vom 5. Dezember 1978 über die Errichtung eines Europäischen Währungssystems und damit zusammenhängende Fragen, in: Bulletin der EG, Heft 12 (1978), S. 1362.

49 Vgl. *ebenda*, S. 1362.

50 Zu den möglichen Motiven für den Nichtbeitritt Großbritanniens zum EWS vgl. *J. Carr* (1983), S. 40f.

51 So die Meinung von Bundesbank-Präsident *K.O. Pöhl* bei einem Vortrag vor der deutsch-spanischen Handelskammer. Vgl. hierzu *L.F. Fidalgo* (1986), S. 9.

52 Vgl. Entschließung des *Europäischen Rates* vom 5. Dezember 1978 über die Errichtung eines Europäischen Währungssystems und damit zusammenhängende Fragen, in: Bulletin der EG, Heft 12 (1978), S. 1362.

des ECU-Leitkurses einer Währung zwangsläufig auch die Leitkurse aller übrigen Korbwährungen ändern werden[53].

Dies soll anhand eines kleinen numerischen Beispiels erläutert werden[54]. Es wird im folgenden davon ausgegangen, daß die Bundesrepublik Deutschland die D-Mark um 5 v.H. aufwerten will (gegenüber der ECU). Der gegenwärtige Leitkurs der D-Mark beträgt 2,05853 DM/ECU (seit dem 12.01.1987), ihr relatives Korbgewicht liegt bei 34,93 v.H., und der feste Währungsanteil der D-Mark ist seit der letzten Korbrevision auf 0,719 DM festgesetzt[55]. Eine Aufwertung der D-Mark um 5 v.H. würde nun dazu führen, daß ein neuer ECU-Leitkurs der D-Mark auf 1,95561 festgesetzt werden müßte. Dadurch würde sich ein relativer Gewichtsanteil der D-Mark im Korb von 36,77 v.H. errechnen. Da die Summe aller Währungsgewichte im Korb jedoch niemals über 100 v.H. betragen kann, muß mit den Teilnehmerländern des Systems Einigkeit darüber erzielt werden, welche Währung bzw. welche Währungen entsprechend dazu abgewertet werden sollen[56].

bb) Rechengröße im Interventions- und Kreditmechanismus

Innerhalb der festgelegten Bandbreite können sich die ECU-Marktkurse der einzelnen Währungen frei bewegen. Erst bei Erreichen der Kurslimite sind die betreffenden Zentralbanken verpflichtet, durch abgestimmte Interventionen in Teilnehmerwährungen die Kurse innerhalb des Bandes zu halten (obligatorische Interventionen[57]). Dabei sehen die Regelungen des EWS grundsätzlich zweiseitige Interventionen vor, denn aufgrund der aus dem Leitkursgitter ableitbaren bilateralen Wechselkursrelationen erreichen stets zwei Währungen gleichzeitig ihre Limite. Die Zentralbank, deren Währung den oberen Interventionspunkt erreicht, hat die Pflicht, durch Verkauf der eigenen Währung das Überschreiten des vereinbarten Kurses zu verhindern, während die Notenbank, deren Währung den unteren Interventionspunkt berührt, dazu aufgefordert ist, die eigene (schwache) Währung durch Abgabe der (starken) Partnerwährung aus dem Markt zu nehmen.

---

53 Vgl. *Deutsche Bundesbank* (1979), S. 13.

54 Ein analoges Beispiel findet sich bei *C. Köhler* (1979), S. 293.

55 Vgl. zu den Leitkursen, festen Währungsbeträgen und relativen Korbanteilen auch der anderen Korbwährungen, Tabelle 1.

56 Speziell zur Leitkursarithmetik im EWS siehe *H. Jäckel* (1984), S. 183ff.

57 Vgl. Entschließung des *Europäischen Rates* vom 5. Dezember 1978 über die Errichtung eines Europäischen Währungssystems und damit zusammenhängende Fragen, in: Bulletin der EG, Heft 12 (1978), S. 1362.

Diese bilateralen Interventionsverpflichtungen sowie die Absprache der Zentralbanken[58] untereinander, über sog. Arbeitsguthaben[59] (working balances) hinaus keine weiteren Devisenreserven in Partnerwährungen zu halten, setzen die Schaffung von geeigneten Finanzierungsinstrumenten voraus. Denn den am System beteiligten Notenbanken muß es jederzeit möglich sein, sich die zum Aufkauf eigener Währung benötigten Devisen bei der Emissionszentralbank beschaffen zu können. Diese Mittel werden den Schuldnerzentralbanken im Rahmen der sog. sehr kurzfristigen Finanzierung[60] in unbegrenzter Höhe[61] zur Verfügung gestellt, zum ECU-Tageskurs der jeweiligen Währung umgerechnet[62] und auf den vom Europäischen Fonds für währungspolitische Zusammenarbeit (EFWZ) geführten Konten verbucht[63]. In analoger Weise findet dieses Verbuchungsverfahren Anwendung, wenn eine Gläubigerzentralbank Partnerwährungsbeträge zu Stützungskäufen aus dem Markt nimmt.

Zur Absicherung des EWS-Festkurssystems wurden außer der sehr kurzfristigen Finanzierung zu Interventionszwecken weitere Kreditfazilitäten für notwendig gehalten. Aus diesem Grund wurden die bereits im System der Europäischen Währungsschlange bestehenden Kreditmechanismen der kurz- und mittelfristigen Währungskredite[64] unter weitgehender Beibehaltung ihrer Anwendungsregeln in die Regelungen des EWS integriert, wobei der jeweils verfügbare Kreditbetrag deutlich aufgestockt wurde. In beiden Kreditmechanismen findet die ECU als Rechengröße Anwendung[65].

Der kurzfristige Währungsbeistand[66] basiert auf einem Abkommen der Notenbanken der EG-Mitgliedstaaten vom Februar 1970 in der jüngsten Fassung vom

---

58 Vgl. Abkommen zwischen den Zentralbanken der Mitgliedstaaten der Europäischen Wirtschaftsgemeinschaft über die Funktionsweise des Europäischen Währungssystems, Basel, 13. März 1979; abgedruckt bei *R. Hellmann* (1979), S. 150ff.

59 Vgl. *ebenda*, Artikel 15, S. 156.

60 Vgl. *ebenda*, S. 153f.

61 Vgl. *ebenda*, Artikel 6, S. 153.

62 Vgl. *ebenda*, Artikel 7, S. 153.

63 Vgl. *ebenda*, Artikel 7, S. 153.

64 Die Darstellung der Beistandsmechanismen kurzfristiger Währungsbeistand sowie mittelfristiger finanzieller Beistand orientiert sich an *Deutsche Bundesbank* (1986 b), S. 274ff.

65 Daneben hat in den letzten Jahren das Instrument der Gemeinschaftsanleihe zunehmend an Bedeutung gewonnen. Da Gemeinschaftsanleihen jedoch nicht auf ECU lauten müssen, sollen sie hier nur am Rande angesprochen werden. Vgl. zu diesem Instrument beispielsweise *Deutsche Bundesbank* (1986 b), S. 278f.

66 Vgl. Akte über den kurzfristigen Währungsbeistand vom 13. März 1979 mit Abkommen vom 9. Februar 1970 zur Errichtung eines Systems des kurzfristigen Währungsbeistands unter den Zentralbanken der Mitgliedstaaten der Europäischen Wirtschaftsgemeinschaft in kodierter Fassung nach dem Stand vom 13. März 1979, abgedruckt bei *R. Hellmann* (1979), S. 161ff.

10. Dezember 1985. Hiernach ist es einer EG-Zentralbank möglich, zur Finanzierung eines "... vorübergehenden Zahlungsbilanzdefizits, welches auf zufälligen Schwierigkeiten oder unterschiedlichen Konjunkturentwicklungen beruht ..."[67] einen Devisenbeistand zu erhalten, der nicht an wirtschaftspolitische Auflagen gebunden ist. Die Inanspruchnahme des kurzfristigen Währungsbeistands sowie die Aufbringung der Mittel richten sich nach den Gläubiger- und Schuldnerquoten[68]. In Ausnahmefällen kann dieser Rahmen jeweils um die Rallongen erweitert werden. Die Laufzeit dieser Kredite beträgt in der Regel drei Monate und kann zweimal um die gleiche Zeitspanne prolongiert werden. Die im Rahmen des kurzfristigen Währungsbeistands gewährten Mittel werden durch den EFWZ verwaltet und zu Marktsätzen verzinst. Das Gesamtvolumen beträgt 14 Mrd. ECU.

Der mittelfristige finanzielle Beistand[69] wurde am 12. März 1971 durch einen Ratsbeschluß auf der Basis des Artikels 108 EWGV, der für den Fall einer von Zahlungsbilanzschwierigkeiten einzelner Mitgliedsländer ausgehenden Gefährdung des Funktionierens des Gemeinsamen Marktes einen gegenseitigen Beistand vorsieht, eingeführt. Jedes Mitgliedsland ist verpflichtet, im Rahmen eines sog. "Bereitstellungsplafonds" entsprechende Mittel zur Kreditgewährung zur Verfügung zu stellen. Das maximale Kreditvolumen für ein Land umfaßt normalerweise 50 v.H. des eingebrachten Gesamtplafonds. In Ausnahmefällen kann es jedoch bis auf 11 Mrd. ECU ausgedehnt werden. Der Kredit ist an wirtschaftspolitische Auflagen gebunden und mit einer Laufzeit von zwei bis fünf Jahren ausgestattet.

cc) Ausgangspunkt zur Berechnung des Abweichungsindikators

Neben ihrer Bedeutung im Rahmen des Wechselkurs-, Interventions- und Kreditmechanismus des EWS dient die ECU auch als Ausgangspunkt für die Berechnung des sogenannten Abweichungsindikators, der als Maßgröße für die Beurteilung der Wechselkursentwicklung einzelner Mitgliedswährungen im Vergleich zu den übrigen EWS-Währungen in das System eingeführt worden ist[70]. Als eine Art

67 Vgl. *ebenda*, S. 163.

68 Zu den Gläubiger- bzw. Schuldnerquoten sowie den Rallongensummen siehe *Deutsche Bundesbank* (1986 b), S. 275.

69 Entscheidung des Rates vom 22. März 1971 über die Einführung eines Mechanismus für den mittelfristigen finanziellen Beistand (71/143/EWG) in unter Berücksichtigung der Ratsentscheidungen vom 18.12.1975, 19.12.1977 und 21.12.1978 geänderter Fassung, abgedruckt in *R. Hellmann* (1979), S. 169ff.

70 Eine detaillierte Darstellung der Funktionsweise des Abweichungsindikators findet sich beispielsweise bei *N. Kleinheyer* (1980), S. 83ff.

objektives "Frühwarnsystem"[71] soll er Informationen über größere Abweichungen einzelner Währungen vom Durchschnitt der anderen Partnerwährungen liefern.

Zur Ermittlung des Indikators wird für jede EWS-Währung täglich die prozentuale Abweichung ihres ECU-Marktkurses von ihrem Leitkurs berechnet. Beträgt dabei die effektive Abweichung einer bestimmten Währung mindestens 75 v.H. ihrer maximal möglichen Abweichungsspanne[72] nach oben oder nach unten, ist die festgelegte Abweichungsschwelle erreicht. In diesem Fall sollen sich die betroffenen Mitgliedszentralbanken zur gegenseitigen Konsultation sowie ggf. zur Einleitung geeigneter Gegenmaßnahmen aufgerufen fühlen[73]. Denn entsprechend der Entschließung des *Europäischen Rates* besteht bei Erreichen der Abweichungsschwelle durch eine bestimmte Mitgliedswährung "eine Vermutung, daß die betreffenden Behörden diese Situation durch angemessene Maßnahmen korrigieren werden"[74]. Auch wenn durch diese Formulierung noch kein "automatischer Handlungszwang"[75] im Sinne einer verbindlichen Festlegung begründet wird, so kommt darin dennoch die Erwartung zum Ausdruck, daß die in Frage kommenden Instanzen geeignete wirtschafts- und währungspolitische Maßnahmen[76] ergreifen werden, um das drohende Ausscheren ihrer Währung aus dem Festkursverbund zu vermeiden bzw. um die aufgetretenen Divergenzen in der wirtschaftlichen Entwicklung entsprechend zu korrigieren.

Die praktischen Erfahrungen, die bisher mit dem Divergenzindikator gemacht wurden, scheinen diese Sichtweise zu belegen. So wurden in der Regel, nachdem eine Währung ihre Abweichungsschwelle überschritten hatte, von den betroffenen Regierungen und Notenbanken die erforderlichen Konsequenzen ergriffen[77] bzw., noch bevor überhaupt eine Abweichungsschwelle erreicht wurde, bereits notwendige wirtschaftspolitische Maßnahmen eingeleitet[78]. Auch spricht der be-

---

71 Zur Problematik der Frühwarnhypothese vgl. *ebenda*, S. 84.

72 Hierunter wird der maximale Abstand zwischen ECU-Markt- und ECU-Leitkurs, jeweils markiert durch den unteren und oberen Interventionspunkt, verstanden.

73 Dies gilt allerdings dann nicht, wenn eine bestimmte Währung ihre Abweichungsschwelle aufgrund von Kursbewegungen von Nichtteilnehmerwährungen oder aufgrund von Kursbewegungen von Währungen mit erweiterter Bandbreite erreicht hat.

74 Vgl. Entschließung des *Europäischen Rates* vom 5. Dezember 1978 über die Errichtung eines Europäischen Währungssystems und damit zusammenhängende Fragen, in: Bulletin der EG, Heft 12 (1978), S. 1362.

75 Vgl. *N. Kleinheyer* (1980), S. 88.

76 Diese Korrekturmaßnahmen können aus diversifizierten (intramarginalen) Interventionen, Änderungen der Leitkurse, internen währungspolitischen und anderen wirtschaftspolitischen Maßnahmen bestehen.

77 Vgl. *N. Kleinheyer* (1980), S. 91.

78 Vgl. *N. Kleinheyer* und *D.B. Simmert* (1984), S. 202.

trächtliche Anteil sogenannter intramarginaler Interventionen für den disziplinierenden Charakter dieses Instruments.

dd) Instrument für den Saldenausgleich zwischen den Notenbanken der EG

Mit dem Zentralbankabkommen vom 13. März 1979[79] erhielt der Europäische Fonds für währungspolitische Zusammenarbeit EFWZ die Befugnis, Währungsreserven der EG-Notenbanken entgegenzunehmen und dafür ECU gutzuschreiben. Zur Schaffung eines ECU-Anfangsbestandes haben die am EWS beteiligten Zentralbanken je 20 v.H. ihrer Gold- und Dollarreserven in Form revolvierender Dreimonats-Swapgeschäfte (ECU-Kassakauf verbunden mit einem ECU-Terminverkauf) auf den EFWZ übertragen, der ihnen im Gegenzug entsprechende ECU-Guthaben einräumte.[80] Jeweils zu Beginn eines Vierteljahres sind diese Swap-Transaktionen zu erneuern. Dabei wird, um zu gewährleisten, daß von jeder Zentralbank auch immer mindestens 20 v.H. ihrer Reservebestände beim EFWZ hinterlegt sind, den Veränderungen des Bestandes ihrer Gold- und Dollarreserven Rechnung getragen. Erforderlichenfalls werden die notwendigen Anpassungen vorgenommen[81]. Die Vereinbarungen zum EWS sehen vor, daß der EFWZ die Verwaltung der im Zuge der Swap-Geschäfte übertragenen Reserven den hinterlegenden Zentralbanken überläßt. Entsprechend verbleiben diesen dann auch die Kursrisiken (-gewinne) sowie die Zinserträge aus den eingebrachten Dollarreserven[82]. Demzufolge werden die auf diese Weise geschaffenen ECU-Guthaben auch nicht verzinst[83].

Die ECU-Guthaben werden von den Mitgliedstaaten mit gewissen Einschränkungen als Zahlungsmittel zur Tilgung von Zahlungsverpflichtungen zwischen den Währungsbehörden (i.w. zum Ausgleich der Interventionssalden) verwendet. Damit erfüllen sie zugleich die Funktion eines Reservemediums. Unter

---

79 Vgl. Abkommen zwischen den Zentralbanken der Mitgliedstaaten der Europäischen Wirtschaftsgemeinschaft über die Funktionsweise des Europäischen Währungssystems, Basel, 13. März 1979; abgedruckt bei *R. Hellmann* (1979), S. 150ff.

80 Vgl. *ebenda*, Artikel 17, S. 153.

81 Auf einen einfachen Nenner gebracht, meint *P.Reynolds Allen* (1986, S. 5) hierzu: "Effectively, the official ECU is simply a new name for part of the central banks' gold and dollar reserves".

82 Vgl. *P.W. Schlüter* (1982), S. 58.

83 Vgl. *W. Gösele* (1979), S. 394.

monetärem Blickwinkel ist die Zahlungsmittelfunktion der ECU allerdings noch sehr begrenzt. Zum einen waren die Gläubigerzentralbanken ursprünglich nur verpflichtet, ECU in Höhe von maximal 50 v.H. ihrer Forderungen im Saldenausgleich entgegenzunehmen. Diese Annahmegrenze wurde in einer Reihe von Fällen mittlerweile auf 100 v.H. angehoben[84]. Im Falle intramarginaler Interventionen bleibt es den betroffenen Zentralbanken selbst überlassen, ob und in welchem Umfang sie ECU als Zahlungsmittel für den Saldenausgleich verwenden wollen[85]. Da gegenwärtig ca. 80 v.H. aller Interventionen intramarginal vorgenommen werden, dürfte die Bedeutung der ECU als Zahlungsmittel im Saldenausgleich insgesamt gering einzuschätzen sein.[86]

Außerdem haben ECU-Transaktionen zwischen den Zentralbanken bislang nur vorläufigen Charakter, da eine definitive Übertragung der eingebrachten Gold- und Dollarreserven erst für die zweite Stufe des EWS (sogenannte institutionelle Phase), in die das System bereits nach Ablauf von zwei Jahren hätte eintreten sollen, vorgesehen war.[87] Da die zweijährige Anlaufphase mittlerweile insgesamt vier Mal verlängert worden ist, soll es zu einer Beendigung dieser vorläufigen Swap-Regelungen - vorbehaltlich eines gegenteiligen Beschlusses - nun bis spätestens März 1989, dem Ende der bislang letzten Verlängerung der Übergangsphase, kommen.

Auf der folgenden Seite ist die offizielle Verwendung der ECU im Rahmen der Mechanismen des EWS noch einmal in einer Übersicht zusammengefaßt.

3. Zur institutionellen Phase des EWS

Folgt man den Vereinbarungen des *Europäischen Rates* vom Dezember 1978, so hätte das EWS spätestens zwei Jahre nach seiner Errichtung, also im März 1981, zur sogenannten institutionellen zweiten Stufe übergehen müssen, die die Konsolidierung der bestehenden Einrichtungen des Systems in einem Europäischen Währungsfonds (EWF), als Nachfolger des EFWZ, beinhalten sollte. Gleichzeitig sah die in Aussicht gestellte zweite Stufe vor, daß die ECU uneingeschränkt als Re-

84 Vgl. *Deutsche Bundesbank* (1986), S. 267. An dieser Stelle werden auch die weiteren seitens der EG-Notenbankgouverneure getroffenen Vereinbarungen zur Erweiterung der Mobilisierbarkeit von ECU-Beständen sowie zur Neuregelung der ECU-Zinsermittlung dargestellt.

85 Vgl. *P.W. Schlüter* (1983), S. 253.

86 Vgl. zur Interventionspraxis im EWS sowie zur Bedeutung der ECU *S. Micossi* (1985), S. 327ff.

87 Vgl. *P.W. Schlüter* (1983, S. 254.

ABBILDUNG 1

Die zentrale Rolle der ECU im Europäischen Währungssystem

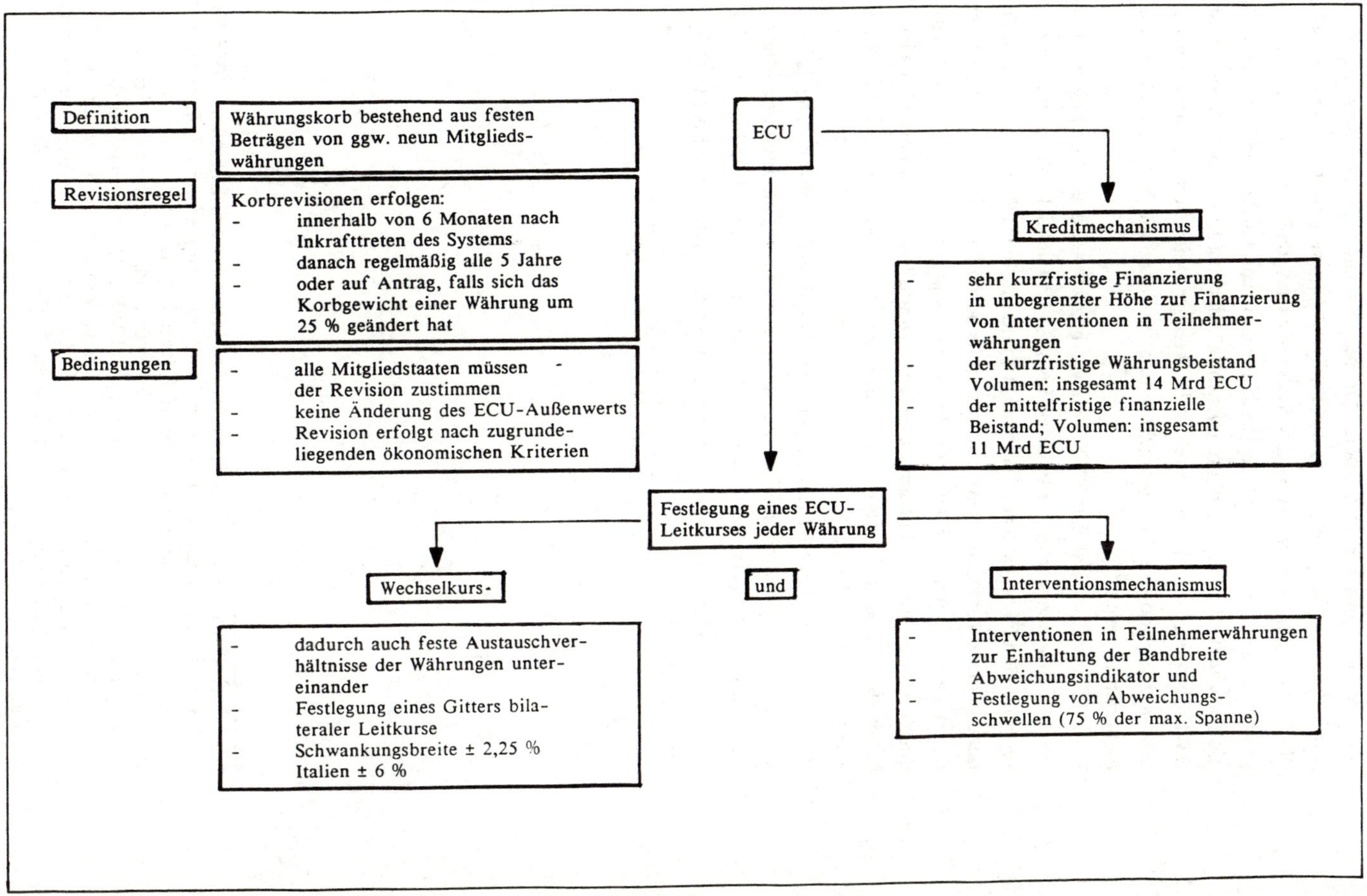

serveaktivum und als Instrument für den Saldenausgleich Verwendung finden sollte.[88] Dieser Zeitplan konnte nicht eingehalten werden. Insbesondere scheiterte die fristgerechte Überführung des Systems daran, daß zum einen nur wenig konkrete Vorgaben für die Weiterentwicklung gemacht wurden, und zum anderen, daß die verschiedenen Optionen, die hinsichtlich der institutionellen Ausgestaltung des EWF diskutiert wurden, alle mehr oder weniger weitgehende Kompetenzabtretungen an den Fonds mit sich gebracht hätten, zu denen die Mitgliedstaaten allerdings nicht bereit waren[89].

Hinzu kam, daß das EWS - wie wir in zwei weiteren Abschnitten dieses Kapitels noch sehen werden - zumindest bis 1983 im Hinblick auf die mit ihm simultan verbundenen Ziele externer (Währungs-) und interner (Preisniveau-) Stabilität nur unzureichend funktioniert hat. So waren insbesondere die Anfangsjahre des EWS durch weit auseinanderklaffende Preisentwicklungen in den Partnerstaaten und durch häufige Wechselkursanpassungen, davon allein vier innerhalb von sechzehn Monaten, die anstelle notwendiger interner Anpassungsmaßnahmen vorgezogen wurden, gekennzeichnet.

Diese negativen Erfahrungen der Anfangsjahre ließen erhebliche Zweifel am integrationspolitischen Wert des neuen Systems aufkommen und führten zu einer Reihe von Überlegungen, wie das System insgesamt reformiert werden könnte. Von einer baldigen Überführung in die geplante zweite Stufe konnte fortan keine Rede mehr sein.

---

88 Vgl. Entschließung des *Europäischen Rates* vom 5. Dezember 1978 über die Errichtung eines Europäischen Währungssystems und damit zusammenhängende Fragen, in: Bulletin der EG, Heft 12 (1978), S. 1361.

89 Vgl. *N. Kloten* (1981), S. 161ff. So unterscheiden sich die in Frage kommenden Optionen zur Ausgestaltung des EWF (sog. "Minimal"-Lösung, "Management"-Lösung, "Regionalfonds"-Lösung, "Zentralbank"-Lösung und "Sui-generis"-Lösung) jeweils hinsichtlich der Zuweisung von Entscheidungs- und Kontrollkompetenzen an die nationalen Regierungen und Zentralbanken sowie an den Fonds.

B. PERSPEKTIVEN DES EWS NACH AUSSETZEN DER ZWEITEN PHASE: GRUNDSÄTZLICHE REFORMEN VS. EVOLUTIONÄRE FORTENTWICKLUNG[90]

Nach den offenkundigen Mißerfolgen des EWS in den Anfangsjahren und dem damit zusammenhängenden Beschluß, das System vorerst in der Anlaufphase zu belassen und nicht - wie ursprünglich vorgesehen - in seine zweite Stufe zu überführen, stellte sich die grundsätzliche Frage, ob zur Erreichung der mit dem EWS verfolgten geldwertpolitischen und integrativen Zielsetzungen eine grundlegende Reform der beschriebenen Konzeption notwendig sei oder ob an den bestehenden (impliziten) konzeptionellen Grundlagen angesetzt werden könnte, um das System im Rahmen der vorhandenen Mechanismen sukzessive fortzuentwickeln.

Die Antworten, die von Wissenschaft und Politik auf diese Frage formuliert wurden, unterscheiden sich je nach wirtschaftspolitischen Standpunkten und der damit eng verbundenen Haltung gegenüber einem System fester Wechselkurse. So setzen eher liberal eingestellte Ökonomen am mangelnden Disziplinierungszwang des Festkurssystems an und empfehlen angesichts des empirischen Befunds, das EWS als gescheitertes Experiment zu betrachten, den Verbund aufzulösen und zu flexiblen Wechselkursen zurückzukehren. Währungswettbewerb und freie Währungswahl als Alternative zur bislang praktizierten Wechselkursfixierung sollen die monetäre Integration in der Gemeinschaft wieder voranbringen. Weniger radikale Vorschläge wollen das EWS als Festkurssystem zwar grundsätzlich erhalten, sehen jedoch entscheidende konzeptionelle Veränderungen als notwendig an, um das Ziel der Geldwertstabilität stärker im System zu verankern. Zentraler Vorschlag ist die Einführung eines Leitwährungssystems, mit dem die ökonomische und technische Funktionsfähigkeit des EWS deutlich verbessert werden soll.[91]

Beide Ansätze setzen eine grundlegende Neuorientierung bisheriger währungspolitischer Integrationsanstrengungen voraus. Im Gegensatz dazu stehen die Überlegungen, die die *EG-Kommission* in ihrem Papier zur sogenannten nichtinsti-

90 Die terminologische Unterscheidung zwischen "grundsätzlicher Reform" und "evolutorischer Fortentwicklung" findet ihre Entsprechung in der Literatur zur Entwicklung sozialer Systeme, indem erstgenannte Form des Wandels, die in einem grundsätzlichen Umbruch bestehender Regelungen in einem einzigen großen Schritt zum Ausdruck kommt, auch als revolutionärer (transformatorischer oder holistischer) Wandel bezeichnet wird, während die letztgenannte Form, die sich innerhalb bestehender Konzeptionen bewegt und eine Fortentwicklung in kleinen Schritten beinhaltet, als evolutionärer (oder inkrementeller) Wandel bezeichnet wird. Vgl. hierzu *L.E. Greiner* (1972), S. 40 und *H.S. Kindler* (1979), S. 482ff.

91 Weitere Optionen zukünftiger währungspolitischer Zusammenarbeit in der Gemeinschaft finden sich bei *H.E. Scharrer* und *W. Wessels* (1983), S. 502ff.

tutionellen Weiterentwicklung des EWS vorgetragen hat. Ausgehend von den impliziten Konzeptionsgrundlagen des EWS empfiehlt die Kommission, das System im Zuge eines schrittweisen evolutorischen Prozesses weiterzuentwickeln. Dabei geht es ihr insbesondere um eine Verbesserung der wirtschaftspolitischen Konvergenz, eine Stärkung des Interventionsmechanismus sowie um die Verwendung der ECU auch im privaten Bereich.[92]

Zunächst sollen nun die Ansätze grundlegender Reform und im Anschluß daran die Vorschläge der *EG-Kommission* zur nichtinstitutionellen Weiterentwicklung diskutiert werden.

1. Ansätze grundlegender Reform

a) *Zulassung von Währungswettbewerb in der Gemeinschaft*

Dieser Ansatz impliziert die Abkehr vom gegenwärtig bestehenden Europäischen Währungssystem. Insbesondere ist damit ein Verzicht auf feste Wechselkursverhältnisse in der Gemeinschaft verbunden. Erste Überlegungen in diese Richtung wurden von *Friedrich A. v. Hayek* in seiner Schrift "Choice in Currency - A Way to Stop Inflation"[93] einer breiteren Öffentlichkeit vorgestellt und dann ein weiteres Mal in seiner "Entnationalisierung des Geldes"[94] in Form eines konkret für die nahe Zukunft zu realisierenden Vorschlags[95], jedoch als "Anlaß für die Untersuchung eines wesentlich weiterreichenden Planes"[96] gedacht, in die wissenschaftliche Diskussion eingeführt. Durch "Verallgemeinerung des zugrundeliegenden Prinzips"[97] stellt *Hayek* in diesem weiterreichenden Plan das staatliche Notenausgabemonopol und den gesetzlichen Annahmezwang grundsätzlich in Frage[98]. Als Alternative schlägt er vor, alle Marktzutrittsbeschränkungen aufzuheben und die Geld-

92 Vgl. *EG-Kommission* (1982), insbesondere S. 49ff. und S. 54ff.
93 Vgl. *F.A.v.Hayek* (1976).
94 Vgl. *F.A.v.Hayek* (1977).
95 Vgl. *ebenda*, S. 1ff.
96 Vgl. *ebenda*, S. 1.
97 Vgl. *ebenda*, S. 5ff.
98 Dieser Vorschlag einer kompetitiven Geldordnung hat eine in der Folge intensiv, jedoch im wesentlichen distanziert geführte Diskussion ausgelöst. Auf eine Benennung der einzelnen Beiträge und Stellungnahmen kann an dieser Stelle allerdings verzichtet werden. Einen chronologischen Überblick gibt *H.H. Derix* (1985), S. 146ff.; eine Zwischenbilanz zur Diskussion um den *Hayek*-Vorschlag geben *R. Gerding* und *J. Starbatty* (1980).

produktion privaten Emissionsbanken zu überlassen[99]. Es werden dann neben den weiterhin in Umlauf bleibenden nationalen Währungen auch private Geldarten zu (flexiblen Kursen) umlaufen, die "aufgrund unterschiedlicher Benennung unterscheidbar und vom Publikum frei wählbar wären"[100].

Während *Hayeks* Vorstellungen in erster Linie dem Ziel der Inflationsbekämpfung dienen sollten, ist diese Konzeption des freien Wettbewerbs zwischen den Währungen dann in den ersten Jahren des Bestehens des Europäischen Währungssystems, als das System sowohl hinsichtlich innerer und äußerer Stabilität nur unzureichend funktioniert hat, als denkbarer und - "probably the best"[101] - Weg zur Währungsvereinigung in der EG und als Alternative zum EWS gesehen worden[102]:

> "Une voie pour réaliser l'intégration européenne serait de laisser se développer un marché concurrentiel des monnaies"[103].

Diese als Vorschlag für die nahe Zukunft konzipierten Überlegungen *Hayeks* und die konkret auf die unzureichende Funktionsweise des EWS bezogenen Vorstellungen zur Schaffung eines kompetitiven Geldsystems beinhalten, die Freigabe der Wechselkurse der Mitgliedsländer untereinander zu verbinden mit vertraglichen Regelungen, durch die "free trade in money" und "free trade in banking" ermöglicht und gesichert werden. Durch diesen praktischen Vorschlag sollten sich die Länder der Europäischen Gemeinschaft

> "durch einen formalen Vertrag binden, weder dem Handel in ihren gegenseitigen Währungen (inklusive Goldmünzen) noch einer in gleicher Weise freien Ausübung von Bankgeschäften seitens jeder in einem ihrer Territorien gesetzlich niedergelassenen Bank irgendwelche Hindernisse in den Weg zu legen"[104].

---

99 Vgl. neuerdings wieder *R. Vaubel* (1985), S. 547ff. und kritisch hierzu *M.F. Hellwig* (1985), S. 565ff. Daß es sich bei *Hayeks* geldordnungspolitischem Vorschlag keineswegs um eine völlig neue Vorstellung handelt, zeigt ein Blick in die Geldgeschichte. Im 19. Jh. wurde dieses Problem bereits unter dem Stichwort "free banking vs. central banking" sehr intensiv diskutiert. Einen sehr guten Überblick über die Argumentationsmuster der damaligen Kontrahenten findet sich bei *Vera C. Smith* (1936), S. 155ff. Aus dem neueren Schrifttum, das weitgehend auf dieser Quelle aufbaut, seien bspw. *H.H. Derix* (1985), S. 65ff., *L.H. White* (1984), *P. Bofinger* (1985), S. 164ff, *H. Tenholt* (1985), S. 42ff. erwähnt. Vgl. allgemein zu einem privatwirtschaftlich organisierten Geldsystem *P.J. Brown* (1982), S. 7ff., *R.G. King* (1983), S. 127ff., *L.H. White* (1985).

100 Vgl. *F.A.v. Hayek* (1977), S. 6.

101 Vgl. *P. Salin* (1984), S. 282.

102 Vgl. hierzu die einzelnen Beiträge in dem umfassenden Sammelband über Währungswettbewerb und Währungsunion, hrsg. von *P. Salin* (1984).

103 Vgl. hierzu *J.P. Centi* (1984), S. 287.

104 Vgl. *F.A.v. Hayek* (1977), S. 1.

Damit wäre ein multiples Geldsystem mit untereinander konkurrierenden nationalen Währungen institutionalisiert. Über das bekannte System "flexibler Wechselkurse" geht dieser Plan hinaus, da er konsequenterweise die Verwendbarkeit aller Währungen in sämtlichen Geldfunktionen außerhalb des Ursprungslandes fordert. Die Folge solcher Regelungen wäre, daß jede Form einer Devisenkontrolle oder der Regulierung von Geldströmen zwischen den Ländern abgeschafft sein und die volle Freiheit im Gebrauch jeder dieser Währungen bei Vertragsabschlüssen oder als Zahlungsmittel bestehen würde und die Banken schließlich in jedem Land der Gemeinschaft Tochterinstitute oder Zweigstellen zu denselben Bedingungen einrichten und unterhalten könnten wie die gebietsansässigen Institute[105]. Unter diesen institutionellen Bedingungen, und wenn die zugrundeliegende Annahme, daß die Bürger in allen Mitgliedsländern die Haltung und Verwendung wertstabilen Geldes eindeutig präferieren[106], zutreffend ist, müßte ein Staat stets damit rechnen, daß seine Bürger von ihrem Recht auf Abwanderung Gebrauch machten und die Landeswährung durch die stabilere Währung eines anderen Landes ersetzten[107].

Die Vorzüge eines solchen Systems werden demnach in seinem disziplinierenden Charakter und dem diesem System inhärenten Sanktionsmechanismus bei Fehlverhalten der währungspolitischen Entscheidungsträger gesehen[108]. Jedes Fehlverhalten der nationalen Geld- und Finanzpolitik (bzw. auch eines privaten Geldanbieters) würde zu einem Wertverlust der betreffenden Währung und somit zu deren Zurückweisung seitens der Geldverwender führen. Um dieser Sanktion zu entgehen, würden sich die geldpolitischen Instanzen, die ein Interesse daran haben, daß ihre Landeswährung nicht zurückgewiesen wird, dazu aufgerufen fühlen, durch eine stabilitätsorientierte Politik für die Stabilität ihrer Währung zu sorgen und ggf. durch Interventionen am Markt ihre eigene Währung zu stützen.[109]

Ohne nun die ökonomische Stichhaltigkeit dieses Plans beurteilen zu wollen - dies würde u.a. auch weit in die theoretische Auseinandersetzung um den integra-

105 Vgl. *ebenda*, S. 1.

106 Diese Voraussetzung *Hayeks* ist allerdings nicht unumstritten. So geht *W. Krug* (1977, S. 575f.) davon aus, daß Geldbenutzer zumindest in einem bestimmten Bereich einer weniger wertstabilen, dafür aber weiter verbreiteten Währung den Vorzug geben und aufgrund bestehender Informations- und Transformationskosten nicht sogleich von ihrer Abwanderungsfreiheit Gebrauch machen.

107 Unterstellt wird hierbei die Wirksamkeit des sog. Anti-Gresham'schen Gesetzes. Vgl. hierzu z.B. *J. Starbatty* (1982), S. 387ff.

108 Aus diesem Grund beurteilt auch *H. Besters* (1984, S. 97) das EWS "eher als Rückschritt denn als Fortschritt."

109 In diesem System werden sich grundsätzlich jene Zentralbanken zu Interventionen veranlaßt sehen, deren Währungen einen Wertverlust erlitten haben bzw. denen Wertverluste drohen. Zur Konkurrenzlösung vgl. auch *M. Hieber* (1985), S. 557ff.

tionspolitischen Wert fester versus flexibler Wechselkurse führen - sei einschränkend zumindest auf zweierlei hingewiesen:

Erstens erscheint es äußerst fraglich, ob der *Hayek*-Plan überhaupt Aussichten auf politische Umsetzung hätte. Einerseits blieb er in der politisch geführten Reformdiskussion um das EWS bisher weitgehend unbeachtet, andererseits ist nicht erkennbar, was die Notenbanken dazu veranlassen könnte, drastische Einschränkungen ihres Emissionsmonopols hinzunehmen. Zweitens haben die vergangenen Jahre genügend Anschauungsmaterial über die Funktionsweise eines Systems frei schwankender Kurse geboten, wodurch selbst Befürworter dieses Systems mittlerweile zu einer deutlich nüchterneren Betrachtung veranlaßt wurden[110]. Wie die Erfahrungen zeigen, waren Wechselkursschwankungen zwischen floatenden Währungen nicht immer rational zu begründen ("overshooting"), was dazu führte, daß sich Handel und Kapitalverkehr zwischen diesen Währungsgebieten unter großer Unsicherheit vollziehen mußten. Überträgt man dies auf die Länder der Gemeinschaft, so läßt sich zumindest aus empirischer Sicht eher auf eine Beeinträchtigung denn auf eine Förderung der wirtschaftlichen Integration schließen, ganz zu schweigen von dem psychologischen Schaden für den weiteren Einigungsprozeß der Gemeinschaft, den eine Suspendierung des EWS mit sich bringen würde[111].

b) *Einführung eines Leitwährungssystems in der Gemeinschaft*

Ein anderer Ansatz, um die monetäre Integration in der Gemeinschaft voranzubringen, wurde von *Harbrecht* (1981)[112] und *Hieber / Kleinheyer* (1982)[113] in die akademische Diskussion gebracht. Zentraler Gedanke ist die Einführung eines Leitwährungssystems.

Die Autoren gehen bei ihrem Vorschlag von der Überzeugung aus, daß bei einer Strategie, die weitgehend auf (freiwillige) Koordination der währungspolitischen Entscheidungsträger setzt, das zentrale Problem im Zusammenhang mit der Realisierung einer stabilen Währungszone in Europa, nämlich die Schaffung einer im Ergebnis einheitlichen Geldpolitik, nicht hinreichend gelöst werden kann. Sie erkennen zudem an, daß die Mitgliedstaaten der Gemeinschaft nicht bereit sind, Einschnitte in ihrer nationalen Souveränität auf dem Gebiet der Geld- und Wäh-

110 Vgl. hierzu beispielsweise *K. Rose* (1984), S. 132ff.
111 So auch die Auffassung von *N. Kleinheyer* und *D.B. Simmert* (1984), S. 198.
112 Vgl. *W. Harbrecht* (1981), S. 205ff.
113 Vgl. *M. Hieber* und *N. Kleinheyer* (1982), S. 479ff.

rungspolitik hinzunehmen und entsprechende Befugnisse auf eine gemeinsame Institution zu übertragen, die dann als einzige währungspolitische Instanz in der Gemeinschaft die geldpolitische Verantwortung zu übernehmen hätte[114]. Das Leitwährungssystem wird gleichsam als Ausweg aus diesem Dilemma - Verwirklichung einer gemeinsamen Geldpolitik in der EG bei gleichzeitiger Wahrung der Souveränität der Mitgliedstaaten auf dem Gebiet der Geld- und Währungspolitik - gesehen.[115]

Will man die Europäische Gemeinschaft im Sinne der hier vorgetragenen Idee zu einer Wirtschafts- und Währungsunion weiterentwickeln, so müßte man neben den nationalen Währungsbehörden eine Leitwährungszentralbank institutionalisieren - zu denken wäre hierbei an die Zentralbank eines Mitgliedslandes[116] oder an eine neu zu schaffende Institution[117] - die als Organ der Gemeinschaft alle Rechte einer Zentralbank erhalten müßte und deren Währung in den Rang einer Leitwährung gegenüber den nationalen Währungen erhoben wird. Dieser Leitwährungszentralbank würde dann die Aufgabe zufallen, durch den von ihr bestimmten monetären Rahmen eine "Europäische Inflationsrate" vorzugeben, die Geldwertstabilität impliziert. Und die nationalen Zentralbanken, denen ggf. bestimmte Mitwirkungsrechte bei der Gestaltung der europäischen Geldpolitik auf der Ebene der Europäischen Zentralbank eingeräumt werden könnten, würden sich bei dieser Lösung verpflichten, die festgelegten Wechselkurse zur Leitwährung unbedingt zu verteidigen und ihre Geldpolitik konsequent an der Zahlungsbilanz gegenüber den Mitgliedsländern auszurichten.

Auch wenn die ökonomische Rationalität des vorgeschlagenen Leitwährungssystems unbestritten ist - nicht zuletzt wurde zu Zeiten des Systems von Bretton Woods durch die geldpolitischen Vorgaben der Leitwährungszentralbank über ein Jahrzehnt hinweg das Fehlen einer gemeinsamen Geld- und Währungspolitik der EG-Staaten materiell ersetzt - war eine Übertragung dieses Konzepts auf die EWS-Länder anfangs der 80er Jahre nicht möglich gewesen. Denn genau die zentrale Implikation dieses Ansatzes, eine oberste Währungsinstitution ins Leben zu rufen, die einen mit Geldwertstabilität kompatiblen Rahmen vorgibt, erscheint so lange nicht realisierbar, wie die nationalen Auffassungen über das Ziel der Geldwertstabilität auseinanderfallen und die Einwirkungsmöglichkeiten der nationalen Regierungen auf ihre jeweiligen Zentralbanken und damit auch auf deren Vertreter

114 Vgl. *W. Harbrecht* (1981), S. 205.

115 Vgl. hierzu insbesondere das Abschlußkapitel der Monographie von *W. Harbrecht* (1981), S. 205ff.

116 Zur Problematik dieser Lösung vgl. *M. Hieber* und *N. Kleinheyer* (1982), S. 487f.

117 Vgl. *ebenda*, S. 490f.

im Leitungsgremium der europäischen Zentralbank differieren. Erst wenn durch völlige Unabhängigkeit von nationalen Entscheidungsträgern sichergestellt werden kann, daß die neu geschaffene Währungsinstitution ausschließlich dem monetären Stabilitätsziel verpflichtet ist, erhalten die Vorschläge der Schaffung eines Leitwährungssystems ihre ökonomische Ratio. Bis dahin ist es notwendig, für die Weiterentwicklung des EWS auf andere Lösungsmuster zu rekurrieren.

2. Die evolutionäre Fortentwicklung des EWS

Nachdem aufgrund deutlicher Meinungsgegensätze über die institutionelle Ausgestaltung des EWF und der mangelnden Funktionstauglichkeit des Systems eine Überführung in die geplante zweite Stufe nicht möglich gewesen ist sowie die im akademischen Bereich konzipierten Lösungsmuster entweder politisch inakzeptabel waren (Auflösung des EWS und Währungswettbewerb) oder an grundsätzlichen Fragen (Einführung und Ausgestaltung einer Leitwährungszentralbank) scheiterten, bot sich an, das System im Rahmen eines "evolutionären Prozesses"[118] weiterzuentwickeln und die Übergangsphase um weitere zwei Jahre zu verlängern. Mittlerweile wurde die zweite Stufe des EWS zum vierten Mal bis März 1989 ausgesetzt. Die bisherige und vorläufig auch zukünftige Entwicklung des EWS ist somit im Rahmen der evolutionären Strategie für die Übergangsphase zu sehen. Dieses Konzept der Kommission setzt im wesentlichen an zwei Pfeilern des Systems an: Maßnahmen zur Förderung der Konvergenz der wirtschaftlichen Entwicklung in den Mitgliedstaaten und Stabilisierung des EWS nach innen sowie Förderung der Verwendung der Europäischen Währungseinheit ECU außerhalb der formalen Regelungen des EWS im privaten Bereich. Im März 1982 stellte die *EG-Kommission* hierzu folgendes fest:

> "Die Erfolge des EWS basieren noch auf einer fragilen Grundlage, und die Kommissionsvorschläge zielen darauf ab, das System von innen her zu stärken und zu konsolidieren, um seinen Beitrag zur Stabilität zu erhöhen und gleichzeitig gegen externe Schocks widerstandsfähiger zu machen. ... Die Vorschläge sind so konzipiert worden, daß sie den vorhandenen institutionellen Rahmen wahren und sowohl unter dem Aspekt der dem System zugrundeliegenden Disziplin- und Solidaritätsvorstellungen ein ausgewogenes Ganzes bilden..."[119]

118 So auch *N. Kloten* und *W. Gösele* (1982), S. 477.
119 Zitiert nach *J.v.Ypersele* und *J.C. Koeune* (1984), S. 114.

a) Maßnahmen zur Stärkung des EWS

In diesem Sinne unterbreitete die Kommission dem Ministerrat eine Reihe von Vorschlägen zu einer nichtinstitutionellen Weiterentwicklung des Europäischen Währungssystems, die konkret zur Stabilisierung und inneren Festigung des Systems beitragen sollen:[120]

- Maßnahmen zur Stärkung der Konvergenz
  Im Rahmen dieses Maßnahmepakets ist beispielsweise in Anlehnung an die Konzeption des Abweichungsindikators daran gedacht, die Wirtschaftspolitik der Partnerländer nach Maßgabe eines bestimmten Bündels komparativer Indikatoren und der im gemeinsamen Einvernehmen festgelegten Ziele zu beurteilen; auf signifikante Abweichungen einzelner Länder vom Durchschnitt müßten im Anschluß an entsprechende Konsultationen geeignete Gegenmaßnahmen ergriffen werden. Auch sollte die Kommission stärkeren Gebrauch von ihrem im Rahmen der Konvergenzrichtlinie von 1974 zum Ausdruck kommenden Vorrecht machen, spezifische Empfehlungen an diejenigen Länder zu richten, die negativ abweichen.
- Schaffung und Verwendung der ECU innerhalb des Systems
  Gedacht ist hierbei einerseits an Maßnahmen, die die Schaffung der ECU im wesentlichen von Schwankungen der Dollarkursentwicklung sowie des Goldpreises unabhängig machen sollten, um die mit diesem Verfahren verbundenen inflationären Wirkungen auszuschalten. Andererseits sollte die ECU-Annahmegrenze beim Saldenausgleich von ursprünglich 50 v.H. auf 100 v.H. ausgedehnt werden.
- Maßnahmen zur Gestaltung der Außenbeziehungen des Systems
  Dieses Maßnahmebündel zielt neben regelmäßigen Konsultationen über Währungsfragen auf eine bessere Koordinierung der Interventionen der Zentralbanken der Gemeinschaft in Drittwährungen und auf eine Öffnung des Systems gegenüber Drittländern ab, denen der Erwerb von ECU entweder bei den teilnehmenden Zentralbanken oder durch Hinterlegung von Reserven beim EFWZ gestattet werden sollte. Darüber hinaus ist vorgesehen, Interventionen innerhalb der Bandbreiten (intramarginale Interventionen) in die sehr kurzfristige Finanzierung einzubeziehen.

Im Hinblick auf die hier angesprochenen Vorschläge ist zwischenzeitlich einiges realisiert worden. So ist die ECU-Annahmegrenze in bestimmten Fällen auf

---

120 Vgl. zu den Vorschlägen der Kommission im einzelnen *ebenda*, S. 114ff.

volle 100 v.H. angehoben worden. Auch können Zentralbanken von Drittländern sowie internationale Währungsinstitutionen nunmehr den Status eines 'Drittinhabers' beim EFWZ in Anspruch nehmen und als solcher vorübergehend ECU bei den Partnerzentralbanken erwerben.[121] Darüber hinaus wurde erst im letzten Jahr (8. September 1987) unter den Präsidenten der Notenbanken der Mitgliedstaaten vereinbart, intramarginale Interventionen in den Mechanismus der sehr kurzfristigen Finanzierung beim EFWZ einzubeziehen.[122] Damit ist eine Reihe der von der Kommission 1982 vorgelegten Vorschläge zur inneren Stabilisierung des EWS verwirklicht worden. Die Erarbeitung und Einführung eines Warnsystems von Indikatoren hat sich bislang als nicht notwendig erwiesen, da - wie sich in den letzten Jahren gezeigt hat - die originär mit dem Abweichungsindikator zusammenhängenden Abstimmungs- und Konsultationsverpflichtungen ausgereicht haben, ein größeres Maß an wirtschaftlicher Konvergenz in der Gemeinschaft herbeizuführen.

b) Förderung der privaten Verwendung der ECU

Neben den vorgesehenen Maßnahmen, die Rolle der ECU im Rahmen der Vereinbarungen des EWS (offizielle ECU) und damit den Wechselkursmechanismus des Systems zu stabilisieren, zielte die Initiative der Kommission auch auf eine Verwendung der Europäischen Währungseinheit außerhalb der Regelungen des EWS im privaten Bereich.[123] Die private Verwendung sollte vor allem dadurch gefördert werden, daß die ECU in allen Mitgliedstaaten den rechtlichen Status einer Devise erhält.[124] Mit dieser Maßnahme sollte die ECU von Diskriminierungen in einigen Ländern befreit werden, unter denen sie nach einzelstaatlichen Regelungen zu leiden hatte, denn als Währungskorb mit einem bestimmten Eigen- und Fremdwährungsanteil unterliegt sie den für beide Teile geltenden währungsrechtlichen Beschränkungen. Darüber hinaus sollte die ECU an den europäischen Devisenmärkten zum offiziellen Fixing zugelassen und notiert werden. Weiterhin war vor-

121 Vgl. *EG-Kommission* (1986 b), S. 10.

122 Vgl. hierzu die Pressemitteilung des Ausschusses der Präsidenten der Zentralbanken der Mitgliedstaaten der Europäischen Wirtschaftsgemeinschaft - Europäischer Fonds für währungspolitische Zusammenarbeit -, Basel vom 18. September 1987, abgedruckt in: *Deutsche Bundesbank* (Hrsg.), Auszüge aus Presseartikeln Nr. 68, vom 23. September 1987.

123 Es handelt sich hierbei allerdings nicht um eine neue Idee. Bereits drei Jahre zuvor war ein ähnlicher Vorschlag vom damaligen Vize-Präsidenten der EG-Kommission, *F.-X. Ortoli*, auf der "World Business Conference" der Financial Times in Frankfurt vorgebracht worden. Vgl. *F.-X. Ortoli* (1979), S. 5.

124 Vgl. *J.v. Ypersele* und *J.C. Koeune* (1984), S. 115.

gesehen, eine Art "Gütesiegel" zu definieren, damit die Bezeichnung und das Instrument "ECU" geschützt wären. Darüber hinaus sollte die ECU eine möglichst weitgehende Verwendung im Rechnungswesen sowie bei den Anleihe- und Darlehenstransaktionen der Gemeinschaftsorgane und der Europäischen Investitionsbank finden. Die Forderungen, die private ECU in allen Staaten der Gemeinschaft als Devise anzuerkennen, wurde von der *EG-Kommission* ein weiteres Mal 1983 - besonders an die Adresse der *Deutschen Bundesbank* gerichtet - erhoben.[125]

Strategischer Zweck dieser Initiative ist es, der ECU im privaten Bereich den Status einer eigenständigen Währung zu verschaffen. Voraussetzung hierfür ist, daß sie in allen Mitgliedsländern ohne rechtliche Beschränkungen verwendet werden kann. Dann würde sie sich verstärkt als privates Rechen-, Tausch- und Wertaufbewahrungsmittel etablieren können. Die *EG-Kommission* wird ihrerseits keine Gelegenheit ungenutzt lassen, ECU-denominierten Transaktionen den Weg zu bahnen. Wie das folgende Kapitel zeigt, war diese Strategie der Kommission bisher äußerst erfolgreich. Die private ECU hat sich als Bestandteil der internationalen Finanzmärkte fest etabliert und dient vielen Unternehmen mittlerweile zur Finanzierung und Fakturierung im Außenhandel.

Es ist zu beobachten, daß die umfangreiche Expansion der privaten ECU zusammenfällt mit einer vergleichsweise stabilen Entwicklung der im EWS zusammengeschlossenen Währungen in den letzten Jahren. Damit wies auch die ECU eine relativ stabile Wertentwicklung auf. Diese Beobachtung veranlaßt zu der vorläufigen These, daß die Entwicklung der ECU im privaten Bereich nicht unabhängig von der Entwicklung des EWS-Wechselkursmechanismus gesehen werden kann. Denn - wie es scheint - wird sich die ECU umso eher im privaten Sektor etablieren und entfalten können, je stabiler ihre Entwicklung im Zeitablauf eingeschätzt wird. Eine Strategie, die darauf abzielt, die private ECU zu einer unabhängigen Währungseinheit fortzuentwickeln, muß diesen Zusammenhang berücksichtigen.

C. KONZEPTIONELLE GRUNDLAGEN DES EWS ALS ANSATZPUNKTE EVOLUTIONÄRER FORTENTWICKLUNG

Der beschriebene Zusammenhang ist in der Konzeption des EWS bereits implizit berücksichtigt. Die Kommission setzte mit ihren Vorschlägen an den

125 Vgl. hierzu die Mitteilung der Kommission an den Rat über die verstärkte Verwendung der Europäischen Währungseinheit auf internationaler Ebene, Dok KOM (83) 274 endg. vom 24.05.1983.

Grundlagen des Systems an und versuchte dadurch einerseits einen Beitrag zur Stabilisierung und Erhaltung des EWS zu leisten, andererseits durch Nutzung von im Rahmen der Konzeption begründeten Freiräumen, Prozesse in eine gewünschte Richtung in Gang zu setzen.Eine Betrachtung der Konzeption des EWS zeigt, daß es sich bei diesem System im wesentlichen um eine Synthese der von *Tindemans* entwickelten Vorstellungen zur Konsolidierung der Europäischen Währungsschlange, die darauf hinwirken, die Kernvereinbarung des EWS, den Wechselkursmechanismus, abzusichern, und dem Parallelwährungskonzept, hier speziell in Form einer Ankerwährung, handelt.

1. Die integrationspolitische Bedeutung der Stabilität des EWS

Die Einführung des EWS wurde - sieht man einmal von den weitgehend befürwortenden Stimmen im politischen und kommerziellen Bereich ab - im wissenschaftlichen Schrifttum durchweg mit Skepsis kommentiert[126]. Unter Hinweis auf die grundsätzlich monetaristisch orientierte Philosophie des neuen Ansatzes[127] und auf die Erfahrungen, die mit der europäischen Währungsschlange gesammelt wurden, gab man dem System nur wenig echte Überlebenschancen, auch wenn man sich darüber im klaren war, daß ein Scheitern des EWS der wirtschaftlichen Integration erheblich schaden[128], wenn nicht gar den "Gedanken an ein echtes europäisches Währungssystem und eine echte europäische Währung vielleicht endgültig diskreditieren"[129] würde.

Im Mittelpunkt der Diskussionen, die in der Wissenschaft um das EWS geführt wurden, stand im wesentlichen die Frage der ökonomischen Rationalität dieses neuen Versuchs zur Währungsintegration. In einem System fester Wechselkurse gilt, daß externe (Wechselkurs-) Stabilität und interne (Preisniveau-) Stabilität gleichzeitig nur zu erreichen sind, wenn die gesamtwirtschaftlichen Entwicklungstrends in den einzelnen Ländern konvergieren, wobei die Trends ihrerseits wie-

---

126 Vgl. hierzu beispielsweise *P. de Grauwe* und *T. Peeters* (1979), insbesondere S. 11ff. und 22ff.; ebenso *N. Kloten* (1979 a), S. 87ff.; *derselbe* (1980 a), S. 17f.; in diesem Sinne auch *R. Caesar* und *D. Dickertmann* (1979), S. 285ff.; *B.J. Cohen* (1981), S. 1ff.

127 *R. Vaubel* (1979, S. 25f.), spricht in diesem Zusammenhang ironisch von der "Rückkehr zum neuen Europäischen Währungssystem".

128 Vgl. z.B. Sachverständigenrat zur Begutachtung der gesamtwirtschaftlichen Entwicklung, Jahresgutachten 1978/79, Ziffer 347; auch *N. Kloten* (1979 a), S. 90.

129 Vgl. *R. Hellmann* (1979), S. 110.

derum auf Stabilität ausgerichtet sein sollten[130]. Da jedoch von einem wirtschaftlich gleichgerichteten (bzw. kongruenten) Verhalten der am Festkurssystem des EWS teilnehmenden Länder nicht a priori ausgegangen werden kann, müßte das System über eingebaute Mechanismen verfügen, die diese Stabilitätsbedingung sicherstellen. Diesem Korrespondenzprinzip wurde allerdings nicht entsprochen, da "nämlich einerseits für die Wahrung der äußeren Währungsstabilität verbindliche Regelungen vereinbart werden, andererseits bei den Absprachen über die Harmonisierung der Währungspolitik[131], die letztlich über die innere Währungsstabilität entscheidet, jedoch alles im Unverbindlichen gelassen wurde"[132]. Mit dieser "theoretischen Inkonsistenz"[133] wird letzten Endes die "ökonomische Instabilität"[134] des Systems als Ganzes begründet.

Während das Augenmerk somit im wesentlichen auf die Frage der ökonomischen Konsistenz des Systems gerichtet war, blieben die im EWS gegenüber dem europäischen Wechselkursverbund (Schlange) vollzogenen Änderungen bei der Beurteilung der Funktionstauglichkeit dieses zweiten Versuchs zur Währungsintegration in Europa jedoch weitgehend unberücksichtigt. Zwar wurde im allgemeinen darauf verwiesen, daß das EWS doch "weit mehr als eine erweiterte Schlange"[135] sei oder daß es in "vielem elastischer (sei) als die währungspolitischen Initiativen Anfang der 70er Jahre"[136]. Allerdings bezogen sich diese Formulierungen im wesentlichen auf die technische Ausgestaltung des Systems - die Einführung der ECU, den Abweichungsindikator sowie auf den Verzicht einer strikten Stufenfolge im EWS - ohne daß damit explizit auf die seit dem Scheitern des *Werner*-Plans sowohl im akademischen als auch im politischen Bereich zur Diskussion gestellten Konzeptionen Bezug genommen und das EWS auch unter diesem Blickwinkel näher untersucht worden wäre. Selbst in einer erst in jüngerer Zeit erschienenen Monographie *Kleinheyers* zur Weiterentwicklung des EWS wird zwar mit gewisser Bewunderung konstatiert, daß "die Erfolgsbilanz des EWS nach mehr als fünf Jahren Arbeit in ei-

130 Vgl. *O. Emminger* (1979), S. 5. Eine Erklärung hierfür liefert die Wechselkurstheorie. Wenn zwei Volkswirtschaften vergleichbare Wirtschaftsstrukturen, eine parallel verlaufende Sozialproduktentwicklung und Entwicklung der Preissteigerungsraten aufweisen sowie über eine koordinierte Geld- und Fiskalpolitik verfügen, so bleibt der Wechselkurs zwischen den betreffenden Währungen stabil. Dies läßt sich damit begründen, daß im wesentlichen internationale Inflations- und Wachstumsunterschiede den internationalen Handels- und Kapitalverkehr bestimmen, damit das Angebot an und die Nachfrage nach Devisen und somit den Wechselkurs determinieren.

131 Zur Frage der Harmonisierung der Währungspolitik in der Gemeinschaft vgl. *H.W. Trummer* (1984).

132 Vgl. *N. Kloten* (1980 b), S. 327.

133 Vgl. *M. Hieber* (1980), S. 1ff.

134 Vgl. *W. Harbrecht* (1982), S. 12.

135 Vgl. *N. Kloten* (1979 b), S. 105.

136 Vgl. *ebenda*, S. 133.

nem interessanten Spannungsverhältnis zu der von Anfang an behaupteten Inkonsistenz des EWS"[137] stehe und daß es "schon beeindruckend (sei), daß das EWS trotz des vielfach vorhergesagten Scheiterns bislang gut funktioniert"[138] habe. Eine Antwort auf die in diesem Zusammenhang sicherlich interessante Frage, worauf diese Entwicklung möglicherweise zurückgeführt werden könnte, findet sich an dieser Stelle jedoch nicht.

Vor dem Hintergrund, daß das EWS mittlerweile neun Jahre inkraft ist und der parallelen Entwicklung der ECU im privaten Bereich erscheint eine Erklärung allerdings notwendig. Eine Antwort findet sich in der zugrundeliegenden EWS-Konzeption. Im folgenden soll nun an erster Stelle das EWS im Lichte der Forderungen *Tindemans* in Abgrenzung zum System der europäischen Währungsschlange untersucht werden. Es wird dabei zu sehen sein, daß das EWS trotz des Fehlens eines verbindlichen Koordinationsmechanismus der nationalen Währungspolitiken über implizite Mechanismen verfügt, die disziplinierend wirken und auf interne Konvergenz gerichtet sind. Daran anschließend werden wir auf den mit der ECU vollzogenen konzeptionellen Wandel im EWS näher eingehen.

2. Beurteilung des EWS im Lichte der Vorschläge Tindemans

a) Niederschlag in den offiziellen Vereinbarungen zum System

Wie wir in einem früheren Kapitel[139] dargestellt haben, sollten die Vorschläge, die seinerzeit von *Tindemans* zur Weiterentwicklung der Gemeinschaft zur Diskussion gestellt worden sind, dazu dienen, dem festgefahrenen Integrationsprozeß neue Impulse zu geben und auf diese Weise die längere Phase europapolitischer Stagnation zu überwinden helfen. Zu diesem Zweck schlägt er einen von der Intention her dynamischen und grundsätzlich gemeinschaftskonformen Ansatz vor. Die allgemeinen Integrationsziele auf dem Gebiet der Wirtschafts- und Währungspolitik werden für alle Mitgliedstaaten gemeinsam und verbindlich festgelegt; gleichzeitig ist es einzelnen Partnerstaaten jedoch freigestellt, unbefristet, aber nicht dauerhaft, hinter diesen Zielen zurückzubleiben, sofern ihre wirtschaftliche

137 Vgl. *N. Kleinheyer* (1987 b), S. 151.
138 Vgl. *ebenda*, S. 162.
139 Vgl. hierzu S. 23ff. dieser Schrift.

und soziale Struktur eine sofortige und vollständige Realisation nicht zuläßt (Konzeption der abgestuften Integration). Diese Überlegungen, die ursprünglich zur Konsolidierung der europäischen Währungsschlange gedacht waren, sind bei der Konzeption des EWS weitgehend berücksichtigt worden[140].

- So geht das EWS auf eine gemeinsame politische Anstrengung aller Mitgliedstaaten der Gemeinschaft zurück. Selbst diejenigen Partnerländer, die bis zuletzt ihre Entscheidung über die Teilnahme am neuen System offenließen oder am Ende ganz auf die Teilnahme am Wechselkursmechanismus verzichteten, haben der Ausgestaltung des Systems zugestimmt und die Entschließung gebilligt. Im Gegenzug dafür sieht die Resolution ausdrücklich die Möglichkeit vor, daß Mitgliedstaaten sich an einzelnen Elementen oder Mechanismen des Systems erst zu einem "späteren Zeitpunkt" bzw. "sobald es die wirtschaftlichen Gegebenheiten erlauben"[141], beteiligen. Von diesen Ausnahmemöglichkeiten machen von Anfang an zwei Mitgliedstaaten Gebrauch. Großbritannien nimmt seit seinem Beitritt im Jahre 1973 nicht am Wechselkursmechanismus des Systems teil (das gleiche gilt für die drei neuen Mitglieder Griechenland, Spanien, Portugal) und Italien reklamiert eine erweiterte Bandbreite von ± 6 v.H., die den ehemals floatenden Währungen auf Verlangen eingeräumt wurde.
- Dieser gemeinsame Konsens bewirkt letztlich, daß das EWS im Gegensatz zur Schlange größtenteils in die Gemeinschaft eingebunden ist. Auch Mitgliedstaaten, die dem Wechselkursmechanismus noch nicht angehören, sind an den Diskussionen über die Funktionsweise und Weiterentwicklung des Systems beteiligt oder partizipieren an anderen Komponenten des EWS. So läßt sich beispielsweise Großbritannien vom EFWZ Reserveguthaben in ECU gegen Hinterlegung von Währungsreserven gutschreiben[142].
- Desweiteren sind Anpassungen der Leitkurse im EWS nur in einem gemeinsamen Entscheidungsverfahren möglich, in das die Gemeinschaftsorgane, Teilnehmer sowie Nichtteilnehmer am Wechselkursmechanismus einbezogen sind.[143] Damit haben, wie von *Tindemans* gefordert, die Kommission und auch die am Wechselkursmechanismus nicht beteiligten Länder ein Mitspra-

---

140 Die Ausführungen dieses Abschnitts sind angelehnt an *H.E. Scharrer* (1984 b), S. 241ff.

141 Vgl. Entschließung des *Europäischen Rates* vom 5. Dezember 1978 über die Errichtung eines Europäischen Währungssystems und damit zusammenhängende Fragen, in: Bulletin der EG, Heft 12 (1978), S. 1362.

142 Vgl. *R. Hellmann* (1983), S. 363.

143 In diesem Zusammenhang verweist *R. Hellmann* (1983, S. 364) auf die aktive Rolle des britischen Schatzkanzlers *G. Howe* im Rahmen zweier Wechselkurs-Realignments am 4.10.1981 und 21.02.1982.

cherecht im Rahmen wechselkurspolitischer Entscheidungen, wodurch letztlich einseitige Wechselkurskorrekturen zur Verbesserung der außenwirtschaftlichen Position einzelner Länder ausgeschlossen sind.

- Als Gegenleistung für diese Verpflichtung wurden der kurz- und mittelfristige Währungsbeistand deutlich aufgestockt.
- Auch wurde durch die Einführung des Abweichungsindikators einer weiteren Forderung *Tindemans'* im Ansatz Rechnung getragen. So forderte *Tindemans* zur Absicherung des Festkursverbunds grundsätzlich eine verstärkte Koordinierung der nationalen Wirtschaftspolitiken (konkret: der Geld- und Kreditpolitik, der Haushaltspolitik, Maßnahmen zur Konjunkturpolitik und Inflationsbekämpfung). Zwar kennt das EWS keine allgemeinen Mechanismen zur Harmonisierung der von *Tindemans* angesprochenen Einzelpolitiken, jedoch ist mit dem Abweichungsindikator ein weitreichender Pflichtenkatalog verbunden, der die verschiedensten Interventions-, Kooperations- und Konsultationspflichten umfaßt.
- Einer Forderung *Tindemans'*, nämlich nach Aufhebung aller Kapitalverkehrsbeschränkungen in der Gemeinschaft, konnte allerdings bisher noch nicht entsprochen werden. Im Gegenteil: Frankreich und Italien hatten zwischenzeitlich ihre Restriktionen noch verstärkt. Mittlerweile sind jedoch in beiden Ländern - besonders in Frankreich - Bestrebungen in Richtung auf eine vollständige Liberalisierung ihrer Kapitalmärkte im Gange, womit auch dieser Forderung *Tindemans* Rechnung getragen wäre.

b) Konzertierte Abstimmung und Selbstverpflichtung anstelle verbindlicher Regelung der internen Währungspolitiken

Wie die Einbeziehung der Überlegungen *Tindemans* bei der vorstehenden Beurteilung deutlich gemacht hat, stellt das EWS damit mehr als nur eine Fortsetzung der währungspolitischen Initiativen anfangs der 70er Jahre dar, auch wenn es sich dem Konzept nach um einen weiteren in erster Linie "monetaristischen" Ansatz handelt. Mit diesem Versuch wird letztlich ebenso bezweckt, über die Festschreibung der Wechselkursverhältnisse die Bereitschaft der Partnerländer zu weiteren Integrationsschritten zu erzwingen. Es verwundert daher nicht, daß kritische Stellungnahmen diesem Punkt primäres Interesse widmeten und auf der Basis früherer Erfahrungen mit wechselkurs-orientierten Integrationsansätzen dem System nur eine geringe Überlebensfähigkeit einräumten, zumal die Wechselkursvereinbarung nicht durch einen verbindlichen Koordinationsmechanismus abgestützt ist.

Diese fehlende Verbindlichkeit wird im EWS allerdings durch den gemeinsam bekundeten Willen aller Mitgliedstaaten zu gegenseitiger Konsultation und wirtschaftspolitischer Abstimmung ersetzt. Das EWS präsentiert sich somit als ein währungspolitisches Solidarsystem, in dessen Rahmen die zusätzlich zur Wechselkursvereinbarung eingeführten Maßnahmen (in erster Linie sind hiermit die durch den Abweichungsindikator begründeten Pflichten angesprochen) als grundsätzliche Elemente einer Gesamtanstrengung aller Mitgliedstaaten zur Harmonisierung der nationalen Wirtschaftspolitiken intendiert sind[144] und die letztlich die monetaristische Kernvereinbarung des Systems, den Wechselkursmechanismus, absichern sollen. An dieser Stelle wird auch deutlich, daß das primär "monetaristische Experiment" EWS auch eine komplementäre ökonomistische Komponente enthält, die zur ökonomischen Stabilität des Systems beitragen soll. In dem Maße, wie die von allen Partnerländern - auch von denjenigen Staaten, die nicht (oder nur in eingeschränkter Weise) am Wechselkursmechanismus teilnehmen - dokumentierte Bereitschaft, sich konstruktiv mit der jeweiligen wirtschafts- und währungspolitischen Lage der Partnerländer, aber auch mit deren Kritik an der eigenen Position, auseinanderzusetzen, eine Art "Konzertierungsreflex"[145] bewirkt, führen die engen (und komplizierten) Informations- und Abstimmungsprozesse zwischen den betreffenden Notenbanken zu einer Stärkung des EWS und heben es somit über den Rang einer bloßen Wechselkursvereinbarung hinaus.

Der Beitrag, der in diesem Zusammenhang konkret von Formen abgestufter Integration für die Stabilität des EWS geleistet wird, ist darin zu sehen, daß sich hiermit eine mögliche Lösung für den Konflikt zwischen der ökonomischen Effizienz des neuen Systems und den integrationspolitischen Erfordernissen in der Gemeinschaft bietet. Unter Integrationsgesichtspunkten wäre eine vollständige Einbindung aller EG-Staaten in die Regelungen des EWS verbunden mit allen Rechten und Verpflichtungen bereits von Anfang an wünschenswert gewesen. Aufgrund der allerdings sehr unterschiedlichen wirtschaftlichen Ausgangslage der beteiligten Länder sowie der deutlich voneinander abweichenden wirtschaftspolitischen (Ziel-)prioritäten gaben die Initiatoren des EWS jedoch einer Lösung den Vorzug, die die einzelnen Staaten zwar in den gemeinsamen Entscheidungsprozeß einbezieht, ihnen aber gleichzeitig zugesteht, an bestimmten Elementen bzw. Mechanismen des Systems unbefristete Zeit nicht teilzunehmen. Ein Beharren auf einer vollen Teilnahme aller Mitgliedstaaten von Anfang an hätte entweder das ge-

144 Vgl. auch *H.R. Krämer* (1983), S. 451.
145 Vgl. *W. Wessels* (1983), S. 160.

samte Vorhaben bereits im Ansatz verhindert[146] oder aber zu erheblich größeren Spannungen innerhalb des Systems geführt. Ähnliche Schwierigkeiten könnten sich auch bei der Aufnahme neuer EG-Mitglieder in das EWS ergeben. In diesem Sinne waren sich die Initiatoren des EWS von Anfang an bewußt, daß die Aufgabe einer stabilitätsorientierten Währungspolitik von der Gemeinschaft als Ganzes nur eingeschränkt wahrgenommen werden konnte und gaben daher bei der Ausgestaltung des Systems der Alternative "Abstufung" den Vorzug gegenüber ihrem Pendant "Vollteilnahme".

Aus dieser den Gesamtzustand, aber auch die Problematik der Weiterentwicklung der Gemeinschaft für den Festkursverbund realistisch einschätzenden Haltung der Initiatoren des Systems ergibt sich letztlich eine Stärkung des Währungsverbunds in zweifacher Hinsicht. Zum einen nahmen von Anfang an nur diejenigen Staaten voll teil, deren ökonomische Ausgangsbasis eine Wechselkursfixierung auch zugelassen hat, und zum anderen bietet das Abstufungskonzept den noch nicht voll am System beteiligten Staaten die Möglichkeit, ihre nationale Wirtschaftspolitik den Erfordernissen des Festkursverbunds anzunähern und sich bei gegebener Zeit diesem Integrationskern anzuschließen (Integrationssog). Italien, dessen Währung gegenwärtig eine größere Bandbreite beansprucht, stellt hierfür ein gutes Beispiel dar. Bereits seit geraumer Zeit ist zu beobachten, daß sich die makroökonomischen Größen dieses Landes - vornehmlich Geldmengenwachstum und Preissteigerungsrate - in Richtung auf das Niveau der voll am System beteiligten Länder bewegen. Konsequenterweise drückt sich dies auch in den Wechselkursschwankungen der italienischen Lira gegenüber den anderen am Verbund beteiligten Währungen aus, die sich de facto in wesentlich engeren Grenzen halten, als gemäß der 6 v.H. Bandbreite zulässig wäre[147].

146 Vgl. *H.E. Scharrer* (1984 b), S. 243.
147 Vgl. hierzu ECU-Newsletter No. 19, S. 7.

3. Das EWS im Lichte der Parallelwährungsstrategie: Das Konzept des Währungsankers

a) Die Ankerwährung als kombinierter Ansatz zur Währungsintegration

Zusätzlich zu dem Einfluß, den die Überlegungen *Tindemans* auf die Konzeption des Europäischen Währungssystems ausübten, fand mit dem EWS darüber hinaus jedoch auch ein weitreichender konzeptioneller Wandel in integrationstheoretischer Hinsicht statt. Während die Berücksichtigung der Vorstellungen *Tindemans* den Initiatoren des EWS in erster Linie dazu dienen sollte, den Gemeinschaftscharakter des neuen Systems zu betonen und über die mit dem Konzept verbundenen Konsultations- und Kooperationsverpflichtungen einen Beitrag zur Stabilisierung des Wechselkursverbundes zu leisten, läßt die Einführung der ECU als gemeinsamer Bezugspunkt der Währungen des Systems, als Recheneinheit sowie in begrenzter Weise als Zahlungsmittel im Verkehr zwischen den Zentralbanken unschwer die Umsetzung des Parallelwährungsgedankens und speziell des Konzepts des Währungsankers erkennen.

Teilt man die möglichen Strategien der Währungsintegration grob in wechselkurs-orientierte (Kartellwährungen)[148], währungs-orientierte (Monopol-, Konkurrenz-, Parallelwährung)[149] und kombinierte (z.B. Dual- bzw. Ankerwährung[150]) Ansätze ein, so wird mit dem EWS integrationstheoretisch der Versuch eines kombinierten Ansatzes in Form einer Ankerwährung unternommen.

Ankerwährungen, die eine Verbindung zwischen wechselkurs-orientierten und währungs-orientierten Ansätzen darstellen, gehen von der Definition und Installation einer Parallelwährung aus, zu der die einzelnen Währungen des Integrationsgebietes in ein festes Wechselkursverhältnis mit einer bestimmten Bandbreitenregelung gesetzt werden. Über diese Parallelwährung als Anker lassen sich somit auch zwischen den nationalen Währungen feste Austauschverhältnisse herstellen.

Vorab ist jedoch eine Bezugsbasis für den Währungsanker festzulegen. Hierfür sind grundsätzlich eine Vielzahl monetärer bzw. nicht monetärer Maßstäbe möglich. Betrachtet man sich unter diesem Gesichtspunkt die einzelnen Pläne, die als alternative Wege zur Währungsvereinigung in Europa vorgelegt wurden, so dominieren zur Zeit des Bretton-Woods-Systems Ankerwährungspläne auf der Basis

148 Vgl. *M. Willms* (1980), S. 217; ebenso *R. Vaubel* (1978), S. 16f.
149 Vgl. *M. Willms* (1980), S. 216 und 218f.
150 Vgl. *R. Vaubel* (1978), S. 92f.

des Goldes (z.B. *Mundell* (1970)[151], *Magnifico* (1971)[152], *Vlerick* (1972)[153]). Vereinzelt wurden damals auch Pläne auf der Basis einer nationalen Währung (britisches Pfund, *Cooper* 1971[154]) oder des Sonderziehungsrechts (Federal Trust Report, 1972)[155] in die währungspolitische Diskussion eingebracht.

Nach dem Verfall des Systems von Bretton Woods und der damit verbundenen Auflösung fester Wechselkursverhältnisse, ging man entsprechend der geänderten währungspolitischen Lage dazu über, den Währungsanker einer europäischen Parallelwährung nicht mehr in Gold, sondern als Bündel der einzelnen nationalen Währungen des Integrationsgebietes zu definieren. Der erste dieser Vorschläge, der 1973 von dem britischen Nationalökonomen *Meade* formuliert wurde, soll im folgenden ausführlicher untersucht werden und daran anschließend in Beziehung zum EWS gesehen werden.[156]

b) Ein konkreter Vorschlag: Einführung einer europäischen Ankerwährung auf der Basis eines Korbs nationaler Währungen - Der Plan von J.E. Meade

Meade beginnt seine Überlegungen bei dem Verhältnis zwischen Wirtschafts- und Währungsunion. Dabei geht er von der Überzeugung aus, daß es den politisch Verantwortlichen in der EG bei der Ansteuerung einer Wirtschafts- und Währungsunion in der Gemeinschaft in erster Linie nicht um eine Währungsunion[157] an sich geht, sondern daß die Währungsunion nur als notwendige Ergänzung der Wirtschaftsunion angesehen wird. Aus diesem Grunde sollte eine Währungsunion seiner Auffassung nach auch nur in der Form avisiert und gefördert werden, soweit sich dadurch die Grundziele einer Wirtschaftsunion leichter errei-

151 Vgl. *E.M. Lipp* (1979), S. 51f.
152 Vgl. *ebenda*, S. 36ff.
153 Vgl. *ebenda*, S. 52ff.
154 Vgl. *ebenda*, S. 65ff.
155 Vgl. *ebenda*, S. 31ff.; ebenso *D. Graumann* (1979), S. 129f.
156 Vgl. zum folgenden *J.E. Meade* (1973), S. 89ff.
157 In Anlehnung an *M. Feldsieper* (1980, S. 546f.) wollen wir von einer Währungsunion sprechen, wenn ein Zusammenschluß mehrerer souveräner Staaten mit unterschiedlichen Währungen zu einem einheitlichen Währungsgebiet gegeben ist. Soll es sich in diesem Zusammenhang um eine echte Währungsunion handeln, so müssen entweder die Währungen zwischen den beteiligten Staaten bei uneingeschränkter Konvertibilität unwiderruflich fixiert sein, oder aber die betreffenden souveränen Staaten besitzen eine gemeinsame Währung.

chen lassen. *Meade* befürchtet nämlich, "that if Monetary Union is set up as an objective in its own right it will make these basic objectives of Economic Union more difficult, rather than less difficult, to attain."[158]

Entsprechend dieser Grundüberzeugung bedingt eine echte Währungsintegration somit nach *Meade* wesentlich mehr als nur die Einführung einer gemeinsamen Währung oder die Herstellung irreversibel fixer Wechselkursverhältnisse in der Gemeinschaft. Bevor man nämlich zur Währungsunion gelangt, müßten vorab eine Reihe von Bedingungen erfüllt sein. Konkret zählt *Meade* folgende auf:[159]

- eine harmonisierte bzw. zentral integrierte Geld- und Fiskalpolitik
- eine hochentwickelte Regionalpolitik sowie
- die Anpassung der Löhne an die länderweisen Produktionsstrukturen

Sollten diese Voraussetzungen weitgehend erfüllt sein, wird die Währungsunion zweifellos eine wesentliche Unterstützung und Ergänzung der wirtschaftlichen Integration darstellen; solange aber diese Bedingungen noch nicht erfüllt sein werden, hält *Meade* es für sehr wahrscheinlich, daß "this method of currency integration ... will ultimately lead to catastrophe which will discredit the whole enterprise", und "in the end the Economic Union would collapse"[160].

Neben dieser (Zustands-)Sichtweise des Begriffs Währungsintegration betont *Meade* aber auch den prozessualen Charakter des Integrationsphänomens insofern, als die Währungsintegration in gewisser Weise auch den Wegbereiter für die wirtschaftliche Integration darstellen kann. Aus diesem Grund, aber auch infolge der Veränderungen des Weltwährungsgefüges nach 1973, hält *Meade* eine Reihe von Maßnahmen für erforderlich, die dazu beitragen sollten, die Gemeinschaft währungspolitisch enger aneinander zu binden. Er schlägt deshalb ein zweiphasiges Vorgehen vor, wobei für die erste Stufe die folgenden Maßnahmen ergriffen werden sollten:

- die Gründung eines europäischen Devisenausgleichsfonds (European Exchange Equilisation Fund), in den die gesamten nationalen Währungsreserven, bestehend aus Gold, Dollars und Sonderziehungsrechten eingebracht werden;
- die Einführung einer europäischen Korbwährung (Europa) als Rechnungseinheit zwischen den nationalen Regierungen, Zentralbanken und EG-Institutionen sowie

158 Vgl. *J.E. Meade* (1973), S. 89.
159 Vgl. *ebenda*, S. 90.
160 Vgl. *ebenda*, S. 89.

- eine abgestimmte Wechselkurspolitik, innerhalb der die Wechselkurse der nationalen Währungen in Bandbreiten gegenüber der Europa festgelegt sind; dabei müssen jedoch regelmäßige schrittweise Wechselkurskorrekturen erlaubt sein, so lange die wirtschaftspolitischen Strukturunterschiede, die zwischen den Partnerstaaten bestehen, dies erfordern. Nach außen soll die Europa innerhalb einer bestimmten Bandbreite gegenüber dem US-Dollar schwanken dürfen.

Für die erste Phase sollten diese Maßnahmen soweit ausreichend sein. Erst wenn die oben genannten strukturellen Voraussetzungen für die Einführung einer gemeinsamen Währung weitgehend erfüllt sein werden, wird die Zeit für reif gehalten, einen weiteren Schritt zu unternehmen. In dieser zweiten Phase[161] soll die als offizielle Rechnungseinheit eingeführte Europa zu einer gemeinsamen europäischen Währung ausgebaut werden, die parallel zu den weiterhin bestehenden nationalen Währungen zirkulieren und von privaten Wirtschaftssubjekten - Banken sowie Nichtbanken - zu Handels- und Kapitaltransaktionen verwendet werden soll. In diesem Stadium sollte der Fonds zu einer europäischen Zentralbank (EZB) weiterentwickelt werden, die Europa-Banknoten emittiert bzw. Guthaben in Parallelwährung gegen Hereinnahme des festgelegten Korbs nationaler Währungen einräumt und für diese wiederum eine Einlöseverpflichtung in den zugrundeliegenden Währungskorb übernimmt.

Als Begründung dafür, diese zweite Phase erst einzuführen, wenn die anfänglichen Strukturunterschiede zwischen den Partnerländern weitgehend beseitigt sind, führt *Meade* eine Reihe von Vorbehalten an, die gegen eine verfrühte gemeinschaftsweite private Verwendung der Europa erhoben werden können. Insbesondere macht er in diesem Zusammenhang auf drei mögliche Gefahren aufmerksam:[162]

- Erstens wird auf die Gefahr einer unkontrollierten Expansion oder Kontraktion des Geldvolumens in der Gemeinschaft hingewiesen, solange noch keine einheitlichen europaweiten Regelungen über die Reservebestimmungen bestehen.
- Zweitens müßten entsprechende Vorkehrungen getroffen werden, damit sich die Europawährung nicht zu rasch ausbreitet, bevor also die oben genannten strukturellen Voraussetzungen für die Realisierbarkeit einer Währungsunion erfüllt sind[163].

161 Vgl. *ebenda*, S. 92.
162 Vgl. *ebenda*, S. 92f.
163 In diesem Zusammenhang denkt *Meade* (1973, S. 94) beispielsweise an die Festlegung von Mindestbeträgen auf Geschäfte in Parallelwährung oder an restriktivere Reserveanforderungen als für nationale Währungen.

- Drittens kann es zu destabilisierenden spekulativen Kapitalbewegungen zwischen den nationalen Währungen und der europäischen Parallelwährung kommen. Solche Kapitalbewegungen seien zwar auch bei völlig liberalisiertem Kapitalverkehr in der Gemeinschaft nicht auszuschließen; bei der europaweiten Verwendung einer Parallelwährung seien sie allerdings "that much easier and more natural"[164].

Besonders der letztgenannte Einwand möglicher destabilisierender Kapitalströme zwischen den nationalen Währungen und der europäischen Parallelwährung und damit eine potentielle Destabilisierung des gesamten Wechselkursverbunds wird uns an späterer Stelle noch eingehend beschäftigen. Denn entsprechende Einwendungen wurden auch im Hinblick auf eine weitere Ausdehnung der Verwendung der Europäischen Währungseinheit ECU im privaten Bereich erhoben.

c) Die Rezeption des Meade-Vorschlags im EWS

Der Ankerwährungsvorschlag von *Meade* zielt darauf ab, den in der Gemeinschaft anzustrebenden Endzustand einer Wirtschafts- und Währungsunion schrittweise im Zuge eines evolutorischen Prozesses zu realisieren. Diese weitgespannte integrationspolitische Zielsetzung wird im Gegensatz dazu in den offiziellen Verlautbarungen zum EWS nicht offen formuliert. Statt dessen sprechen die Erklärungen des *Europäischen Rates* von Bremen und Brüssel nur von der Errichtung eines Systems, das zu einer engeren währungspolitischen Zusammenarbeit mit dem Ziel einer Zone der Stabilität in Europa führen soll. Auch in den Abschnitten, die die Überführung des EWS in seinen Endzustand behandeln, bleibt eine breitere integrationspolitische Dimension des Systems ausgeklammert[165]. Diese offizielle Beschränkung läßt sich damit erklären, daß die Staats- und Regierungschefs der EG die Einführung des EWS in erster Linie als einen neuen Ablauf zur Stärkung und Erhaltung des Status quo in der Gemeinschaft betrachteten. Auch konnten sie aufgrund früherer Erfahrungen mit monetären Integrationsansätzen nicht mit Bestimmtheit davon ausgehen, daß das EWS überhaupt den erwünschten Erfolg haben würde. Ein Scheitern des Systems ließ sich nicht a priori ausschließen. Aller-

164 Vgl. *ebenda*, S. 93.

165 Vgl. Entschließung des *Europäischen Rates* vom 5. Dezember 1978 über die Errichtung eines Europäischen Währungssystems und damit zusammenhängende Fragen, in: Bulletin der EG, Heft 12 (1978), S. 1361.

dings würde - so die Überzeugung der Initiatoren - das Scheitern eines nur als Wechselkurssystem deklarierten Verfahrens die weiteren Integrationsbemühungen in der EG weniger stark belasten als der Zusammenbruch eines offiziellen zweiten Anlaufs zur Errichtung einer Wirtschafts- und Währungsunion. Erst in zweiter Linie wurden - den Bestand des Systems vorausgesetzt - bestimmte Elemente des EWS, so die Europäische Währungseinheit ECU, als mögliche Grundlage für eine qualitativ andersartige währungs- und auch integrationspolitische Phase angelegt.[166] Wenn sich damit auch beide Konzeptionen zumindest in ihrer offiziellen Ausrichtung an einem angestrebten Endzustand (Errichtung einer Wirtschafts- und Währungsunion) unterscheiden, so läßt eine Betrachtung des Vorschlags von *Meade* und der Struktur des EWS dennoch eine Reihe deutlicher Parallelen erkennen, die das implizit mit dem EWS verfolgte Integrationskonzept offenlegen. Im folgenden sollen hierzu noch einige eher grundsätzliche Überlegungen angestellt werden; auf nähere Einzelheiten in der Entsprechung beider Konzepte braucht an dieser Stelle jedoch nicht weiter eingegangen zu werden.

In erster Linie gehen die beiden Konzeptionen von der Vorstellung aus, daß ein integrierter Wirtschaftsraum, wie ihn der Gemeinsame Markt in der Europäischen Gemeinschaft darstellt, in bestimmter Weise durch eine währungspolitische Integration flankiert und ergänzt werden muß. Zu diesem Zweck ist jeweils ein innereuropäisches Wechselkurssystem mit Bandbreitenregelung vorgesehen, in dessen Mittelpunkt ein Währungskorb als gemeinsamer Bezugspunkt der nationalen Mitgliedswährungen steht. Dieser Währungskorb (Europa bzw. ECU) findet darüber hinaus Verwendung als Recheneinheit sowie als Zahlungsmittel im Verkehr zwischen den Zentralbanken. In beiden Systemen wird zudem davon ausgegangen, daß innereuropäische Wechselkursanpassungen erlaubt sein müssen, solange disharmonische Preis- und Kostenentwicklungen zwischen den Partnerländern existieren. Gleichzeitig wird aber auch deutlich gemacht, daß die festgelegte Wechselkursregelung nur dann von Bestand sein kann, wenn zugleich ein gewisses Maß an wirtschaftspolitischer Harmonisierung in der Gemeinschaft gegeben ist. Während *Meade* hierfür noch keine konkreten Vorstellungen entwickelt, sind im EWS jedoch über die Umsetzung der seinerzeit von *Tindemans* zur Konsolidierung der Europäischen Währungsschlange formulierten Überlegungen wesentliche Ansätze vorhanden. Im Rahmen des Gesamtkonzepts EWS fällt den auf die *Tindemans*-Vorstellungen zurückgehenden Konsultations- und Abstimmungsverpflichtungen die Aufgabe zu, die Wechselkursvereinbarung durch Koordination der beteiligten Länder und durch Annäherung der relevanten makroökonomischen Größen zu stabilisieren. Durch diese primär auf Erhaltung und innere Festigung des EWS-Wechselkursmechanismus ausgerichtete Strategie werden der zweiten Komponente des Sy-

166 Vgl. auch *W. Wessels* (1983), S. 155.

stems - der Parallelwährung ECU - ein stabiler Kursverlauf und damit erst ihre Entwicklung im privaten Bereich gesichert.

Soweit sind die beiden Konzeptionen in wesentlichen Punkten miteinander in Übereinstimmung. Allerdings geht *Meade* noch einen Schritt weiter, indem er für die zweite Phase seines Vorschlags explizit die Zulassung der bislang nur in einem offiziellen Kreislauf verwendeten Europa auch für privatwirtschaftliche Transaktionen fordert. Zu diesem Zweck sollte der Europäische Devisenausgleichsfonds in Richtung auf eine Europäische Zentralbank weiter entwickelt werden, die Noten in Parallelwährung emittiert bzw. Geschäftsbanken und anderen privaten Wirtschaftssubjekten Guthaben in "Europa" einräumt.

Demgegenüber zeigen sich die Initiatoren des EWS wesentlich bescheidener. Zwar stellen auch sie eine zweite Phase ihres Projekts in Aussicht, in der der bisherige EFWZ zu einem Europäischen Währungsfonds ausgebaut werden und die ECU uneingeschränkt die Rolle des Reserveaktivums und Instruments für den Saldenausgleich übernehmen sollte. Gleichzeitig ist für diese Phase vorgesehen, die bestehenden Kreditmechanismen (kurz- und mittelfristiger Beistand) in diesen Fonds einzubringen[167]. Offiziell nicht vorgesehen ist hingegen die Möglichkeit der privatwirtschaftlichen Verwendung der ECU in Form einer Parallelwährung. Dies wohl auch aus gutem Grund, denn die Installation einer Parallelwährung ließe die Schwächen einzelner unterdurchschnittlich stabiler Mitgliedswährungen deutlich sichtbar werden und könnte zu einer Flucht aus diesen Währungen führen. Länder mit stabileren Währungsverhältnissen könnten ihrerseits die Aushöhlung der Kaufkraft ihrer Währungen über eine durch die Parallelwährung geschaffene zusätzliche Kaufkraft fürchten[168]. Diese voraussehbaren Befürchtungen und Vorbehalte seitens der Partnerländer waren wohl letztlich ausschlaggebend dafür, die ECU in der zweiten Stufe des Systems nicht in den Rang einer Parallelwährung zu erheben, sondern sie im wesentlichen in ihren ursprünglichen Grundfunktionen zu belassen.

Wenn damit auch die Rolle der ECU grundsätzlich definiert war und auf bestimmte Funktionen im Rahmen des EWS begrenzt blieb, schlossen die offiziellen Verlautbarungen über die Funktion der ECU in der Endphase des Systems allerdings die Möglichkeit nicht aus, daß sich einmal private Wirtschaftssubjekte dieses Währungskorbs im Zuge ihrer Transaktionen bedienen könnten, und die ECU in einem rein privatwirtschaftlichen Kreislauf neben dem offiziellen Verwendung finden könnte. Geht man in diesem Fall von der Voraussetzung aus, daß für die Verwendung der ECU im privaten Bereich keine rechtlichen Beschränkungen beste-

167 Die Einbringung auch der sehr kurzfristigen Finanzierung in diesen Fonds ist zu diesem Zeitpunkt noch nicht erforderlich, da der EWF noch keine Befugnis für Interventionen am Devisenmarkt erhalten hat.

168 Vgl. *R. Hellmann* (1979), S. 105.

hen, könnte sich durch private Initiative eine ähnliche Entwicklung vollziehen, wie sie im Meade-Vorschlag durch offizielle Maßnahmen vorgegeben wird. Die ECU würde sich durch die Schaffung seitens des privaten Bankensystems - quasi durch die Hintertür - zu einer europäischen Parallelwährung entwickeln können.

Die Erfahrungen, die mit früheren Währungseinheiten im privaten Bereich gesammelt wurden, wiesen jedoch nicht unbedingt in diese Richtung, denn ihre Verwendung blieb weitgehend unbedeutend[169]. Wenn somit seitens der Gründer des EWS etwaige Hoffnungen und Erwartungen im Hinblick auf die angesprochenen Entwicklungsmöglichkeiten der ECU im privaten Bereich gehegt worden sind, standen sie nicht unbedingt auf begründetem Fundament. Sie konnten allenfalls auf dem Kalkül beruhen, daß es gelingen würde, der ECU über eine weitgehende Stabilisierung des EWS-Wechselkursmechanismus einen vergleichsweise ruhigen und schwankungsfreien Kursverlauf zu sichern und ihr damit die notwendige Attraktivität (als Kriterium für ihre Durchsetzung) zu verschaffen.

Inwieweit sich diese Hoffnungen seitdem erfüllt haben, soll in den folgenden Abschnitten einerseits anhand der Entwicklung von externer und interner Stabilität des EWS und daran anschließend im vierten Kapitel hinsichtlich der Entwicklung der ECU im privaten Bereich als Rechen-, Wertaufbewahrungs- und Transaktionsmittel gezeigt werden. Aus dieser empirischen Betrachtung wollen wir unsere These eines Zusammenhangs zwischen EWS-Entwicklung und Entwicklung der privaten ECU herleiten (EWS-ECU-Zusammenhang). Im fünften Kapitel soll dann die umgekehrte Beziehung (ECU-EWS-Zusammenhang) untersucht werden. Damit werden in dieser Schrift EWS-Entwicklung und Entwicklung der ECU im privaten Bereich nicht mehr getrennt voneinander betrachtet, sondern als Wechselbeziehung aufgefaßt.

D. ERFAHRUNGEN MIT DEM EWS

Die in früheren Abschnitten beschriebenen Mechanismen des EWS funktionieren trotz des vielfach vorhergesagten Scheiterns seit nunmehr neun Jahren. In den folgenden Abschnitten soll nun die bisherige Entwicklung des Systems beurteilt werden.

Ein Ansatzpunkt für die Beurteilung etwaiger Erfolge oder Mißerfolge des EWS soll sein, den Währungsverbund an seinen eigenen Ansprüchen und Zielen zu

169 Vgl. *J. Aschheim* und *Y.S. Park* (1976), S. 4; ebenso *D.F. Lomax* (1983), S. 270ff.

messen. Das EWS ist im Frühjahr 1979 mit der Absicht eingeführt worden, in Europa eine Zone der Währungsstabilität zu errichten. Diese von den Staats- und Regierungschefs der EG als sehr wünschenswert bezeichnete Zielsetzung sollte durch eine auf größere äußere und innere Stabilität gerichtete Politik der Mitgliedstaaten des EWS verwirklicht werden. Gedacht war somit nicht nur an die Stabilität der Wechselkurse, sondern auch an die Erreichung binnenwirtschaftlicher Preisstabilität. In diesem Zusammenhang war oben bereits festgehalten worden, daß der für die dauerhafte Stabilität des EWS entscheidende Mangel allgemein darin gesehen wird, daß das System zwar über verbindliche Regelungen hinsichtlich der externen (Wechselkurs-)Stabilität verfügt, nicht jedoch über gleichfalls verbindliche Absprachen, die auf interne Preisniveaustabilität gerichtet sind. Aus dieser konzeptionellen Asymmetrie wurde gemeinhin auf das rasche Auseinanderfallen des Systems geschlossen. Dem konnte jedoch an dieser Stelle entgegengesetzt werden, daß über die Berücksichtigung der Forderungen *Tindemans* und der dadurch erfolgten vollständigen Einbeziehung des EWS in die Gemeinschaft Elemente in das EWS integriert wurden, die in Richtung auf interne Anpassungsmaßnahmen der Partnerländer wirksam werden sollen und dadurch einen - wenn auch von Willen und Vermögen der Mitgliedsländer abhängigen - Beitrag zur Stabilität des Systems leisten.

Das EWS soll nun im folgenden im Hinblick auf die Erreichung beider Teilziele näher betrachtet werden.

1. Zum Ziel externer Stabilität

Die Entwicklung des mittlerweile neun Jahre alten EWS läßt sich in insgesamt vier Phasen einteilen, in denen jeweils Phasen größerer Stabilität bzw. Instabilität des EWS-Wechselkurssystems miteinander abwechseln. Diese vier Abschnitte lassen sich sehr anschaulich anhand einer Abbildung der Entwicklung des DM/ECU-Wechselkurses erkennen[170].

170 Die DM erscheint in diesem Zusammenhang als Referenzwährung besonders geeignet, da sie die geringste Inflationsentwicklung im Zeitablauf aufweist und somit dem internen Stabilitätsziel des EWS am nächsten kommt. Dadurch bedingt, tendiert die DM stets in Richtung auf die obere Bandgrenze im EWS. Spannungen innerhalb des Systems äußern sich somit immer in einem Aufwertungsdruck bzw. tatsächlichen Aufwertungen der DM gegenüber den Partnerwährungen bzw. der ECU. Ähnliches gilt auch für die zweite Hartwährung des Systems, den holländischen Gulden.

ABBILDUNG 2

Die Entwicklung des DM/ECU-Wechselkurses in der Zeit von Januar 1979 bis April 1987

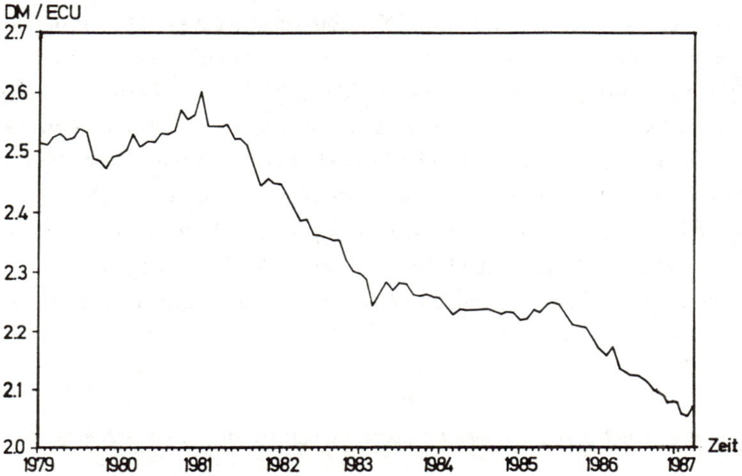

Quelle: ECU-Newsletter, verschiedene Jahrgänge.

Die erste Phase umfaßt einen Zeitraum von zwei Jahren und könnte als Phase relativer Währungsruhe im System charakterisiert werden. Ihr folgt etwa ab März 1981 eine weitere zweijährige Phase großer Wechselkursinstabilität. Ab März 1983 bis ungefähr Juli 1985 reicht die bisher längste und stabilste Wechselkursperiode des EWS, die mittlerweile wieder durch eine etwas instabilere Entwicklung abgelöst worden ist. Die einzelnen Abschnitte sollen im folgenden genauer untersucht werden.

Phase 1

Die äußeren Rahmenbedingungen waren in der Zeit der Einführung des EWS verhältnismäßig günstig. Die Inflationsdifferenzen zwischen den EG-Ländern waren geringer geworden und der Dollar hatte sich aufgrund eines Maßnahmenpaketes vom November 1978 (konzertierte Interventionsmaßnahmen der Währungsbehörden) wieder stabilisieren können.[171] Bei steigendem Dollarkurs notierte die D-Mark zu Beginn des EWS insgesamt schwach. Sie präsentierte sich jedoch bereits zwei Monate nach Einführung des Systems in einer zunehmend stabileren Verfassung, was nicht zuletzt durch verschärfte geldpolitische Maßnahmen in der Bundes-

171 Vgl. *W. Filc* (1979), S. 1f.

republik (Vornahme von Zinserhöhungen zur Abwehr eines ölpreisbedingten Inflationsschubs) sowie in erster Linie durch die neuerliche weltweite Abschwächung des Dollars bedingt war[172]. Ende Mai/Anfang Juni mußten der belgische Franc, der von Anfang an in der Nähe der unteren Bandgrenze notierte, sowie die Dänische Krone gegenüber der D-Mark durch Pflichtinterventionen gestützt werden. Im September desselben Jahres setzten massive Spekulationen ein, in deren Verlauf Interventionen in Höhe von 8,8 Mrd DM zur Stützung schwacher Partnerwährungen getätigt wurden.[173] So kam es bereits im September und November 1979 zu zwei kleineren Leitkursanpassungen, die allerdings eher als notwendige Korrektur anfänglich falsch gesetzter Paritäten, denn als Anzeichen besonderer Instabilität des Währungsverbundes zu bewerten sind. Über das jeweilige Ausmaß der einzelnen Leitkurskorrekturen informiert die folgende tabellarische Übersicht, in der die bis zum gegenwärtigen Zeitpunkt erfolgten Wechselkursanpassungen in zeitlicher Reihenfolge zusammengefaßt sind.

TABELLE 4

Wechselkursänderungen im Europäischen Währungssystem seit 1979

	Belg./Lux. Franc	Dänische Krone	Deutsche Mark	Franz. Franc	Irisches Pfund	Ital. Lira	Niederl. Gulden	Pfund Sterling[1]	Griech. Drachme[2]
24. Sept. 1979			+ 2,0/ + 5,0[3]						
30. Nov. 1979		- 4,76							
23. März 1981						- 6,0			
05. Okt. 1981			+ 5,5	- 3,0[4]		- 3,0[5]	+ 5,5		
22. Febr. 1982	- 8,5	- 3,0							
14. Juni 1982			+ 4,25	- 5,75		- 2,75	+ 4,25		
21. März 1983	+ 1,5	+ 2,5	+ 5,5	- 2,5	- 3,5	- 2,5	+ 3,5		
20. Juli 1985	+ 2,0	+ 2,0	+ 2,0	+ 2,0	+ 2,0	- 6,0	+ 2,0	+ 5,4	- 15,1
07. April 1986	+ 1,0	+ 1,0	+ 3,0	- 3,0			+ 3,0		
03. Aug. 1986					- 8,0				
12. Jan. 1987	+ 2,0		+ 3,0				+ 3,0		

1) Seit dem 18. Mai 1983 besteht ein offizieller, jedoch fiktiver Leitkurs für das britische Pfund.
2) Da die Griechische Drachme nicht am Wechselkursmechanismus des EWS teilnimmt, wird ein fiktiver Leitkurs festgelegt.
3) 5 v.H. gegenüber der dänischen Krone; 2 v.H. gegenüber allen anderen Teilnehmerwährungen.
4) Nur gegenüber der dänischen Krone, dem belgischen Franc und dem irischen Pfund.
5) Isolierte Abwertung des irischen Pfunds.

Quelle: R. Hasse (1986), S. 179; Monatsberichte der Deutschen Bundesbank, verschiedene Ausgaben.

172 Vgl. *A. Gutowski* und *H.E. Scharrer* (1983), S. 158.
173 Vgl. *H.E. Scharrer* (1983), S. 185

Im Anschluß an diese beiden ersten Leitkurskorrekturen folgte eine längere Phase von 16 Monaten ohne weiteren Anpassungsbedarf. Diese relativ ruhige Entwicklung war zu einem nicht unerheblichen Teil auf die Schwäche der D-Mark gegenüber dem Dollar im Verlauf des Jahres 1980 sowie dadurch induziert auch gegenüber den am EWS teilnehmenden Währungen zurückzuführen. Maßgeblich für diese Schwächeneigung der deutschen Währung waren interne Faktoren in der Bundesrepublik, wie beispielsweise eine im wesentlichen expansiv orientierte Fiskalpolitik, externe politische (Reagan-Bonus und Polenkrise)[174] sowie ökonomische Faktoren, in erster Linie der zweite Ölpreisschub, der sich auf die deutsche Leistungsbilanz ungleich stärker als auf die amerikanische auswirkte. Relativ hohe Zinsen in den Ländern des Währungsverbundes führten zeitweise sogar dazu, daß die D-Mark am unteren Interventionspunkt gestützt werden mußte[175]. Es liegt daher nahe zu vermuten, daß die Devisenkurse der deutschen Währung ohne das EWS und die erfolgten Stützungsoperationen noch stärker angestiegen wären[176], obwohl ein wachsendes Preisgefälle zwischen der Bundesrepublik und ihren EWS-Partnern eigentlich zu einer gegenläufigen Entwicklung hätte führen müssen. Diese Schwächetendenz der D-Mark gegenüber dem Dollar und den EWS-Währungen setzte sich auch Anfang des Jahres 1981 fort. In der Zwischenzeit hatte sich allerdings aufgrund divergierender ökonomischer Grunddaten und damit einhergehender allokativer Verzerrungen in der Gemeinschaft[177] ein deutlicher Wechselkursänderungsbedarf herausgebildet. Die Bundesbank beschloß daher mit Wirkung vom 20. Februar 1981, durch drastische zinspolitische Maßnahmen (Schließung des regulären Lombard-Fensters und Ersetzung durch einen Sonderlombard in Höhe von 12 v.H.) einen Kurswechsel in der Geld- und Währungspolitik zu vollziehen. Als Folge dieser Maßnahme änderte sich die Position der D-Mark im EWS sofort und nachhaltig. Außer dem Stabilitätsvorsprung trug hierzu auch die im gleichen Jahr einsetzende Rückbildung des Leistungsbilanzdefizits in der Bundesrepublik bei gleichzeitiger Ausweitung der Defizite in den Partnerländern bei[178]. Diese rasche Festigung der D-Mark an den Devisenmärkten löste geldpolitische Anpassungszwänge auch in anderen EWS-Ländern aus. Belgien, Italien sowie die Niederlande folgten bald der deutschen Vorgabe mit einer Zinserhöhung.[179]

174 Vgl. *H.E. Scharrer* (1983), S. 191.
175 Vgl. *W. Filc* (1981 a), S. 6ff.
176 Vgl. *H.E. Scharrer* (1983), S. 195.
177 *Vgl. ebenda*, S. 194f.
178 Vgl. *A. Gutowski* und *H.E. Scharrer* (1983), S. 161f.
179 Vgl. *W. Filc* (1981 b), S. 7.

Phase 2

Nach bisher nur zwei relativ bescheidenen Anpassungen innerhalb des EWS-Wechselkursgefüges waren in den folgenden sechzehn Monaten insgesamt vier umfassendere Paritätsanpassungen erforderlich. Um der inflationsbedingten Verschlechterung der Wettbewerbsposition Italiens gegenüber seinen europäischen Partnern zu begegnen, wurde die italienische Lira im März 1981 um 6 v.H. abgewertet[180]. Obwohl die ökonomischen Indikatoren für einen gleichen Schritt auch in Frankreich sprachen, fand jedoch im Vorfeld der anstehenden Präsidentschaftswahlen keine Paritätsanpassung der französischen Währung statt. Erst der Wahlsieg *Mitterands* im Mai 1981 führte zu einem deutlichen Einschnitt in der Entwicklung des EWS und trug zu einer zunehmenden Polarisierung zwischen Franc und D-Mark bei. Die allgemeine Sorge vor einer stark expansionistischen Wirtschaftspolitik der neuen Regierung, gefolgt von einer im wesentlichen politisch motivierten Kapitalfluchtbewegung, ließen den Franc an die untere Bandgrenze fallen. Dieser Entwicklung versuchten die französischen Behörden mit einer Verschärfung der bereits bestehenden Devisenkontrollen sowie mit Hilfe beträchtlicher Interventionen Einhalt zu gebieten, bis es aufgrund des zunehmenden Marktdrucks im Oktober 1981 zum 4. Realignment kam, in dessen Vollzug der Franc und die Lira abgewertet, D-Mark und Gulden aufgewertet wurden[181].

Am fünften Realignment im Februar 1982[182], das aus einer deutlichen Abwertung des belgischen Franc und der dänischen Krone bestand, war Frankreich nicht beteiligt, obwohl sich der Abwärtstrend der französischen Währung, begleitet von wachsenden Leistungsbilanzdefiziten, fortsetzte. Trotz einer strikteren Anwendung der Devisenkontrollen in Frankreich kam es dann im Juni 1982 zum bisher größten Realignment im EWS. Somit hat, was *Ungerer u.a.* 1983 feststellten, auch heute noch Gültigkeit: "This realignment was the largest since the inception of the system in terms of the magnitude of bilateral exchange rates."[183] Da dieses Realignment von einer deutlichen Kurskorrektur der Wirtschaftspolitik in Frankreich begleitet war, sahen viele Beobachter in dieser Anpassung nicht etwa ein Zeichen für die zunehmende Instabilität im System, sondern erblickten darin "den Anfang einer stärkeren Konvergenz der Wirtschaftspolitik in Europa."[184] Der Kurswechsel in der französischen Wirtschaftspolitik verhinderte jedoch nicht, daß der französische Franc in den ersten Wochen des Jahres 1983 abermals zunehmend unter Druck geriet, der durch den Wahlausgang der Bundestagswahl am 6. März 1983 noch ver-

180 Vgl. *H. Ungerer u.a.* (1983), S. 5.
181 Vgl. *ebenda*, S. 6.
182 Zu den genaueren Umständen dieser 5. Anpassung im EWS vgl. ausführlich *W. Filc* (1982), S. 8ff.
183 Vgl. *H. Ungerer u.a.* (1983), S. 6.
184 Vgl. *J.v.Ypersele* und *J.C. Koeune* (1984), S. 90.

stärkt wurde. Am 21. März fand eine weitere Neufestsetzung der Leitkurse statt, bei der der französische Franc nochmals 8 v.H. gegenüber der D-Mark an Wert verlor. Insgesamt hat der Franc gegenüber der deutschen Währung in der Zeit von 1981 bis 1983 gut ein Viertel seines Wertes eingebüßt, was sich auch sehr deutlich im Wertverlust der ECU gegenüber der D-Mark in diesem Zeitraum widerspiegelt.

Phase 3

Nach bisher insgesamt sieben Leitkursanpassungen, davon allein vier in der Zeit von März 1981 bis Juni 1982, entwickelte sich das EWS in den folgenden 28 Monaten relativ ruhig und im wesentlichen spannungsfrei. Ursächlich für diesen ruhigen Verlauf waren einerseits der wiederansteigende Dollar etwa ab Frühjahr 1983 - und verstärkt ab März 1984 - sowie andererseits die zunehmenden Anstrengungen der Mitgliedsländer der Gemeinschaft, eine konvergentere Wirtschaftsentwicklung einzuleiten.

Die allgemeine Leitkursanpassung vom März 1983 war begleitet von einer seit dem Bestehen des EWS noch nicht dagewesenen Schwäche der D-Mark nach einem Realignment. Als Ursache für diese Entwicklung wurde vielfach die Stärke der floatenden Währungen (Dollar, Yen, Pfund) und nicht etwa eine fundamentale Schwäche der D-Mark im EWS empfunden[185]. Dieser Anstieg vornehmlich der US-Währung hielt im wesentlichen bis gegen Ende 1983 an, wobei sich allerdings auch die D-Mark im EWS relativ befestigen konnte. Anfang 1984 kehrte sich der Trend des US-Dollars kurzzeitig um. Diese abrupte Abschwächung ließ verstärkte Kursanspannungen im EWS entstehen, die sich in der Hauptsache gegen den belgischen Franc richteten, der kräftig gegenüber der D-Mark gestützt werden mußte[186]. Etwa ab März 1984 nahm die US-Währung dann ihren Kursanstieg - unter deutlichen Schwankungen zwar und bei zeitweise hektischem Geschäft, das im Herbst seinen Höhepunkt erreichte[187] - wieder auf. Entsprechend ruhig vollzog sich in dieser Zeit die Entwicklung im EWS. Dieser Verlauf hielt auch an, als der Dollar etwa ab März 1985 im wesentlichen durch realwirtschaftliche Faktoren bedingt (ungünstige amerikanische Konjunkturprognosen) seinen Rückzug anzutreten begann und die D-Mark nicht, wie in der Vergangenheit üblich, an die Spitze des Kursgefüges im EWS getragen wurde.[188] Der Rückgang des Dollarkurses vollzog sich gleichmäßig

185 Vgl. *W. Filc* (1983), S. 8.

186 Vgl. *W. Filc* (1984), S. 6ff.; ebenso Geschäftsbericht der *Deutschen Bundesbank* für das Jahr 1984, S. 68ff.

187 Über die Hektik an den Devisenmärkten im Herbst 1984 vermerkt die *Deutsche Bundesbank* in ihrem Geschäftsbericht für das Jahr 1984, S. 62, "Die kurzfristigen Wechselkursschwankungen waren stärker ausgeprägt als gewöhnlich und betrugen zuweilen mehr als 2 v.H. von einem Tag auf den anderen."

188 Vgl. *W. Filc* (1985 a), S. 1 sowie S. 8f.

gegenüber allen EWS-Währungen und induzierte vorerst keinerlei Spannungen im System.

Phase 4

Nach der mehr als zwei Jahre währenden Ruhephase im Wechselkursgefüge des EWS setzte im Juli 1985 wieder eine etwas instabilere Entwicklung im System ein. Allerdings ist die gegenwärtige Instabilitätsphase in ihrer Heftigkeit und Ursächlichkeit nicht mit der Instabilität in den Jahren 1981-83 zu vergleichen. Damals lagen die Ursachen vorwiegend in zunehmenden internen Divergenzen zwischen den Partnerstaaten und drückten sich in einer deutlichen Polarisierung zwischen der deutschen und der französischen Währung aus. Für die neuerliche Instabilität sind zwar auch interne Faktoren verantwortlich (der in den Jahren ohne Leitkursanpassung aufgebaute Wechselkursänderungsbedarf), aber vorwiegend die Trendwende der Kursentwicklung des US-Dollars trägt entscheidend zur relativen Stärke der D-Mark und damit zur Instabilität des Systems bei[189].

Die letzte im wesentlichen durch interne Divergenzen hervorgerufene Anpassung der Wechselkursrelationen fand am 21.3.1983 statt. Seit diesem Realignment hat sich eine bemerkenswerte Annäherung der wirtschaftlichen Grunddaten in den Ländern der Gemeinschaft vollzogen. Dies gilt in gleichem Maße für die Zinsentwicklung, das Geldmengenwachstum, die Verbesserung der Leistungsbilanzsituation sowie für die Dämpfung des Preisauftriebs. Gleichwohl haben sich über die Jahre hinweg seitdem dennoch Preis- und Kostendiskrepanzen zwischen der Bundesrepublik und den anderen EWS-Ländern herausgebildet, die einen Wechselkursänderungsbedarf erzeugt haben[190]. Die Märkte konnten deshalb mit entsprechenden Wechselkursanpassungen rechnen, zumal die preisliche Wettbewerbsfähigkeit der weniger preisstabilen Länder durch den fallenden Dollar noch zusätzlich belastet wurde.

Ausgelöst durch ihren starken Kurseinbruch am Kassamarkt Anfang Juli 1985 wurde die italienische Lira am 20. d.M. isoliert gegenüber der ECU und damit auch gegenüber allen anderen am Interventionssystem teilnehmenden Währungen abgewertet. Gleichzeitig verpflichtete sich die italienische Regierung dazu, interne wirtschaftspolitische Maßnahmen zu ergreifen.[191] Anfang April 1986 wurden darüber hinaus auf Antrag der französischen Regierung die Leitkurse im EWS ein wei-

189 Diese Trendwende des Dollars im Frühjahr 1985 wurde noch verstärkt durch das sog. Fünfertreffen vom 22. September 1985 in New York, auf dem eine "in geordneten Bahnen verlaufende Aufwertung der wichtigsten Nichtdollarwährungen gegenüber dem Dollar" als besonders erwünscht angesehen wurde. Vgl. hierzu ausführlich *Deutsche Bundesbank* (1986 a), S. 68f.

190 Vgl. *W. Filc* (1986 a), S. 16.

191 Zu dem beabsichtigten Maßnahmepaket vgl. im einzelnen z.B. Handelsblatt vom 22.07.1985.

teres Mal neu festgesetzt, um die zwischenzeitlichen Verschiebungen der Wettbewerbspositionen, die zwischen den EWS-Ländern durch Diskrepanzen in der Preis- und Kostenentwicklung entstanden waren, wieder auszugleichen. Infolge dieser umfassenden Anpassung erhöhte sich der Außenwert der D-Mark, gemessen an den Leitkursen, im gewogenen Durchschnitt um etwa 3 v.H.

Die beiden letzten Leitkursanpassungen von August 1986 und Januar 1987 waren im wesentlichen durch den rückläufigen Dollarkurs bedingt, da die D-Mark international wieder zur bevorzugten Anlagealternative zum Dollar avanciert ist.[192] Dadurch kam zunächst das irische Pfund unter zunehmenden Druck, verstärkt noch dadurch, daß sich auch das britische Pfund gegenüber den am Wechselkursverbund beteiligten Währungen abwertete. Wegen seiner engen Handelsbeziehungen mit Großbritannien war Irland hiervon besonders betroffen. Anfang August 1986 wurde daher das irische Pfund isoliert gegenüber allen anderen EWS-Währungen um 8 v.H. abgewertet. Gegen Jahresende verstärkten sich unter dem Eindruck der anhaltenden Dollarbaisse die Spannungen im EWS von neuem. Eine wichtige Rolle spielten hierbei Erwartungen auf eine Neufestsetzung der Wechselkurse nach der Bundestagswahl sowie soziale Konflikte in Frankreich, so daß es Anfang Januar 1987 zu einer erneuten Wechselkursverschiebung im EWS kam.

Diesem Realignment - sowie der Leitkursanpassung vom April 1986 - waren massive intramarginale Interventionen der Banque de France vorausgegangen mit dem Ziel, den Kurs des französischen Franc in der Nähe seines Leitkurses zur D-Mark zu halten. Diese seit geraumer Zeit offenkundig werdende geänderte Interventionspraxis der europäischen Zentralbanken - einseitige Interventionen von Ländern mit schwächerer Währung anstelle symmetrischer Regelinterventionen an den Bandgrenzen - kontrastiert mit den in der EWS-Entschließung festgelegten Regelungen. Gleichzeitig gelangt damit die stabilste Währung des Verbunds, die D-Mark, de facto in den Rang einer Leitwährung[193]. Auch wenn diese Interventionspraxis von der EWS-Entschließung nur als mögliche Reaktion für den Fall vorgesehen war, daß eine Mitgliedswährung ihre festgelegte Abweichungsschwelle erreicht hat, findet das Gros der Interventionen mittlerweile intramarginal statt. Dazu läßt sich feststellen, daß sich diese Entwicklung insgesamt jedoch positiv auf den Zusammenhalt des EWS auswirkt. Einerseits werden dadurch längeranhaltende Spekulationen gegen einzelne Währungen, die in der Regel dann einsetzen, wenn diese Währungen ihren unteren Interventionspunkt erreicht haben, weitgehend vermieden und damit zusätzlicher Druck und noch höherer Interventionsbedarf abgewendet. Paritätsanpassungen können auf diese Weise hinausgezögert werden. Fallen

192 Zu diesen beiden Leitkursanpassungen vgl. *Deutsche Bundesbank* (1987 c), S. 71ff.

193 Vgl. hierzu auch *W. Filc* (1986 b), S. 7f.

die betreffenden Währungen dann doch auf ihren unteren Interventionspunkt, finden notwendige Leitkursanpassungen unverzüglich statt, um der aufkommenden Spekulation den Boden zu entziehen. Auf der anderen Seite wirken intramarginale Interventionen von Schwachwährungsländern aber auch positiv auf die interne Stabilität des EWS. Über den erforderlichen Ankauf von eigener Währung führen diese Interventionen zu einer Kontraktion der umlaufenden Geldmenge. Entsprechend dem quantitätstheoretischen Zusammenhang ergeben sich Rückwirkungen auf das Preisniveau. Deflationäre Tendenzen und die Anpassung des Preisniveaus an die Länder mit stabileren Preisverhältnissen verringern dann wieder den Leitkursanpassungsbedarf im EWS.

2. Zum Ziel interner Stabilität

a) Der Konvergenzaspekt

Mit der Einführung des EWS 1979 war man sich auf politischer Seite einig, daß das System nur dann länger von Bestand sein könne, wenn die Konvergenz der wirtschaftlichen Entwicklung bei Preisen und Kosten in den Partnerländern hergestellt und gesichert werde durch eine entsprechend abgeleitete und koordinierte Geld-, Fiskal- und Einkommenspolitik. Vor dem Hintergrund von mittlerweile elf allgemeinen mehr oder weniger umfangreichen Leitkursanpassungen im EWS, davon allein vier in relativ dichter Folge in einem Zeitraum von nur sechzehn Monaten, stellt sich die Frage nach der Zielerreichung.

In einer allgemeinen Definition wollen wir unter Konvergenz "the narrowing of international differences in the development of economic variables"[194], d.h. also die zunehmende Gleichartigkeit der Entwicklung verschiedener ökonomischer Zeitreihen der Mitgliedsländer und nicht etwa irgendeine Form der gleichmäßigen Verteilung der Wohlfahrt oder des "living standard"[195] über diese Länder verstehen. Bei einer praktischen Beurteilung der Leistungen des EWS steht meist dieser Aspekt der Konvergenz im Vordergrund, wobei der Konvergenzbegriff synonym zu den Begriffen der wirtschaftspolitischen Harmonisierung oder Koordination Verwendung findet und mittlerweile in zunehmendem Maße in der Literatur an deren Stelle tritt. Konvergenz kennzeichnet dabei im wesentlichen zwei relevante Sachverhalte, die voneinander zu unterscheiden sind. Zum einen kann dieser Begriff auf nationale wirtschaftspolitische Zielvorstellungen und deren Umsetzung in der praktischen Politik bezogen werden, zum anderen beschreibt er die beobachtbaren wirt-

194 Vgl. *H. Ungerer u.a.* (1986), S. 22.
195 Vgl. *ebenda*, S. 22.

schaftlichen Entwicklungen in den Mitgliedstaaten. Im ersten Fall gilt es dabei zu berücksichtigen, daß je nach individueller Ausgangsbasis der wirtschaftlichen Lage in den einzelnen Ländern eine Konvergenz der wirtschaftspolitischen Zielvorstellungen, beispielsweise ein grundsätzlicher Konsens über die Priorität des Ziels der Preisniveaustabilität, durchaus auch in teilweise divergenten, aber miteinander kompatiblen Politiken zum Ausdruck kommen kann, die erst im Zuge der tatsächlichen Annäherung wirtschaftlich relevanter Größen in immer größere Übereinstimmung gebracht werden. Im zweiten Fall ist Konvergenz auf wirtschaftliche Entwicklungen bezogen, die zu weitgehend stabilen Kosten- und Preisverhältnissen in den Ländern der Gemeinschaft führen.

Das Erreichen nominaler Konvergenz stellt die entscheidende Voraussetzung für längerfristiges Wachstum in der Gemeinschaft und - im Sinne der integrationspolitischen Zielvorstellungen - für ein stärkeres Zusammenwachsen der europäischen Volkswirtschaften dar[196]. Ob es dadurch in der Folge dann auch zu einer Konvergenz realer Größen wie Lebensstandard, Produktivität oder Beschäftigung kommt, läßt sich nicht ohne weiteres ausmachen. Es ist aber zumindest davon auszugehen, daß dieser Prozeß einen längeren Zeitraum in Anspruch nehmen dürfte. Für die an dieser Stelle vorzunehmende Beurteilung des EWS ist diese Frage der realen Konvergenz allerdings auch nicht von Bedeutung. Im folgenden Abschnitt sollen die relevanten nominalen wirtschaftlichen Größen im Hinblick auf ihre Entwicklung untersucht werden.

b) Die Entwicklung wirtschaftlicher Eckdaten in den Partnerländern

An der Entwicklung der Verbraucherpreise gemessen, haben sich die wirtschaftlichen Divergenzen in den Ländern des Europäischen Währungssystems etwa ab 1982 kontinuierlich zurückgebildet[197]. Diese Feststellung läßt sich in gleicher Weise auch für die noch nicht am Wechselkursverbund teilnehmenden Länder

196 Vgl. *H. Ungerer* (1984), S. 103; ebenso *EG-Kommission* (1986 c), S. 29.

197 Vgl. hierzu Tabelle 5, S. 98. Bis zum Jahr 1982 hatten sich allerdings die Divergenzen in der Entwicklung der nationalen Preisniveaus sogar noch weiter verstärkt. Betrug im Gründungsjahr des EWS die Differenz zwischen höchster (Italien) und niedrigster Inflationsrate (Bundesrepublik, Niederlande) etwas über 10 v.H., so verschlechterte sie sich zunächst noch bis 1981. Ursächlich waren hierfür im wesentlichen der zweite Ölpreisschock, dessen Beginn praktisch mit dem Start des EWS zusammenfiel und der die einzelnen Länder unterschiedlich stark traf, sowie die zum damaligen Zeitpunkt noch mangelnde geldpolitische Koordination der Partnerländer.

Großbritannien und Spanien treffen. Während in Portugal die Erfolge in der Inflationsbekämpfung erst allmählich ab 1985 sichtbar werden, zeichnet sich gegen den allgemeinen Trend in Griechenland allerdings wieder eine Beschleunigung der Preisentwicklung ab. Insgesamt weichen die Inflationsraten der Partnerländer zum Jahresende 1986 zwar immer noch deutlich voneinander ab, aber besonders diejenigen Länder, die noch zu Beginn der 80er Jahre als typische Hochinflationsländer galten, wie beispielsweise Irland, Italien oder Spanien, konnten bei der Wiedergewinnung stabilerer Verhältnisse überproportionale Erfolge verzeichnen. Die Inflationsraten in diesen Ländern liegen heute deutlich unterhalb der 10 v.H. Marke, und ein weiterer Rückgang zeichnet sich besonders dort ab. Länder, die sich schon seit jeher durch stabile Preisverhältnisse auszeichnen, wie die Bundesrepublik oder die Niederlande, konnten ihre Position weiter festigen. Auch Belgien und Luxemburg sowie in vergleichsweise geringerem Maße auch Frankreich können mittlerweile weitgehend stabile Preisverhältnisse nachweisen, wie die nun folgende Tabelle zeigt.

TABELLE 5

Veränderung der Verbraucherpreise in der Europäischen Gemeinschaft in v.H. zum Vorjahr für den Zeitraum von 1979 - 1986

Land/Ländergruppe	1979	1980	1981	1982	1983	1984	1985	1986
Am Wechselkursverbund des EWS beteiligte EG-Partner								
Bundesrepublik Deutschland	4,2	5,4	6,3	5,3	3,3	2,4	2,2	- 0,2
Frankreich	10,8	13,5	13,4	11,8	9,6	7,4	5,8	2,7
Italien	14,8	21,2	17,8	16,5	14,7	10,8	9,2	5,9
Niederlande	4,2	6,5	6,7	5,9	2,8	3,3	2,3	0,2
Belgien	4,5	6,6	7,6	8,7	7,7	6,3	4,9	1,3
Dänemark	9,6	12,3	11,7	10,1	6,9	6,3	4,7	3,6
Irland	13,3	18,2	20,4	17,1	10,5	8,6	5,4	3,9
Luxemburg	4,5	6,3	8,1	9,4	8,7	4,6	4,1	0,3
Sonstige EG-Partner								
Großbritannien	13,4	18,0	11,9	8,6	4,6	5,0	6,1	3,4
Spanien 1)	-	-	14,6	14,4	12,2	11,3	8,8	8,8
Griechenland	19,0	24,9	24,5	21,0	20,5	18,5	19,3	23,0
Portugal 1)	-	-	20,0	22,4	25,5	29,3	19,3	11,7
Durchschnitt EWS	8,2	11,3	11,5	10,6	8,0	6,2	4,8	2,2
Standardabweichung EWS	4,2	5,6	5,0	4,1	3,6	2,6	2,1	2,0
Durchschnitt EG	9,8	13,3	12,8	11,4	8,9	7,3	6,4	5,4

1) Mitglied seit Anfang 1986

Quelle: Geschäftsberichte der Deutschen Bundesbank für die Jahre 1984/1985/1986; eigene Berechnungen.

Dieser positive Trend zur Konvergenz der Inflationsraten auf einem niedrigeren Niveau findet seine Entsprechung in einem Rückgang der monetären Expansion in den Ländern des Währungsverbunds, wie wir anhand der folgenden Tabelle sehen können. Betrachtet man in diesem Zusammenhang die weiter gefaßten Geldmengenaggregate (M2/M3), so läßt sich feststellen, daß das Geldmengenwachstum im EWS-Durchschnitt seit 1984 kontinuierlich zurückgegangen ist und im Jahre 1986 mit einer Steigerungsrate von 6,9 v.H. weniger als halb so schnell wie in der Vor-EWS-Zeit gestiegen ist, als das Wachstum der nationalen Geldmengen im jährlichen Durchschnitt noch um rund 14 v.H. zunahm.[198]

TABELLE 6

Veränderung des Geldmengenwachstums (M2/M3) in der EG 1979 - 1986 in v.H. zum Vorjahr

EWS	1979	1980	1981	1982	1983	1984	1985	1986
gewogener Durchschnitt	12,9	9,7	8,7	9,5	10,2	8,4	7,7	6,9
Streuung i.V. zum Durchschnitt	4,0	3,4	2,5	2,3	3,5	3,1	3,2	1,5
Streuung i.V. zum Minimum	8,1	4,4	4,4	3,0	4,8	4,4	2,8	1,6

Quelle: H. Matthes (1987 a).

Die Standardabweichung des Geldmengenwachstums der EWS-Länder hat sich heute auf ein Maß zurückgebildet, das mit der Streuungsbreite in den 60er Jahren vergleichbar ist[199]. Die Währungsdisziplin, die sich im Verlauf der Geldmengenausweitung ausdrückt, betrifft alle EWS-Länder gleichermaßen, insbesondere aber Frankreich, das seine Währungspolitik seit 1982 auf einen EWS-konformen Kurs gebracht hat. Diese Tendenz zu einer zunehmend konvergent geführten Geldpolitik kann jedoch auf Dauer nur fortbestehen und sich noch weiter vertiefen, wenn in den Mitgliedsländern die Geldpolitik auch von den anderen Politikbereichen, insbesondere sind hier die Lohn- und Haushaltspolitik angesprochen, unterstützt wird. Es ist dazu erforderlich, daß sich Lohn- und Haushaltspolitik in den von der Geldpolitik vorgegebenen stabilitätsorientierten Rahmen einfügen. Diesem

198 Vgl. zu diesem Zeitraum die Zahlenangaben bei *M. Wegner* (1985), S. 21f.
199 Vgl. *ebenda*, S. 21.

"hierarchischen Prinzip"[200] hat insbesondere die Lohnpolitik in den Mitgliedstaaten während der letzten Jahre in verstärktem Maße Rechnung getragen.

Wie wir anhand der folgenden Graphik erkennen können, ist die Abnahme des Geldmengenwachstums in den Ländern des Währungsverbunds, aber auch bereits in Spanien, das noch nicht am Wechselkursmechanismus teilnimmt, von einer entsprechenden Abnahme der nominalen Lohnzuwächse begleitet. Wie die in dieser Graphik aufgeführten Streckenzüge für die einzelnen Länder zeigen, ist in allen Ländern eine deutliche Tendenz zu moderateren Lohnabschlüssen erkennbar, worin sich eine allmähliche Abkehr von der früheren *Phillips*-Kurven-Illusion widerspiegeln dürfte. Eine Ausnahme hierzu bildete bis 1986 Großbritannien, wo hingegen noch eine deutliche Beschleunigung des Geldmengenwachstums zu konstatieren war. Erst für 1987 lassen die Vorausschätzungen der *EG-Kommission* auch für dieses Land eine Tendenz zur Rückführung der monetären Expansion erkennen. Insgesamt haben sich die Nominallohnzuwächse im Gemeinschaftsdurchschnitt von etwa 15 v.H. (1980) auf etwa 6 v.H. (1986) zurückgebildet.[201].

ABBILDUNG 3

Kompatibilität zwischen Geldmengen- und Nominallohnerhöhung in den großen EG-Ländern in den Jahren 1984 - 1987

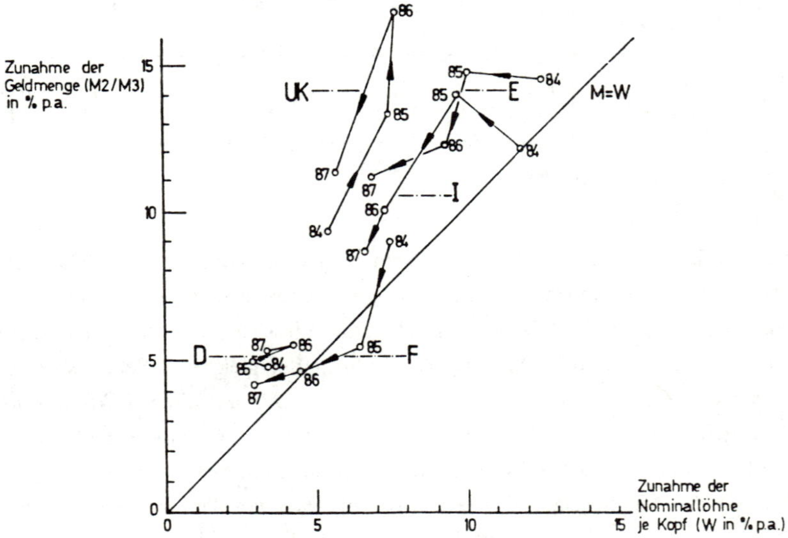

Quelle: *H. Matthes* (1987 a).

200 Vgl. *H. Matthes* (1987 b), S. 250.
201 Vgl. *ebenda.*

Der in Graphik 3 zum Ausdruck kommende stringente Zusammenhang zwischen der Entwicklung monetärer Aggregate und Lohnexpansion gilt - wie die folgende Abbildung 4 zeigt - nicht in der gleichen Weise für die kleineren Länder des Währungsverbunds, die nicht über eine autonome Geldpolitik verfügen, sondern deren Geldpolitik sich aus der "hard-currency-option" des EWS ableitet (Stabilitätsimport über den Wechselkurs)[202]. Wie bekannt, läuft in diesen Ländern der

ABBILDUNG 4

Kompatibilität zwischen Geldmengen- und Nominallohnerhöhung in den kleineren EG-Ländern in den Jahren 1984 - 1987

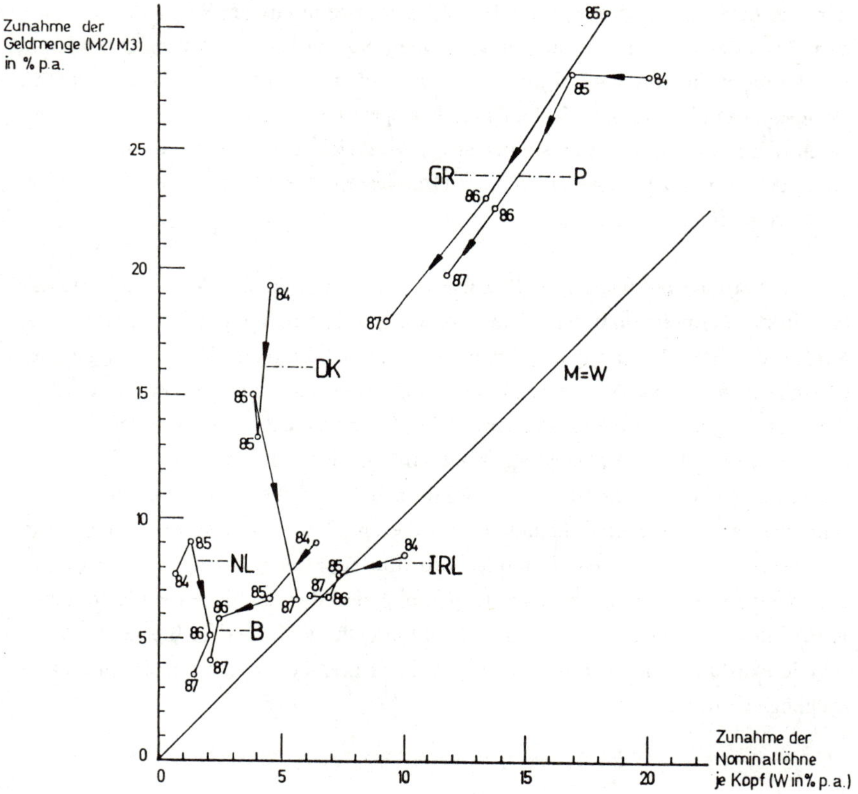

Quelle: *H. Matthes* (1987 a); Die Zahlen für das Jahr 1987 beruhen auf Vorausschätzungen der Kommission.

202 Vgl. *H. Matthes* (1987 a), S. 4.

geldpolitische Steuerungsmechanismus mehr über den Wechselkurs. Die überdurchschnittlich hohe Handelsverflechtung und Außenhandelsabhängigkeit der kleineren EWS-Länder ist letztlich ein Grund dafür, daß sie stabilen Wechselkursverhältnissen zu einer bestimmten Währung oder innerhalb eines Währungsraums einen hohen Stellenwert einräumen, wie bereits auch die Erfahrungen mit dem Europäischen Wechselkursverbund und dessen Reduzierung zur sog. Mini-Schlange (DM-Block) vor 1979 deutlich gemacht haben. Es ist somit für diese Länder auch überhaupt nicht möglich, sich der von den großen Ländern vorgegebenen Tendenz zu einer mehr stabilitätsorientierten Wirtschaftspolitik zu entziehen.

Weniger positiv im Sinne einer konvergenteren Entwicklung der gesamtwirtschaftlichen Eckdaten in den Ländern der Gemeinschaft präsentiert sich die Situation im Bereich der staatlichen Budgetpolitik.[203] Hier sind es vor allem die hohen und noch weiter ansteigenden Haushaltsdefizite in einigen Partnerländern, die den Gesamteindruck nicht unerheblich trüben. So werden die Haushaltsdefizite in den Ländern, in denen sie bisher schon als unerträglich hoch empfunden wurden (Belgien, Irland, Italien, Griechenland, Portugal) noch weiter ansteigen, während sie in den Ländern, in denen sie bereits als vergleichsweise niedrig anzusehen waren, noch weiter zurückgehen dürften (Bundesrepublik Deutschland, Dänemark, Großbritannien).

Faßt man die bisherigen Betrachtungen zur nominalen Wirtschaftsentwicklung in der Gemeinschaft zusammen, so läßt sich feststellen, daß es innerhalb des Kreises der EWS-Länder besonders in den letzten Jahren zu einem Rückgang der wirtschaftlichen Divergenzen gemessen an Preisniveauunterschieden, Unterschieden des Geldmengenwachstums sowie der Lohnentwicklung gekommen ist, daß aber gleichzeitig die Entwicklung staatlicher Budgetdefizite noch nicht die erwünschte Richtung genommen hat, sondern daß auf diesem Gebiet die Unterschiede sogar nocht weiter zunehmen. Vor diesem Hintergrund kommen denn auch *Ungerer u.a.* (1986) zu dem Ergebnis, daß "the apparent lack of progress toward economic convergence in these areas (gemeint sind die staatlichen Budgetdefizite; H.F.) introduces an element of uncertainty into the EMS and in the medium run may jeopardize its main objective of providing members with reliable and stable exchange relationships".[204]

203 Vgl. *EG-Kommission* (1986 c), S. 30ff.; ebenso *H. Matthes* (1986 a), S. 4ff.
204 Vgl. *H. Ungerer u.a.* (1986), S. 27.

c) Konvergenz der wirtschaftspolitischen Zielvorstellungen als Voraussetzung kohärenter Politik

Wie im vorigen Kapitel zu sehen, lassen sich hinsichtlich des Ziels interner Stabilität des EWS, von der Ausnahme der noch unbefriedigenden Entwicklung staatlicher Budgetdefizite einmal abgesehen, in den Jahren seit 1983 deutliche Konvergenzerfolge konstatieren. Bis zu diesem Zeitpunkt war die wirtschaftliche Situation in den Partnerländern durch divergierende Entwicklungen gekennzeichnet, die nur durch häufige Leitkursanpassungen ausgeglichen werden konnten. Als ursächlich für dieses Auseinanderdriften wirtschaftlicher Entwicklungen werden weniger grundsätzliche Koordinationsmängel der wirtschaftspolitischen Entscheidungsträger angesehen, sondern es wird vielmehr auf das Fehlen eines Grundkonsens über die tatsächlich anzustrebenden wirtschaftspolitischen Prioritäten und Aktionsparameter in den ersten Jahren des EWS zurückgeführt[205]. Voneinander abweichende gesellschafts- und ordnungspolitische Leitbilder führten zwangsläufig zu auseinanderklaffenden Programmvorstellungen und Rezepturen, die wohl am deutlichsten in der Haltung bestimmter EG-Länder gegenüber interventionistischen (i.w. Preisreglementierungs-)Maßnahmen zum Ausdruck kommen[206].

Im Laufe der letzten Jahre ist allerdings in vielen Mitgliedstaaten eine entsprechende Entwicklung in Richtung eines Abbaus oder einer Suspendierung derartiger Regelungen zu beobachten, was darauf hindeutet, daß sich auch die ordnungspolitischen Vorstellungen in der Gemeinschaft allmählich aneinander anzunähern beginnen. In Ländern, in denen bisher mit administrativen Regelungen massiv in den marktwirtschaftlichen Preisbildungsprozeß eingegriffen wurde, hat sich mehr und mehr die Erkenntnis durchgesetzt, daß derartige Maßnahmen im wesentlichen nur die Allokation der Produktionsfaktoren verzerren, ohne aber gleichzeitig ein geeignetes Instrument zur Inflationsbekämpfung, der sie in der Regel dienen sollten, darzustellen. Mit ihrer sukzessiven Suspendierung - Frankreich hat beispielsweise noch verbliebene Preiskontrollen Anfang des Jahres 1987 aufgehoben - können die Preise nun auch in diesen Ländern wieder ihrer eigentlichen Aufgabe, die relativen Knappheitsverhältnisse in der Volkswirtschaft widerzuspiegeln, und somit ihrer Lenkungsfunktion gerecht werden.[207]

---

205 In diesem Sinne beispielsweise *R. König* (1985), S. 7.

206 So gibt es eine Reihe von Ländern in der EG (wie beispielsweise Italien, Frankreich, Großbritannien), die mit administrativen Maßnahmen wie Preisstops, Preiskontrollen und -überwachungen, Preisbewilligung o.ä. in den Preismechanismus eingreifen. Vgl. hierzu z.B. *H.W. Trummer* (1984), S. 298ff.

207 Diese Entwicklung kann jedoch nicht darüber hinwegtäuschen, daß in den Mitgliedstaaten noch immer eine Vielzahl verschiedenster Subventionsformen praktiziert wird, die ihrerseits zu einer Verzerrung relativer Preise und

Betrachtet man diesen offenkundigen Wandel ordnungspolitischer Vorstellungen in manchen Ländern in Verbindung mit den im vorigen Abschnitt dargestellten faktischen Entwicklungen bestimmter wirtschaftlicher Größen, so läßt sich hieraus ein deutlicher Konsens im Hinblick auf die verfolgten wirtschaftspolitischen Ziele erkennen, als deren allgemeines Oberziel zunehmend das Ziel der Preisniveaustabilität angesehen wird; denn nur unter einer Politik, die strikt am Ziel der Preisniveaustabilität ausgerichtet ist, kann der marktwirtschaftliche Preismechaismus wirksam zur Entfaltung kommen. Erst dieses Einvernehmen über die Rangfolge anzustrebender Ziele in den einzelnen Ländern läßt für die Gemeinschaft als Ganzes eine kohärente Politik zu[208].

Fragt man nach den Ursachen für die seit 1983 eingeleitete "Politik der stabilitätsorientierten Konvergenz"[209], so dürfte zum einen das graduelle Einfließen monetaristischen Gedankenguts (Monetarismus allerdings jetzt im Sinne der Vertreter der Chicago-Schule verstanden), das besonders in der Festlegung von Geldmengen- oder Kreditzielen in den einzelnen Ländern zum Ausdruck kommt, einen bedeutsamen Anstoß gegeben haben, zum anderen dürften aber auch die Erfahrungen, die mit verschiedenen geldpolitischen Konzeptionen, d.h. der Bewährung einer Politik der Stabilität bei gleichzeitiger Nichtbewährung anderer geldpolitischer "Experimente", gesammelt wurden, diese Richtung deutlich gemacht haben. Wohl markantestes Beispiel stellt die Kehrtwendung in der französischen Wirtschaftspolitik seit etwa Anfang 1983, eingeleitet bereits nach dem Juni Realignment 1982, dar, nachdem die französische Regierung unter Mitterand erkennen mußte, daß ihre expansive Politik auch an deren unvermeidlichen Auswirkungen im EG-Bereich würde scheitern müssen. Vor allem der Druck auf den Franc, der selbst durch massive Beschränkungen des Kapitalverkehrs sowie durch teilweise drastische Zinserhöhungen nicht abgefangen werden konnte und wiederholte Abwertungen notwendig machte, gab ihr den entscheidenden Anstoß für den Übergang zu einer Politik der "rigueur".

Mit diesem Kurswechsel in der französischen und der Betonung einer primär stabilitätsorientierten Politik auch in anderen Partnerstaaten, war die interne Voraussetzung geschaffen, die externe Vereinbarung, den Wechselkursmechanismus, abzustützen.

Wie wir bereits festgestellt haben, sieht das EWS im Hinblick auf die Koordinierung der nationalen Währungspolitiken keine verbindlichen Regelungen vor; allerdings finden sich in der Konzeption bestimmte Vereinbarungen, die diese feh-

---

damit zu Fehlallokationen führen, worauf *H. Matthes* (1987 b, S. 250) nachdrücklich hinweist.

208 Vgl. ebenso *H. Matthes* (1987 b), S. 249.

209 Vgl. *W. Gebauer* (1986), S.

lende Verbindlichkeit durch eine explizite Festlegung zur gegenseitigen Konzertierung und Abstimmung der Partnerländer und damit auch (implizit) zur Konsensbildung ersetzen. In diesem Zusammenhang soll zum einen noch einmal an die an den Abweichungsindikator geknüpften Pflichten sowie zum anderen daran erinnert werden, daß ein Realignment stets das Einverständnis aller voraussetzt und in der Regel mit der Selbstverpflichtung einzelner Staaten zur Vornahme interner Anpassungsmaßnahmen verbunden ist, die dann auch tatsächlich vorgenommen wurden. Beispiele hierfür stellen bestimmte Sanierungspakete in Belgien, Frankreich oder Italien dar. Dieser Zwang, über notwendige Leitkursanpassungen gemeinsam zu entscheiden, hat zu einer regelmäßigen und sehr engen Zusammenarbeit zwischen den Mitgliedsnotenbanken sowie den Schatz- und Finanzministerien geführt. Die insgesamt komplizierten Abstimmungs- und Konsultationsprozesse finden ihren Ausdruck in einem vielfältigen Geflecht von Informationsnetzen (beispielsweise zwischen den EG-Notenbanken) und von Sitzungen des Ausschusses der EG-Zentralbanken, des Währungsausschusses, der Finanz- und Wirtschaftsministerräte sowie einer Reihe sonstiger Gremien. Auf diese Weise führen die Regelungen des EWS eine wirklich kollektive Entscheidung[210] herbei, ganz im Gegensatz zur Schlange, wo ein Realignment formal zwar auch "nach Konsultation"[211], dann aber doch unilateral möglich war.

Mit diesen Betrachtungen wird eine entscheidende Anforderung für die Funktionsfähigkeit politisch gestalteter internationaler Währungsordnungen sichtbar. Damit diese Ordnungen im wesentlichen frei von Spannungen funktionieren können, kommt es weniger auf die einzelnen institutionalisierten Regelungen und verbindlichen Abmachungen wie die Einhaltung bestimmter Bandbreiten, Interventionsverpflichtungen o.ä. an, sondern viel entscheidender ist, wie solche Ordnungen in der Praxis umgesetzt werden und inwieweit die Systemteilnehmer die Spielregeln im Sinne bestimmter notwendiger Implikationen des institutionalisierten Systems akzeptieren und einhalten sowie gegebenenfalls aus systeminkonformem Verhalten bereit sind zu lernen. Dieser Lernprozeß wird entscheidend durch das im EWS praktizierte Netz gegenseitiger Abstimmungs- und Konsultationsmaßnahmen gefördert.

Damit läßt sich die immer wieder gestellte Frage nach dem disziplinierenden Charakter des Festkurssystems EWS dahingehend beantworten, daß es letztlich nicht die institutionalisierten Regelungen, die auf vielfältige Weise unterlaufen werden können, sind, die disziplinierend wirken; disziplinierend kann in diesem Rahmen nur die Selbstverpflichtung zur Einhaltung bestimmter systemnotwendiger Spielregeln sein.

210 Vgl. *T. Padoa-Schioppa* (1985), S. 94.
211 Vgl. *R. Caesar* und *D. Dickertmann* (1979), S. 286.

E. ZUSAMMENFASSUNG: ZUR LOGIK DES EWS

Ziel aller bisherigen integrationspolitischen Anstrengungen in der Gemeinschaft ist die Errichtung einer europäischen Wirtschafts- und Währungsunion. Politisch umgesetzt wurde dieses Ziel zum ersten Mal im Anschluß an die Vorschläge im *Werner*-Bericht in der "Entschließung des Rates und der Vertreter der Regierungen der Mitgliedsstaaten vom 22. März 1971 über die stufenweise Verwirklichung der Wirtschafts- und Währungsunion in der Gemeinschaft"[212]. Dieser erste als wechselkurs-orientierter Integrationsansatz konzipierte Anlauf zur Errichtung einer Wirtschafts- und Währungsunion scheiterte, da die zur Erreichung fester Wechselkursverhältnisse notwendige zwischenstaatliche Bereitschaft, sich auf gemeinsame wirtschaftspolitische Zielprioritäten festzulegen, nicht vorhanden war. Eine Fortsetzung währungspolitischer Integrationsbemühungen schien aufgrund dieser Ursachendiagnose nur noch durch solche Strategien möglich, die den Schwierigkeiten im politischen Raum in angemessener Weise Rechnung trugen.

Als eine Alternative bot sich daher an, daß sich nur noch solche Staaten währungspolitisch enger aneinander binden sollten, die bereits über ein hohes Maß an wirtschaftspolitischer und auch wirtschaftlicher Harmonisierung verfügten. Grundgedanke des Ansatzes ist, daß von diesem Integrationsnukleus eine Art Zentripetalkraft auf die anderen Mitgliedsländer, die vollständig in den gemeinsamen Zielbildungs- und Entscheidungsprozeß einzubeziehen sind, ausgehen würde, die sie zu einem abgestimmten Verhalten veranlaßt und der sie sich nicht mehr entziehen können. Ein alternatives Konzept bestand darin, das Ziel währungspolitischer Integration über die Einführung einer europäischen Parallelwährung zu erreichen, die entweder die weniger wertstabilen Währungen schrittweise aus dem Umlauf verdrängen oder aber die Emittenten dieser Währungen zu stabilitätskonformem Verhalten veranlassen sollte, um auf diese Weise einer Verdrängung ihrer Währungen entgegenzuwirken.

Beide Strategien sind im EWS, das zwar offiziell nicht als zweiter Anlauf zur Errichtung einer Wirtschafts- und Währungsunion deklariert wird, dessen formale Struktur jedoch unschwer auf die zugrundeliegende Konzeption und damit auf die integrationspolitischen Intentionen des Systems hindeutet, zusammengeführt und als komplementäre und sich ergänzende Strategien zu einem Gesamtkonzept verdichtet. Die in Anlehnung an *Tindemans* im System angelegten Konsultations- und Abstimmungsregelungen wirken auch ohne Festschreibung verbindlicher Handlungserfordernisse in Richtung auf eine Harmonisierung der wirtschafts- und währungspolitischen Zielvorstellungen und Entwicklungen in den Partnerländern. Über

212 Vgl. Abl. EG C 28/1.

die auf dem Wege makroökonomischer Koordination erreichte Konvergenz wird die Stabilität des EWS-Wechselkursmechanismus hergestellt und damit die Kohärenz des Gesamtsystems gesichert. Gleichzeitig wird damit der zweiten Komponente des EWS - der als offizielle Recheneinheit eingeführten, jedoch als Parallelwährung intendierten ECU - eine Entwicklungsbasis auch im privaten Bereich gegeben. Denn das Ankerwährungskonzept - als solches ist das EWS konzipiert - leidet als Ansatz monetärer Integration - wie von *Vaubel* bereits 1978 deutlich hervorgehoben - an einem schwerwiegenden Mangel: "The fundamental weakness of the pivot currency proposal is that it assumes that the coordination strategy works."[213] Dieser theoretischen Schwäche einer Strategie, die ausschließlich auf einen Währungsanker und damit verbunden auf eine - freiwillige - Wechselkursstabilisierung rekurriert, wird im EWS über die komplementäre Verpflichtung zu den verschiedensten Konsultations- und Abstimmungsprozeduren angemessen Rechnung getragen. Denn es entspricht der Logik eines Ankerwährungskonzepts, daß die an der Wechselkursvereinbarung teilnehmenden Länder den Wechselkursverbund so weit zu stabilisieren versuchen, daß der im System angelegten Parallelwährung ein ruhiger und gut vorhersehbarer Kursverlauf und damit ihre allmähliche Etablierung gesichert werden. Ansonsten würde eine Ankerwährung als Integrationshilfe weitgehend bedeutungslos und ohne Funktion bleiben[214]. Damit erweist sich das EWS als ein konzeptionell geschlosseneres System als in den theoretischen Beurteilungen und Stellungnahmen (These vom zwangsläufigen Scheitern) zum Ausdruck kommt.

An dieser konzeptionellen Logik des EWS setzen die Vorschläge an, die die *EG-Kommission* im Jahre 1982 zur inneren Stärkung des Systems und zur Förderung einer Verwendung der ECU im privaten Bereich gemacht hat. Wie im nun folgenden Kapitel zu sehen sein wird, trug sie dann durch aktive Teilnahme im Markt besonders in den Anfangsjahren der ECU-Entwicklung verstärkt zur Etablierung der privaten ECU bei.

213 Vgl. *R. Vaubel* (1978), S. 93.
214 So auch *D. Graumann* (1979), S. 100.

VIERTES KAPITEL

Die Verwendung der Europäischen Währungseinheit ECU im privaten Bereich

Nachdem wir uns im Rahmen des voranstehenden Kapitels mit dem allgemeinen Charakter der ECU, ihrer Verwendung innerhalb der offiziellen Mechanismen des EWS, der evolutionären Fortentwicklung dieses Systems, seiner zugrundeliegenden Konzeption und dem empirischen Befund befaßt haben, wollen wir nun hieran anschließend auf Entwicklungen der ECU zu sprechen kommen, die sich - wie bereits mehrfach angedeutet - losgelöst vom offiziellen System auf den privaten Geld- und Kapitalmärkten vollziehen. Während die Verwendung der offiziellen, im Verkehr zwischen den Währungsbehörden der Mitgliedsländer verwendeten ECU bisher nur im Rahmen zweier von den EG-Notenbankgouverneuren am 10. Juni 1985 und am 8. September 1987 verabschiedeten Maßnahmepakete vergleichsweise wenig erweitert wurde, hat sich eine in der EWS-Entschließung nicht vorgesehene (aber auch nicht ausgeschlossene) Form der ECU-Verwendung - die sogenannte private ECU - auf den internationalen Finanzmärkten für Zwecke der Anleiheemission, der Darlehensgewährung oder Depositenhaltung sowie zur Außenhandelsfakturierung sehr dynamisch entwickeln können. In diesem internationalen, jedoch vorwiegend noch europäischen Rahmen, erfüllt die private ECU mittlerweile die traditionellen Geldfunktionen - Rechenmittel-, Zahlungsmittel- und Wertaufbewahrungsmittelfunktion - die üblicherweise von den nationalen Währungen wahrgenommen werden.

Diese Entwicklung, die sowohl Anlaß als auch (Teil-)Gegenstand der vorliegenden Arbeit ist, wurde - wie im vorstehenden Kapitel gezeigt - von der *EG-Kommission* im Rahmen ihres Maßnahmepakets zur sogenannten "nichtinstitutionellen" Weiterentwicklung des EWS in Ausschöpfung der dem System zugrundeliegenden integrationstheoretischen Philosophie (Ankerwährungskonzept) angeregt - und wie in diesem Kapitel noch zu sehen sein wird - auch durch aktive Präsenz im Markt entscheidend gefördert. Zweck dieses evolutionären Ansatzes ist, die Zielsetzung monetärer Integration nicht mehr nur über die zunehmende Stabilisierung des EWS-Wechselkursmechanismus, sondern auch entsprechend der EWS-Konzeption über das zweite Standbein, der im System angelegten Parallelwährung ECU, zu erreichen. Von der Etablierung eines privaten ECU-Kreislaufs wird eine Impulswirkung erwartet, in deren Verlauf die ECU im Zuge eines dynamischen Prozesses in immer weitere Verwendungsbereiche vorstößt, schrittweise neben die nationalen

Währungen tritt und mehr und mehr für grenzüberschreitende - aber auch inländische - Transaktionen Verwendung findet. Die Kommission selbst wird keine Gelegenheit ungenutzt lassen, durch weitere spezifische Anstöße ECU-denominierten Transaktionen den Weg zu bahnen.

In diesem Kapitel soll nun zunächst auf der Grundlage einer Diskussion der Geldfunktionen der Rahmen für die Analyse der Verwendung der Europäischen Währungseinheit im privaten Bereich abgesteckt werden. Nach der empirischen Analyse der ECU-Verwendung als Rechen, Wertaufbewahrungs- und Transaktionsmittel sollen mögliche Ursachen bzw. begünstigende Faktoren für die Marktentwicklung dargestellt werden und hieran anschließend die Beziehung der ECU-Entwicklung zur Entwicklung des EWS (EWS-ECU-Zusammenhang) herausgearbeitet werden.

A. DIE ENTWICKLUNG DER PRIVATEN ECU

1. Ein allgemeiner Überblick

Die privatwirtschaftliche Verwendung der ECU hat sich - im Gegensatz zu ihrer offiziellen Verwendung im Rahmen der institutionellen Mechanismen des EWS - nicht durch hoheitlichen Akt, sondern aufgrund der Initiative des Marktes durch gegenseitige Übereinkunft einer steigenden Anzahl von Marktteilnehmern entwickelt, ohne daß eine Norm des Gemeinschaftsrechts oder übereinstimmende Regelungen der Mitgliedstaaten ihre Existenz in irgendeiner Weise begründen.[1]

Die ECU ist ungefähr ab 1980 schrittweise in den privaten Zahlungs- und Verrechnungsverkehr gelangt. Dabei haben die Organe der Gemeinschaft den Anstoß zur privaten Verwendung gegeben, indem sie für ihre Zwecke ECU-Konten

1 Dies hat *A. Nydegger* (1985) dazu veranlaßt, die private ECU mit dem Etikett "illegal" zu belegen. "Illegal ist die private ECU, weil sie nicht wie nationale Währungen und wie die offizielle ECU gesetzlich abgestützt ist". Diese oder ähnliche Bemerkungen machen deutlich, welche Bedeutung dem staatlichen Begriff des Geldes insgesamt beigemessen wird. Allerdings zeigt ein Blick in die Geschichte der Geldentstehung, wie sehr die Herausbildung einzelner Geldformen auf privatwirtschaftliches Handeln zurückzuführen ist. In diesem Sinne formuliert *K. Helfferich* (1923, S. 320): "Das Ganze ist das Produkt einer historischen Entwicklung, bei welcher - neben manchen willkürlichen Eingriffen der politischen Gewalt und ihrer Träger - die Bedürfnisse des wirtschaftlichen Verkehrs und ihre Wandlungen eine treibende Kraft und in der Hauptsache die ausschlaggebende Kraft gewesen sind."

eingerichtet haben und Zahlungen an ihre Bediensteten sowie Kredite an Unternehmen in ECU auf ECU-Konten überwiesen haben. Eine erste Initiative in diese Richtung unternahm die *EG-Kommission* bereits im Jahre 1976, als sie begann, Sicht- und Terminkonten bei einer Reihe von Banken vorwiegend in Belgien und Luxemburg sowie in Frankreich und Großbritannien zu eröffnen, die damals noch auf die Europäische Rechnungseinheit ERE lauteten[2]. Das Wachstum des ERE-Marktes war zum damaligen Zeitpunkt fast ausschließlich von der Einlagenseite getragen, denn es gab noch kaum Möglichkeiten, die ERE weiterzuverleihen. Um sich gegen Wechselkursverluste abzusichern, waren die Banken daher gezwungen, den ERE-Korb in seine nationalen Währungskomponenten aufzuspalten, "operations labelled by market operators as 'unbundling' or 'éclatement' of the composite unit".[3] Aufgrund der hohen Kosten, die mit diesem Verfahren verbunden waren, gewährten die Banken einen insgesamt niedrigeren Zins auf ERE-Depositen, als es dem gewichteten Mittel der Zinsen auf die nationalen Währungen entsprach, was die Verwendung der ERE auch auf der Einlagenseite wenig attraktiv erscheinen ließ.[4] Im ganzen war das Volumen des Marktes damals außerordentlich gering.

Diese Situation begann sich erst Anfang der 80er Jahre allmählich zu ändern. In diesem Jahr wurde der erste syndizierte ECU-Kredit vergeben[5], und im Jahre 1981 wurde die erste auf ECU lautende Eurobondemission von der italienischen SOFTE in Höhe von 35 Mio ECU aufgelegt[6]. Zur gleichen Zeit gewann die ECU im Bereich der Import- und Exportfinanzierung zunehmend an Bedeutung[7] und eine Reihe multinational operierender Unternehmen begann damit, den Leistungsaustausch zwischen ihren Tochterunternehmen auf ECU-Basis zu fakturieren[8]. Teilweise wird die ECU mittlerweile auch für Zwecke der externen Fakturierung verwendet.[9] Ende 1986 bestand der private ECU-Markt an Sicht-, Termin- und Spareinlagen aus einem funktionsfähigen Interbankenmarkt, an dem gegen-

---

2 "Historically speaking, this form of cooperation between the commission and the commercial banks represented the first step in the creation of a private monetary market, based on the EUA, the forerunner of today's private ECU." Vgl. *J. Van Schil* (1984), S. 4.

3 Vgl. *N. Thygesen* (1980), S. 18.

4 Vgl. *ebenda*, S. 18f.

5 Dieser erste ECU-Konsortialkredit umfaßte ein Volumen von 20 Mio ECU. Vgl. *A. Swings* (1986 a), S. 6.

6 Vgl. *Instituto Bancario San Paolo di Torino*, ECU-Newsletter No. 4 (1983), S. 5.

7 Vgl. z.B. *A. Charles* (1984), S. 45f.

8 So der französische Mischkonzern St. Gobain. Vgl. hierzu *J. Pillet* (1984).

9 So z.B. die ECU-Fakturierung von niederländischen Gaslieferungen an Frankreich im Wert von schätzungsweise 8-10 Mrd Francs pro Jahr. Vgl. *Instituto Bancario San Paolo die Torino*, ECU-Newsletter No. 12 (1985), S. 27f.

wärtig schätzungsweise 700 international tätige Bankinstitute beteiligt sind[10], einem aktiven Devisenmarkt, auf dem ECU sowohl Kassa als auch auf Termin bis zu 12 Monaten gehandelt werden, aus (syndizierten) Bankkrediten sowie Anleihen in den unterschiedlichsten Ausgestaltungsformen. Obwohl die ECU als Währungskorb von keiner Zentralbank emittiert wird, über keine eigenständigen Geldzeichen verfügt und auch in keinem Land die Rolle eines gesetzlichen Zahlungsmittels übernimmt, erfüllt sie somit dennoch die traditionellen Geldfunktionen - Rechenmittel-, Tauschmittel- und Wertaufbewahrungsmittelfunktion - die üblicherweise von den einzelnen nationalen Währungen übernommen werden.

2. Die nationale Anerkennung der ECU als Devise als Voraussetzung für ihre Entwicklung

Eine entscheidende Voraussetzung dafür, daß sich die ECU im privaten Bereich in dieser Form etablieren konnte, wird im wesentlichen darin gesehen, daß die nationalen Währungsbehörden der Mitgliedstaaten der ECU de jure oder de facto den Status einer vollwertigen Fremdwährung zuerkannt haben und ihre amtliche Notierung an verschiedenen Börsenplätzen eingeführt worden ist. Da sich die ECU nämlich in jedem Mitgliedsland aus einer nationalen (Eigenwährungsanteil) und acht internationalen Währungskomponenten (Fremdwährungsanteil) zusammensetzt, unterlag ihr Gebrauch in jedem Land den jeweils geltenden nationalen und internationalen Währungsbestimmungen, die primär Teile der unterschiedlichen geld- und kreditpolitischen Instrumentarien in den einzelnen Ländern sind oder der Regulierung des Kapitalmarkts und des Kapitalverkehrs dienen, und somit auch auf die Ausbreitung der ECU Einfluß haben. Dadurch daß die ECU nicht mehr lediglich als Währungskorb, sondern als vollwertige Devise anerkannt wird, unterliegt sie in den betreffenden Ländern einschließlich ihres nationalen Anteils nunmehr nur noch den devisenrechtlichen Bestimmungen[11].

Als erstes Land hat Italien bereits im Juli 1981 der ECU den Status einer Devise zuerkannt. Da sie als eine "valuta di conto valutario" geführt wird, ist es italienischen Bürgern erlaubt, ECU-Konten unter den gleichen Bedingungen zu halten wie Konten, die auf andere Devisen lauten. Der ECU-Kurs wird offiziell beim Bör-

10 Vgl. *P. Bofinger* (1986 a), S. 367.

11 Die folgenden Ausführungen über den unterschiedlichen Rechtsstatus der ECU in den einzelnen Partnerländern orientieren sich an *H. Geiger* (1984), S. 72f. sowie *A.v. Moltke* (1986), S. 24ff.; ausführlich zur Regelung in Belgien und Luxemburg die *Association Belge des Banques* (1985), S. 24f.

senfixing in Rom und Mailand notiert, wobei sich der Kurs entsprechend Angebot und Nachfrage bildet und nicht durch die Berechnung des Gegenwerts der ECU-Komponenten festgestellt wird. Die Banca d'Italia behält sich das Recht vor, beim ECU-Fixing zu Zwecken der Kurspflege einzugreifen, wovon sie bisweilen auch Gebrauch macht.

Aufgrund der führenden Position, die belgische und luxemburgische Banken im ECU-Geschäft innehaben, sind die Währungsbehörden beider Länder im März 1982 dem italienischen Beispiel gefolgt und haben die ECU als vollwertige Devise anerkannt. Deviseninländern der belgisch-luxemburgischen Währungsunion ist es prinzipiell möglich, Bankgeschäfte jeder Art in ECU abzuwickeln. Seit dem 3. September 1984 wird die ECU offiziell an der Brüsseler Börse notiert.[12]

Frankreich erkennt die ECU ebenfalls als Devise an. Durch einen Beschluß des Wirtschafts- und Finanzministers vom 21. März 1982 sind in ECU denominierte Transaktionen den Transaktionen in Fremdwährung gleichgestellt. Die ECU kann damit von Deviseninländern in der gleichen Weise wie die anderen konvertiblen und transferierbaren Devisen verwendet werden. Die damit verbundenen Buchungen werden in ECU durchgeführt. Seit dem 4. Juni 1984 wird die ECU beim Fixing an der Pariser Börse amtlich notiert.

In den Niederlanden und in Großbritannien nehmen die zuständigen Währungsbehörden bezüglich der ECU eine neutrale Haltung ein. Die Politik in diesen Ländern ist weder auf eine besondere Förderung noch auf eine Beschränkung der privaten ECU-Nutzung ausgerichtet. Obwohl die ECU de jure nicht als Devise anerkannt ist, wird sie de facto in beiden Ländern doch so behandelt. Ähnliches gilt auch für Dänemark (seit dem 17.09.1984 wird die ECU in Kopenhagen amtlich notiert)[13], Irland und Griechenland, in denen die ECU de facto auch als Devise anerkannt wird. Eine neutrale Haltung gegenüber der ECU nehmen ebenso die Währungsbehörden Spaniens und Portugals sowie eine Reihe von Ländern außerhalb der EG ein[14].

Die große Ausnahme hinsichtlich der Behandlung der privaten ECU bildete jedoch die Bundesrepublik Deutschland. Während in den anderen Ländern der Gemeinschaft die ECU faktisch als eine Währung angenommen wird, stieß sie hierzulande lange Zeit auf rechtliche und währungspolitische Bedenken vornehmlich der *Deutschen Bundesbank*. Deren Einwände stützten sich im wesentlichen darauf, daß es sich bei der ECU als Währungskorb mit einem integrierten DM-Bestandteil nicht um eine Währung im Rechtssinne handele, da es ihr an fundamentalen Definitionskriterien einer Währung (Währungsgebiet, Emissionsbehörde,

---

12 Vgl. *Instituto Bancario San Paolo di Torino*, ECU-Newsletter No. 10 (1984), S. 20.

13 Vgl. *ebenda*.

14 Vgl. *P. Reynolds Allen* (1986), S. 27.

Währungsgeld) fehle. Die ECU habe vielmehr nur den Charakter einer Rechnungseinheit, deren Wert sich aus der Kursentwicklung anderer Währungen ableite. Dieser Rechtsauffassung zufolge war es für die in der Bundesrepublik Deutschland Gebietsansässigen nach bestehendem Recht bis zum 16. Juni 1987 nicht möglich, rechtswirksam ECU-Konten bei deutschen Kreditinstituten zu führen oder auf ECU lautende Kredite aufzunehmen[15].

Sieht man einmal von der bisherigen restriktiven Haltung der Deutschen Bundesbank ab, so hat die Zulassung privater ECU-Transaktionen in den Partnerländern über die de jure bzw. de facto Gleichstellung der ECU mit anderen nationalen Währungen einen deutlichen Beitrag zur Förderung des privaten ECU-Geschäfts geleistet[16]. Dadurch daß die ECU nämlich von fast allen Ländern der Gemeinschaft als vollwertige Devise angesehen wird, haben diese Länder die rechtlichen Voraussetzungen geschaffen, die ECU an den internationalen Geld- und Kapitalmärkten wie eine eigenständige Währung (be-)handeln zu können, wodurch ihre Marktgängigkeit entscheidend verbessert wurde. Denn bis zu diesem Zeitpunkt waren ECU-Operationen nichts anderes als simultane Operationen in den neun Korbwährungen und demzufolge mit hohen Transaktionskosten verbunden. Damit konnten die in diesen Ländern tätigen Geschäftsbanken, die sich von der wachsenden privaten Verwendung der ECU an den internationalen Finanzmärkten ein profitables Geschäft versprachen[17], in zunehmendem Maße einen funktionsfähigen Interbankenmarkt aufbauen, der ihnen die Verwendung der ECU als Zahlungsmittel gestattet, wodurch eine Aufsplitterung in Teilnehmerwährungen in der Regel nicht mehr erforderlich ist. Dadurch wiederum konnten die bisher die Marktentwicklung der ECU behindernden Transaktionskosten erheblich gesenkt werden[18].

---

15 Vgl. *P. Bofinger* (1984 b), S. 293. Dies mag an dieser Stelle zur Rechtslage in der Bundesrepublik genügen. Wir werden uns in einem späteren Kapitel mit dieser Auffassung noch eingehender auseinandersetzen.

16 So auch *F. Moss* (1984), S. 46.

17 Daß es sich dabei um ein in der Tat sehr einträgliches Geschäft handelt, läßt sich einem Gespräch des Direktors der Kredietbank Brüssel, *André Swings*, mit dem Handelsblatt entnehmen. Vgl. Handelsblatt vom 26.02.1985 ("Profitables Geschäft mit der Europa-Währung"). Dafür spricht auch die stattliche Anzahl der Banken (nach ECU-Newsletter schätzungsweise 700), die am ECU-Geschäft Anteil haben. Deutsche Geschäftsbanken konnten an diesem Spezialmarkt nur über ihre Auslandsniederlassungen partizipieren. Mit diesem Wettbewerbsnachteil der deutschen Banken erklären sich die Forderungen der Vertreter des deutschen Bankgewerbes an die Deutsche Bundesbank, ihre restriktive Haltung gegenüber der privaten ECU-Verwendung aufzugeben und den deutschen Geschäftsbanken den Weg zu diesem Spezialmarkt freizugeben. So *H.C. Schroeder-Hohenwarth* am 30.01.1986 im Handelsblatt.

18 Vgl. *F. Moss* (1984), S. 46; ebenso *J.v. Ypersele* und *J.C. Koeune* (1984), S. 101.

3. Private ECU: Vom Währungskorb zur Korbwährung

Die steigende Verwendung der ECU an den internationalen Geld- und Kapitalmärkten kann somit als Reflex des Übergangs von einem "currency basket" zu einer "basket currency" gedeutet werden.[19] Ursprünglich waren ECU-Operationen der Banken stets simultane Operationen in den neun Teilnehmerwährungen. So sah sich beispielsweise eine Bank, die eine Einlage in ECU erhielt, zur Absicherung ihres Währungsrisikos gezwungen, den erhaltenen Betrag in seine Währungsbestandteile aufzuspalten, sofern sich nicht gleichzeitig ein Kunde fand, der einen ECU-Kredit nachfragte. Analog mußte sich eine Bank verhalten, die zwar Kredite in ECU vergeben konne, die dazu jedoch nicht über die erforderlichen ECU-Depositen verfügte. Auch sie mußte sich zur Abdeckung offener Devisenpositionen erst die notwendigen Korbkomponenten auf den jeweiligen Märkten besorgen. Mit der Entstehung eines Interbankenmarktes und - parallel dazu - eines funktionsfähigen Clearing-Mechanismus wurden Bündelungs- bzw. Entbündelungsaktivitäten zunehmend obsolet, da die ECU als eigenständiges Zahlungsmittel verwendet werden konnte. Damit ist eine Aufsplitterung der ECU in Mitgliedswährungen nur noch in dem Maße notwendig, wie die Gesamtheit aller ECU-Einlagen des Bankensystems von der Summe der nachgefragten ECU-Kredite abweicht.

Ein deutliches Indiz dafür, daß die ECU mittlerweile nicht mehr als Währungskorb, sondern als Korbwährung behandelt wird, stellt die Tatsache dar, daß für die private ECU (Markt-)Wechselkurse und (Markt-)Zinssätze existieren, zu denen Angebot an und Nachfrage nach ECU auf den einzelnen Märkten in Übereinstimmung gebracht werden und die in der Regel von den Werten abweichen, die - theoretisch - durch die Bestimmung der jeweiligen Gegenwerte der Korbkomponenten ermittelt werden. Hinsichtlich des Wechselkurses sind diese Abweichungen allerdings vergleichsweise gering, da durch Arbitrageoperationen stets dafür gesorgt wird, daß der Marktkurs der privaten ECU nur geringfügig von dem gewichteten Durchschnittswert der Korbwährungen nach oben oder unten abweicht:[20] Ist beispielsweise aufgrund eines Nachfrageüberhanges nach privater ECU der Kurs größer als der, der dem Wert der einzelnen Komponenten entspricht, erscheint es für die Banken lohnend, die Währungskomponenten in der entsprechenden Gewichtung zu erwerben und ECU anzubieten. Ist hingegen der Kurs aufgrund eines Überangebots an privater ECU kleiner als der, der sich theoretisch aus den Korbkomponenten ableiten läßt, fragen arbitragierende Banken ECU nach und entbündeln den Korb. Die Bandbreite innerhalb derer sich dabei die mögliche Abwei-

19 Vgl. *F. Moss* (1984), S. 50; ebenso *P. Reynolds Allen* (1986), S. 29ff.
20 Vgl. *P. Reynolds Allen* (1986), S. 30ff.

chung beider Kurse bewegen kann, wird durch die Höhe der Transaktionskosten für gewinnbringende Bündelungs- bzw. Entbündelungsaktivitäten (i.w. Telex-, Telefonkosten etc.) bestimmt. Dem Prinzip nach lassen sich die Bandgrenzen mit den Goldpunkten im System des Goldstandards vergleichen, wo der Wechselkurs auch nur in Höhe der (verhältnismäßig geringen) Kosten der Goldversendung (Transport- und Versicherungskosten) von dem durch das jeweilige Verhältnis der Goldparitäten bestimmten Kurs abweichen konnte.[21] Tatsächlich weicht der tägliche Kurs der ECU nur wenig von seinem rechnerischen Gegenwert ab.

Größere Unterschiede zwischen theoretischen und Marktkursen lassen sich dementgegen hinsichtlich der ECU-Zinssätze feststellen. Während die Wechselkursveränderung eines ECU-Depots über einen bestimmten Zeitraum - von geringeren Abweichungen abgesehen - der Wechselkursveränderung eines analog zusammengestellten Portfolios in den nationalen Währungen entspricht, weichen die ECU-Zinssätze - besonders bei ECU-Anleihen - in der Regel recht deutlich vom theoretischen Durchschnittswert ab[22]. Dieser Unterschied läßt sich zum einen darauf zurückführen, daß für verschiedene kleinere Länder des Verbunds, die nicht über entsprechend ausgeprägte Euro-Märkte in ihren Währungen verfügen, oftmals keine vergleichbaren Anlageinstrumente (z.B. hinsichtlich Ausstattung, Laufzeit etc.) in ihren Landeswährungen vorhanden sind, so daß der Zinsanteil auf diese Währungskomponenten nur geschätzt werden kann.[23] Zum anderen bestimmen aber auch Erwartungen über die zukünftige Entwicklung der Währungsgewichte sowie politische Einflußfaktoren ("It is understandable that the EC was ready to pay a political agio for promoting the private use of the ECU"[24]) die Entwicklung der ECU-Marktzinssätze und tragen zu deren Abweichung von den theoretischen Werten bei.

Der Markt für private ECU unterscheidet sich somit kaum von den Märkten in anderen Währungen. Ein Unterschied ergibt sich jedoch aufgrund der Natur der ECU. Die auf diesem Markt entstehenden und gehandelten ECU sind ausschließlich privaten Ursprungs, d.h. ihr definitiver Wert ist nicht wie bei nationalen Währungen von einer dafür zuständigen Währungsbehörde gesteuert und durch die Funktion eines gesetzlichen Zahlungsmittels als unablehnbares Geld festgelegt, sondern er beruht einzig auf der Verpflichtung der ECU-schaffenden Geschäftsbanken, diese von ihnen bereitgestellten ECU jederzeit auf Verlangen in nationale Währungen bzw. in den offiziellen Korb einzutauschen, wobei jeweils die aktuelle

21 Zu den Kennzeichen des Goldstandards vgl. beispielsweise *H. Berg* (1980), S. 574.

22 Vgl. hierzu beispielsweise *P. Guimbretière* (1987 a), S. 17f.

23 Vgl. *P. Reynolds Allen* (1986), S. 32f.

24 Vgl. *V. Deville* und *W. Gebauer* (1987), S. 5.

Korbzusammensetzung am Tag der Einlösung gilt[25]. Durch die Gewährleistung ihrer jederzeitigen Einlösbarkeit erhält die ECU ihre Umlauffähigkeit und Akzeptanz[26]. Dies bedeutet allerdings noch nicht, daß ECU-denominierte Instrumente nun auch von allen Banken/Nichtbanken jederzeit freiwillig angenommen werden. So kann es durchaus passieren, daß einzelne Banken in der Gemeinschaft beispielsweise ECU-denominierte Reiseschecks nicht akzeptieren, während das gleiche, von derselben Gesellschaft herausgegebene, aber auf eine andere Währung lautende Instrument, dagegen problemlos angenommen wird.[27] Die zunehmende Verwendung der ECU und die weitere Entwicklung des Marktes sind letzten Endes vom Vertrauen abhängig, das dieser Währungseinheit entgegengebracht wird.

B. DIE ECU ALS INTERNATIONAL VERWENDETES GELD

1. Die funktionsbezogene Gelddefinition als Ausgangspunkt der monetären Analyse

Wenn man die Entwicklungslinie des Geldes von seinen Ursprüngen bis in die heutige Zeit hinein verfolgt, gelangt man von einzelnen für Transaktionszwecke besonders geeigneten Gütern, über die Verwendung von Edelmetallen und die Entstehung des Papier- und Giralgelds bis zum sogenannten "elektronischen bzw. Pla-

25 Eine entsprechende Verpflichtungserklärung findet sich in den Statuten der ECU-schaffenden Banken: "Pour la bonne règle nous vous confirmons que la valeur des ECUs constituant votre compte est égale à celle de l'ECU qui est actuellement utilisée dans le système monétaire européen et que est déterminée sur la base des montants fixes dans les monnaies de neuf membres des Communautés européennes, conformément au règlement CEE 3180/78 du Conseil en date du 18 décembre 1978. Le remboursement éventuel dans les monnaies du panier composant l'ECU se fera suivant la composition de ce panier en vigueur le jour du remboursement." Vgl. *F. Abraham u.a.* (1984), S. 19. Würde darüber hinaus - aus irgendwelchen Gründen auch immer - der offizielle ECU-Korb seitens der EG-Institutionen nicht weiter verwendet werden, so würden laufende private ECU-Kontrakte weiter auf Basis der letzten offiziellen ECU-Definition bestehen bleiben und dann sukzessive auslaufen.

26 Dies ist im Prinzip nichts anderes, wie wir es auch aus der Zeit der privaten Banknotenemission des 18. und 19. Jahrhunderts kennen. Die historischen Erfahrungen aus dieser Zeit zeigen, daß private Notenemissionsbanken, auch wenn sie gesetzlich dazu in keiner Weise verpflichtet waren, freiwillig ein Einlöseversprechen in Währungsgold für die von ihnen emittierten Banknoten abgaben, um ihren Noten dadurch die Umlauffähigkeit zu sichern.

27 Vgl. *P. Guimbretière* (1986 c), S. 21.

stik-Geld"[28] als der bislang jüngsten Erscheinungsform des Geldes. Dieser Wandel der Erscheinungsformen des Geldes, der sich als ein Prozeß zunehmender Entmaterialisierung bzw. Entsubstanzialisierung charakterisieren läßt, ergibt sich als Konsequenz der steigenden Anforderungen an den Geldverkehr im Zuge der sich verändernden und immer stärker differenzierenden Austauschbeziehungen innerhalb einer Volkswirtschaft sowie über die Ländergrenzen hinweg im Rahmen des wirtschaftlichen Leistungsaustauschs zwischen den einzelnen Volkswirtschaften.

Durch diesen im Laufe der historischen Entwicklung vollzogenen Wandel der Geldformen wurde die geldtheoretische Diskussion über das, was als Geld zu verstehen ist, stets wieder von neuem belebt. Bis heute hat sich daher noch keine allgemein übliche Definition des Begriffes "Geld" durchgesetzt ("when economists turn to money, the debate over definition is a furious one")[29]. Es ist allerdings zu beobachten, daß das, was in der jeweiligen Zeit als Geld diente, unabhängig von seinen unterschiedlichen Erscheinungs- und Ausprägungsformen stets bestimmte Funktionen erfüllt hat. Es sind dies die Funktionen eines allgemeinen Tausch- und Rechenmittels sowie die der Wertaufbewahrung, die auch als Hauptfunktionen des Geldes bezeichnet werden. Aufgrund dieses aus der Geldentwicklung ersichtlichen Zusammenhanges ist es daher naheliegend, den Begriff "Geld" über seine Funktionen zu definieren.[30] Stellvertretend für diese sogenannte funktionalistische Geldauffassung sei *W. Ehrlicher* (1975, S. 353) zitiert:

> "Die neuere Geldtheorie, die das Wesen des Geldes im Gegensatz zu den älteren Auffassungen von seinen Funktionen her definiert, bezeichnet eine Sache oder Institution dann als Geld, wenn die drei genannten Hauptfunktionen erfüllt sind"[31].

---

28 Zu den neueren Entwicklungen im Bereich des Geldwesens vgl. beispielsweise *H. Godschalk* (1983) sowie *G. Förster* (1985).

29 Vgl. *D. Fisher* (1978), S. 8.

30 Konträr zu dieser Vorgehensweise, die Gelddefinition an den charakteristischen Eigenschaften des Geldes - a priori - ausfindig machen zu wollen, stehen die Ansätze, die die angemessene Gelddefinition auf dem empirischen Weg ermitteln wollen. Bedeutende Vertreter dieser Richtung sind beispielsweise *M. Friedman* und *A. Schwartz* sowie *D. Laidler*. Zu diesen Ansätzen sowie vor allem auch zur Kritik daran vgl. *G. Maier* (1987), S. 30ff. und die an dieser Stelle angegebene umfangreiche Literatur.

31 Ein Blick in verschiedene Lehrbücher zeigt, daß sich die meisten Autoren auf diese grundlegenden Geldfunktionen geeinigt haben. Vgl. hierzu beispielsweise *O. Issing* (1976), S. 1f.; *H.J. Jarchow* (1978), S. 13ff; *A. Stobbe* (1975), S. 178ff.; *E. Helmstädter* (1976), S. 17ff.; *D. Dickertmann* und *A. Siedenberg* (1979), S. 32; *J. Siebke* und *M. Willms* (1974), S. 62; *A. Woll* (1978), S. 348ff. Andere Autoren unterscheiden noch weitere Geldfunktionen. So nennt *R. Schilcher* (1973, S. 44) insgesamt dreizehn Funktionen. Ähnlich auch *W. Stützel* (1979, S. 14 ff.) und neuerdings *P. Bofinger* (1985), S. 26ff. Allerdings ist es möglich, die bei diesen Autoren jeweils aufgeführten Geldfunktionen auf die drei Grundfunktionen zurückzuführen.

Dabei ist es völlig unerheblich, ob dieser "Sache" oder "Institution" die Rechtseigenschaft eines gesetzlichenZahlungsmittels übertragen ist oder nicht.[32]

Die Funktion des Geldes als Rechenmittel kommt darin zum Ausdruck, daß Geld als Wertmaßstab bei der Übertragung von Gütern, Leistungen, Finanzaktiva und Realkapital dient. Als "Numéraire-Gut", in dessen Einheiten die Werte aller anderen Güter ausgedrückt werden können, gewährleistet es die allgemeine Vergleichbarkeit dieser einzelnen Werte.

Die Funktion des Geldes als allgemeines Tauschmittel hängt mit dem räumlichen und zeitlichen Auseinanderfallen des Kaufs und Verkaufs von Gütern in einer arbeitsteiligen Wirtschaft zusammen. Das Tauschmittel dient unmittelbar dem Austausch von Gütern und Dienstleistungen, indem es sich zwischen die einzelnen Tauschakte schiebt und eine Zerlegung der Tauschbeziehungen möglich macht. Wo nämlich keine direkte Übereinstimmung der Kaufs- und Verkaufswünsche gegeben ist, läßt sich jedes Gut zunächst in ein allgemein akzeptiertes Tauschmittel konvertieren, das sich dann wiederum auf anderen Märkten oder zu einem anderen Zeitpunkt zum Warenerwerb verwenden läßt.

Die Wertaufbewahrungsmittelfunktion des Geldes kommt allgemein darin zum Ausdruck, daß Wirtschaftseinheiten Geld anstatt anderer Aktiva unter dem Gesichtspunkt des Kaufaufschubs halten. In seiner Eigenschaft als temporäres Wertaufbewahrungsmittel ("temporary abode of purchasing power"[33]) erlaubt Geld beispielsweise einem Verkäufer, seine Erlöse aus früheren Verkaufsakten so lange zu speichern, bis er weitere geplante Tauschakte realisiert hat.

Da der dargestellte funktionalistische Geldbegriff von den spezifischen Erscheinungsformen und Arten des Geldes abstrahiert, ist er auch zur Beurteilung der Geldeigenschaften der privaten ECU besonders gut geeignet. Über die Betrachtung der Geldfunktionen läßt sich damit ein Rahmen für die geldtheoretische Analyse der privaten ECU abstecken. Da sich die private Verwendung der ECU jedoch im wesentlichen im internationalen Rahmen und weniger im Geld- und Zahlungsverkehr der einzelnen Volkswirtschaften vollzieht, soll der funktionsbezogene Geldbegriff zunächst auf den Begriff internationalen Geldes übertragen werden.

---

32 Vgl. *W. Ehrlicher* (1975), S. 353.

33 Vgl. *M. Friedman* und *A. Jacobsen Schwartz* (1970), S. 106.

2. Die Funktionen international verwendeten Geldes

a) Eine allgemeine Einteilung

Die verschiedenen Funktionen, die das Geld im Rahmen einer nationalen Volkswirtschaft erfüllt, können unschwer auch auf den internationalen Bereich, d.h. auf Austauschbeziehungen zwischen Gebietsangehörigen unterschiedlicher Währungsgebiete, übertragen werden. Geld, das die Funktionen einer internationalen Recheneinheit, eines international verwendeten Tausch- bzw. Zahlungsmittels sowie die Funktion eines international nachgefragten Wertaufbewahrungsmittels erfüllt, wird als "internationales Geld" bezeichnet. Da jedoch bislang nur wenige Währungen dem begriffstiftenden Charakter "internationalen Geldes", der Wahrnehmung aller drei Geldfunktionen im internationalen Rahmen, vollständig entsprochen haben und verschiedene Währungen eher die eine oder die andere Funktion international erfüllen, soll im folgenden - auch in bezug auf die ECU - von den Funktionen eines international verwendeten Geldes gesprochen werden.

Die Übertragung nationaler Funktionen des Geldes auf den internationalen Bereich läßt sich anhand einer Differenzierung nach zwei Gruppen von Verwendern vornehmen. Dies sind zum einen die offiziellen Instanzen, die die Verantwortung für die internationalen Währungsbeziehungen eines Landes tragen und daher in Erfüllung ihrer Aufgabenstellung internationale Zahlungsmedien verwenden oder verwenden müssen. Letztes wird beispielsweise in den Fällen notwendig, in denen nationale Zentralbanken aufgrund bestehender Verpflichtungen im Rahmen eines Systems fester Wechselkurse Fremdwährungen zur Kursstützung am Devisenmarkt aufkaufen müssen. Bei der zweiten Gruppe von Verwendern internationalen Geldes handelt es sich um private Wirtschaftssubjekte, wie international operierende Geschäftsbanken, Händler oder Unternehmen, die zur Abwicklung grenzüberschreitender Transaktionen auf Fremdwährungen zurückgreifen müssen oder die im Rahmen einer Diversifizierung ihrer Währungsportefeuilles Fremdwährungen zu halten wünschen. Damit ergibt sich folgende allgemeine Typologie der Verwendung internationalen Geldes (vgl. folgende Seite):

Diese Klassifizierung dient im wesentlichen dem Zweck der vollständigen Darstellung der Verwendungsmöglichkeiten eines internationalen Geldes. Bei der ECU als einer von offizieller Seite geschaffenen Kunstwährung ergibt sich gegenüber herkömmlichen Währungen allerdings eine Besonderheit. Können nämlich bestimmte nationale Währungen im Prinzip alle sechs Funktionen auf sich verei-

TABELLE 7

Arten international verwendeten Geldes[34]

Geldverwender / Geldfunktionen	Private Wirtschaftssubjekte (International tätige Händler, Unternehmen, Banken)	Offizielle Währungsbehörden
Recheneinheit	Internationale Rechnungswährungen (Invoicing currency)	Internationale Numérairewährungen (Parities)
Tauschmittel	Internationale Transaktionswährungen (vehicle currency)	Internationale Interventionswährungen (Intervention currency)
Wertaufbewahrungsmittel	Internationale Anlagewährungen (Investment)	Internationale Reservewährungen (Reserves)

nen, so muß bei der ECU streng zwischen ihrer offiziellen und der daraus abgeleiteten privaten Verwendung differenziert werden. Denn beide ECU entsprechen sich zwar vollständig im Hinblick auf ihre Definition, sie zirkulieren jedoch in zwei voneinander unabhängigen Geldkreisläufen. Es ist demnach nicht möglich, offizielle ECU für privatwirtschaftliche Transaktionen zu verwenden, und private ECU können wiederum nicht in den offiziellen Kreislauf gelangen. Wenn offizielle Institutionen - beispielsweise zum Kursfixing - in den privaten ECU-Markt eingreifen und temporär private ECU in ihre Währungsreserven aufnehmen, müßten sie aus der Sicht der ECU-Verwendung im Prinzip unter die Rubrik privater Wirtschaftsakteure subsumiert werden.

Bei den folgenden Betrachtungen dieses Kapitels soll die offizielle Verwendung der ECU außer Betracht bleiben - entsprechende Überlegungen wurden bereits an früherer Stelle angestellt - und nur noch die private Verwendung der ECU als internationale Rechnungswährung, Transaktions- und Anlagewährung untersucht werden. Bevor wir dazu kommen, sollen jedoch zunächst die grundlegenden Bestimmungsfaktoren angesprochen werden, die private Wirtschaftssubjekte

34 Die Typologie ist angelehnt an *R. Klump* (1986), S. 23 und *M. Fratianni* (1982), S. 434; ebenso *P.B. Kenen* (1983), S. 16.

veranlassen können, bestimmte Zahlungsmedien zu internationalisieren. Dabei soll auf eine ausführliche Analyse, wie sie im Rahmen der sogenannten "Neuen Mikroökonomie des Geldes"[35] erfolgt, verzichtet werden, sondern es sollen nur die wesentlichen Determinanten aus der Beobachtung der historischen Entwicklung bestimmter Schlüsselwährungen abgeleitet werden.[36]

b) Internationaler Leistungsaustausch und das Entstehen internationaler Währungen

Grundsätzlich ist es durchaus möglich, daß die dargestellten Geldfunktionen, die eine Währung im nationalen Rahmen erfüllt, von dieser Währung auch im internationalen Geldverkehr wahrgenommen werden können. Damit erweist sich prinzipiell jede nationale Währung als potentieller Kandidat für die Rolle eines internationalen Geldes. Allerdings verdeutlicht ein Blick in die Geldgeschichte, daß es zu bestimmten Zeiten immer nur einzelne Währungen gab, die tatsächlich auch internationale Verwendung gefunden haben. Nachweise finden sich bereits für eine frühe Phase der Währungsgeschichte, wo jedoch die Funktion des Geldes als international verwendetes Tauschmittel im Vordergrund stand und die Funktionen des

35 "Neue Mikroökonomie des Geldes" steht hier synonym für den Transaktions- und Informationskostenansatz, die beide eine Erklärung für den Nutzen des Geldes geben. Entsprechend dieser theoretischen Erklärungsansätze wird die beschriebene Evolution der Geldarten bis hin zum elektronischen Geld als ein Prozeß verstanden, der die Transaktions- und Informationskosten minimiert. Dieser Ansatz läßt sich auch auf die internationale Verwendung des Geldes übertragen. Denn in einer Welt mit einer Vielzahl verschiedener Währungen verlangt jede grenzüberschreitende Transaktion die Aufwendung zusätzlicher Informations- und Transaktionskosten, da mindestens einer der Transakteure gezwungen ist, seine Währung zu tauschen. Damit ist der Nutzen des Geldes in einer Viel-Währungswelt begrenzt. In konsequenter Anwendung des Transaktions- und Informationskostenansatzes ist der Nutzen des Geldes maximal, wenn nur eine einzige Währung existieren würde. Vgl. hierzu *G. Maier* (1987), S.100f. Allgemein zur mikroökonomischen Fundierung des Geldes vgl. beispielsweise die Arbeiten von *J. Niehans* (1971), S. 773ff.; *derselbe* (1980), S. 122ff.; ebenso *R.W. Clower* (1971), S. 202ff.; zum Informationskostenansatz vgl. insbesondere *K. Brunner* und *A.H. Meltzer* (1971), S. 784ff. und *A.A. Alchian* (1977), S. 133ff. Eine darüber hinaus gehende umfangreiche Literaturauswahl gibt *G. Maier* (1987), S. 40ff.

36 Eine ausführliche mikroökonomische Analyse der Entstehung und Verwendung internationaler Schlüsselwährungen bietet *R. Klump* (1986).

Geldes als Wertaufbewahrungs- und Rechenmittel noch eher Sekundärfunktionen waren.[37]

Beispiele für die Existenz eines "internationalen Geldes" im wörtlichen Sinne bietet vorwiegend die jüngere Währungsgeschichte. So übernahmen in der Zeit des Goldstandards das Pfund Sterling[38] und in der Ära des Systems von Bretton Woods der US-Dollar[39] diese Rolle. Gemeinsames Kennzeichen dieser Währungen war, daß es sich dabei jeweils um die Währung eines Landes handelte, das eine dominierende Position im internationalen Handel innehatte.[40] Darüber hinaus kennzeichnet diese Währungen das hohe Maß an Kaufkraftstabilität, das sie über lange Zeit hin aufwiesen[41].

Solange sich diese Währungen durch ihre besonderen Eigenschaften ausgezeichnet haben, war ihre internationale Rolle nicht gefährdet. Erst mit dem Verlust einer dieser Eigenschaften war auch ein schrittweiser Rückgang ihrer weltwirtschaftlichen Bedeutung verbunden. So hat das britische Pfund seine Rolle als internationales Geld weitgehend eingebüßt und auch der internationale Nutzen des US-Dollars ist seit der Wechselkursfreigabe im Jahre 1973 und der seit dieser Zeit zu beobachtenden heftigen Wechselkursausschläge - und dem daraus resultierenden Risiko - deutlich verringert. Davon ist zwar bislang noch weniger seine Rolle als Vehikelwährung im internationalen Leistungsaustausch betroffen, sondern eher seine Bedeutung als international nachgefragtes Wertaufbewahrungsmittel. Denn die besondere Situation im System flexibler Wechselkurse hat dazu geführt, daß internationale Anlegerkreise ihre Portefeuilles stärker diversifizieren, um sich auf diese Weise gegen das Risiko von Kursverlusten einzelner Währungen zu schüt-

---

37 Die frühe Existenz eines international akzeptierten Tauschmittels trug entscheidend dazu bei, den Leistungsaustausch zwischen verschiedenen Gesellschaften und damit die internationale Arbeitsteilung zu fördern. Als Beispiele für diese frühe geldgeschichtliche Phase können die sogenannten "Dollars of the middle ages", wie der byzantinische Gold-Solidus (Nomisma) in der Zeit vom 5. bis zum 7. Jahrhundert moderner Zeitrechnung, der arabische Golddinar und die etwa seit Ende des 13. Jahrhunderts parallel zum ökonomischen Aufstieg der italienischen Handelsstädte in Florenz und Venedig geprägten Golddukaten angeführt werden. Vgl. hierzu *R. Klump* (1986), S. 174ff. Im 17. und 18. Jahrhundert fiel dann primär dem holländischen Gulden die Rolle internationalen Geldes zu. Vgl. *R. Klump* (1986), S. 179ff.

38 Vgl. *ebenda*, S. 192ff.

39 Vgl. *ebenda*, S. 311ff.; ebenso auch *P.B. Kenen* (1983) sowie *M. Fratianni* (1982), S. 430ff.

40 Aufgrund des hohen Handelsvolumens in diesen Währungen waren die Transaktionskosten des Währungsumtauschs niedrig und damit der Geldnutzen dieser Währungen entsprechend hoch. Denn: "The usefulness of money as a medium of exchange is an increasing function of the size of the domain over which it is used." Vgl. *E. Tower* und *T.D. Willett* (1976), S. 8.

41 Vgl. *R. Klump* (1986), S. 420ff.

zen.[42] Die Folge dieser Entwicklung ist, daß neuerdings neben dem Dollar verschiedene nationale Währungen - in erster Linie Yen, D-Mark, Schweizer Franken - und auch Währungskörbe (sog. "currency cocktails")[43] - wie das SZR und die ECU - verstärkten Eingang in die Währungsportefeuilles internationaler Anleger gefunden haben. Somit kann die Entstehung der privaten ECU als eine Antwort der Devisen- und Kapitalmärkte auf die unsicheren und instabilen Entwicklungen im internationalen Währungsbereich gesehen werden.

Währungsdiversifikation als Mittel zur Risikominderung internationaler Währungsportefeuilles ist in den letzten Jahren allerdings nicht nur als zunehmende Praxis privater Anlegerkreise zu beobachten, sondern auch die offiziellen Währungsbehörden sind verstärkt dazu übergegangen, ihre Reserven in verschiedenen Währungen zu halten. Der Währungsdiversifikation im privaten Bereich steht im offiziellen Bereich die Entwicklung zu einem Mehr-Währungs-Reserve-System gegenüber. Dieses Multi-Currency-Reserve-System wird als Folge der immanenten Sachlogik eines Systems flexibler Wechselkurse gesehen.[44]

c) Stabilität der Währung, Vorhersehbarkeit der Wechselkursentwicklung und Vertrauen als Determinanten der internationalen Verwendung von Währungen

Wie die Entwicklung an den internationalen Devisen- und Kapitalmärkten in der Zeit nach der allgemeinen Freigabe der Wechselkurse deutlich gezeigt hat, kann die formale Analogie zwischen der Rolle eines Geldes im nationalen Rahmen und seiner internationalen Verwendung als Rechen-, Tausch- und Wertaufbewahrungsmittel nicht darüber hinwegtäuschen, daß zwischen nationaler und internationaler Verwendung deutliche Unterschiede bestehen. Der entscheidende Unterschied liegt darin, daß die Risiken der Geldverwendung im internationalen Rahmen erheblich größer sind und daher die Einschätzung des potentiellen Risikos eine wesentliche Rolle bei der internationalen Verwendung einer Währung spielt.

Im nationalen Rahmen einer Volkswirtschaft ergeben sich die Risiken der Geldhaltung aus der Gefahr einer möglichen Entwertung des Geldwertes durch Inflation (allgemeines Inflationsrisiko) und durch den allerdings selteneren Fall einer Währungsreform. Wird eine Währung hingegen international verwendet, sind

42 Vgl. *W. Ehrlicher* (1984), S. 126f.
43 Vgl. *D.F. Lomax* (1983), S. 266ff.
44 Vgl. *W. Ehrlicher* (1984), S. 127.

hierzu zwei weitere Risiken zu berücksichtigen. Zum einen besteht immer dann, wenn die Einwohner eines Landes die Währung eines anderen Landes verwenden, ein politisches Risiko[45], wenn beispielsweise bestimmte Maßnahmen zur Devisenbewirtschaftung, Kapitalverkehrskontrollen o.ä. eingeführt werden. Zum anderen ist analog zum Inflationsrisiko einzelner Währungen ein Währungs- oder Valutarisiko[46] zu berücksichtigen, das sich in ein allgemeines Kursrisiko (bei flexiblen Wechselkursen sowie bei einem Festkurssystem mit Bandbreitenregelung) sowie in ein Paritätsänderungsrisiko (bei festen Wechselkursen oder einem Bandbreitensystem) unterteilen läßt. Bei der ECU-Verwendung wird zusätzlich das Revisionsrisiko relevant.

Diesen Risiken versuchen international operierende Verwenderkreise - wie oben bereits festgestellt - zunehmend mit einer Diversifizierung ihrer Währungsportefeuilles zu begegnen. Dabei orientieren sich die Präferenzen der einzelnen Wirtschaftssubjekte für bestimmte Währungen an der Qualität dieser Währungen, die im Zeitablauf unterschiedlich starken Schwankungen unterliegt. Wie die empirische Beobachtung der letzten Jahre deutlich gemacht hat, "the international use of a currency, both for financial and trade purposes, is not independent of its quality: over and above the use implied by the size of the issuing-country, high-quality currencies are over-used and low-quality ones are under-used".[47] Für die Qualität einer Währung gilt ganz allgemein, "there is an old and convincing idea that, for all the functions of money, the more predictable a currency will be, the better it will fulfil its role"[48]. Damit kommt der predictability, also der Vorhersehbarkeit bzw. Abschätzbarkeit, der zukünftigen Wertentwicklung einer bestimmten Währung als Qualitätsmaß besondere Bedeutung für ihre internationale Verwendung zu. Abschätzbarkeit der Wertentwicklung einer bestimmten Währung kann definiert werden als Abweichung "between realized and expected values of the price of money"[49]. Damit die Abweichung zwischen der tatsächlichen und der erwarteten Wertentwicklung einer Währung möglichst gering ausfällt, die Extrapolation der Wertentwicklung in die Zukunft also möglichst exakt die tatsächliche Entwicklung antizipiert, werden die Verwender internationalen Geldes ihre Diversifikationsentscheidung von zwei Sachverhalten abhängig machen. Zum einen werden sie ihre Verwendungsentscheidung an der Wert-performance der betreffenden Währungen in der Vergangenheit orientieren und zum anderen werden sie unter Berücksichtigung der ökonomischen Wirkungszusammenhänge die Einflußfaktoren auf die zu-

45 Vgl. *R. Klump* (1986), S. 117.

46 Die einzelnen Risikokomponenten beschreibt z.B. *G. Eilenberger* (1984), S. 59ff.

47 Vgl. *T. Padoa-Schioppa* und *F. Papadia* (1984), S. 88.

48 Vgl. *ebenda*, S. 80.

49 Vgl. *ebenda*.

künftige Wertentwicklung der einzelnen Währungen in ihre Entscheidung einbeziehen. Von der Nachfrageseite nach internationalem Geld aus betrachtet, stehen somit die einzelnen nationalen Währungen - sofern keine Beschränkungen des Kapitalverkehrs bestehen - im gegenseitigen Währungswettbewerb.

Diesem Aspekt der "competing monies" hat *B. Klein*[50] eine Anzahl von Veröffentlichungen gewidmet. Ausgangspunkt der Überlegungen *Kleins* ist, daß jede unterscheidbare Geldart aus der Sicht der Geldnachfrager prinzipiell mit einem dauerhaften Konsumgut bzw. einem Markenartikel verglichen werden kann. Genauso wie sich für dieses Konsumgut in der Einschätzung der Verbraucher ein gewisses Vertrauenskapital (consumer confidence) dadurch entwickelt, daß die tatsächliche Produktqualität über einen längeren Zeitraum der vom Verbraucher gewünschten entspricht, so erhöhen sich auch das Vertrauen in eine bestimmte Währung und damit auch tendenziell ihre internationale Verwendung, wenn über längere Zeit die tatsächliche Wertentwicklung dieser Währung der erwarteten entspricht oder anders formuliert, wenn das tatsächliche Währungsrisiko mit dem von den Verwendern ex ante erwarteten Risiko übereinstimmt.

Entscheidend für das Mißtrauen der Konsumenten (Geldverwender) ist nach *Klein* weniger die Höhe der durchschnittlichen Entwertungsrate als vielmehr die Gefahr einer nicht antizipierten Entwertung ihres "dauerhaften Konsumgutes" infolge von Kursverlusten. Diese Unterscheidung *Kleins* wird besonders in einer 1978 veröffentlichten Stellungnahme deutlich: "Competition between monies does not occur primarily on the basis of the average inflation rates of the different monies but on the basis of the variance or predictability of these inflation rates"[51]. Hierzu ist allerdings ergänzend zu bemerken, daß - wie von empirischen Untersuchungen gezeigt wird[52] - zwischen der durchschnittlichen Entwertungsrate einer Währung als Maß ihrer (Wert-)Stabilität und der Abschätzbarkeit ihrer zukünftigen Wertentwicklung eine deutliche Korrelation feststellbar ist. Wie von diesen Untersuchungen belegt wird, ist bei einem sehr hohen Niveau der durchschnittlichen Entwertung bestimmter Währungen im Zeitablauf auch die Abschätzbarkeit der zukünftigen Wertentwicklung insofern erschwert, als die Variabilität der einzelnen periodischen Entwertungsraten (und der sie bestimmenden Faktoren) sehr groß ist. Auf der anderen Seite zeigt sich, daß die Währungen bestimmter Länder, die im Zeitablauf durch eine verhältnismäßig niedrige Inflationsentwicklung gekennzeichnet sind, auch eine geringere Schwankungstendenz um ihren Mittelwert aufweisen.

---

50 Vgl. *B. Klein* (1974), S. 423ff.; *B. Klein* (1976), S. 513ff.; *B. Klein* (1978), S. 69ff.; *B. Klein* und *M. Melvin* (1982), S. 199ff.

51 Vgl. *B. Klein* (1978), S. 70.

52 Vgl. z.B. *D.E. Logue* und *T.D. Willett* (1976), S. 151ff.; ebenso *T. Padoa-Schioppa* und *F. Papadia* (1984), S. 80ff.

Damit ergibt sich, daß die Währungen, die eine größere Stabilität (bezogen auf ihre durchschnittliche Entwertungsrate) aufweisen, auch eine größere Stabilität der Entwicklung im Zeitablauf (bezogen auf die Variabilität der periodischen Entwertungsraten) erkennen lassen und damit auch eine genauere Abschätzbarkeit ihrer zukünftigen Entwicklung ermöglichen.[53] Für die Verwendung nationaler Währungen im internationalen Geldverkehr bedeutet das, daß sich diejenigen Währungen besonderer Wertschätzung erfreuen werden, die über einen längeren Zeitraum eine verhältnismäßig niedrige und gut abschätzbare Inflationsentwicklung gezeigt haben und dadurch auch ein entsprechendes Vertrauenskapital bei den Wirtschaftssubjekten aufgebaut haben. "... We observe the major vehicle currencies in the world today as having 'earned' that role by successful past performance. It is the importance of this past monetary behavior that implies the very gradual evolution of a currency to 'high-confidence'status."[54]

Für neu am Markt angebotene Zahlungsmedien bedeutet dies, daß sie sich dieses Vertrauen der Geldnachfrager erst durch ihre Qualität erwerben müssen. Dies gilt auch für die ECU im privaten Sektor. Begünstigt wird die Expansion der ECU im privaten Bereich allerdings durch ihre Definition. In ihrer Funktion als europäischer Währungsanker verfügt sie über eine verhältnismäßig stabile und gut abschätzbare Wertentwicklung. So konstatiert die BIZ: "... Als Währungskorb schwankt sie gegenüber den EG-Währungen oder dem US-Dollar in aller Regel nicht so stark wie einzelne EG-Währungen ..."[55].

d) Die Qualität der ECU als Determinante ihrer internationalen Verwendung

Für die ECU gilt, daß ihre Wertentwicklung im Zeitablauf von der Wertentwicklung der sie ausmachenden Korbkomponenten determiniert wird. Ihre eigene Qualität wird somit bestimmt von der Qualität der einzelnen Korbwährungen. Damit wird sich auch ihre internationale Verwendung an der Einschätzung der Wertentwicklung ihrer Korbkomponenten orientieren. Der Korb besteht aus den tendenziellen Hartwährungen D-Mark und Gulden mit einem relativen Korbgewicht von ca. 45 v.H., den tendenziell schwächeren bis schwachen Währungen belg. lux. F., dän. Krone, franz. Franc, ital. Lira und irisches Pfund mit einem Anteil von

53 Vgl. *T. Padoa-Schioppa* und *F. Papadia* (1984), S. 84.
54 Vgl. *B. Klein* und *M. Melvin* (1982), S. 209.
55 Vgl. *BIZ* (1985 b), S. 149.

rund 42 v.H. sowie den gegenwärtig floatenden Währungen brit. Pfund und Griech. Drachme mit etwa 13 v.H. Korbanteil. Die Wertentwicklung dieser Währungen verlief bislang recht unterschiedlich und wird noch solange voneinander abweichen, wie noch keine endgültige Harmonisierung der Kosten- und Preistrends in den Partnerstaaten auf einem insgesamt niedrigen Niveau realisiert sein wird. Diese unterschiedlichen Auf- und Abwertungen der nationalen Währungen werden sich in der Wertentwicklung der ECU niederschlagen. Mit zunehmender Konvergenz werden die gegenseitigen Wertveränderungen tendenziell geringer und die Wertentwicklung der ECU insgesamt stabiler werden.

Allerdings ist es ein Vorzug des Währungskorbs, daß sich die unterschiedlichen Auf- und Abwertungstrends der Korbkomponenten - auch bei größeren gegengerichteten Ausschlägen - tendenziell kompensieren und sich in einer geglätteten Wertentwicklung der ECU ausdrücken.[56] Diese faktische Tendenz zur Stabilisierung der ECU im Zeitablauf wird noch dadurch verstärkt, daß die ECU als Währungsanker konstruiert ist, auf den bezogen die nationalen Währungen nur in einer engen Bandbreite schwanken können. Darüber hinaus können Wechselkursanpassungen nur in einem gegenseitigen Verfahren, in das alle Mitgliedstaaten der Gemeinschaft einbezogen sind, vorgenommen werden. Abwertungskonkurrenzen und dadurch bedingte stärkere Wertverluste der Korb-ECU sind durch dieses Verfahren faktisch ausgeschlossen. Dadurch bietet die ECU international operierenden Anlegern und Schuldnern größere Sicherheit durch ein geringeres Währungsrisiko als einzelne im Korb befindliche Währungen und als Drittwährungen.

Als spezielle Währungsrisiken, die bei der internationalen Verwendung einzelner Währungen auftreten können, haben wir als allgemeine Kategorien bereits das politische Risiko sowie das Valutarisiko genannt[57]. Die erstgenannte Komponente des Währungsrisikos tritt dann auf, wenn ein Staat, auf dessen Währung eine bestimmte Währungsforderung lautet, bestimmte Beschränkungen des Kapitalverkehrs einführt bzw. bestehende Maßnahmen inhaltlich ausweitet, die die Verfügbarkeit über das investierte Kapital (evtl. dessen mögliche Repatriierung) beeinträchtigen. Es ist allerdings ein Charakteristikum des Euro-Kapitalmarkts, daß die-

56 Insofern bietet die ECU als Währungskorb die Eigenschaften und Vorzüge eines diversifizierten Portefeuilles.

57 Zusätzlich zu diesen Risiken tritt für jeden Gläubiger grundsätzlich auch noch das sogenannte Delkredere-Risiko auf, das dadurch entsteht, daß Schuldner nicht fähig oder auch nicht willens sind, Tilgung und Zinsendienst zu leisten. In diesem Zusammenhang kann jedoch auf das im Durchschnitt hervorragende "Rating" der Schuldner auf dem ECU-Markt hingewiesen werden, das sich insbesondere wegen der hohen Beteiligung internationaler Institutionen, lokaler und nationaler Behörden sowie von Unternehmen, die über eine Staatsgarantie verfügen, ergibt. Damit kann das Delkredere-Risiko als Risiko-Komponente im ECU-Geschäft vernachlässigt werden. Vgl. zum "Rating" der ECU-Schuldner z.B. Schweizerischer Bankverein (1985), S. 53f.

ser Aspekt des Währungsrisikos entfällt. Dies gilt umso mehr bei der ECU, weil ihr zudem die Identität einer nationalen Währung fehlt. Wenn demzufolge das politische Risiko (auch Transferrisiko) bei der internationalen Verwendung der ECU vernachlässigt werden kann, so ist dennoch das Valutarisiko - und zwar mit drei Unterkomponenten - bei der Verwendungsentscheidung zu berücksichtigen. Das Valutarisiko tritt auf als:

- Kursrisiko zwischen zwei Leitkursanpassungen (Bandbreitenrisiko)
- Risiko einer Leitkursänderung (Paritätsänderungsrisiko)
- Risiko einer Änderung des Währungskorbs (Revisionsrisiko)

Diese Risiken sollen nun im folgenden dargestellt und hinsichtlich der internationalen Wertschätzung der ECU beurteilt werden.

Bandbreitenrisiko

Das Kursrisiko zwischen zwei Leitkursanpassungen ist durch die Einbindung der nationalen Währungen in den Wechselkurs- und Interventionsmechanismus relativ eng begrenzt und für den Anleger auch gut überschaubar. Die Interventionspunkte liegen um ± 2,25 v.H. von der Parität entfernt. Allerdings kann der Wert der ECU in keinem Land von der ECU-Parität um diese vollen 2,25 v.H. abweichen, da die eigene Währung selbst Bestandteil des Korbes ist. Der ECU-Wert kann sich nur gemäß der Kursschwankungen der fremden Währungen und dem Gewicht, das diese Währungen haben, ändern. Damit ist das Bandbreitenrisiko umso geringer, je geringer der Fremdwährungsanteil bzw. je größer der Eigenwährungsanteil ist.

Zur Ableitung des maximalen Kursrisikos zwischen zwei Leitkursanpassungen sei beispielhaft von einem deutschen Anleger ausgegangen. Die maximale Aufwertungsmöglichkeit der D-Mark - also der ECU-Wertverlust - beträgt bei einem Eigenwährungsanteil von ca. 34 v.H.

$$2{,}25\,(1 - 0{,}34) \times 2 \;=\; 2{,}97 \text{ v.H.}$$

Ein deutscher Gläubiger wird dann dieses volle Abwertungsrisiko der ECU zu tragen haben, wenn das ECU-Schuldverhältnis zu einem Zeitpunkt eingegangen wird, an dem sich die D-Mark an ihrem unteren Interventionspunkt befindet und die Devisenkurse aller anderen Währungen ihre Parität zur D-Mark um 2,25 v.H. überschreiten, also an ihrem oberen Interventionspunkt notieren, und sich über die

Laufzeit des Kontrakts diese Ausgangssituation voll umkehrt. Die Spanne des ECU-Kurses der D-Mark bewegt sich damit auf der Basis des zum 12.01.1987 festgesetzten Leitkurses von 2,05853 DM/ECU zwischen rund 2,03 und 2,09 DM. Diese Spanne vergrößert sich, solange die italienische Lira ein breiteres Schwankungsintervall besitzt und das britische Pfund und die griechische Drachme noch nicht am Wechselkurssystem teilnehmen.[58]

Paritätsänderungsrisiko

Ein größeres Risiko besteht, wenn Änderungen der Leitkurse der EWS-Mitgliedsländer notwendig werden. Wie die Analyse der bislang im EWS erfolgten elf allgemeinen Paritätsanpassungen deutlich gemacht hat, gibt es i.w. zwei Faktoren, die von Zeit zu Zeit eine Änderung der Währungsparitäten herbeiführen. Zum einen handelt es sich hierbei um die unterschiedlichen wirtschaftlichen Entwicklungen in den Partnerstaaten, insbesondere erhebliche Inflationsdifferenzen, die einen Wechselkursänderungsbedarf im Laufe der Zeit erzeugen, sowie zum anderen um die Kursentwicklung des US-Dollars, die zu Anspannungen im Wechselkursgefüge aufgrund der unterschiedlichen Präferenzen international operierender Wirtschaftssubjekte für die einzelnen Korbwährungen führen kann und auf diesem Wege Paritätsanpassungen erforderlich macht. Beide Ursachenfaktoren stehen jedoch in einer engen Verbindung zueinander. So würde einerseits eine zunehmende Konvergenz der Inflationsraten auf einem niedrigeren Niveau den intern indizierten Anpassungsbedarf senken sowie andererseits auch die Einflüsse der Dollarkursentwicklung reduzieren. Denn mit einer Verringerung der Inflationsratenunterschiede würden sich gleichermaßen die Qualitätsunterschiede zwischen den EWS-Währungen abbauen und damit würde sich die internationale Währungsnachfrage nicht mehr nur bevorzugt auf die D-Mark konzentrieren, sondern auch die Partnerwährungen kämen in den Genuß vermehrter Nachfrage. Auf diese Weise würden auch die extern indizierten Spannungen tendenziell abnehmen.

In Tabelle 16 a und 16 b sind die jeweiligen Leitkurse und Leitkursveränderungen seit dem Inkrafttreten des EWS zusammengefaßt. Demnach ergibt sich, über die Laufzeit des EWS gerechnet, eine Aufwertung der D-Mark und des holländischen Gulden von ca. 18 bzw. knapp 15 v.H. gegenüber der ECU, während sich der französische Franc um 19 und die italienische Lira um 29 v.H. abgewertet haben. Ein deutscher Gläubiger hätte also bei einer ECU-Anlage über die gesamte Laufzeit einen ECU-Wertverlust von 2 v.H. jährlich zu tragen gehabt, während ein

58 Zum Einfluß der Kursentwicklung des britischen Pfunds auf den Wert der ECU vgl. die bereits zitierte Beispielrechnung der *Commerzbank* (1986), S. 9.

italienischer Schuldner eine jährliche ECU-Aufwertung von gut 3 v.H. in sein Kostenkalkül hätte einbeziehen müssen.

Revisionsrisiko

Einen weiteren Unsicherheitsfaktor stellen strukturelle Veränderungen der Korbzusammensetzung dar. Die Auf- und Abwertungen im EWS erfolgten stets in Richtung der Kaufkraftparitäten. Entsprechend der Standardkorbtechnik erhöht sich dabei das Gewicht aufwertender Währungen, während das der abwertenden zurückgeht. Langfristig würde sich damit die Wertentwicklung der ECU der Wertentwicklung der stabilsten Verbundwährung annähern und wäre somit für international operierende Wirtschaftssubjekte gut abschätzbar. Allerdings sieht die Entschließung des *Europäischen Rates* über das EWS vor, daß die Zusammensetzung der ECU die relative Wirtschaftskraft der Mitgliedsländer widerspiegeln soll. Deshalb wurde bei der ECU die Möglichkeit vorgesehen, die Zusammensetzung des Korbes in der Regel alle fünf Jahre - oder auf Antrag auch außerhalb der Reihe - zu überprüfen und ggf. den geänderten wirtschaftlichen Bedingungen anzupassen, damit die Repräsentativität der Währungsgewichte wieder hergestellt wird. Darüber hinaus kann es zu einer Veränderung der Währungsgewichte über die Aufnahme weiterer Währungen in den Korb kommen.

Strukturelle Veränderungen der Korbzusammensetzung führen zu einer Veränderung der ECU-Inflationsrate sowie des ECU-Zinses. Anläßlich der ersten Korbrevision am 17.09.1984 und der gleichzeitigen Einbeziehung der griechischen Drachme in den Korb wurden die relativen Anteile der härteren Währungen zugunsten der Anteile der schwächeren Währungen leicht zurückgeführt, wodurch ECU-Zins und ECU-Inflationsrate einen leichten Anstieg zu verzeichnen hatten. Als Konsequenz ergaben sich Kursverluste bei älteren ECU-Anleihen, denen noch ein Korb mit höherem Gewichtsanteil der stabileren Währungen zugrundelag. Aufgrund des geringen Korbanteils der griechischen Drachme, hielten sich diese Verluste allerdings in vergleichsweise engen Grenzen. Aus dem gleichen Grund dürften sich auch bei der Aufnahme von Peseta und Escudo keine gravierenden Kursrückgänge ergeben. Allerdings könnte davon die weitere Wertentwicklung der ECU negativ betroffen werden, wenn die Einbeziehung in den Korb nicht gleichzeitig mit einer vollen Teilnahme am EWS-Wechselkursmechanismus verbunden ist. Denn dann würden unter der Voraussetzung, daß das britische Pfund und die griechische Drachme ebenfalls noch nicht am Wechselkursverbund teilnehmen und die italienische Lira auch weiterhin ein breiteres Schwankungsintervall besitzt, rund 30 v.H. des Korbes außerhalb der festgelegten Bandbreite schwanken, was die Abschätzbarkeit der ECU-Wertentwicklung und damit ihre internationale Verwendung erheblich beeinträchtigen würde.[59] Allerdings dürfte entsprechend der dem EWS zugrundeliegenden Vorstellung einer unbefristeten, aber nicht dauerhaften Abstinenz einzelner Mitglieder von bestimmten Mechanismen des Systems mit einer Vollteilnahme Großbritanniens und Italiens in absehbarer Zeit zu rechnen sein.[60] Wenn dann für die griechische Drachme auch weiterhin sowie für die Neumitglieder großzügigere Bedingungen bestehen, wird der Korbwert davon aufgrund des geringen Anteils dieser Währungen von ca. 8 v.H. nicht mehr allzu sehr betroffen.

Insgesamt läßt sich damit unter Berücksichtigung der drei Risikokategorien feststellen, daß das mit der ECU verbundene Währungsrisiko relativ gering und gut abschätzbar ist. Dies gilt neuerdings umso mehr, weil sich im Vergleich zu früheren Jahren die Inflationsratenunterschiede zwischen den einzelnen Ländern deutlich verringert haben, so daß der Anpassungsdruck für Leitkursänderungen unter diesem Aspekt schwächer geworden ist und damit auch der Einfluß externer Störungen auf das EWS abgenommen hat. Dies begünstigt ihre Verwendung als internationales Geld.

C. ERFÜLLUNG MONETÄRER FUNKTIONEN[61]

1. Die private ECU als Rechenmittel

Die Rechenmittelfunktion des Geldes ist eine abstrakte Funktion. Sie besteht darin, die Vielzahl von Gütern, Dienstleistungen, Real- und Finanzkapital in ihrem Wert vergleichbar zu machen. Über die Verwendung einer allgemeinen Einheit als numéraire wird die Anzahl der Preise, über die sich die Marktteilnehmer informieren müssen, im Vergleich zu einer Situation ohne allgemein gebräuchliches Rechenmittel erheblich reduziert. Denn in einer solchen Situation müßte für jedes Gut eine Tauschrelation zu jedem anderen Gut festgelegt werden. Konkret bedeu-

---

59 Auch würde sich in bezug auf die offizielle ECU dann die Frage stellen, ob sie ihrer Funktion als Währungsanker unter diesen Umständen überhaupt noch gerecht werden kann.

60 Diese Vermutung resultiert aus der Tatsache, daß der Kurs der italienischen Lira de facto bereits innerhalb der 2,25 v.H. Bandbreite schwankt und sich der Kurs des britischen Pfunds seit ungefähr einem Jahr auffällig parallel mit den Verbundwährungen entwickelt.

61 Eine knappe Zuordnung der einzelnen Geldfunktionen findet sich bei *G. Arendt* (1983), S. 6ff.; ebenso bei *C. Hasche-Preuße* (1984), S. 422ff.

tet das, daß in einer Situation, in der beispielsweise 200 Güter gegeneinander getauscht werden müssen, insgesamt 19.900 Austauschverhältnisse bekannt sein müßten. Wird hingegen eine Recheneinheit verwendet, reduziert sich die Anzahl der Austauschverhältnisse beträchtlich auf nur noch 199.[62]

Dient in der Regel die jeweilige Landeswährung auch als allgemeine Recheneinheit, so bietet es sich im internationalen Verkehr zur Reduzierung von Informations- bzw. Rechenkosten an, eine nationale Währung als Recheneinheit zu internationalisieren. So findet beispielsweise der US-Dollar weltweite Verwendung bei der Abrechnung von Rohstoffen; auch werden die Tarife im internationalen Luftverkehr mehrheitlich auf Dollar-Basis bestimmt.

Im EG-Raum übernimmt die ECU zunehmend Rechenmittelfunktionen. So dient die ECU sämtlichen EG-Institutionen als Recheneinheit beispielsweise zur Aufstellung ihrer Haushaltspläne, Statistiken oder internen Berechnungen. Darüber hinaus werden Agrarpreise, Stahlmindestpreise, Beihilfen und Subventionen in ECU ausgedrückt[63]. Auf diesem Wege wird die ECU als Rechenmittel auch im privaten Bereich bekannt.

Insgesamt findet die ECU im privaten Sektor allerdings bislang noch vergleichsweise geringe Verwendung als Rechenmittel, obwohl es für multinationale Unternehmen im EG-Raum von Interesse sein kann, ihre interne Verrechnung auf der Basis einer Recheneinheit durchzuführen, die sich durch geringe Wechselkurs- und Zinsrisiken auszeichnet. So verwenden erst zwei französische Großkonzerne, der ursprünglich im Staatsbereich angesiedelte, mittlerweile jedoch mehrheitlich privatisierte Mischkonzern *Saint Gobain* (vorwiegend Glas- und Chemieerzeugnisse) sowie der Lebensmittelkonzern *Lesieur* die Europäische Währungseinheit als konzerninterne Verrechnungswährung zwischen ihren in verschiedenen Ländern Europas ansässigen Tochtergesellschaften. Über ihre interne Verrechnung hinaus haben beide Unternehmen versucht, ihre ausländischen Abnehmer und Lieferanten mit der Verwendung der ECU als Rechenmittel vertraut zu machen, indem beispielsweise Preisofferten in ECU eingeholt oder Preise in ECU festgelegt werden.[64] Nach *Jacques Pillet*, dem Finanzdirektor von *Saint Gobain*, gestattet die Preisfestsetzung in ECU, Preisangebote über einen längeren Zeitraum bei geringerem Risiko als in Fremdwährungen abzugeben.[65] Neben diesen beiden Konzernen wird mittlerweile auch vom italienischen Multi *Montedison* erwogen, die konzernin-

62 In einer Wirtschaft, in der kein allgemein akzeptierter numéraire verwendet wird, müßten bei n-Gütern n(n-1)/2 Austauschverhältnisse bekannt sein. Bei Verwendung eines Rechenmittels verringert sich diese Zahl auf n-1. Vgl. *K. Brunner* und *A.H. Meltzer* (1971), S. 787; auch *H.J. Jarchow* (1978), S. 15.

63 Vgl. *C. Hasche-Preuße* (1984), S. 427.

64 Vgl. *R. Hellmann* (1985), S. 224; ebenso *J.P. Lefoulon* (1986), S. 109.

65 Vgl. *J. Pillet* (1984), S. 43f.

terne Verrechnung auf ECU-Basis umzustellen. Auch wurde in jüngerer Zeit eine i.w. aus Industriekonzernen und Banken bestehende Interessengemeinschaft zur Förderung der Verwendung der Europäischen Währungseinheit ECU gegründet. Zu den wichtigsten der bislang 40 Mitglieder der "Vereinigung für die Währungseinheit Europas" gehören die Konzerne *Philips*, *Fiat*, *Total*, *Bosch* und *Solvay*.[66] Darüber hinaus findet die ECU auch Verwendung als Rechenmittel, wenn internationale, im ECU-Geschäft besonders aktive Banken damit beginnen, ihre Bilanzen nicht mehr nur in Landeswährung, sondern alternativ auch in ECU aufzustellen.[67] Es handelt sich hierbei bislang jeweils nur um Ausnahmefälle. Die Beispiele belegen jedoch, daß es für große, im gesamten europäischen Raum operierende Unternehmen durchaus von Vorteil sein kann, ihren internen Verrechnungsverkehr auf der Basis der ECU abzuwickeln. Sollten die positiven Erfahrungen dieser Unternehmen auch in den Zentralen anderer Konzerne entsprechende Resonanz finden, dürften mit der Zeit auch weitere Unternehmen dazu übergehen, eine Umrechnung ihres Verrechnungsverkehrs auf ECU-Basis zu überdenken.

2. Die private ECU als Wertaufbewahrungsmittel

Von der Funktion der ECU als Wertaufbewahrungsmittel soll immer dann gesprochen werden, wenn mittel- bis langfristige Finanztransaktionen beinhaltende Kontrakte unter dem Gesichtspunkt der Kaufkraftsicherung statt in nationaler Währung in dieser Währungseinheit abgeschlossen werden. Auch fungiert die ECU als Wertaufbewahrungsmittel, wenn die Bewertung von Termin- und Spareinlagen in dieser Einheit statt in einer nationalen Währung erfolgt oder wenn auf ECU lautende Wertpapiere erworben werden. Sie wird dabei ihrer Aufgabe als internationale Anlagewährung (investment currency) in besonderer Weise gerecht, wenn sie über eine im Zeitablauf stabile und auch in der Zukunft gut abschätzbare Wertentwicklung verfügt und sich auf diese Weise das Vertrauen der Anleger sichert.

Neben der Komponente Wechselkursrisiko ist jedoch auch die Rendite für die Eignung der ECU als Wertaufbewahrungsmittel relevant, denn als international nachgefragte Anlagewährung konkurriert sie mit anderen verzinslichen Wertspeichern, lautend auf die nationalen Währungen. Unter der Annahme der Verzinslichkeit der miteinander in Wettbewerb stehenden Wertaufbewahrungsmittel ver-

66 Vgl. *o.V.* (1987), Europäische Konzerne bilden Lobby für Ecu, in: Handelsblatt vom 3.12.1987.

67 Beispiele hierfür sind die *Kredietbank*, Brüssel, sowie das *Instituto Bancario San Paolo di Torino*, Turin.

halten sich die Anleger gegenüber bestimmten Anlagewährungen dann indifferent, wenn:

> "die für die einzelnen Währungen erwarteten Wechselkursänderungen gerade durch entsprechende Unterschiede in der Nominalverzinsung ausgeglichen werden"[68].

Unter dieser Annahme entwickeln Anleger keine besonderen Währungspräferenzen, da alternative Anlageobjekte einen gleich großen Anlagenutzen erzielen. Unter Ertragsgesichtspunkten ist es damit im Prinzip gleichgültig, in welcher Währung Engagements eingegangen werden. Dies gilt dann nicht mehr, wenn die einzelnen Währungen entweder bei gleicher Nominalverzinsung eine unterschiedliche Kursentwicklung erwarten lassen oder bei gleicher erwarteter Wechselkursentwicklung unterschiedlich hohe Nominalzinsen aufweisen. Eine Anlage in einer fremden Währung ist demnach dann von Vorteil (Nachteil), wenn der von Wechselkursänderungen bereinigte Zinsertrag höher (niedriger) ist als der Nettoertrag alternativer Anlagen.

Allerdings sind die tatsächlichen Wechselkursveränderungen immer nur ex post bekannt, während die Nominalverzinsung eines Kontrakts üblicherweise bereits zu Anfang der Laufzeit festgelegt wird. International operierende Wirtschaftssubjekte müssen daher ihre Anlageentscheidung auf der Basis unsicherer Erwartungen treffen. Damit gewinnt die bereits oben allgemein als Determinante der internationalen Verwendung von Währungen postulierte "Vorhersehbarkeit der Wechselkursentwicklung" auch unter der speziellen Annahme der Verzinslichkeit konkurrierender Anlageobjekte besondere Bedeutung, denn

> "money holders are only protected against anticipated inflation rates, but not against the risk according to which the inflation rate may exceed the anticipated rate".[69]

Unter diesem Gesichtspunkt werden die Akteure ihre Anlageentscheidungen nach dem Kriterium treffen, welche der in Frage kommenden Währungen eine genauere Vorhersehbarkeit ihrer Wertentwicklung aufweist, um auf diese Weise weitgehend vor unliebsamen Wechselkursüberraschungen sicher zu sein. Dieses Kriterium wird in einer Welt allgemeiner Währungs- und Wechselkursunsicherheit von der ECU in besonderer Weise erfüllt. Damit erklärt sich ihre zunehmende Verwendung an den internationalen Geld- und Kapitalmärkten für Zwecke der Anleiheemission, der Kreditgewährung sowie zur Depositenhaltung.

---

68 Vgl. *P. Bofinger* (1985 a), S. 151.
69 Vgl. *E.M. Claassen* (1984), S. 56.

Für ein international operierendes Wirtschaftssubjekt - ganz gleich, ob Kreditnehmer oder Kreditgeber - besteht das Währungsrisiko der ECU zusammengefaßt aus dem Wechselkursrisiko (bezogen auf die eigene Landeswährung) und in der Höhe der Nominalverzinsung, also der realen ECU-Rendite. Damit ergeben sich für Gläubiger und Schuldner aus Ländern mit weicherer (härterer) Währung, die in der Regel eine höhere (niedrigere) Verzinsung auf ihre eigene Währung als auf ECU erhalten, unterschiedliche Vorteile aus der Verwendung der ECU als Wertaufbewahrungsmittel. Für einen Kapitalanleger aus einem Weichwährungsland werden sich ECU-Anlagen stets dann als empfehlenswert erweisen, wenn die Aufwertungsraten der ECU ihre geringere Verzinsung kompensieren; für Investoren aus Hartwährungsländern sind ECU-Anlagen hingegen dann von Vorteil, wenn mögliche Zinsvorteile auftretende Wechselkursverluste übersteigen bzw. wenn seltenere Wechselkursgewinne darüber hinaus noch gesteigert werden, wie das z.B. für einen deutschen und einen holländischen Anleger in den ersten beiden Jahren des EWS aufgrund der starken Aufwertung des Korbanteils des britischen Pfunds der Fall war (vgl. Tabelle 16 a/b). Aufgrund des asymmetrischen Interesses von Gläubiger und Schuldner gilt für die zweitgenannte Gruppe der umgekehrte Zusammenhang. Solange wie ein Schuldner aus einem Weichwährungsland den Zinsvorteil einer Kreditaufnahme in ECU höher veranschlagt als das Aufwertungsrisiko der ECU gegenüber seiner nationalen Währung, wird er sich in ECU verschulden. Kommt der Schuldner aus einem Hartwährungsland, wird er dann einen ECU-Kredit aufnehmen, wenn der aus der ECU-Abwertung resultierende Vorteil größer eingeschätzt wird als der Zinsnachteil. Wir wollen uns nun der empirischen Entwicklung der ECU als Wertaufbewahrungsmittel zuwenden und dabei zunächst die ECU als Anleihewährung und daran anschließend als Depositen- und Darlehenswährung betrachten.

a) Die ECU als Anleihewährung

Ein Indikator dafür, daß die ECU in vielen Ländern ein gesuchtes Anlagemedium und damit Wertaufbewahrungsmittel ist, stellt die Tatsache dar, daß ECU-denominierte Anleihen sowohl der Anzahl als auch dem Volumen nach in steigendem Maße aufgelegt und plaziert werden konnten. 1981 hielt die ECU ihren Einzug auf dem Euro-Anleihemarkt mit insgesamt 6 Anleihen und dem damals noch äußerst bescheidenen Volumen von 202 Mio ECU. Seitdem hat dieser Bereich der privaten ECU-Verwendung rasch expandiert. 1982 wurden bereits 19 Anleihen im

Volumen von 1,9 Mrd ECU begeben, und ein Jahr später stieg dieser Anteil auf 46 Anleihen mit einem Volumen von insgesamt 2,5 Mrd ECU. Bis zum Ende des Berichtszeitraums (1. Quartal 1987) erhöhte sich die gesamte Anzahl bislang an den Markt gegebener ECU-Anleihen auf die stattliche Summe von 392 mit einem Gesamtvolumen von etwas über 35 Mrd ECU (vgl. hierzu die folgende Tabelle).

TABELLE 8

Anzahl und Volumen von ECU-Emissionen in der Zeit von 1981 bis 1. Quartal 1987

Jahr	Anzahl der Emissionen	Betrag in Mio ECU
1981	6	202
1982	19	1942
1983	46	2547,2
1984	66	4894,8
1985	138	12198,5
1986	85	9380,8
1987 1. Q.	32	4083
Summe	392	35248,3

Quelle: ECU Newsletter No. 20 (April 1987), S. 31

Diese Entwicklung vollzog sich bis Ende 1985 in der beschriebenen Kontinuität, da die Anleihetätigkeit bis zu diesem Zeitpunkt durch die relative Stabilität der Wechselkursentwicklung im EWS begünstigt wurde. Erst die unsichere Entwicklung in der folgenden 12-Monats-Periode veranlaßte die Disponenten zu insgesamt zurückhaltenderen ECU-Emissionen: Das Volumen neu begebener ECU-Anleihen ging weltweit auf 9,4 Mrd zurück, nachdem es im Vorjahr noch 12,2 Mrd ECU betragen hatte, wobei der Rückgang im Jahre 1986 allerdings nicht kontinuierlich verlief. Jeweils im Vorfeld erwarteter Leitkursanpassungen war eine gebremste Dynamik der ECU-Emissionstätigkeit feststellbar (vgl. hierzu die detaillierte Aufschlüsselung der ECU-Begebungen in Tabelle 10 a/b), während jeweils nach erfolgtem Realignment die ECU-Emissionsaktivitäten einen deutlichen Aufschwung erlebten. So war nach der Leitkursanpassung vom April 1986 das bislang höchste quartalsmäßige ECU-Emissionsvolumen bei gleichzeitig sehr "regem Anlegerinteresse"[70] zu verzeichnen, und im Anschluß an das Januar Realignment 1987 konnte der ECU-Sektor ein ebensolches "Comeback"[71] für sich verbuchen, nachdem akute Wechselkursrisiken vorerst beseitigt worden waren und sich der Zinsvorsprung von ECU-Bonds gegenüber den niedrig verzinslichen Anlagewährungen (Yen, SFr, DM) vergrößert hatte[72].

Wie die Tabelle auf der folgenden Seite zeigt, konnte die ECU in den Jahren vor 1986 ihr Emissionsvolumen allerdings nicht nur absolut steigern, sondern es gelang ihr auch, ihre Position relativ zu anderen Emissionen internationaler Anleihen zu verbessern. Lag der ECU-Anteil am Emissionsvolumen internationaler Anleihen 1982 noch bei gut 1 v.H., so stieg er 1983 auf 2,8 v.H. an und erreichte nach einer Phase der Stagnation im darauffolgenden Jahr 1985 dann einen Anteil von über 4 v.H. und belegte damit den vierten Rang aller Nicht-Dollaremissionen noch vor dem Pfund Sterling. Aufgrund der Wechselkursänderungserwartungen im EWS sowie der umgreifenden Veränderungen des internationalen Finanzumfelds (Deregulierungsmaßnahmen in einzelnen europäischen Ländern und in Japan)[73] ging der Marktanteil der ECU-Emissionen am internationalen Anleihegeschäft 1986 um über einen Prozentpunkt auf 3,1 v.H. zurück bei gleichzeitiger Festigung des Marktanteils traditioneller Nicht-Dollaranlagewährungen sowie einer Zunahme einzelner (zinsattraktiver) EWS-Währungen, die bislang eine unbedeutende Rolle im internationalen Emissionsgeschäft spielten. Besonders signifikant ist seit 1986 aber auch die deutliche Verlagerung des internationalen Neugeschäfts zu Lasten des US-Dollars hin zu anderen Währungen. So reduzierte sich im Zuge dieser Entwicklung der Anteil des US-Dollars an den Gesamtaktivitäten des internationalen Emissionsgeschäfts von einem vergleichsweise konstanten Niveau von ca. 60 v.H. in den Jahren 1982 - 1985, über knapp 55 v.H. im Jahre 1986 auf nunmehr nur noch 33 v.H. im ersten Halbjahr 1987, während sich gleichzeitig die Anteile anderer Währungen, insbesondere des japanischen Yen, der von weiteren Deregulierungsmaßnahmen Mitte 1986 zusätzlich begünstigt wurde[74], des Pfund Sterling, der D-Mark, aber auch des (sehr zins-attraktiven) australischen Dollars, deutlich erhöhen konnten. Offensichtlich konnte auch der ECU-Sektor von diesem wachsenden Interesse internationaler Anlegerkreise für Nicht-Dollaremissionen profitieren. Mit einem Marktanteil von 5,2 v.H. im ersten Halbjahr 1987 konnte er nicht nur das 1986 verlorengegangene Terrain wieder zurückgewinnen, sondern es gelang ihm auch, den

70 Vgl. hierzu o.V., Reges Anlegerinteresse, in: Handelsblatt vom 5.6.1986.

71 Vgl. *BIZ* (1987 b), S. 122.

72 Vgl. *Deutsche Bundesbank* (1987 b), S. 37.

73 Vgl. zu einzelnen Entregulierungsmaßnahmen in Japan die Ausführungen in *BIZ* (1986 a), S. 116f.

74 Vgl. *BIZ* (1987 a), S. 21.

eigenen Spitzenstand aus dem Jahre 1985 um genau einen Prozentpunkt zu übertreffen[75]. Allerdings mußte die ECU gegenüber 1985 eine Einbuße von zwei Plätzen in der Rangfolge der Denominationen hinnehmen, da die Zuwachsrate bei anderen Nicht-Dollarwährungen noch größer war.

TABELLE 9

*Anteile ausgewählter Währungen an den Neuemissionen internationaler Anleihen**

Währung	1982	1983	1984	1985	1986	1987 1.Hj.	zum Vergleich 1986 1.Hj.
US-Dollar	63,9	57,0	63,6	60,8	54,7	33,0	52,8
Japanischer Yen	5,2	5,3	5,5	7,8	10,4	18,6	10,0
Schweizer Franken	15,1	17,5	12,0	9,0	10,4	10,1	10,4
D-Mark	7,1	8,6	6,2	6,7	7,5	9,5	8,2
Pfund Sterling	2,6	3,9	5,1	4,0	4,8	9,3	5,9
Australischer Dollar	-	0,3	0,3	1,8	1,4	6,0	2,1
ECU	1,1	2,8	2,7	4,2	3,1	5,2	3,8
Kanadischer Dollar	1,6	1,4	2,1	1,7	2,4	3,3	2,0
Französischer Franc	0,3	0,2	0,0	0,9	1,7	1,3	1,7
Holländischer Gulden	1,9	2,2	1,7	1,0	1,2	1,1	0,9
Belgischer/Luxemburgischer Franc	0,4	0,4	0,3	0,4	0,5	0,9	0,4
Dänische Krone	-	0,0	-	0,3	0,5	0,5	0,7
Sonstige Währungen	0,4	0,3	0,3	1,4	1,2	1,2	0,9
Insgesamt	100	100	100	100	100	100	100

* Euro-Anleihen und sog. klassische Auslandsanleihen; Reihenfolge entsprechend der Position im ersten Hj. 1987 in v.H.
Differenzen in den Summen durch Runden der Zahlen.

Quelle: Deutsche Bundesbank (1987 b), S. 37.

75 Ursächlich für die positive Entwicklung des ECU-Anleihemarktes im Jahre 1987 ist neben der Beseitigung von Wechselkursunsicherheiten im EWS, aber auch die relativ stabile Entwicklung des Kurses des britischen Pfunds. Denn wie *Guimbretière* hinsichtlich der rückläufigen Entwicklung der ECU-Emissionstätigkeit im Jahr 1986 feststellt, haben die vier Leitkursanpassungen seit Juli 1985 sowie die kontinuierliche Abwertung des britischen Pfunds "profondément la principale qualité de l'écu, sa stabilité sur les marchés de change vis-à-vis de la majorité des monnaies européennes" verändert und damit den Wert der ECU beeinträchtigt. Vgl. *P. Guimbretière* (1987 a), S. 3; ebenso *BIZ* (1986 c), S. 20.

Die Expansion des ECU-Emissionsvolumens in den Jahren ab 1983 mußte notwendigerweise mit einer Verbreiterung der geographischen Basis des Marktes für ECU-Anleihen, also einer stärkeren Internationalisierung dieses Marktsegments, einhergehen. Denn einerseits suchte eine seit etwa 1984 deutlich ansteigende Zahl von Kreditnehmern nicht nur aus den Ländern der Gemeinschaft, sondern vor allem auch aus Ländern außerhalb Europas, sich langfristige Mittel unter Verwendung der ECU als Anleihewährung zu beschaffen[76]. Andererseits aber war die Aufnahmefähigkeit des Marktes für ECU-Anleihen jedoch insofern noch begrenzt, als ein Großteil des ursprünglichen Emissionsvolumens in ECU fast ausschließlich bei Anlegern in Belgien und Luxemburg untergebracht worden war und neue Anlegerkreise erst noch gewonnen werden mußten.[77] Ein wesentlicher Grund für die frühere lokale Konzentration des ECU-Anlegerkreises stellen die bisherigen Devisenvorschriften in den einzelnen Staaten der Gemeinschaft dar. So war es insbesondere Anlegern aus Weichwährungsländern nicht möglich, ECU-Anleihen zu zeichnen oder aber ein Erwerb war mit verteuernden Devisenaufgeldern verbunden. Mit der schrittweisen Liberalisierung des Kapitalverkehrs in Frankreich und Italien sind diese Beschränkungen mittlerweile entfallen. Damit dürfte die Haltung von ECU-Anleihen für Zwecke der Vermögensanlage in diesen Ländern zunehmend an Bedeutung gewinnen. Anleger in der Bundesrepublik zeigten sich zurückhaltend, weil ihnen die ECU noch wenig bekannt war und das Währungsrisiko sie trotz der verlockenden Zinsen am Erwerb gehindert hat. Besondere Konfusion bereitete zudem noch die frühere Rechtslage hierzulande. So ist - wie bereits angesprochen - der Erwerb von ECU-Forderungen zwar ohne Probleme möglich, jedoch hat die *Deutsche Bundesbank* ein Eingehen von Verbindlichkeiten in ECU bis Mitte Juni 1987 nicht genehmigt. Aus der fälschlichen Interpretation der Rechtslage wurde oftmals darauf geschlossen, daß jede Art von ECU-Geschäften grundsätzlich untersagt sei[78].

Daß es den aktiv am ECU-Geschäft beteiligten Banken mittlerweile gelungen sein dürfte, den ECU-Anlegerkreis über den engen Raum der belgisch-luxemburgischen Währungsunion hinaus auszuweiten, ist angesichts des beträchtlichen Emissionsvolumens von mehr als 35 Mrd ECU durchaus zu vermuten. Auch läßt

76 Vgl. hierzu Tabelle 10 a/b auf der folgenden Doppelseite.

77 Vgl. *F. Abraham u.a.* (1984), S. 21; ebenso *R. Hellmann* (1985), S. 221.

78 Es ist daher auch kein Zufall, daß deutsche Kreditinstitute nachdrücklich auf die damals geltende Rechtslage aufmerksam gemacht haben und unter Hinweis auf das vergleichsweise geringe Währungsrisiko bei gleichzeitig attraktiver Verzinsung deutschen Anlegern den Erwerb von ECU-Anleihen als Portefeuillebeimischung "schmackhaft" zu machen versuchten. Vgl. in diesem Sinne z.B. *Commerzbank AG*, Bericht der Abteilung Volkswirtschaft, vom 24.01.1985; *Deutsche Bank AG*, Börsenbild und Anlagespiegel 11/84, S. 4f.; *Bayerische Hypotheken- und Wechselbank AG*, Die Börse Nr. 10, 3/1985; ebenso *Westdeutsche Landesbank*, Marketletter 2/85.

TABELLE 10 A

Aufteilung der ECU-Emissionen nach Herkunftsländern/Institutionen

			EG-Länder[1]												
			EG Inst.	ITA	FRA	D	GB	BEL	LUX	DK	IRL	NL	SPA	EG ges.	andere europ. Inst.
Anzahl der Emissionen															
Periode	1981		3	2										5	
	1982		4	3	7						1			15	2
	1983	1.Q.	2		6						1			9	
		2.Q.	4		1		1	1						7	1
		3.Q.	1		4			1						6	
		4.Q.	5	1	4			1			1			12	
	Summe		12	1	15		1	3			2			34	1
	1984	1.Q.	3		4	1				1				9	
		2.Q.	3		3				1					7	
		3.Q.	5	1	2		1			1				10	1
		4.Q.	4	2	2		2	1		1	2		1	15	
	Summe		15	3	11	1	3	1	1	3	2		1	41	1
	1985	1.Q.	3	3	8			1		1	1	1		18	
		2.Q.	1	5	3	2		2		4		5		22	2
		3.Q.	1	3	5	3			1		1			14	
		4.Q.	5	1	5		3	1		1				16	2
	Summe		10	12	21	5	3	4	1	6	2	6		70	4
	1986	1.Q.	3	2	1	1				1				8	
		2.Q.	2	5	4	1		2		3	1	2	1	21	1
		3.Q.	1		2					1		1		5	
		4.Q.	4	1	3		1		1	1				11	
	Summe		10	8	10	2	1	2	1	6	1	3	1	45	1
	1987	1.Q.	5	3	5		1			5	1	3		23	1
SUMME			59	32	69	8	9	10	3	20	9	12	2	233	10
Emissionsvolumen (in Mio ECU)															
Periode	1981		97	65										162	
	1982		192	1240	360						30			1822	55
	1983	1.Q.	110		225						30			365	
		2.Q.	200		50		50	40						340	35
		3.Q.	70		150			70						290	
		4.Q.	200	600	102,2			55			30			987,2	
	Summe		580	600	527,2		50	165			60			1982,2	35
	1984	1.Q.	210		210	50				75				545	
		2.Q.	185		120				60					365	
		3.Q.	230	700	140		60			20				1150	40
		4.Q.	405	725	100		80	7,8		42	100		46,5	1506,3	
	Summe		1030	1425	570	50	140	7,8	60	137	100		46,5	3566,3	40
	1985	1.Q.	400	785	690			75		30	150	100		2230	
		2.Q.	50	975,5	185	140		48,5		355		200		1954	75
		3.Q.	100	985	625	100			40		50			1900	
		4.Q.	330	700	370		260	40		40				1740	150
	Summe		880	3445,5	1870	240	260	163,5	40	425	200	300		7824	225
	1986	1.Q.	560	900	200	50				250				1960	
		2.Q.	375	1335	625,5	25		110,7		280	100	175	100	3126,2	150
		3.Q.	100		200					50		101		451	
		4.Q.	375	50	190		50		30	175				870	
	Summe		1410	2285	1215,5	75	50	110,7	30	755	100	276	100	6407,2	150
	1987	1.Q.	745	1000	498		100			625	100	175		3243	125
SUMME			4934	10060,5	5040,7	365	600	447	130	1942	590	751	146,5	25006,7	630

1) Die Länderabkürzungen bedeuten: ITA = Italien, FRA = Frankreich, D = Bundesrepublik Deutschland, GB = Großbritannien, BEL = Belgien, LUX = Luxemburg, DK = Dänemark, IRL = Irland, NL = Niederlande, SPA = Spanien

Quelle: ECU-Newsletter, verschiedene Jahrgänge; eigene Berechnungen.

TABELLE 10 B

Aufteilung der ECU-Emissionen nach Herkunftsländern/Institutionen (Fortsetzung)

			Übrige Länder[1]												
			A	NOR	SWE	SF	USA	CAN	JAP	AUS	SA	and.	int. Inst.	insg.	Welt insg.
Anzahl der Emissionen															
Periode	1981							1						1	6
	1982						1	1						2	19
	1983	1.Q.		1	1			1						3	12
		2.Q.			1		1							2	10
		3.Q.		1	1				1					3	9
		4.Q.							1				2	3	15
	Summe			2	3		1	1	2				2	11	46
	1984	1.Q.			1		3	1	1	1	1	1		9	18
		2.Q.	1		1	2			2					6	13
		3.Q.			1					1	1			3	14
		4.Q.	1						1			2	2	6	21
	Summe		2		3	2	3	1	4	2	2	3	2	24	66
	1985	1.Q.					2		3	1	1	1	1	9	27
		2.Q.	1	1		2	2		10	3	2	4	2	27	51
		3.Q.				3	7		3			2	2	17	31
		4.Q.	1		1	2	4		1	1		1		11	29
	Summe		2	1	1	7	15		17	5	3	8	5	64	138
	1986	1.Q.		1		1	5	3		1				11	19
		2.Q.	1		2		4	1	3	1		1	2	15	37
		3.Q.					4							4	9
		4.Q.		1		3	1		2	1			1	8	20
	Summe		1	2	2	4	14	4	5	3		1	3	39	85
	1987	1.Q.							5	1		2		8	32
SUMME			5	5	9	13	34	8	33	11	5	14	12	149	392
Emissionsvolumen (in Mio ECU)															
Periode	1981							40						40	202
	1982						15	50						65	1942
	1983	1.Q.		30	60			50						140	505
		2.Q.			40		40							80	455
		3.Q.		40	40				40					120	410
		4.Q.							40				150	190	1177,2
	Summe			70	140		40	50	80				150	530	2547,2
	1984	1.Q.			50		96	85	40	50	40	100		461	1006
		2.Q.	100		57,5	85			90					332,5	697,5
		3.Q.			40					40	40			120	1310
		4.Q.	60						40			75	200	375	1881,3
	Summe		160		147,5	85	96	85	170	90	80	175	200	1288,5	4894,8
	1985	1.Q.					110		110	50	50	75	100	495	2725
		2.Q.	67,5	70		65	125		557	140	100	300	110	1534,5	3563,5
		3.Q.				120	670		112			150	375	1427	3327
		4.Q.	65		60	88,5	277,5		52	75		75		693	2583
	Summe		132,5	70	60	273,5	1182,5		831	265	150	600	585	4149,5	12198,5
	1986	1.Q.		30		60	388,2	176		60				714,2	2674,2
		2.Q.	75		235		194,4	100	330	40		50	115	1139,4	4415,6
		3.Q.					270							270	721
		4.Q.		100		150	75		150	75			150	700	1570
	Summe		75	130	235	210	927,6	276	480	175		50	265	2823,6	9380,8
	1987	1.Q.							290	75		350		715	4083
SUMME			367,5	270	582,5	568,5	2261,1	501	1851	605	230	1175	1200	9611,6	35248,3

1) Die Länderabkürzungen bedeuten: A = Österreich, NOR = Norwegen, SWE = Schweden, SF = Finnland, USA = Vereinigte Staaten von Amerika, CAN = Canada, JAP = Japan, AUS = Australien, SA = Süd-Afrika

Quelle: ECU-Newsletter, verschiedene Jahrgänge; eigene Berechnungen.

die Nationalitätenstruktur der Emittenten auf eine ähnlich breite Streuung der ECU-Investoren schließen.[79] Außerdem wurde mit dem Ziel, der ECU weltweit Geltung zu verschaffen, eine ganze Reihe von ECU-Anleihen bewußt an außereuropäischen Plätzen begeben. So gelang es beispielsweise der *EG-Kommission* im November 1984 eine ECU-Anleihe auf dem US-Domestic-Markt aufzulegen, der aufgrund des großen Erfolges noch weitere gefolgt sind, so daß in Handelskreisen bereits von einem 'ECU-Yankee-Bondmarkt' gesprochen wird[80]. Ähnlich erfolgreiche Emissionen sind auch in Japan und Hongkong bislang plaziert worden.

Emittenten am Markt für ECU-Anleihen sind die Institutionen der EG, private und öffentliche Unternehmen, Geschäftsbanken, Länder sowie einzelne Kommunen. Traditionell stellen EG-Institutionen, Italien und Frankreich die jeweils größten ECU-Emittenten dar. Wie Tabelle 10 a/b zeigt, stehen italienische Emittenten mit einem Gesamtvolumen von über 10 Mrd ECU an der Spitze. Dabei spielte vor allem die Republik Italien mit einigen sehr großen Emissionen eine herausragende Rolle. Danach folgen Frankreich mit einem Emissionsvolumen von gut 5 Mrd ECU und Gemeinschaftsinstitutionen mit 4,9 Mrd. Ab 1984 - und verstärkt dann ab 1985 - sind zunehmend auch Kreditnehmer von außerhalb der EG an den Markt herangetreten. Besonders signifikant ist das verstärkte Auftreten amerikanischer und japanischer Emittenten, die mittlerweile an vierter und sechster Stelle aller ECU-Schuldner stehen (2,2 bzw. 1,8 Mrd ECU). Aber auch Emittenten aus Österreich, Skandinavien, Kanada, Australien etc. haben zunehmenden Gebrauch von der ECU zum Zwecke langfristiger Verschuldung gemacht.

Mit der zunehmenden geographischen Ausweitung des ECU-Anleihemarktes war auch eine Verfeinerung der Ausgestaltungsformen der einzelnen Anleihen festzustellen. So steht neben den üblichen Festzinsemissionen (straight bonds) mittlerweile eine breite Palette von verschiedenen Anlageinstrumenten zur Verfügung, wie beispielsweise Anleihen mit variabler Verzinsung (Foating Rate Notes), Zerobonds, übertragbare Depositenzertifikate oder auch ECU-Wandel- und Optionsanleihen[81]. Fast alle ECU-Anleihen gelangen an der Luxemburger Börse zur Notiz, und es existiert ein aktiver Sekundärmarkt für diese Papiere. Diese rasche Entwicklung des ECU-Anleihemarkts wurde zudem dadurch begünstigt, daß sich zunehmend Kapitalsammelstellen und Investmentfonds für die ECU als Wertauf-

---

79 Über die genaue Struktur der Anleger können jedoch keine Angaben gemacht werden. Dies wäre allenfalls noch für die Anfangsphase des ECU-Anleihemarktes möglich gewesen, als es noch keinen funktionsfähigen Sekundärmarkt gab und die Struktur der Anleihezeichner im wesentlichen mit der Struktur der Endgläubiger identisch gewesen sein dürfte.

80 Vgl. *E.H. Eckes* und *N. Kleinheyer* (1986), S. 31.

81 Vgl. *A. Swings* (1986 b), S. 13f.; zur Ausgestaltung von ECU-Anleihen im einzelnen vgl. *P. Guimbretière* (1985 a), S. 11f.; ebenso *E.H. Eckes* und *N. Kleinheyer* (1986), S. 38f.

bewahrungsmittel zu interessieren begannen und mehr und mehr in dieses Instrument investierten.[82]

b) *Die ECU als Depositen- und Darlehenswährung*

Weniger spektakulär zwar wie die Entwicklung des ECU-Anleihemarktes, aber mit ähnlicher Dynamik, vollzog sich auch die Entwicklung der privaten ECU im Bankbereich als Depositen- und Darlehenswährung. Seit 1982, dem Jahr, für das zum ersten Mal Schätzungen über das Volumen des ECU-Geschäfts der Banken vorliegen, hat der Umfang des ECU-Einlagenvolumens, der ECU-Kreditvergabe sowie vor allem der Interbanktransaktionen in erheblichem Maße zugenommen[83]. Wie Tabelle 11 auf der folgenden Seite belegt, beliefen sich die auf ECU lautenden Aktiva der an die *BIZ* berichtenden Banken gemäß den letzten verfügbaren Angaben zum Stand von Ende März 1987 auf US-Dollar 86,2 Mrd (zu laufenden Dollarwerten gerechnet); die ECU-denominierten Verbindlichkeiten betrugen zum gleichen Zeitpunkt insgesamt 74,6 Mrd US-Dollar. Vergleicht man diese Zahlen mit den Ausgangswerten des Jahres 1982, so ergibt sich für ECU-Forderungen und ECU-Verbindlichkeiten eine Ausweitung des ursprünglichen Volumens um das gut 13fache. In dieser Entwicklung kommt deutlich die Dynamik des ECU-Marktsegments zum Ausdruck. Auf der anderen Seite ist dabei allerdings zu berücksichtigen, daß das Ausgangsniveau des Jahres 1982 auch noch sehr niedrig war.

Unterteilt man die gesamte Berichtsperiode etwa analog der Einteilung in den angegebenen *BIZ*-Studien zu diesem Thema in verschiedene Teilperioden, so läßt sich allerdings feststellen, daß die Wachstumsdynamik Schwankungen unterworfen war. Nach einer sehr raschen Expansion und Verdoppelung des ECU-Kredit- bzw. Depositenvolumens bis Ende 1983 und einer nochmaligen Verdoppelung in nur neun Monaten bis Ende September 1984 beschleunigte sich die Marktentwicklung in den folgenden sechs Monaten noch ein weiteres Mal kräftig, um in der

---

82 Vgl. hierzu insbesondere ECU-Newsletter No. 17, July 1986, S. 19ff.

83 Die Ausführungen dieses Abschnitts orientieren sich im wesentlichen an der jüngsten umfassenden Studie der *Bank für Internationalen Zahlungsausgleich* über die Entwicklung des ECU-Geschäfts der Banken in der Zeit von Ende September 1984 bis Ende März 1986. Vgl. *BIZ* (1986 b), S. 10ff. Die Zahlenangaben für die folgende 12-Monats-Periode bis einschließlich März 1987 entstammen *BIZ* (1987 b), Statistischer Anhang, Tabelle 6 a und 6 b, S. 23 f. sowie *Deutsche Bundesbank* (1987 b), S. 34ff. Die Entwicklung des ECU-Geschäfts der Banken bis einschließlich September 1984 ist ausführlich dargestellt in Teil III des im Februar 1985 herausgegebenen Kommentars der *Bank für Internationalen Zahlungsausgleich* zum internationalen Bankgeschäft. Vgl. hierzu *BIZ* (1985 a), S. 12ff.

TABELLE 11

Die Entwicklung des ECU-Geschäfts der Banken von Ende Dezember 1982 bis Ende März 1987

	Stand							
	Ende Dez. 1982	Ende Dez. 1983	Ende Sept. 1984	Ende Dez. 1984	Ende März 1985	Ende Dez. 1985	Ende März 1986	Ende März 1987
	Milliarden US-Dollar							
ECU-Forderungen	6,5 s	11,9	23,9	28,2	37,1	54,3	61,4	86,2
davon: gegenüber Gebietsansässigen	...	5,0	9,4	10,2	13,9	16,2	18,0	21,4
gegenüber Gebietsfremden ..	...	6,9	14,5	18,0	23,2	38,1	43,4	64,8
ECU-Verbindlichkeiten	5,5 s	10,0	18,8	22,3	29,9	48,3	54,9	74,6
davon: gegenüber Gebietsansässigen	...	3,0	5,7	6,2	9,2	13,9	15,5	17,1
gegenüber Gebietsfremden ..	...	7,0	13,1	16,1	20,7	34,4	39,4	57,5
Nachrichtlich								
Gesamte Eurowährungsforderungen* (ohne US-Dollar)	377,0	381,5	385,9	386,1	424,7	613,5	676,6	879,4
darunter: D-Mark	161,3	157,8	149,3	149,4	152,5	216,7	228,1	298,7
Schweizer Franken	86,7	86,9	81,8	77,7	83,7	128,5	138,0	160,1
Yen	30,6	28,9	31,7	32,6	35,6	72,6	83,7	137,7
ECU-Forderungen in Prozent der gesamten Eurowährungsforderungen (ohne US-Dollar)	1,7 s	3,1	6,2	7,3	8,7	8,9	9,1	9,8

* Einschließlich ECU
s Schätzung

Quelle: BIZ (1986 b), S. 11; Deutsche Bundesbank (1987 b), S. 35; eigene Berechnungen.

dann folgenden 12-Monats-Periode bis Ende März 1986 mit deutlich schwächerem Tempo anzuwachsen. Offensichtlich haben in dieser letzten Periode Wechselkursänderungserwartungen im EWS zu einem deutlich verminderten Interesse an ECU-Engagements beigetragen. In Zahlen ausgedrückt ergibt sich bei einem ECU-Forderungsbestand von 61,4 Mrd ECU zu Ende März 1986 eine Steigerung gegenüber Ende März 1985 von 65 v.H., während gegenüber September 1984 sogar eine Zunahme von knapp 160 v.H. zu verzeichnen war. Noch eindrucksvoller fallen die

Steigerungsraten aus, wenn man sich die Bankverbindlichkeiten ansieht: nämlich 84 v.H. gegenüber März 1985 und rund 200 v.H. gegenüber dem Stand von Ende September 1984.[84] In der letzten 12-Monats-Periode des Berichtszeitraums (bis März 1987) hat sich das Wachstumstempo des Bankeinlagen- und -kreditgeschäfts in ECU noch ein weiteres Mal deutlich abgeschwächt (Steigerung der ECU-Forderungen gegenüber dem Vorjahr um 40 v.H., der ECU-Verbindlichkeiten um 36 v.H.). Diese Entwicklung vermag allerdings nicht zu verwundern, denn zum einen hat der ECU-Sektor mittlerweile ein Niveau erreicht, wo geringere Wachstumsraten üblich sind, und zum anderen haben die unruhige Wechselkursentwicklung im EWS 1986 sowie die im vierten Quartal dieses Jahres wieder aufkeimenden Realignment-Erwartungen zu insgesamt vorsichtigeren ECU-Dispositionen beigetragen. Die Belebung der ECU-Aktivitäten im Anschluß an das Realignment vom Januar 1987 bestätigt allerdings den Wachstumstrend des ECU-Bankeinlagen- und -kreditmarktes und zeigt gleichzeitig, wie entscheidend eine stabile Wechselkursentwicklung im EWS für eine expansive Marktentwicklung der privaten ECU ist.

Relativ gesehen nahm der Anteil des ECU-Marktsegments an den gesamten Nicht-Dollareurowährungsaktiva der Banken von schätzungsweise 1,7 v.H. im Jahre 1982, über 7,3 v.H. Ende 1984 auf nunmehr knapp 10 v.H. im März 1987 zu. Bezieht man den US-Dollar mit in die Betrachtung ein (Dollarforderungen betrugen zu Ende März 1987 1090,9 Mrd), dann ergibt sich immerhin noch ein ECU-Marktanteil von 4,25 v.H., womit die ECU in diesem Bereich des internationalen Bankgeschäfts noch vor dem Pfund Sterling und dem französischen Franc mit Marktanteilen von 2,2 bzw. 1,7 v.H. aller Eurowährungsforderungen auf dem fünften Platz rangiert[85].

Dieses anhaltende - wenn auch insgesamt ruhiger verlaufende - Wachstum des ECU-Geschäfts der Banken seit etwa Mitte 1985, ist jedoch mit einer merklichen Verbreiterung seines Spektrums verbunden gewesen[86]. Wie Tabelle 12 auf der folgenden Seite hierzu zeigt, nahmen einerseits die dem Markt von Seiten des Nichtbankensektors insgesamt zur Verfügung gestellten Mittel rasch zu, auch wenn ihr Volumen noch vergleichsweise bescheiden bleibt. Andererseits fand eine bedeutende geographische Verbreiterung der Kreditvergabe an den Nichtbankensektor statt bei einer gleichzeitig beträchtlichen Ausweitung des ECU-Interbankgeschäfts

84 Diese Zahlenangaben sind allerdings aufgrund von Bewertungsänderungen durch den rückläufigen Dollarkurs aufgebläht. Aber selbst wenn diese Bewertungsänderungen herausgerechnet werden, verbleiben noch ansehnliche Steigerungsraten der Forderungen und Verbindlichkeiten in ECU von September 1984 bis einschließlich März 1986 in Höhe von 100 v.H. resp. 125 v.H. Vgl. hierzu *BIZ* (1986 b), S. 10.

85 Vgl. *Deutsche Bundesbank* (1987 b), S. 35.

86 Vgl. insbesondere *BIZ* (1986 b), S. 13ff.

TABELLE 12

Die Struktur des ECU-Geschäfts der Banken

	FORDERUNGEN						VERBINDLICHKEITEN					
	Stand Ende Zeitraum						Stand Ende Zeitraum					
	Sept. 1984	Dez. 1984	März 1985	Dez. 1985	März 1986	März 1987	Sept. 1984	Dez. 1984	März 1985	Dez. 1985	März 1986	März 1987
	Milliarden US-Dollar											
Positionen gegenüber Nichtbanken												
Inland	4,2	4,8	5,9	5,4	5,7	7,2	0,6	0,9	1,5	3,3	3,1	3,5
Ausland (EG)	1,3	1,8	2,3	3,7	4,0	5,9	0,4	0,6	0,9	1,9	1,8	2,0
Ausland (außer EG) und nicht aufteilbar	1,2	1,4	1,8	3,3	3,9	5,8	0,5	0,5	0,6	1,3	1,6	1,8
Positionen gegenüber Nichtbanken insgesamt	6,7	8,0	10,0	12,4	13,6	18,9	1,5	2,0	3,0	6,5	6,5	7,3
Positionen gegenüber Banken												
Inland	5,2	5,4	8,0	10,8	12,3	14,2	5,1	5,3	7,7	10,6	12,4	13,6
Ausland (EG)	10,0	12,7	15,8	24,5	28,0	34,0	10,5	13,2	16,8	25,1	29,2	36,2
Ausland (außer EG und nicht aufteilbar	2,0	2,1	3,3	6,6	7,5	19,1	1,7	1,8	2,4	6,1	6,8	17,5
Interbank-Positionen insgesamt	17,2	20,2	27,1	41,9	47,8	67,3	17,3	20,3	26,9	41,8	48,4	67,3
INSGESAMT	23,9	28,2	37,1	54,3	61,4	86,2	18,8	22,3	29,9	48,3	54,9	74,6

Quelle: BIZ (1986 b), S. 14; Deutsche Bundesbank (1987 b), S. 34;
den Berechnungen für März 1987 wurde ein ECU-Kurs von 1.148 US-Dollar pro ECU zugrunde gelegt.

über den Kreis der EWS-Mitgliedsländer hinaus. Diese größere Beteiligung von Banken außerhalb der EG ist auch das hervorstechendste Merkmal der letzten 12-Monats-Periode.

Besonders auffällig ist aber noch immer der verhältnismäßig geringe Umfang des Direktgeschäfts der Banken mit dem Nichtbankensektor im Vergleich zu dem aufgeblähten Interbankenmarkt, der mit rund 67 Mrd US-Dollar (in laufenden Dollarwerten gerechnet) das ECU-Geschäft eindeutig dominiert. Dies gilt insbesondere für die Herkunftseite des Marktes, wo Ende März 1987 Gesamtverbindlichkeiten von fast 75 Mrd US-Dollar nur Einlagen von Nichtbanken in Höhe von 7,3 Mrd US-Dollar gegenüberstanden, auch wenn das Volumen der Nichtbankeinlagen gegenüber dem Stand von Ende September 1984 (1,5 Mrd) um knapp das Fünffache angestiegen ist. Diese Beobachtung trifft auch für die Verwendungsseite der Bankbilanzen zu, wo sich trotz des wachsenden Kreditgeschäfts der Banken mit dem Nichtbankensektor der Anteil der Interbankforderungen sogar noch weiter ausgedehnt hat, nämlich von 72 v.H. im September 1984 auf 78 v.H. im März 1986[87]. In der letzten 12-Monats-Periode des Berichtszeitraums hat sich diese Relation allerdings nicht weiter verschoben.

Insgesamt reichten die Einlagen des Nichtbankensektors zur Finanzierung des Kreditgeschäfts mit Nichtbanken nicht aus, da die Expansion der Depositenhaltung mit der Ausweitung des Kreditgeschäfts nicht Schritt halten konnte. Krediten an den Nichtbankensektor in Höhe von 18,9 Mrd US-Dollar standen nur Nichtbankeneinlagen von 7,3 Mrd US-Dollar gegenüber. Die Banken waren daher gezwungen, zur Refinanzierung ihrer Endausleihungen für das Äquivalent von 11,6 Mrd US-Dollar ECU selbst zu schaffen, indem sie sich die Korbwährungen borgten und analog der Korbzusammensetzung ECU bündelten. Dieser Differenzbetrag liegt um gut 50 v.H. über der Summe, die der Nichtbankensektor an Depositen insgesamt zur Verfügung gestellt hat. Wirft man einen Blick zurück auf das Jahr 1984, so waren die Banken damals noch gezwungen, das Dreifache dessen, was ihnen an Einlagen des Publikums zur Verfügung stand, durch Bündelung der Korbkomponenten zur Ausschaltung von Währungsrisiken selbst zu schaffen. Ein Vergleich der Zahlen von Ende 1984 mit denen von März 1987 macht somit deutlich, daß das Wachstum des ECU-Marktes nicht mehr ausschließlich von der Verwendungsseite, sondern in zunehmendem Maße auch von der Herkunftsseite getragen wird, auch wenn die Wachstumsimpulse des ECU-Marktes in der letzten 12-Monats-Periode wieder eindeutig von der Kreditseite kamen. Dabei verläuft das Wachstum an den einzelnen Finanzzentren jedoch sehr unterschiedlich. Eine genaue Aufschlüsselung auf die einzelnen Bankplätze zeigt Tabelle 13 auf der folgenden Seite.

87 Vgl. *BIZ* (1986 b), S. 15.

TABELLE 13

Die Bedeutung der einzelnen Finanzplätze im ECU-Geschäft der Banken

Banken in		Forderungen					Verbindlichkeiten				
		gegenüber				zusammen	gegenüber				zusammen
		Gebietsfremden		Gebietsansässigen			Gebietsfremden		Gebietsansässigen		
		Banken	Nichtbanken	Banken	Nichtbanken		Banken	Nichtbanken	Banken	Nichtbanken	
		in Milliarden US-Dollar zu jeweiligen Wechselkursen									
Belgien	Sept. 1984	3,1	0,5	0,9	-	4,5	1,5	0,3	0,8	0,2	2,8
	Dez. 1984	3,5	0,6	0,7	-	4,8	1,8	0,3	0,6	0,2	2,9
	März 1985	4,5	0,7	0,9	0,1	6,2	2,3	0,5	0,9	0,2	3,9
	Dez. 1985	6,1	1,2	1,8	0,1	9,2	5,0	0,7	1,7	0,3	7,7
	März 1986	6,9	1,5	2,0	0,1	10,5	5,9	0,8	2,2	0,4	9,3
	Dez. 1986	9,6	2,2	1,9	0,1	13,8	8,5	0,9	1,6	0,4	11,4
	März 1987	11,5	2,5	2,0	0,2	16,2	10,0	1,0	1,7	0,4	13,1
Luxemburg	Sept. 1984	0,8	0,6	0,5	0,1	2,0	0,7	0,2	0,6	0,3	1,8
	Dez. 1984	0,9	0,8	0,4	0,1	2,2	0,9	0,3	0,6	0,3	2,1
	März 1985	1,3	1,1	0,7	-	3,1	1,3	0,4	0,8	0,4	2,9
	Dez. 1985	2,8	1,6	1,6	0,2	6,2	2,3	1,1	1,8	0,7	5,9
	März 1986	3,2	1,7	1,8	0,3	7,0	3,0	1,2	1,8	0,9	6,9
	Dez. 1986	3,4	2,3	1,9	0,3	7,9	3,6	1,0	2,2	1,2	8,0
	März 1987	4,3	2,5	2,0	0,3	9,1	4,2	1,1	2,4	1,2	8,9
Niederlande	Sept. 1984	0,4	0,1	-	-	0,5	0,2	0,1	-	0,1	0,4
	Dez. 1984	0,5	0,1	0,1	-	0,7	0,2	0,1	0,1	0,2	0,6
	März 1985	1,1	0,1	0,1	-	1,3	0,4	0,2	0,1	0,6	1,3
	Dez. 1985	2,7	0,4	0,3	0,2	3,6	1,2	0,5	0,3	1,2	3,2
	März 1986	2,8	0,5	0,3	0,1	3,7	1,5	0,5	0,3	1,0	3,0
	Dez. 1986	2,0	0,6	0,2	0,1	2,9	1,1	0,4	0,1	0,8	2,4
	März 1987	2,2	0,6	0,2	0,1	3,1	1,3	0,4	0,2	0,7	2,6
Frankreich	Sept. 1984	2,9	0,5	1,6	1,2	6,2	3,1	0,1	1,6	-	4,8
	Dez. 1984	4,9	0,7	2,4	1,1	9,1	3,5	0,1	2,4	0,1	6,1
	März 1985	5,1	0,8	3,8	1,3	11,0	4,3	0,2	3,8	0,1	8,4
	Dez. 1985	7,6	1,3	3,8	1,5	14,2	6,6	0,4	3,8	0,1	10,9
	März 1986	9,2	1,4	4,5	1,5	16,6	7,4	0,4	4,5	0,1	12,4
	Dez. 1986	13,6	1,9	5,2	1,5	22,2	11,0	0,3	4,8	0,1	16,2
	März 1987	15,3	2,2	5,0	1,4	23,9	12,7	0,3	4,4	0,1	17,5
Italien	Sept. 1984	1,6	-	0,5	2,8	4,9	4,4	0,1	0,5	-	5,0
	Dez. 1984	1,7	-	0,6	3,3	5,6	5,2	0,1	0,5	-	5,8
	März 1985	2,2	-	0,7	3,9	6,8	6,2	0,1	0,7	-	7,0
	Dez. 1985	4,2	-	0,6	2,4	7,2	6,6	0,2	0,8	-	7,6
	März 1986	4,6	-	0,5	2,5	7,6	7,2	0,1	0,6	-	7,9
	Dez. 1986	6,1	-	1,0	2,8	9,9	8,6	0,2	1,1	-	9,9
	März 1987	6,6	-	1,3	2,8	10,7	9,3	0,2	1,2	0,2	10,9
Großbritannien	Sept. 1984	3,2	0,6	1,6	0,1	5,5	2,0	-	1,5	-	3,5
	Dez. 1984	3,0	0,6	1,2	0,1	4,9	2,6	0,1	1,1	0,1	3,9
	März 1985	4,4	0,9	1,7	0,2	7,2	3,6	0,1	1,4	0,1	5,2
	Dez. 1985	6,7	1,3	2,4	0,4	10,8	7,3	0,2	2,1	0,5	10,1
	März 1986	7,8	1,5	3,0	0,5	12,8	8,5	0,2	2,9	0,5	12,1
	Dez. 1986	8,9	1,7	3,0	0,9	14,5	9,6	0,2	2,7	0,8	13,3
	März 1987	11,0	2,2	3,5	1,3	18,0	12,3	0,3	3,4	0,7	16,7
Übrige Länder	Sept. 1984	-	0,2	0,1	-	0,3	0,3	0,1	0,1	-	0,5
	Dez. 1984	0,3	0,4	-	0,2	0,9	0,8	0,1	-	-	0,9
	März 1985	0,5	0,5	0,1	0,4	1,5	1,1	-	-	0,1	1,2
	Dez. 1985	1,0	1,2	0,3	0,6	3,1	2,2	0,1	0,1	0,5	2,9
	März 1986	1,0	1,3	0,2	0,7	3,2	2,5	0,2	0,1	0,2	3,0
	Dez. 1986	1,6	1,7	0,4	0,8	4,5	3,4	0,4	0,4	0,1	4,3
	März 1987	2,2	1,7	0,2	1,1	5,2	3,9	0,5	0,3	0,2	4,9
Insgesamt	Sept. 1984	12,0	2,5	5,2	4,2	23,9	12,2	0,9	5,1	0,6	18,8
	Dez. 1984	14,8	3,2	5,4	4,8	28,2	15,0	1,1	5,3	0,9	22,3
	März 1985	19,1	4,1	8,0	5,9	37,1	19,2	1,5	7,7	1,5	29,9
	Dez. 1985	31,1	7,0	10,8	5,4	54,3	31,2	3,2	10,6	3,3	48,3
	März 1986	35,5	7,9	12,3	5,7	61,4	36,0	3,4	12,4	3,1	54,9
	Dez. 1986	45,2	10,4	13,6	6,5	75,7	45,8	3,4	12,9	3,4	65,5
	März 1987	53,1	11,7	14,2	7,2	86,2	53,7	3,8	13,6	3,5	74,6

Quelle: BIZ (1986 b), S. 17 sowie BIZ (1987 c), statistischer Anhang, Tabelle 6 a / 6 b.

Eindeutige Schwerpunkte im ECU-Geschäft bilden die Bankplätze in Frankreich, Großbritannien, Belgien, Italien und Luxemburg. Auf sie konzentrieren sich rund 80 v.H. aller ECU-Forderungen und -Verbindlichkeiten. Eine Aufteilung nach Bankplätzen macht deutlich, daß von März 1985 bis zum Ende des Berichtszeitraums die Banken in Belgien, Großbritannien und Frankreich ihre Spitzenposition weiter ausbauen konnten, die Geschäftstätigkeit der Banken in Luxemburg und in der unter "übrige Länder" zusammengefaßten Position prozentual den stärksten Anstieg zu verzeichnen hatte sowie die Banken in den Niederlanden ebenso deutlich zulegen konnten. Während an diesen Plätzen somit eine weitere Expansion stattgefunden hat, war der Bankplatz Italien allerdings in der Zeit von März 1985 bis März 1986 durch eine stagnierende ECU-Geschäftstätigkeit bei gleichzeitig stark rückläufigem Kreditgeschäft mit inländischen Nichtbanken gekennzeichnet. Erst in der letzten 12-Monats-Periode sind auch für Italien wieder kräftigere Wachstumsimpulse feststellbar.

Hinter dieser globalen Zusammenfassung der Entwicklung ab März 1985 verbergen sich allerdings deutliche strukturelle Verschiebungen des ECU-Bankgeschäfts im Vergleich zur Vorperiode. Bis März 1985 entfielen, was das Geschäft mit Nichtbanken anbelangt, mit US-Dollar 3,9 Mrd fast zwei Drittel der gesamten ECU-Kreditvergabe an gebietsansässige Nichtbanken in Höhe von 5,9 Mrd US-Dollar auf Banken in Italien[88]. Es handelte sich hierbei vorwiegend um kurzfristige Kredite an im Außenhandel tätige italienische Unternehmen, die zunehmendes Interesse an der ECU als kostengünstigem Medium zur Export- und Importfinanzierung zeigten. Da es den italienischen Geschäftsbanken wegen der in ihrem Land bestehenden Devisenkontrollen nicht möglich war, entsprechende ECU-Einlagen im Passivgeschäft zu erhalten, waren sie gezwungen, sich in erheblichem Maße bei ausländischen Banken zu refinanzieren[89]. Ein hervorstechendes Merkmal in der Periode bis März 1986 hingegen war, daß die ECU-Kreditaufnahme italienischer Kreditnehmer bei einheimischen Geschäftsbanken, die bis dato eine der Hauptantriebskräfte der Dynamik des ECU-Sektors war, deutlich nachgelassen hat. Die ECU-Forderungen italienischer Banken an gebietsansässige Nichtbanken gingen um rund 30 v.H. zurück, um in der folgenden 12-Monats-Periode bis März 1987 dann allerdings wieder leicht anzusteigen. Diese Entwicklung führte dann auch zu einer Verringerung des Kreditbedarfs der italienischen Banken auf dem ECU-In-

88 Zur Entwicklung der ECU im internationalen Bankgeschäft bis Ende 1984 vgl. auch die Darstellung bei *A.v. Moltke* (1986), S. 31ff.

89 Wie bereits angesprochen, hat die Nachfrage nach Krediten in ECU generell seit 1982, nicht nur in Italien, das Angebot an Anlagemitteln in ECU überstiegen. Diese Situation wird von *P. Guimbretière* (1984, S. 9) darauf zurückgeführt, daß es wenig nationale Beschränkungen für die Verschuldung in Fremdwährungen gibt, daß aber zahlreiche Beschränkungen für die Anlage von Mitteln der Gebietsansässigen in Devisen, darunter ECU, bestehen.

terbankenmarkt. Die *Bank für Internationalen Zahlungsausgleich* führt dies auf eine Lockerung behördlicher Restriktionen für die Verwendung der Lira bei der Außenhandelsfinanzierung sowie auf rückläufige italienische Zinsen zurück.[90]

In den anderen berichtenden Ländern nahm die Kreditvergabe an gebietsansässige Banken und Nichtbanken weiterhin zu. Einen besonders kräftigen Anstieg hatten die grenzüberschreitenden Ausleihen an Nichtbanken zu verzeichnen, die sich in den vergangenen zwei Jahren von 4,1 Mrd US-Dollar auf 11,7 Mrd US-Dollar annähernd verdreifacht haben, was letztlich auf die steigende Bedeutung der ECU als international verwendetes Geld schließen läßt.

Die bemerkenswerteste Veränderung im Laufe der Periode von März 1985 bis zum Ende des Berichtszeitraums vollzog sich allerdings auf der Herkunftseite der Bankbilanzen. Wurde die Expansion des ECU-Geschäfts in den Jahren bis Ende 1984 überwiegend von der Kreditseite getragen, so gingen ab 1985 zusätzlich entscheidende Impulse auch von der Einlagenseite aus. Die Zunahme von Einlagen der Nichtbanken konzentrierte sich dabei vor allem auf Banken in Belgien und Luxemburg, wo das Depositengeschäft mit dem Nichtbankensektor bereits von Anfang an verhältnismäßig stark ausgeprägt war.[91] Allerdings hat sich im Zuge der Entwicklung ab 1985 der Kreis der Einleger erheblich ausgeweitet. Neben die Gruppe gebietsansässiger Investoren traten zunehmend auch Anleger aus anderen Ländern, für die eine Anlage ihrer Mittel auf ECU-Konten eine gewinnversprechende Form der Kapitalanlage darstellte. Ursächlich für die Steigerung des Anteils grenzüberschreitender Einlagen dürfte dabei zum einen gewesen sein, daß die Geschäftsbanken dieser Länder eine umfassende Palette von Anlagemöglichkeiten für den privaten Kunden, bis hin zu einem "livret d'épargne à vue en ECU"[92], bereithalten und zum anderen, daß die gegenüber den Anfangsjahren des ECU-Einlagengeschäfts reduzierte Mindesteinlage auf ECU-Terminkonten in Höhe von 3.000 bis 10.000 ECU mittlerweile auch dem "small" bzw. "medium size customer"[93] entsprechende Anlagemöglichkeiten bietet. Hinzu kommt, daß aufgrund der bisherigen restriktiven Behandlung der ECU in der Bundesrepublik deutsche Anleger grenzüberschreitende ECU-Anlagen vorwiegend in diesen Ländern getätigt haben dürften.

90 Vgl. *BIZ* (1986 b), S. 12.

91 Um eine exakte quantitative Vorstellung von der Verwendung der ECU als Wertaufbewahrungsmittel zu erhalten, wäre eine Aufspaltung des Depositenvolumens in Sicht-, Termin- und Spareinlagen erforderlich. Entsprechende disaggregierte Größen liegen für die einzelnen Bankplätze allerdings nicht vor.

92 Zum ECU-Sparbuch vgl. *R. Erbes* (1982), S. 22ff.

93 Vgl. *F. Abraham u.a.* (1984, S. 20), die in diesem Zusammenhang für die Anfangsjahre des ECU-Einlagegeschäfts von einem "wholesale banking" mit sehr hohen Einlagebeträgen sprechen.

Eine ähnlich umfangreiche Zunahme des Einlagenvolumens von Nichtbanken hatten auch die Banken in Großbritannien und in den Niederlanden, wo ECU-Depositen in den Jahren bis Ende 1984 quantitativ völlig unbedeutend waren, zu verzeichnen. Gemessen am Umfang der von inländischen Nichtbanken gehaltenen ECU-Einlagen nahmen die Niederlande zum Ende des Jahres 1985 unter den einzelnen Bankplätzen sogar den ersten Rang ein. Ursächlich für diese Entwicklung im Hartwährungsland Niederlande ist zum einen, daß es an diesem Finanzplatz keine diskriminierenden gesetzlichen Regelungen gibt, die den in der Bundesrepublik bislang geltenden Bestimmungen vergleichbar wären, und zum anderen, daß die Rendite von ECU-Einlagen über der einer vergleichbaren Gulden-Einlage liegt, bei gleichzeitig relativ stabiler ECU-Gulden-Relation in dieser Zeit[94]. Höheren Zinserträgen standen somit kaum Währungsverluste gegenüber. Diese Faktoren zusammengenommen führten dazu, daß sich die ECU unter den privaten Fremdwährungseinlagen in den Niederlanden den ersten Platz erobern konnte[95]. In Anbetracht der Währungsunsicherheiten im EWS 1986 konnte dieses hohe Niveau der ECU-Einlagenbildung in den Niederlanden nicht gehalten werden. Es ist allerdings zu vermuten, daß sich dieser Trend bei zunehmender Stabilität der Wechselkursentwicklung wieder umkehren und die ECU-Depositenhaltung dann wieder ansteigen wird.

Überträgt man diese Entwicklung in den Niederlanden auf die Situation am Hartwährungsplatz Bundesrepublik, so läßt sich folgern, daß die ECU bei einer rechtlich weniger restriktiven Handhabung hierzulande auch eine gewisse Bedeutung als Wertaufbewahrungsmittel erlangt hätte, zumal die Zinsdifferenz zwischen ECU und D-Mark sogar noch etwas größer als beim Gulden war. Ein Indiz in diese Richtung stellen erste vorsichtige Schätzungen über die Anzahl der seit der Bundesbankneuregelung vom 16. Juni 1987 eingerichteten ECU-Konten dar, die von einer Zahl von weit über 5.000 ausgehen[96]. Die Mindesteinlage auf einem ECU-Terminkonto bei deutschen Kreditinstituten beträgt derzeit 10.000 ECU[97]. Mit steigendem Interesse an diesem Instrument dürfte dieser Mindestbetrag schrittweise zurückgeführt werden, um den Markt einem breiteren Publikum zu öffnen. Unter der Voraussetzung einer weiterhin insgesamt stabilen Wechselkursentwicklung im EWS ist damit eine weitere Expansion des Bankeinlagemarktes in ECU auch hierzulande abzusehen.

---

94 Vgl. hierzu Tabelle 16 a/b und Tabelle 17 a/b.

95 Vgl. hierzu auch o.V., Hollands Sparer wild auf Europas Kunstwährung, in: Handelsblatt vom 15.11.1985.

96 Vgl. *N. Kleinheyer* (1987 a), Gesetzgeber sollte aus dem ECU-Beschluß der Bundesbank jetzt Konsequenzen ziehen, in: Handelsblatt vom 9.9.1987.

97 Vgl. *H. Brestel* (1987), Neugier auf ECU-Anlagen, in: Frankfurter Allgemeine Zeitung vom 26.6.1987.

3. Die private ECU als allgemeines Tauschmittel

a) ECU-Fakturierung im Außenhandel

Wie wir bereits festgestellt haben, hängt die Funktion des Geldes als allgemein verwendetes Tauschmittel mit dem räumlichen und zeitlichen Auseinanderfallen des Kaufs und Verkaufs von Gütern und Dienstleistungen in einer arbeitsteiligen Wirtschaft zusammen. Als allgemeines Tauschmittel schiebt sich Geld zwischen die einzelnen Tauschakte und macht damit eine Zerlegung der einzelnen Tauschbeziehungen möglich. Denn stets dort, wo keine direkte Übereinstimmung der Kaufs- und Verkaufswünsche der einzelnen Wirtschaftssubjekte gegeben ist, läßt sich jedes Gut zunächst in ein allgemein akzeptiertes Tauschmittel konvertieren, das sich dann wiederum auf anderen Märkten oder zu einem anderen Zeitpunkt zum Warenerwerb verwenden läßt.

Diese Bedeutung des Geldes als allgemeines Tauschmittel ließ sich unschwer auch auf Austauschbeziehungen zwischen Angehörigen verschiedener Währungsgebiete übertragen. Denn immer dann, wenn Handels- oder Kapitaltransaktionen zwischen Gebietsinländern und Gebietsfremden erfolgen, stellt sich ein Bedarf nach einem international verwendbaren Tausch- bzw. Zahlungsmittel ein. Welches Zahlungsmittel letztlich international Verwendung findet, hängt von den Dispositionen der jeweiligen Kontraktpartner ab. In der Regel stehen ihnen drei Möglichkeiten zur Verfügung: Erstens können sich beide Marktseiten bei der Fakturierung auf eine bestimmte Währung einigen, die weder die Heimatwährung des einen noch die des anderen Handelspartners ist. In diesem Fall erfüllt die verwendete Drittwährung die Funktion einer reinen Vehikelwährung[98]. Zweitens ist es in einer Vielzahl täglicher Geschäftsvorfälle üblich, daß ein Importeur seinen ausländischen Handelspartner bezahlt, indem er inländische Währung in die benötigten Devisen eintauscht und sie über seine Bank ins Ausland überweisen läßt. In diesem konkreten Fall erhält der ausländische Handelspartner dann seine eigene nationale Währung, während der Importeur und das mit der Überweisung beauftragte Kreditinstitut ein internationales Tauschmittel verwendet haben. Und ist drittens der ausländische Lieferant mit der Währung des Importeurs zur Abwicklung des Tauschgeschäfts einverstanden und tauscht sie selbst in die eigene nationale Währung um, so wird die Zahlungswährung außerhalb ihres eigentlichen Währungsgebiets verwen-

98 Vgl. zur üblichen Terminologie *S.P. Magee* und *R.K.S. Rao* (1980), S. 368ff.; zur Theorie der Verwendung von Vehikelwährungen im internationalen Handel vgl. beispielsweise die Arbeiten von *K.A. Chrystal* (1977), S. 840ff. sowie von *P. Krugman* (1980), S. 513ff.

det und gelangt damit in den Rang eines internationalen Zahlungsmittels[99]. Da die ECU in keinem Land die Eigenschaft eines nationalen Zahlungsmittels besitzt, sind die beiden letztgenannten Möglichkeiten der Verwendung der ECU bei Außenhandelsgeschäften nicht möglich. Wenn die ECU somit im Rahmen der Fakturierung internationaler Transaktionen Verwendung findet, erfüllt sie stets die Funktion einer reinen Vehikelwährung.

Im Rahmen eines Systems weltweit fester Wechselkurse war diese Frage nach der Fakturierungswährung für beide Marktseiten noch vergleichsweise ohne Bedeutung, da wechselkursbedingte Risiken weitgehend ausgeschaltet waren. Damit barg auch die Verwendung der weltweit wichtigsten Schlüsselwährung - des US-Dollars - zur Fakturierung selbst für innereuropäische Handelsgeschäfte kaum nennenswerte Risiken in sich[100]. Erst mit dem Zusammenbruch des Systems von Bretton Woods und mit dem Übergang zu flexiblen Wechselkursen, machten die weitgehend unvorhersehbar und erratisch auftretenden Wechselkursschwankungen - vornehmlich der US-Devise - die Problematik der Auswahl einer bestimmten Währung als Zahlungsmittel im internationalen Handel evident.

Mit ihrer Übereinkunft hinsichtlich der Verwendung der einen oder der anderen Währung bzw. einer Vehikelwährung treffen beide Marktseiten bei frei bzw. innerhalb einer gewissen Bandbreite schwankenden Wechselkursen gleichzeitig eine Entscheidung über die relative Aufteilung des Währungsrisikos aus Wechselkursschwankungen auf die am Geschäft beteiligten Parteien. Zum Zeitpunkt des Geschäftsabschlusses ist es dabei aber nicht möglich, die zum Erfüllungszeitpunkt gültigen Wechselkursrelationen vorauszusagen. Die jeweils getroffene Entscheidung stellt somit eine Entscheidung unter Unsicherheit dar. Dies gilt auch für die im Rahmen des Europäischen Währungssystems zusammengeschlossenen Währungen. Denn hier ist es allenfalls möglich, die Richtungen, nicht aber das konkrete Ausmaß der jeweiligen Wechselkursänderungen bzw. -anpassungen exakt zu antizipieren. Allerdings ist beim US-Dollar selbst die Richtung seiner Wertänderung nur schwer abschätzbar, wie die Erfahrungen der jüngeren Vergangenheit immer wieder deutlich gemacht haben[101].

---

99 In den beiden letztgenannten Fällen handelt es sich demzufolge um die Verwendung von nonvehicle currencies im Sinne der Terminologie von *S.P. Magee* und *R.K.S. Rao* (1980), S. 368ff.

100 Vgl. auch *D.F. Lomax* (1986), S. 10ff.; zur besonderen Rolle des US-Dollars als internationale Schlüsselwährung nach dem zweiten Weltkrieg vgl. *R. Klump* (1986), S. 326ff.

101 Ob an dieser generellen Einschätzung der am 22. Februar 1987 erreichte sogenannte LOUVRE-AKKORD zwischen sechs Industrienationen (USA, Can, Jap, F, GB, BRD) zur Stabilisierung des US-Dollars etwas grundstätzliches ändern wird, bleibt vorerst abzuwarten. Vgl. hierzu auch die durchweg skeptischen Stellungnahmen in *Deutsche Bundesbank* (1987 a), Auszüge aus Presseartikeln Nr. 16 (1987).

Aus diesem Motiv allgemeiner Wechselkursunsicherheit heraus dürfte bei beiden Handelspartnern - Importeuren wie Exporteuren - eine gleichermaßen ausgeprägte Präferenz zur Fakturierung in ihrer Inlandswährung vorliegen. Allerdings zeigen verschiedene empirische Untersuchungen über die Struktur der im Außenhandel tatsächlich verwendeten Währungen[102], daß es Exporteuren noch am ehesten möglich ist, in ihrer eigenen Währung zu fakturieren, wenn es dabei auch deutliche Unterschiede in der Durchsetzungsmacht der jeweiligen Exporteure gibt, je nachdem, ob sie in einem Land mit starker oder mit schwacher Währung domizilieren. So wird der Anteil der D-Mark-Fakturierung der deutschen Exporte in den 70er Jahren auf über 80 v.H. geschätzt. Einen höheren Anteil der Außenhandelsfakturierung in eigener Währung können allenfalls die USA für sich reklamieren, und einen mit der Bundesrepublik vergleichbaren Wert weist lediglich noch die Schweiz auf[103]. Genau umgekehrt verhält es sich dagegen in Italien, wo es Exporteuren nur vergleichsweise sehr selten möglich ist, in ihrer eigenen Währung abzuschließen. Die Durchsetzungsmacht deutscher Exporteure zur Fakturierung in Inlandswährung zeigt sich sehr deutlich an der geringen Anzahl von Kontrakten im innergemeinschaftlichen Handel, die in der Währung des ausländischen Handelspartners abgeschlossen werden. So wurden 1981 nur insgesamt 2,8 v.H. in französichen Franc, 1,3 v.H. in italienischen Lira, 1,3 v.H. in Pfund Sterling, 1,1, v.H. in niederländischen Gulden und 0,9 v.H. in belgischen Franc fakturiert[104]. Ähnliche Beobachtungen gelten auch für die Importseite. Während es deutschen Importeuren zu rund 40 v.H. gelingt, in Inlandswährung abzuwickeln, beträgt dieser Anteil bei italienischen Importeuren nur knappe 16 v.H.

Diese Situation könnte sich allenfalls ändern, wenn in Zukunft ausländische Handelspartner verstärkt auf eine Fakturierung in ECU drängen sollten. Da eine Fakturierung der Exporte bzw. der Importe in der Heimatwährung von Staaten mit schwacher Währung demzufolge in der Mehrzahl der Fälle nicht durchgesetzt werden kann und eine Fakturierung in der Währung des Handelspartners (bzw. auch in US-$) mit hohen Wechselkursrisiken verbunden ist, die sich aufgrund der heimischen Kapitalverkehrskontrollen, von denen die ECU-Verwendung weitgehend ausgenommen ist, auch nur begrenzt absichern lassen, bietet ein Abstellen auf ECU-Fakturierung die Möglichkeit eines Kompromisses, bei dem sich beide Handelspartner das Wechselkursrisiko teilen können. Auf die Tatsache, daß bei ECU-Fakturierung jedoch nicht in allen Fällen das Wechselkursrisiko gemindert oder auf beide Handelspartner aufgeteilt wird, haben *H. Pfisterer und K. Regling* aufmerksam gemacht. Werden Transaktionen zwischen zwei EG-Ländern in ECU statt in einer

102 Vgl. hierzu z.B. *H.E. Scharrer u.a.* (1978), S.
103 Vgl. *S.A.B. Page* (1981), S. 60.
104 Vgl. *Deutsche Bundesbank* (1982), Monatsbericht für Mai, S. 34 (Zahlenangaben für den Jahresdurchschnitt 1981).

der Partnerwährungen abgewickelt, so sinkt das Wechselkursrisiko nur dann, wenn sich die Kurse der beiden Partnerwährungen gegenläufig zur ECU verhalten. Werten beide Währungen gegenüber der ECU auf oder ab, so erhöht sich das Risiko sogar noch.[105] Diese Überlegungen erklären letztlich auch, weshalb z.B. niederländischen und deutschen Unternehmen nur wenig daran gelegen sein dürfte, Handelsgeschäfte auf ECU-Basis miteinander abzuwickeln, während es hingegen für belgische, italienische und französische Firmen von großem Interesse ist, Lieferverträge mit ihren Partnern aus Hartwährungsländern (vornehmlich also deutschen und niederländischen Partnern) in ECU abzuschließen, sofern sich beide Seiten auf diese Basis verständigen können. *Polly Reynolds Allen* sieht darum auch die große Chance der ECU, sich international durchsetzen zu können, in ihrer zunehmenden Verwendung als Fakturierungswährung im Außenhandel: "The ECU's greatest undeveloped potential in the short run seems to be as a currency for invoicing, settling and financing international trade"[106]. Diese Sichtweise wird von einer Studie, die Ende 1985 von einer Gruppe europäischer Banken durchgeführt wurde, empirisch erhärtet.[107] Die wesentlichen Ergebnisse dieser Untersuchung sollen im folgenden zusammengefaßt werden:[108]

- ganz allgemein läßt sich feststellen, daß die mit dieser Studie vorgelegten Ergebnisse grundsätzlich mit den Ergebnissen früherer Untersuchungen über das Fakturierungsverhalten der Unternehmen im Außenhandel - abgesehen von dem bisher nicht untersuchten Spezialaspekt der ECU-Verwendung - in Einklang stehen. So wird auch von dieser Studie belegt, daß Exporteure und Importeure grundsätzlich bestrebt sind, in Inlandswährung zu fakturieren, wobei der Anteil derjenigen Unternehmen, denen dies auch tatsächlich möglich ist, auf der Exportseite deutlich höher liegt als auf der Importseite, was letzlich auf die größere Durchsetzungsmacht des Exporteurs im Außenhandel zurückzuführen ist.

---

105 Vgl. *H. Pfisterer* und *K. Regling* (1983), S. 273. Werten zwischen Verpflichtung und Erfüllung die Währungen beider Kontraktpartner gegenüber der ECU auf, so realisiert der Schuldner einen Aufwertungsgewinn, der voll zu Lasten des Gläubigers geht. Analog würde bei einer Abwertung beider Währungen der Vorteil des Gläubigers voll vom Schuldner getragen.

106 Vgl. *P. Reynolds Allen* (1986), S. 29.

107 Dieser Gruppe gehören neben dem *Instituto Bancario San Paolo di Torino* noch die folgenden Banken an: *Banque Nationale de Paris, Crédit Lyonnais, Caisse de Dépôts et Consignations, Midland Bank, Morgan Guaranty Trust, Société Générale de Banque* sowie *Société Générale.*

108 Die Erhebung basiert auf den Angaben von 204 europäischen Unternehmen, die vorwiegend in Italien und Frankreich sowie auch in Irland, Großbritannien, Dänemark und Luxemburg angesiedelt sind. Vgl. zu Zusammensetzung und Struktur der Stichprobe sowie zu den Ergebnissen im einzelnen ECU-Newsletter No. 15, Januar 1986, S. 5ff.

- Darüber hinaus zeigt die Untersuchung, daß im innergemeinschaftlichen Handel Importe und Exporte meistens in einer der beiden Partnerwährungen fakturiert werden, wobei in der Regel die stabilere der beiden Währungen dominiert.
- Fakturierungen auf der Basis einer Vehikelwährung erfolgen vergleichsweise selten. Dies trifft bislang auch auf die Verwendung der ECU zu. Nur 9 v.H. der befragten Unternehmen gaben an, 1984 auf ECU-Basis fakturiert zu haben, während der Anteil derjenigen Unternehmen, die angaben, die ECU zu Finanzierungszwecken benutzt zu haben, bei annähernd 60 v.H. lag. In dieser Zahl spiegelt sich zu einem großen Teil die Tendenz italienischer und französischer Unternehmen wider, unter Risikogesichtspunkten eher eine Verschuldung in ECU statt in einer anderen Währung einzugehen (vgl. die nachfolgende Tabelle 14).

TABELLE 14

Verwendungszwecke der ECU

	Unternehmen		Beschäftigtenzahl Ende 1984		Umsatz 1984	
	Anzahl	v.H.	Anzahl	v.H.	in Mio ECU	v.H.
ECU-Fakturierung	18	8,8	232.483	17,4	29.691	21,8
ECU-Finanzierung	119	58,3	604.009	46,3	51.077	37,5
andere Verwendung	78	38,2	643.227	48,3	55.046	40,4
keine Verwendung	68	33,3	661.763	49,6	72.016	52,8
Gesamtstichprobe	204		32.983		136.301	

Quelle: ECU-Newsletter No. 15, Januar 1986, S. 20.

- Wenn somit auch nur ein geringer Anteil der Unternehmen von der ECU als Fakturierungswährung bisher Gebrauch gemacht hat, so erklärten allerdings 81 der befragten 204 Unternehmen (fast 40 v.H.), daß sie in absehbarer Zeit eine Verwendung der ECU ins Auge fassen[109] (vgl. hierzu die folgende Tabelle 15).

Tabelle 15

ECU-Fakturierung der Unternehmen im Außenhandel

	Unternehmen		Beschäftigtenzahl Ende 1984		Umsatz 1984		Importe 1984		Exporte 1984	
	Anzahl	v.H.	Anzahl	v.H.	in Mio ECU	v.H.	in Mio ECU	v.H.	in Mio ECU	v.H.
ECU-Fakturierung	18	8,8	232.483	17,4	29.691	21,8	7.986	35,6	4.814	26,8
davon:										
- regelmäßig	7		30.870		7.290		4.109		16	
- gelegentlich	9		200.971		22.321		3.838		4.792	
- keine Angaben	2	-	-	-	-	-	-	-	-	-
ECU-Fakturierung beabsichtigt	81	39,7	384.302	28,8	24.802	18,2	5.414	24,1	4.406	24,5
keine Angaben	1	-	-	-	-	-	-	-	-	-
Keine ECU-Fakturierung bisher und auch nicht beabsichtigt	104	51,0	715.913	53,7	81.876	60,0	9.035	40,3	8.769	48,7
Gesamt	204	100,0	1.332.983	100,0	136.301	100,0	22.440	100,0	17.990	100,0

Quelle: ECU-Newsletter, No. 15, Januar 1986, S. 20.

109 Dieses Interesse dokumentiert sich in einer Reihe von Lieferverträgen, die 1985 auf ECU-Basis mit Partnern innerhalb und außerhalb Europas abgeschlossen wurden. An dieser Stelle sind beispielsweise neben dem bereits angesprochenen langfristigen Gaslieferungsvertrag zwischen einem niederländischen und einem französischen Unternehmen ein ebensolcher Vertrag auch mit einem italienischen Unternehmen sowie länger laufende Kontrakte zwischen italienischen und russischen bzw. auch amerikanischen Handelspartnern zu nennen. Vgl. ECU-Newsletter No. 13, Juli 1985, S. 24.

- Darüber hinaus zeigt Tabelle 15, daß die 18 Unternehmen, die bisher von der ECU im Außenhandel Gebrauch gemacht haben, knapp 22 v.H. des Gesamtumsatzes aller befragten Firmen getätigt haben. Daraus ergibt sich, daß die größeren der befragten Firmen auf ECU-Basis fakturieren, was letztlich auf deren größere Durchsetzungskraft zurückzuführen ist.
- Hinzu kommt, daß verschiedene multinational operierende Unternehmen - bekannt sind die Beispiele der französischen Konzerne *St. Gobain* und *Lesieur* - die ursprünglich die ECU ausschließlich als Recheneinheit verwendet haben, mittlerweile dazu übergegangen sind, die ECU auch als Zahlungsmittel zwischen ihren einzelnen Unternehmensbereichen zu verwenden[110].

b) Interbanktransaktionen und Clearing

Diese Außenhandelstransaktionen im Unternehmensbereich[111] - sei es daß Exporteure und Importeure die ECU als Zahlungsmittel für Handelstransaktionen benutzen oder aber Teile ihres Außenhandels über eine ECU-Kreditnahme finanzieren - haben entscheidend zur Entwicklung des privaten ECU-Marktes beigetragen.

Wie wir gesehen haben, ist der private ECU-Markt zu einem großen Teil ein Interbankenmarkt, an dem gegenwärtig rund 700 Banken aus über 30 Ländern beteiligt sind, die ECU-Konten für ihre Kunden führen und selbst durch ein weitverzweigtes Netz gegenseitiger Nostroguthaben miteinander verbunden sind. Damit die ECU von allen Beteiligten genauso behandelt werden kann, wie das bei den nationalen Währungen üblich ist, und somit die an die internationalen Handelsströme gebundenen Kapitalbewegungen bzw. die sonstigen Kapitalbewegungen in ECU

110 Vgl. auch *J.-P. Lefoulon* (1986), S. 109f.

111 Allerdings ist die Transaktionsfunktion der ECU nicht mehr ausschließlich auf den Unternehmenssektor beschränkt, sondern findet auch zunehmende Anwendung im Bereich des Privatkundengeschäfts. So ist es bereits möglich, mit einer Kreditkarte (VISA) über bei der *Banque Crédit Européen* geführte ECU-Konten zu verfügen. Vgl. hierzu: *o.V.* (1983), Mit der neuen VISA-Karte ist der ECU auf dem Weg zum Zahlungsmittel, in: Handelsblatt vom 2.11.1983. Auch im Bereich des Reiseschecks ist die ECU auf dem Vormarsch. Seit Sommer 1985 gibt die *Société du Cheque de Voyage en ECU (SCVE)* - gegründet von einem französischen Bankenpool und der *American Express Company* - einen Reisescheck mit einem Nennwert von 50 ECU aus, und im Herbst hat die *Thomas Cook Financial Services (TCFS)* in Zusammenarbeit mit *Euro Travellers Cheque International* einen ebenfalls auf ECU lautenden Reisescheck herausgegeben. Vgl. hierzu ECU-Newsletter No. 12, April 1985, S. 26f. bzw. ECU-Newsletter No. 14, Oktober 1985, S. 25.

über die eingerichteten ECU-Konten schnell und kostengünstig geleitet werden können, ist die Einrichtung eines effizienten Clearing-Mechanismus zwischen den einzelnen Banken erforderlich, denn wie *P. Reynolds Allen* hierzu lakonisch feststellt: "without a clearing system, there can be no interbank market; and without an interbank market the basket cannot evolve to a currency"[112].

Dieses Problem wurde von den aktiv am ECU-Geschäft teilhabenden Banken bereits frühzeitig erkannt, die zu diesem Zweck ein auf bilateraler Basis bestehendes Verrechnungssystem durch Führung gegenseitiger Nostroguthaben organisiert haben. Denn ohne ein derartiges bilaterales System wäre es nämlich nur dann möglich, daß beispielsweise ein französischer Importeur seinen niederländischen Lieferanten direkt in ECU ohne Zwischenschaltung einer nationalen Währung, die dann die Funktion der eigentlichen Transaktionswährung übernehmen würde, bezahlen könnte, wenn das begünstigte Bankinstitut ECU-Überweisungen akzeptieren und die entstehenden offenen ECU-Positionen durch Bündelung des Korbes abdecken würde. Andernfalls müßte der ECU-Betrag vor Übertragung in seine Währungsbestandteile zerlegt werden, die dann einzeln überwiesen werden müßten. Somit würden bei jeder ECU-Transaktion umfangreiche Bündelungs- bzw. Entbündelungsaktivitäten notwendig, die dieses Verfahren mit hohen Kosten belasten. Durch das bis Ende September 1986 praktizierte bilaterale Clearingsystem, das sogenannte *MESA-System (Mutual ECU Settlement Account)*, konnte ein Großteil der anfallenden Kosten eingespart werden, da die ECU selbst als Zahlungsmittel verwendet wird und nur noch die Spitzen in den jeweiligen Korbwährungen ausgeglichen werden müssen[113].

Allerdings war dieses System von Anfang an in Anbetracht des wachsenden ECU-Marktvolumens nicht als eine dauerhafte Lösung institutionalisiert. Seit etwa April 1983 befaßten sich die sogenannten *MESA-Banken* sowie dreizehn andere international aktive Geschäftsbanken[114] in Verbindung mit der *EG-Kommission* und der *Europäischen Investitionsbank* damit, dieses bilaterale Clearing in ein multilaterales System zu überführen. Am 21. März 1986 wurde hierzu ein entsprechendes

112 Vgl. *P. Reynolds Allen* (1986), S. 33.

113 Die zentrale Rolle in diesem System übernahmen die ursprünglich fünf, später sieben sogenannten *MESA-Banken*, die in ihrer Eigenschaft als "marketmakers" zu kleineren Verrechnungszentren für eine große Anzahl anderer Banken, die bei ihnen Konten unterhielten, wurden. Zu den ursprünglich fünf *MESA-Banken* gehören: *Kredietbank* und *Société Générale de Banque* in Brüssel, *Lloyds Bank* in London, *Kredietbank S.A. Luxembourgeoise* in Luxemburg und *Crédit Lyonnais* in Paris. Am 31.10.1985 schlossen sich zwei weitere Institute an: *Instituto Bancario San Paolo di Torino* in Turin sowie *Banque Bruxelles Lambert* in Brüssel. Zur Funktionsweise dieses Systems im einzelnen vgl. z.B. *R. Ganaye* (1984), S. 16ff., *D. Rambure* (1984), S. 8f.; auch *H. Godschalk* (1986), S. 135f.

114 Für eine genaue Auflistung vgl. *S. Esser* (1984), S. 326.

Abkommen zwischen der eigens gegründeten *ECU-Banking Association* mit Sitz in Paris[115] und der *Bank für Internationalen Zahlungsausgleich* in Basel, die die Rolle einer zentralen übergeordneten Clearingstelle übernimmt[116], unterzeichnet. Nach einer mehrmonatigen Übergangsphase ist das System seit 1. Oktober 1986 in Kraft[117]. Für die technische Abwicklung mittels elektronischer Datenfernübertragung wird *SWIFT* (*Society for Worldwide Interbank Financial Telecommunication*) in Brüssel beauftragt.[118] Die Einrichtung dieses Clearing-Mechanismus ermöglicht die uneingeschränkte Verwendung der ECU als Zahlungsmittel. Es ist dann nur noch erforderlich auf die zehn Komponentenwährungen zurückzugreifen, wenn sich die insgesamt im Bankensystem vorhandenen Beträge an Forderungen und Verbindlichkeiten nicht ausgleichen und einzelne Banken die entstehenden offenen Positionen abdecken.

D. GRÜNDE FÜR DIE ENTWICKLUNG DER ECU IM PRIVATEN BEREICH

1. Begünstigende Faktoren

Wie in den voranstehenden Abschnitten dargestellt, hat sich die ECU als fester Bestandteil der internationalen Geld- und Kapitalmärkte etabliert. Sie erfüllt

115 Der *ECU-Banking Association (EBA)* gehören neben den *MESA-Banken* mehr als fünfzig weitere Banken an. Eine Aufstellung der teilnehmenden Institute sowie die Satzung der *EBA* finden sich in ECU-Newsletter No. 16, April 1986, S. 19ff. Der Kreis der sieben *Clearing-Banken* wurde mittlerweile um 21 Institute erweitert, denen unter anderem auch im Bereich der EG ansässige Tochterbanken amerikanischer und schweizer Kreditinstitute angehören. "The enlargement of the Ecu Clearing is a major step towards the unique, Europe-wide payment system that will further enhance the role of the Ecu as an international means of payment and settlement." Vgl. *EBA* Press Release, abgedruckt in ECU-Newsletter, No. 21, Juli 1987, S. 10.

116 Die *Bank für Internationalen Zahlungsausgleich* wird allerdings nicht als letzter Kreditgeber (Lender of Last Resort) fungieren. Die *BIZ* denkt allenfalls daran, sich bei möglichen Schwierigkeiten, die gegebenenfalls beim ECU-Clearing auftreten können, als Kreditvermittler zwischen den beteiligten Banken einzuschalten. Damit werden mögliche Liquiditätswirkungen durch die Funktion der *BIZ* als Agent des Clearing ausgeschlossen. Vgl. auch *o.V.*(1986), Die Zahl der beteiligten Banken soll nicht stärker ausgeweitet werden, in: Handelsblatt vom 15.12.1986.

117 Zur Funktionsweise des Systems vgl. *A. Wilhelmy* (1987), S. 54f.; ebenso *o.V.*(1986), Das Clearingsystem für die private ECU, in: *EIB*-Informationen Nr. 50, Oktober 1986.

118 Zu *SWIFT* vgl. z.B. *J. Morgan* (1986), S. 56.

die traditionellen Geldfunktionen, wobei ihr besonderes Renomée neben der zunehmenden Verwendung als innereuropäische Vehikelwährung auf ihrer Verwendung als international nachgefragtem Wertaufbewahrungsmittel beruht. Als wesentliche Faktoren für diese Entwicklung werden neben der Rolle des privaten Bankensystems insbesondere die aktive Förderung seitens der Europäischen Institutionen einschließlich der *Europäischen Investitionsbank (EIB)*[119] sowie die rechtliche Privilegierung der ECU in bestimmten Partnerländern[120] hervorgehoben.

Betrachten wir zunächst die offizielle Förderung der privaten ECU. Mit ihren im Jahre 1982 vorgelegten Vorschlägen zur nichtinstitutionellen Weiterentwicklung des Europäischen Währungssystems forciert die *EG-Kommission* in Ausschöpfung der dem System zugrundeliegenden integrationstheoretischen Konzeption die Verwendung der ECU im privaten Bereich, indem sie zum einen auf einen gleichen devisenrechtlichen Status der ECU in allen Mitgliedstaaten drängt und zum anderen eine möglichst weitgehende Verwendung der ECU für alle Darlehens- und Anleihetransaktionen der Europäischen Institutionen betont[121]. Zur gleichen Zeit intensivierten die Organe der Gemeinschaft (*EG-Kommission* und *EIB* gleichermaßen) ihre Zusammenarbeit mit dem privaten Bankensystem, um die entsprechende Infrastruktur für die Entwicklung eines eigenständigen privaten ECU-Kreislaufs aufzubauen[122]. Denn anders als bei nationalen Währungen verfügt die ECU nicht über eine ökonomische Basis, auf deren Grundlage sich internationale Kreditbeziehungen hätten ausbilden können. In der Anfangsphase des Marktes war daher eine intensive politische Unterstützung notwendig: "If one wishes to see a currency cocktail established, then it has to be given very substantial government or institutional support ...".[123] Diese Förderung findet ihren Niederschlag in dem hohen ECU-Einlagevolumen der Europäischen Organe[124], der ECU-Darlehensaktivitäten der *Europäischen Investitionsbank*[125] sowie den ECU-Anleihebegebungen dieser Institutionen an den internationalen Kapitalmärkten, insbesondere in den Anfangsjahren des Marktes.

Da für den ECU-Geldmarktbereich hinsichtlich des Kreises der ECU-Einleger und damit auch hinsichtlich der quantitativen Beteiligung der Gemeinschaftsorgane keine spezifizierten Angaben vorliegen, soll die Bedeutung der für die Ent-

119 Vgl. beispielsweise *A.v. Moltke* (1986), S. 43.
120 Stellvertretend für andere vgl. *P. Bofinger* (1986 a), S. 369.
121 Insbesondere zur Rolle der *Europäischen Investitionsbank* im Markt für private ECU vgl. beispielsweise *E.-G. Bröder* (1985), S. 2.
122 Vgl. *J. Van Schil* (1985), S. 8.
123 Vgl. *D.F. Lomax* (1983), S. 266f.
124 So stellte beispielsweise die *EIB* in der Anfangsphase des privaten ECU-Marktes über eine gewisse Zeit hindurch die bedeutendste Quelle für das Angebot privater ECU auf dem Geldmarkt dar. Vgl. hierzu *J.Van Schil* (1985), S. 8.
125 Zu den ECU-Darlehensaktivitäten der *EIB* vgl. z.B. *E.-G. Bröder* (1985), S. 2.

stehung der privaten ECU relevanten Größe "politische Unterstützung" anhand des detaillierten Zahlenmaterials über die ECU-Anleihebegebungen beurteilt werden. Hinsichtlich dieser Größe ist außer der aktiven Förderung durch die Gemeinschaftsorgane auch zu berücksichtigen, daß die ECU deutliche politische Unterstützung aus Italien (verschiedene großvolumige Anleihen der Republik Italien) sowie aus Frankreich über eine Reihe von Anleihen staatlicher Banken oder Konzerne erhalten hat. Diese drei Emittentengruppen zusammengefaßt spiegeln in etwa die quantitative Bedeutung der politischen Förderung in den Anfangsjahren wider. Um hierbei zu exakten Ergebnissen zu gelangen, wäre es notwendig, die nach Herkunft der Emittenten in Tabelle 10 a/b aufgegliederten Emissionen zusätzlich nach dem Rechtsstatus der Emittenten in private und öffentliche zu unterteilen. Entsprechende Angaben finden sich in den detaillierten Ausgaben des ECU-Newsletter, die für die Anfangsjahre eine besonders hohe Beteiligung staatlicher Stellen ausweisen. So kann für die Jahre 1981 und 1982 der Anteil öffentlicher Emissionen am Gesamtvolumen des Marktes auf 80 bis 90 v.H. beziffert werden. Allein die Republik Italien hat im Jahre 1982 zwei umfangreiche Anleihen in einem Volumen von 1,2 Mrd ECU aufgelegt und damit rund 60 v.H. der damaligen Gesamtaktivitäten selbst bestritten.[126] Im Laufe der folgenden Jahre hat sich der relative Anteil dieser Gruppe im Zuge der ECU-Marktausweitung kontinuierlich zurückgebildet. Zuletzt, im ersten Quartal 1987, betrug er noch zwischen 40 und 50 v.H., wobei die Republik Italien wieder mit einer größeren Emission (800 Mio ECU)[127] vertreten war. Damit läßt sich insgesamt festhalten, daß der ECU-Markt in der Anfangsphase eine beträchtliche Starthilfe seitens der politischen Organe in verschiedenen Ländern erhalten hat, wodurch seine Entwicklung zweifellos begünstigt wurde, daß im weiteren Verlauf jedoch die Dynamik des Marktes mehr und mehr von privaten Emittenten getragen wurde. Dieser empirische Befund relativiert bereits die Bedeutung der Komponente "politische Förderung" für die Entwicklung des ECU-Marktes. Darüber hinaus muß man berücksichtigen, wenn man den besonderen Rang der politischen Förderung herausstellt, daß die Anleihen zum größten Teil beim Privatpublikum untergebracht worden sind. Ohne eine entsprechende Aufnahmebereitschaft des Marktes wäre die politische Förderung allein nicht ausreichend gewesen; und die Aufnahmebereitschaft des Marktes erklärt sich letztlich mit der ökonomischen Vorteilhaftigkeit der ECU. Damit gilt, was *Lomax* (1986) in diesem Zusammenhang feststellte:

> "These actions have had little more effect than providing background support and getting the ECU off to a start. The further development which we have seen in the marketplace could not

---

126 Vgl. hierzu ECU-Newsletter No. 5, Mai 1983, S. 9.
127 Vgl. ECU-Newsletter, No. 20, April 1987, S. 32f.

> have occurred unless the ECU also had very attractive commercial features."[128]

Neben der politischen Förderung wird in der Regel auch die Privilegierung der ECU im Rahmen der in einigen Ländern bestehenden Kapitalverkehrsbeschränkungen als besondere Hilfestellung für die Entwicklung des privaten ECU-Marktes herausgestellt.[129] Denn es mußte der ECU zugute kommen - so die Argumentation - wenn sie in Ländern mit Devisenrestriktionen gegenüber den nationalen Währungen begünstigt wurde, wie beispielsweise in Frankreich, wo seit November 1984 der Erwerb von ECU-Anleihen, die von EG-Institutionen emittiert wurden, ohne die üblicherweise beim Erwerb von Fremdwährungsanleihen anfallende Prämie im Rahmen des devise titre Systems möglich ist[130]. Darüber hinaus ist es seit 1985 in Frankreich für Importeure, die in ECU fakturieren, möglich, dafür eine Kurssicherung vorzunehmen, während entsprechende Lockerungen für Importgeschäfte in anderen Währungen erst im Zuge der jüngsten Liberalisierungsmaßnahmen inkraftgetreten sind. Außerdem ermöglicht eine Verschuldung oder Kreditvergabe in ECU in einigen Fällen, in denen die Verwendung der nationalen Währung im Außenhandels- oder Kapitalverkehr nicht erlaubt wird, diese Restriktionen in gewisser Weise nach Maßgabe des relativen Korbgewichts der heimischen Währung zu umgehen. Zu nennen sind in diesem Zusammenhang Bestimmungen, wonach Importeure, die Vorauszahlungen auf Importrechnungen leisten möchten, verpflichtet sind, einen Kredit in Fremdwährung aufzunehmen. Ähnliche Bestimmungen gelten für Exporteure, die ihren ausländischen Abnehmern Lieferantenkredite einräumen. In beiden Fällen steht es den Unternehmen frei, die ECU anstelle einer ausländischen Währung zu verwenden.[131]

Diese Beschränkungen des Kapitalverkehrs haben sicherlich zu einer Förderung der ECU-Verwendung in den betreffenden Ländern geführt, wovon insbesondere die Verwendungsseite der Bankbilanzen betroffen war. Denn es waren vorwiegend italienische und französische Kreditnehmer, die die ECU im wesentlichen zur Finanzierung kurzfristiger Außenhandelsgeschäfte verwendeten. Auch läßt ein temporärer Rückgang der ECU-Kreditaktivitäten in Italien zum Ende des Jahres 1985, der zeitlich mit der Lockerung bestimmter Devisenvorschriften in diesem Land zusammenfällt, auf den begünstigenden Charakter dieses Instruments für die ECU schließen.

128 Vgl. *D.F. Lomax* (1986), S. 5.
129 Vgl. insbesondere *P. Bofinger* (1984 c), S. 451 sowie derselbe (1986 a), S. 369.
130 Vgl. *P. Bofinger* (1986 a), S. 369.
131 Vgl. hierzu *M. Mauro* (1984, S. 33) für Italien und für Frankreich: *J.-H. David* (1984), S. 166.

Allerdings sollte die Bedeutung von Kapitalverkehrsbeschränkungen und der damit verbundenen Privilegierung der ECU für die Entwicklung des privaten ECU-Marktes auch nicht überschätzt werden. Denn zum einen wurden bestimmte Begünstigungen für die ECU erst zu einer Zeit eingeführt, als der Markt bereits deutlich expandiert hatte. Es dürfte hiervon dann allenfalls ein zusätzlicher "push" für die weitere Entwicklung ausgegangen sein. Zum anderen wurde die ECU in verschiedenen Ländern im Gegensatz dazu aber auch durch gesetzliche Regelungen behindert. So war es nicht nur Wirtschaftssubjekten in der Bundesrepublik verwehrt, Verbindlichkeiten in ECU einzugehen, auch in anderen Ländern der Gemeinschaft war es nicht ohne weiteres möglich, die ECU uneingeschränkt für Zwecke der Wertaufbewahrung (z.B. Terminkonten) zu verwenden. Es ist daher nicht unbedingt anzunehmen, daß eine generelle Abschaffung sämtlicher Kapitalverkehrskontrollen und damit ein Wegfall bestimmter ECU-Privilegien in einigen Ländern zu einer Beeinträchtigung der weiteren Ausdehnung der ECU führen wird. Denn so betrafen diese Privilegien immer nur bestimmte staatlicherseits gewünschte Verwendungsbereiche der ECU, wie ECU-Kreditnahme und damit verbundene Kapitalimporte, nicht jedoch die universale Verwendbarkeit der ECU für ökonomische Transaktionen jeglicher Art. Außerdem ist der ECU-Markt heute bereits weit über die Grenzen dieser Länder hinaus gewachsen, so daß auch von daher nicht mit einem Rückgang der ECU-Aktivitäten zu rechnen sein wird.

Damit läßt sich zusammenfassend feststellen, daß die weitere Entwicklung der ECU weniger von einigen begünstigenden Faktoren determiniert wird, sondern daß ihre zukünftige Verwendung insbesondere in Anbetracht von Kapitalverkehrsfreiheit und der dadurch begründeten Konkurrenzsituation zu den nationalen Währungen davon bestimmt wird, wie gut sie die Funktionen des Geldes im Vergleich zu diesen Währungen zu erfüllen vermag.

2. Die ökonomische Vorteilhaftigkeit der ECU

Die vorstehenden Ausführungen zeigen, daß die Entwicklung des Marktes für private ECU sowohl durch offizielle politische Förderung als auch durch bestimmte Formen von Kapitalverkehrsbeschränkungen zweifellos begünstigt wurde. Eine Verengung der Sichtweise auf politisches Wohlwollen und auf Devisenrestriktionen als Begründung für die Entwicklung der privaten ECU dürfte allerdings zu einseitig sein und die Marktentwicklung nicht hinreichend begründen[132]. Denn

132 So auch *A. Wilhelmy* (1987), S. 62.

trotz aller politischen und administrativen Maßnahmen zur Förderung der ECU hätte sich der Markt nicht mit einer solchen Dynamik entwickeln können, wenn nicht bestimmte ökonomische Vorteile i.S. von Rendite- oder Kostenerwägungen aus Wechselkurs- und Zinsentwicklung der ECU ihre Verwendung als Rechen-, Tausch- und Wertaufbewahrungsmittel begünstigt hätten.

In Tabelle 16 a/b sind dazu auf der folgenden Doppelseite die prozentualen Leitkursveränderungen der Verbundwährungen sowie des britischen Pfunds gegenüber der ECU seit Inkrafttreten des EWS und der bislang letzten Paritätsanpassung am 12.01.1987 verzeichnet. Wie aus dieser Tabelle hervorgeht, haben sich in dem Zeitraum von neun Jahren die stärksten Währungen des Verbunds, die D-Mark und der holländische Gulden, gegenüber der ECU um 18 v.H. bzw. 15 v.H. aufgewertet, während sich im gleichen Zeitraum die anderen Währungen des EWS zwischen 7,6 v.H. (belgisch-luxemburgischer Franc) und rund 29 v.H. (italienische Lira) abgewertet haben. Während bei diesen Währungen über alle Paritätsanpassungen hinweg stets die gleiche Auf- bzw. Abwertungstendenz feststellbar ist (Ausnahme die geringfügige Abwertung der D-Mark und Gulden am 23.03.1981 aufgrund der kräftigen Aufwertung des britischen Pfunds), zeigt das britische Pfund per Saldo gegenüber 1979 zwar auch eine Abwertung von 11 v.H., jedoch mit beträchtlichen Wertschwankungen im Verlauf der Jahre. Entsprechend dieser Entwicklung mußte ein deutscher Anleger bei einer ECU-Anlage über den gesamten Zeitraum einen jährlichen Wertverlust von 2 v.H. verbuchen, während ein italienischer Schuldner eine pro Jahr gut 3prozentige Aufwertung der ECU gegenüber seiner Heimatwährung in sein Kostenkalkül einbeziehen mußte. Ein britischer Anleger hingegen hätte bis zum vorletzten Realignment Wechselkursverluste aus einem ECU-Engagement hinnehmen müssen, während ein Kontrakt über die gesamte Laufzeit Wechselkursgewinne eingebracht hätte.

Neben der erwarteten Wertänderung einer Anlage interessiert sich der Anleger für den erwarteten Ertrag, der Schuldner hingegen für die erwarteten Kosten. Wie bei allen Engagements in Fremdwährungen resultieren der Ertrag bzw die Kosten aus der Nominalverzinsung zuzüglich der Wechselkursgewinne oder abzüglich der Wechselkursverluste. In Tabelle 17 a/b ist die Entwicklung der Zinssätze der EG-Währungen und der ECU für den Zeitraum von Anfang 1979 bis Mitte 1986 für 3-Monatsgeld am Euromarkt dargestellt. Wie die Tabelle veranschaulicht, bewegt sich der ECU-Zins zwischen den Zinssätzen der preisstabileren Länder und denen der höher inflationierenden Volkswirtschaften, wobei er sich aufgrund des größeren Korbanteils der stabileren Währungen näher am Zinsniveau dieser Länder orientiert. Jeweils im Vorfeld erwarteter Leitkursanpassungen ist dieser Zusammenhang kurzzeitig unterbrochen, da aufgrund stattfindender Spekulationen gegen abwertungsverdächtige Währungen und der damit verbundenen teils

TABELLE 16 A

Realignments, EWS-Leitkurse und Leitkursveränderungen in Prozent seit dem 13.03.1979 bis zum 12.01.1987 für stabile EWS-Währungen

	D-Mark			Holl. Gulden			B.Lux.Fr.			Dän. Krone		
Realignment	$\frac{DM}{ECU} = W_i$	ΔW_i 1)	$\frac{W_o - W_i}{W_o}$	$\frac{hfl}{ECU} = W_i$	ΔW_i	$\frac{W_o - W_i}{W_o}$	$\frac{BLF}{ECU} = W_i$	ΔW_i	$\frac{W_o - W_i}{W_o}$	$\frac{DKr}{ECU} = W_i$	ΔW_i	$\frac{W_o - W_i}{W_o}$
13.03.1979	2,51064	-	-	2,72077	-	-	39,4582	-	-	7,08592	-	-
24.09.1979	2,48557	+ 1,01	+ 1,01	2,74748	- 0,98	- 0,98	39,8456	- 0,98	- 0,98	7,36594	- 3,95	- 3,95
30.11.1979	2,48208	+ 0,14	+ 1,14	2,74362	+ 0,14	- 0,84	39,7897	+ 0,14	- 0,84	7,72336	- 4,85	- 9,00
23.03.1981	2,54502	- 2,54	- 1,37	2,81318	- 2,54	- 3,40	40,7985	- 2,54	- 3,40	7,91917	- 2,54	- 11,76
05.10.1981	2,40989	+ 5,31	+ 4,01	2,66382	+ 5,31	+ 2,09	40,7572	+ 0,10	- 3,29	7,91117	+ 0,10	- 11,65
22.02.1982	2,41815	- 0,34	+ 3,68	2,67296	- 0,34	+ 1,76	44,6963	- 9,66	- 13,28	8,18382	- 3,45	- 15,49
14.06.1982	2,33379	+ 3,49	+ 7,04	2,57971	+ 3,49	+ 5,18	44,9704	- 0,61	- 13,97	8,2340	- 0,61	- 16,20
21.03.1983	2,21515	+ 5,08	+ 11,77	2,49587	+ 3,25	+ 8,27	44,3662	+ 1,34	- 12,44	8,04412	+ 2,31	- 13,52
21,05.1983 2)	2,24184	- 1,20	+ 10,71	2,52595	- 1,20	+ 7,16	44,9008	- 1,20	- 13,79	8,14104	- 1,20	- 14,89
22.07.1985	2,23840	+ 0,15	+ 10,84	2,52208	+ 0,15	+ 7,30	44,8320	+ 0,15	- 13,62	8,12857	+ 0,15	- 14,71
07.04.1986	2,13834	+ 4,47	+ 14,83	2,40935	+ 4,47	+ 11,45	43,6761	+ 2,58	- 10,69	7,91896	+ 2,58	- 11,76
04.08.1986	2,11083	+ 1,29	+ 15,92	2,37833	+ 1,29	+ 12,59	43,1139	+ 1,29	- 9,26	7,81701	+ 1,29	- 10,32
12.01.1987	2,05853	+ 2,48	+ 18,01	2,31943	+ 2,48	+ 14,75	42,4582	+ 1,52	- 7,60	7,85212	- 0,45	- 10,81

1) Aufwertung (+), Abwertung (-) der am Wechselkursmechanismus teilnehmenden Währungen gegenüber der ECU in v.H.

2) Kein Realignment im eigentlichen Sinn, sondern technische Anpassung des fiktiven Leitkurses des britischen Pfunds um 6,8 v.H. gegenüber der ECU. Die bilateralen Leitkurse zwischen den am Interventionssystem aktiv teilnehmenden Währungen blieben von dieser Maßnahme unberührt.

Quelle: ECU-Newsletter, verschiedene Jahrgänge sowie P. Guimbretière (1987 b), Statistischer Teil; eigene Berechnungen.

TABELLE 16 B

Realignments, EWS-Leitkurse und Leitkursveränderungen in Prozent seit dem 13.03.1979 bis zum 12.01.1987 für weniger stabile EWS-Währungen und britisches Pfund

	Ir. Pfund			Franz. Franc			Ital. Lira			Brit. Pfund		
Realignment	$\frac{Ir.P}{ECU} = w_i$	Δw_i 1)	$\frac{w_o - w_i}{w_o}$	$\frac{FF}{ECU} = w_i$	Δw_i	$\frac{w_o - w_i}{w_o}$	$\frac{Lit}{ECU} = w_i$	Δw_i	$\frac{w_o - w_i}{w_o}$	$\frac{Br.P}{ECU} = w_i$	Δw_i	$\frac{w_o - w_i}{w_o}$
13.03.1979	0,662638	-	-	5,79831	-	-	1148,15	-	-	0,663247	-	-
24.09.1979	0,669141	- 0,98	- 0,98	5,85522	- 0,98	- 0,98	1159,42	- 0,98	- 0,98	0,649821	+ 2,0	+ 2,0
30.11.1979	0,668201	+ 0,14	- 0,84	5,84700	+ 0,14	- 0,84	1157,79	+ 0,14	- 0,84	0,64891	+ 0,14	+ 2,16
23.03.1981	0,685145	- 2,54	- 3,40	5,99526	- 2,54	- 3,40	1262,92	- 9,10	- 10,00	0,542122	+ 16,46	+ 18,26
05.10.1981	0,684452	+ 0,10	- 3,29	6,17443	- 2,99	- 6,49	1300,67	- 2,99	- 13,28	0,601048	- 10,87	+ 9,38
22.02.1982	0,686799	- 0,34	- 3,65	6,19564	- 0,34	- 6,85	1305,13	- 0,34	- 13,67	0,557037	+ 7,32	+ 16,01
14.06.1982	0,691011	- 0,61	- 4,28	6,61387	- 6,75	- 14,07	1350,27	- 3,46	- 17,60	0,560453	- 0,62	+ 15,50
21.03.1983	0,717050	- 3,77	- 8,21	6,79271	- 2,70	- 17,15	1386,78	- 2,70	- 20,78	0,629842	- 12,38	+ 5,04
21.05.1983 2)	0,725690	- 1,20	- 9,52	6,87456	- 1,20	- 18,56	1403,49	- 1,20	- 22,24	0,587087	+ 6,79	+ 11,48
22.07.1985	0,724578	+ 0,15	- 9,35	6,86402	+ 0,15	- 18,38	1520,60	- 8,34	- 32,44	0,555312	+ 5,41	+ 16,27
07.04.1986	0,712956	+ 1,60	- 7,59	6,96280	- 1,44	- 20,08	1496,21	+ 1,60	- 30,31	0,630317	- 13,51	+ 4,96
04.08.1986	0,764976	- 7,30	- 15,44	6,87316	+ 1,29	- 18,54	1476,95	+ 1,29	- 28,64	0,679256	- 7,76	- 2,41
12.01.1987	0,768411	- 0,45	- 15,96	6,90403	- 0,45	- 19,07	1483,58	- 0,45	- 29,21	0,739615	- 8,89	- 11,51

1) Aufwertung (+), Abwertung (-) der am Wechselkursmechanismus teilnehmenden Währungen gegenüber der ECU in v.H.

2) Kein Realignment im eigentlichen Sinn, sondern technische Anpassung des fiktiven Leitkurses des britischen Pfunds um 6,8 v.H. gegenüber der ECU. Die bilateralen Leitkurse zwischen den am Interventionssystem aktiv teilnehmenden Währungen blieben von dieser Maßnahme unberührt.

Quelle: ECU-Newsletter, verschiedene Jahrgänge sowie P. Guimbretière (1987 b), Statistischer Teil; eigene Berechnungen

kräftigen Anhebung der Zinssätze in diesen Ländern auch der ECU-Zins parallel dazu ansteigt.[133] Beispiele hierfür sind die Paritätsanpassungen vom Oktober 1981, Juni 1982, März 1983 sowie April 1986.

Ein beispielhaft angeführter Vergleich der Zinsen auf ECU und D-Mark sowie auf ECU und Lira läßt einen im Durchschnitt 4 v.H. höheren Zins der ECU gegenüber der D-Mark und einen um 6 v.H. niedrigeren Zins gegenüber der italienischen Lira erkennen. Ein sehr grober Vorteilsvergleich zwischen Zins- und Wechselkursentwicklung im EWS würde über die gesamte Laufzeit betrachtet somit ein ECU-Engagement eines deutschen Anlegers (zuzüglich anfallender Transaktionskosten) nur insgesamt wenig rentabler erscheinen lassen als eine vergleichbare D-Mark Anlage, während ein italienischer Schuldner merkliche Kostenvorteile bei einer ECU-Kreditnahme realisiert hätte. Über diese sehr grobe Abschätzung hinaus würde ein Vorteilsvergleich über verschiedene Teilperioden eine differenziertere Beurteilung zulassen, je nachdem, welche Periode und Währung im einzelnen betrachtet werden. Eine entsprechende Untersuchung braucht an dieser Stelle jedoch nicht durchgeführt zu werden[134]. Denn so zeigen empirische ex post Berechnungen, daß über längere Zeit hinweg etwa bis Mitte 1985 Zinsdifferenzen nicht durch entsprechende Wechselkurskorrekturen kompensiert wurden[135]. So war es insbesondere für italienische und französische Wirtschaftssubjekte in der Regel kostengünstiger, sich in ECU statt in ihrer Landeswährung zu verschulden, während für deutsche und für holländische Anleger aufgrund des höheren ECU-Zinses sowie für belgische und luxemburgische Investoren aufgrund der Abwertung des belgischen Francs eine Anlage in ECU ertragreicher war. Mit diesen länderspezifischen Vorteilen der ECU-Verwendung als Depositen- oder Darlehenswährung erklärt sich die asymmetrische Entwicklung des ECU-Marktes: auf der Herkunftsseite der Bankbilanzen vorwiegend durch Einlagenbildung seitens belgischer und luxemburgischer sowie holländischer Wirtschaftssubjekte und auf der Verwendungsseite überwiegend durch italienische und französische Kreditnahme.

Aus dieser ex post Beobachtung wurde die Marktentwicklung der privaten ECU - angesichts der unterschiedlichen wirtschaftlichen Entwicklungen in den Partnerstaaten - überwiegend darauf zurückgeführt, daß sie sich in besonderer Weise als Verschuldungswährung für Wirtschaftssubjekte aus Ländern mit schwächeren Währungsverhältnissen und damit höheren Zinsen und als Anlagewährung für Wirtschaftssubjekte mit stabileren Währungen und niedrigeren Zinsen eigne. In Anbetracht dieser ex post Regelmäßigkeit wurde im Hinblick auf die weitere Ent-

133 Noch deutlicher fällt die Reaktion des ECU-Zinses bei Leitkursänderungserwartungen für 1-Monatsgeld aus. Vgl. *A.v. Moltke* (1986), S. 55.

134 Für verschiedene Perioden und Währungen vgl. Tabellen 16 a/b und 17 a/b.

135 Vgl. z.B. *E. Guglielmotto* und *G. Passatore* (1985), insbesondere S. 9ff.; auch *M. Cotto* (1983) für den Zeitraum bis Juni 1983.

TABELLE 17 A

Zinsentwicklung für 3-Monatsgeld am Euromarkt für EWS-Währungen, ECU und britisches Pfund in der Zeit von Januar 1979 bis Dezember 1982 (Monatsdurchschnitte)

	Zeit	DM	HFL	ECU	BFR	DKR	FF	LIT	IR£	£
1979 -	JAN	3,48	8,16	*	8,91	13,22	8,48	12,83	*	13,15
	FEB	3,82	6,62	*	8,15	12,54	7,79	12,58	*	13,67
	MAR	4,33	6,87	*	7,71	11,47	7,97	11,52	*	12,29
	APR	5,23	7,06	*	7,78	10,23	7,88	11,64	*	11,87
	MAI	5,68	7,75	8,60	8,57	9,89	9,62	11,86	*	12,03
	JUN	5,93	8,54	9,52	9,51	12,23	10,77	12,84	*	13,17
	JUL	6,39	9,27	10,59	11,73	14,53	11,72	15,20	*	13,98
	AUG	6,72	9,14	10,64	11,93	14,78	11,96	14,55	*	14,20
	SEP	7,29	9,55	11,28	12,27	18,79	12,75	14,55	*	14,32
	OCT	8,12	9,65	11,82	13,69	18,61	13,26	15,78	*	14,38
	NOV	8,83	10,99	12,62	14,41	17,96	13,90	16,56	*	16,12
	DEC	8,95	13,72	13,41	14,58	16,78	14,00	18,27	*	16,71
	Ø	6,23	8,94	11,06	10,77	14,25	10,76	14,01	*	13,82
1980 -	JAN	8,30	11,35	12,72	14,50	17,07	13,20	20,64	*	17,10
	FEB	8,67	11,81	13,10	14,70	19,88	12,85	19,32	*	18,16
	MAR	9,26	11,47	13,52	16,50	21,02	14,10	19,98	*	18,58
	APR	9,31	10,57	13,25	17,32	19,53	12,96	17,01	*	17,42
	MAI	9,55	10,94	12,64	16,06	17,93	12,75	16,89	*	16,93
	JUN	9,31	10,61	12,72	14,49	17,96	12,34	19,32	*	16,73
	JUL	9,09	9,98	12,69	13,21	17,21	11,90	23,03	*	15,76
	AUG	8,32	9,85	12,69	12,51	17,41	11,49	27,09	*	16,51
	SEP	8,56	10,29	12,53	12,38	17,68	11,87	24,29	*	15,84
	OCT	8,59	9,63	12,31	12,23	15,40	11,77	22,21	*	15,87
	NOV	9,21	9,49	11,86	12,49	14,87	10,85	18,22	*	15,99
	DEC	9,86	9,64	11,79	12,86	14,44	11,69	18,09	*	14,40
	Ø	9,00	10,46	12,65	14,10	17,50	12,31	20,54	*	16,60
1981 -	JAN	9,06	9,31	11,47	12,31	13,96	11,03	17,26	*	14,02
	FEB	10,87	9,69	12,39	12,80	13,39	11,20	18,20	*	12,84
	MAR	12,66	10,60	12,63	13,80	13,74	12,46	18,30	*	12,38
	APR	12,41	10,38	13,14	17,12	14,52	13,25	18,75	*	12,18
	MAI	12,82	11,71	14,56	16,88	15,01	17,99	20,99	*	12,29
	JUN	12,55	11,81	15,52	15,51	16,44	22,04	23,28	*	12,54
	JUL	12,44	12,24	16,18	16,00	17,84	21,67	27,29	*	13,66
	AUG	12,48	13,40	17,38	15,57	17,88	23,93	31,80	*	14,02
	SEP	12,10	12,96	16,97	15,59	18,53	24,38	30,00	*	14,70
	OCT	11,38	12,56	15,30	15,53	16,51	18,83	22,90	*	16,25
	NOV	10,66	11,68	14,14	14,84	14,08	16,55	20,65	18,02	15,01
	DEC	10,64	10,95	14,52	15,26	13,75	16,90	22,55	18,41	15,30
	Ø	11,67	11,44	14,51	15,10	15,50	17,51	22,66	18,21	13,76
1982 -	JAN	10,23	10,39	13,91	15,03	14,08	15,98	21,91	18,31	15,06
	FEB	10,16	9,99	13,47	14,72	15,69	15,29	21,54	18,66	14,43
	MAR	9,38	8,84	13,72	13,97	15,39	19,16	22,34	19,73	13,47
	APR	8,97	8,15	14,59	14,75	18,24	22,51	24,33	20,20	13,58
	MAI	8,60	8,61	14,33	14,68	18,34	24,19	23,60	19,46	13,29
	JUN	8,91	8,77	13,97	15,21	16,59	21,58	21,80	19,68	12,96
	JUL	8,96	8,89	12,30	14,94	14,26	15,71	20,09	18,71	12,35
	AUG	8,56	8,59	12,10	13,86	13,19	17,44	19,79	17,23	11,02
	SEP	7,79	7,84	11,90	12,89	17,52	19,16	20,34	15,45	10,83
	OCT	7,13	7,07	10,96	12,66	18,03	18,71	19,36	14,10	9,63
	NOV	7,00	6,34	11,25	12,39	16,72	18,34	23,13	13,22	9,20
	DEC	6,32	5,63	12,10	12,20	15,91	22,45	24,70	14,58	10,51
	Ø	8,50	8,25	12,88	13,94	16,20	19,21	21,91	17,44	12,19

TABELLE 17 B

Zinsentwicklung für 3-Monatsgeld am Euromarkt für EWS-Währungen, ECU und britisches Pfund in der Zeit von Januar 1983 bis Juli 1986 (Monatsdurchschnitte)

Zeit		DM	HFL	ECU	BFR	DKR	FF	LIT	IR£	£
1983 -	JAN	5,48	4,91	11,39	12,17	16,14	21,01	22,71	15,45	11,03
	FEB	5,61	4,80	11,52	12,20	15,07	21,95	21,64	15,58	11,26
	MAR	5,00	4,31	11,65	13,73	13,30	24,41	20,91	15,30	10,93
	APR	4,95	5,08	8,65	10,73	11,75	13,23	15,97	14,89	10,11
	MAI	4,99	5,60	8,61	9,96	10,13	13,65	15,67	14,59	10,15
	JUN	5,29	5,79	9,07	9,51	9,00	14,29	16,74	14,14	9,83
	JUL	5,11	5,53	8,83	8,91	9,43	13,91	16,95	13,55	9,79
	AUG	5,41	5,99	9,25	9,02	9,45	14,93	17,39	13,51	9,79
	SEP	5,64	6,09	9,27	9,13	11,24	14,49	17,60	12,79	9,62
	OCT	5,74	6,01	9,07	9,38	10,79	14,08	17,73	12,45	9,35
	NOV	6,00	6,09	8,94	9,65	11,00	12,89	16,99	12,31	9,27
	DEC	6,22	6,14	9,18	10,81	11,32	13,14	16,95	12,37	9,36
	Ø	5,44	5,52	9,62	10,43	11,55	15,99	18,14	13,90	10,04
1984 -	JAN	5,95	5,98	9,30	10,79	11,08	13,03	16,84	12,04	9,40
	FEB	5,78	5,92	9,71	11,54	11,05	15,18	17,26	12,17	9,34
	MAR	5,61	6,05	9,70	11,93	10,89	15,47	17,08	12,81	8,90
	APR	5,59	6,01	9,21	11,49	10,17	13,18	15,87	12,82	9,83
	MAI	5,86	6,01	9,27	11,72	10,67	12,65	15,41	12,40	9,32
	JUN	5,80	6,09	9,33	11,72	10,97	12,77	14,97	12,38	9,39
	JUL	5,77	6,32	9,50	11,60	11,41	11,99	15,45	12,89	11,39
	AUG	5,57	6,27	9,34	11,22	11,42	11,52	14,33	13,22	10,99
	SEP	5,52	6,22	9,58	10,92	11,38	11,24	14,97	13,00	10,79
	OCT	5,80	6,18	9,81	10,85	11,39	11,21	15,73	13,12	10,59
	NOV	5,70	5,87	9,47	10,66	11,76	11,02	15,01	14,05	9,86
	DEC	5,58	5,74	9,33	10,61	11,71	10,69	14,50	14,89	9,76
	Ø	5,71	6,05	9,62	11,25	11,15	12,50	15,61	12,98	9,92
1985 -	JAN	5,69	5,84	9,53	10,63	11,92	10,63	14,37	14,57	11,53
	FEB	6,11	6,86	10,09	10,75	11,03	10,94	14,50	14,53	13,66
	MAR	6,10	7,13	10,18	10,69	11,39	11,01	14,70	14,34	13,52
	APR	5,83	6,80	9,70	9,94	9,88	10,62	13,83	13,07	12,69
	MAI	5,56	6,89	9,29	9,19	9,04	10,17	12,64	12,59	12,59
	JUN	5,47	6,63	9,24	8,77	9,46	10,28	13,51	12,10	12,38
	JUL	5,09	6,32	8,97	8,77	9,32	10,39	13,09	10,86	12,01
	AUG	4,57	5,80	8,86	9,45	8,74	11,70	13,00	10,43	11,43
	SEP	4,47	5,73	8,45	9,16	8,90	10,16	12,63	9,94	11,47
	OCT	4,65	5,85	8,50	8,86	9,12	10,02	13,46	9,77	11,50
	NOV	4,68	5,89	8,32	8,54	9,04	9,24	13,50	10,13	11,51
	DEC	4,75	5,78	9,09	8,92	8,96	11,43	16,02	10,70	11,66
	Ø	5,24	6,29	9,10	9,47	9,73	10,55	13,80	11,91	12,16
1986 -	JAN	4,58	5,69	9,53	9,70	8,87	12,80	17,21	13,46	12,75
	FEB	4,47	5,70	10,14	9,72	8,48	14,89	18,28	15,15	12,60
	MAR	4,40	5,48	9,49	9,60	8,07	13,13	16,49	14,86	11,70
	APR	4,39	5,23	7,72	8,54	7,70	8,44	12,57	11,58	10,48
	MAI	4,49	5,75	7,41	7,73	7,58	7,24	11,55	10,25	10,15
	JUN	4,48	5,91	7,27	7,22	8,35	7,27	11,40	9,42	9,70
	JUL	4,50	5,71	7,24	7,09	8,87	7,19	11,25	9,69	9,91
	Ø	4,47	5,63	8,40	8,51	8,27	10,14	14,10	12,05	11,04

Quelle: OECD Financial Statistics, verschiedene Ausgaben; eigene Berechnungen.

wicklung der ECU der Schluß gezogen, daß sie sich insbesondere dann weiter ausdehnen werde, wenn das wirtschaftliche Umfeld in den Mitgliedstaaten von anhaltender Instabilität geprägt sei. Denn je mehr die Inflationsdifferentiale und damit die Zinsunterschiede durch eine Harmonisierung der Wirtschaftspolitiken der Partnerstaaten vermindert würden, desto mehr würde die spezielle Produktivität der ECU und damit auch die potentielle Nachfrage nach ECU zurückgehen, da dadurch die Vorteilsunterschiede gegenüber den nationalen Währungen zunehmend geringer würden.[136]

Abgesehen von der Tatsache, daß diese Argumentation nur die ECU-Entwicklung als besonderes Segment an den internationalen Finanzmärkten im Hinblick auf die Erfüllung der Wertaufbewahrungsfunktion kennzeichnet und die Verwendung der ECU in anderen Geldfunktionen unberücksichtigt läßt, vernachlässigt diese Sichtweise das Kriterium der ex ante Vorteilhaftigkeit von Währungen als wesentliche Determinante ihrer internationalen Verwendung. Überdies läßt der bisherige empirische Befund der Entwicklung der privaten ECU und der Entwicklung des EWS eher auf den entgegengesetzten Zusammenhang schließen: daß sich nämlich die ECU gerade dann weiter ausdehnen wird, wenn das wirtschaftliche Umfeld in der Gemeinschaft von zunehmender Konvergenz gekennzeichnet sein wird und die Wechselkursentwicklung im EWS im wesentlichen frei von Spannungen verlaufen wird.

In Zeiten weltweiter Wechselkursunsicherheiten liegt die potentielle Attraktivität der ECU in der Erwartung ihres stabilen Wechselkursverhaltens und in der besseren Abschätzbarkeit ihrer zukünftigen Wertentwicklung, denn bei der Begründung von Fremdwährungspositionen gehen Erwartungen über Währungsrisiken in die Überlegungen der Wirtschaftssubjekte ein. Die Qualität einer Währung, definiert als Abweichung zwischen tatsächlicher und erwarteter Wertentwicklung, wird zur bestimmenden Größe. Unter diesem Aspekt erweist sich die ECU als günstig, da sie als Währungskorb über die Einbindung der Korbkomponenten in das institutionelle Regelwerk der EWS weniger schwankt als einzelne nationale Währungen und damit international operierenden Wirtschaftssubjekten größere Sicherheit bietet. Als standardisierter Währungskorb ist die ECU zwar nicht das Ergebnis individueller Optimierungsprozesse, sie zeichnet sich aber durch alle Vorzüge eines diversifizierten Portefeuilles und darüber hinaus durch Transaktionskostenvorteile gegenüber individuell zusammengestellten Währungskörben aus. Überdies hat die

136 Vgl. *A.v. Moltke* (1986), S. 87; ebenso auch die Auffassung von *M.J.M. Neumann* (1983, S. 324): "The more closely, therefore, interest rates and inflation rates of the constituent currencies move together, and the more stable the respective exchange rates, the more the productivity of any composite unit diminishes and, consequently, the more potential demand diminishes."

"konfektionierte" ECU gegenüber "maßgeschneiderten" Währungskörben den wesentlichen Vorteil, jederzeit handelbar zu sein. Während die ECU wie eine Währung ohne Aufspaltung in die einzelnen Korbkomponenten gehandelt werden kann, trifft dies bei maßgeschneiderten Währungskörben in aller Regel nicht zu.[137]

Die Stabilität der Wechselkursentwicklung der ECU im Vergleich zur Wertentwicklung einzelner nationaler Währungen ist Gegenstand verschiedener empirischer Untersuchungen, die jeweils von Variationskoeffizient und Standardabweichung als Stabilitätsmaße ausgehen. So gelangt *M. Cotto* in einer Studie des *Instituto Bancario San Paolo di Torino* (1983) zu dem Ergebnis, daß

> "la variabilité moyenne de l'ECU est toujours inférieure à celle de la monnaie qui a enregistré la variation minimale."[138]

Im gesamten der Analyse zugrundegelegten Zeitraum von 18 Monaten sowie in jeder der drei Halbjahresperioden in der Zeit von Januar 1982 bis Juni 1983 einschließlich erweist sich dieser Untersuchung zufolge die Variabilität der ECU als die geringste aller berücksichtigten Währungen, was besagt, daß die ECU im Berichtszeitraum die stabilste Wertentwicklung aufwies. Zu einem entsprechenden Ergebnis gelangt auch die umfangreiche Studie von *E. Guglielmotto* und *G. Passatore*, ebenfalls vom *Instituto Bancario San Paolo di Torino*, allerdings für den wesentlich umfassenderen Zeitraum von Januar 1980 bis September 1985 einschließlich:

> "The existence of an exchange rate agreement between EMS currencies in an international context of flexible rates often subject to erratic and unpredictable fluctuations endows the ECU with one highly appealing property, i.e. the greater stability and predictability of its exchange rate."[139]

Aus der Sicht eines solchen Wirtschaftssubjekts, dessen Landeswährung selbst Bestandteil des Korbes ist, resultiert die beobachtete Stabilität und bessere Abschätzbarkeit des ECU-Kurses nicht zuletzt auch aus dem Eigenwährungsanteil der betreffenden Währung am Korb, was allerdings nur für die anteilsmäßig stärker vertretenen Währungen von Bedeutung ist. Ansonsten wird der ECU-Kurs durch die Einbindung der Mitgliedswährungen in den Wechselkursmechanismus stabilisiert, wobei jedoch als Risikokomponenten das Bandbreiten- und insbesondere das Paritätsänderungsrisiko zu beachten sind. Darüber hinaus ergeben sich Unsicher-

137 Vgl. *A.v. Moltke* (1986), S. 45.

138 Vgl. *M. Cotto* (1983), S. 7. Für Details der Untersuchungsmethode vgl. *ebenda*, S. 1ff. Zur Wechselkursstabilität der ECU vgl. auch *A.v. Moltke* (1986, S. 49ff.), dessen Darstellung auf der zitierten Analyse von *Cotto* basiert.

139 Vgl. *E. Guglielmotto* und *G. Passatore* (1985), S. 18. Zum Analyserahmen der Studie vgl. *ebenda*, S. 4ff.

heiten der Kursentwicklung durch Regelungen abgestufter Teilnahme i.S. einzelner frei schwankender Korbkomponenten bzw. erweiterter Bandbreiten bestimmter Währungen.

Je geringer diese mit der Verwendung einer Fremdwährung - und somit auch mit der Verwendung der ECU - verbundenen Risiken eingeschätzt werden, desto eher werden die Wirtschaftssubjekte für ihre monetären Transaktionen auf die ECU zurückgreifen, sofern man ein primär spekulationsorientiertes Verhalten der Transakteure einmal ausschließt. Stellen wir uns in diesem Zusammenhang nun eine Phase größerer Wechselkursinstabilität im EWS aufgrund mangelnder Harmonisierung der einzelstaatlichen Wirtschaftspolitiken vor. Unter diesen Umständen werden die bilateralen Wechselkursausschläge recht heftig sein und einzelne Mitgliedswährungen werden nachhaltig an ihre Bandgrenzen stoßen, was entsprechende Spekulationen aufkommen läßt mit der Folge, daß die Paritäten in kurzen Zeitabständen jeweils neu angepaßt werden müssen. Damit wird auch die Wechselkursstabilität der ECU erheblich in Mitleidenschaft gezogen. Zwar wird sie sich als Währungskorb dann immer noch stabiler verhalten als einzelne nationale Währungen, aber ihr effektives Währungsrisiko ist von den Geldverwendern ex ante erheblich weniger genau kalkulierbar als dies in einer Phase größerer wirtschaftlicher Harmonisierung und demzufolge geringeren Wechselkursanpassungsbedarfs möglich ist. Parallel zur Instabilität des EWS steigt auch die Wahrscheinlichkeit der Fehleinschätzung des ECU-Risikos. In dem Maße, wie einzelne Wirtschaftssubjekte in dieser Situation dadurch Verluste erwirtschaften, daß das von ihnen erwartete Risiko von dem tatsächlichen Risiko übertroffen wurde, werden sie bei weiteren Fremdwährungskontrakten von der ECU Abstand nehmen und eine Währung verwenden, denen sie größeres Vertrauen entgegen bringen können. Wirtschaftssubjekte, die die ECU bislang noch nicht verwendet haben und denen diese Währung aufgrund der Gefahr der Fehleinschätzung des effektiven Risikos doch reichlich "suspekt" erscheint, werden ebenfalls die ECU nicht benutzen. Bei Instabilität erscheint das Entwicklungspotential der ECU also insgesamt begrenzt.

Diese Überlegungen bedeuten jedoch nicht, daß die ECU damit überhaupt keine Zukunft hätte. So wird es auch im Falle größerer Wechselkursinstabilität im EWS weiterhin eine Reihe von Kreditgebern und Kreditnehmern geben, denen die ECU als rentablere Geldanlage bzw. als kostengünstigeres Verschuldungsmedium erscheint. Beispiele hierfür können italienische und französische Unternehmen sein, die sich von der Kostenseite betrachtet zwar günstiger in D-Mark, holländischen Gulden oder schweizer Franken verschulden könnten, die aber das Wechselkursrisiko bei der ECU - nicht zuletzt wegen des Eigenwährungsanteils - geringer einschätzen. Entsprechend wird es auch Anleger aus Hartwährungsländern geben, die die ECU als Anlagewährung gegenüber der eigenen, aber niedriger verzinslichen oder gegenüber einer anderen, aber ertragreicheren, jedoch riskanteren Anlage, bevorzugen. Nicht zuletzt hat sich ja der ECU-Markt in der beobachteten asymmetrischen Form gerade in einer Zeit zu entwickeln begonnen, als die Länder der Gemeinschaft durch weit auseinanderklaffende Preis- und Kostenentwicklungen gekennzeichnet waren. Die ECU würde auch bei Instabilität ihre Nische an den internationalen Finanzmärkten behalten. In einer ex post Untersuchung wird es über diese Fälle hinaus sogar ableitbar sein, daß die ECU auch für weitere Gruppen von Anlegern/Schuldnern - je nach betrachteter Bezugsperiode und Herkunftsland - eine ertragreiche oder kostengünstige Alternative dargestellt hätte. Aufgrund der ex ante Unsicherheit über das tatsächliche Wechselkursverhalten ist eine Vielzahl von Kontrakten, die sich ex post als rentabel erwiesen hätten, jedoch nicht abgeschlossen worden.

Mit zunehmender Konvergenz der Wirtschaftspolitiken wird die Unsicherheit über die weitere Wertentwicklung der ECU geringer, Paritätsanpassungen werden umfänglich kleiner und nur noch in größeren Zeitabständen notwendig. Das System wird gegen externe Schocks widerstandsfähiger. Damit nimmt die Sicherheit der Marktteilnehmer zu, daß es über das EWS-Interventionsinstrumentarium - trotz weiterhin in gewissem Umfang voneinander abweichender Inflationsentwicklungen - möglich sein wird, die Mitgliedswährungen über einen längeren Zeitraum innerhalb der festgelegten Bandbreiten zu halten, was die Verwendung der ECU begünstigen wird[140]. Diese Überlegungen werden vom empirischen Befund der Entwicklung des EWS und der Entwicklung der ECU im privaten Bereich bestätigt. So hat die ECU ihren besonderen Aufschwung in einer Zeit erlebt, als die Mitgliedstaaten dazu übergegangen sind, ihre Wirtschaftspolitiken stärker aufeinander abzustimmen und von daher nur ein geringerer Wechselkursanpassungsbedarf befürchtet werden mußte (3. Phase des EWS) sowie aufgrund der Dollarkursentwicklung auch keine exogene Belastung auf das EWS ausging, die eine Leitkursanpassung notwendig gemacht hätte. Darüber hinaus zeigt das Datenmaterial in den Jahren 1986 und 1987 jeweils im Vorfeld aufkeimender Wechselkursänderungserwartungen einen ausgeprägten Attentismus hinsichtlich weiterer ECU-Engagements. Mit dem Vollzug der Anpassung und in Erwartung keiner weiteren Adjustierung in der Folgezeit war gleichzeitig ein deutlicher Wachstumsimpuls des Bankeinlagen- und Kreditmarktes sowie der ECU-Emissionsaktivitäten verbunden. Zu diesem Impuls wäre es hingegen nicht gekommen, wenn die Wirtschaftssubjekte mit anhaltender Instabilität hätten rechnen müssen.

140 Vgl. zu dieser Auffassung auch *M. Keyzer* (1983, S. 319), der in diesem Zusammenhang davon spricht, daß "... a basket of national currencies, ..., will only be able to fulfil its role in international markets effectively if and when the economic and financial policies pursued in the countries issuing the currencies concerned have been sufficiently harmonized."

Die große Bedeutung der Stabilität des EWS-Wechselkursmechanismus für die Entwicklung der ECU spiegelt sich auch in dem ab 1984 steigenden Anteil von Marktteilnehmern aus Nicht-EWS-Ländern wider. Deren Beteiligung ist Reflex des zunehmenden Vertrauens, das der ECU international entgegengebracht wird. Dabei ist jedoch auch zu berücksichtigen, daß die Entwicklung der ECU an den internationalen Märkten - besonders im Hinblick auf die Anleihebegebungen - nicht zuletzt auch von der Dollarentwicklung begünstigt wurde. Die Ungewißheit über die weiteren Kapriolen dieser Währung hat zu einem schwindenden Interesse an Dollaremissionen geführt. Auf der Suche nach Alternativen rückten in der Vergangenheit europäische Währungen in den Vordergrund, deren Wechselkursrisiken als geringer eingestuft wurden. Offensichtlich konnte auch die ECU hiervon profitieren[141]. So gelang es ihr im ersten Quartal 1987, ihren bislang höchsten prozentualen Anteil am Emissionsvolumen internationaler Anleihen zu erringen.

Auch die Betrachtungen zur Verwendung der ECU als Rechen- sowie als Tauschmittel zeigen, daß die ECU dann weitere Marktanteile an sich ziehen wird, wenn ihre Entwicklung besonders stabil eingeschätzt werden kann. Denn so belegt die Studie zum Fakturierungsverhalten europäischer Firmen im Außenhandel, daß fast immer die stabilere der beiden Partnerwährungen zur Fakturierung verwendet wird. Sollten aus diesem Grund italienische oder französische Unternehmen beispielsweise ihre deutschen Handelspartner in Zukunft verstärkt zur ECU-Fakturierung drängen wollen, dann werden sie sich umso eher durchsetzen können, je stabiler die ECU von der anderen Marktseite eingeschätzt wird. Und schließlich ist es sicher kein Zufall, daß sich gerade zu einer Zeit, zu der die ECU zunehmend als härtere Währung eingestuft wird, eine Gruppe europäischer Banken und Unternehmen unter deutscher Beteiligung zu einer Interessengemeinschaft zur Förderung der kommerziellen ECU-Verwendung zusammengeschlossen hat.

Damit läßt sich zusammenfassend feststellen, daß die Entwicklung der ECU im privaten Bereich und ihre weitere Perspektive nicht losgelöst von der Entwicklung des EWS-Wechselkurssystems gesehen werden können. Denn zwischen beiden besteht eine enge Beziehung dergestalt, daß - wie die empirische Betrachtung deutlich gemacht hat - die Entwicklung der privaten ECU positiv korreliert ist mit der Stabilität des EWS-Wechselkurssystems. Wir wollen diese Beziehung als EWS-ECU-Zusammenhang bezeichnen. Unter dieser Bedingung wird sich die ECU im privaten Bereich umso eher ausweiten können, je besser es durch interne wirtschaftspolitische Koordination zwischen den Partnerstaaten gelingt, für die Aufrechterhaltung weitgehend stabiler Wechselkurse in der Gemeinschaft zu sorgen.

---

141 Vgl. *o.V.* (1985), ECU-Sektor profitierte von Dollar-Unsicherheit, in: Börsen-Zeitung vom 11.05.85.

E. ZUSAMMENFASSUNG: ENTWICKLUNG UND PERSPEKTIVEN DER PRIVATEN ECU

Wie in diesem Kapitel gezeigt, hat die private ECU an den internationalen Geld- und Kapitalmärkten in der Zeit seit 1982 eine unerwartet starke Entwicklung genommen[142]. Sowohl in quantitativer als auch in qualitativer Hinsicht ist der Markt für private ECU dem privaten SZR-Markt heute bei weitem überlegen[143]. Die ECU erfüllt im internationalen (vorwiegend noch europäischen Rahmen) die traditionellen Geldfunktionen und ihre Wechselkurse und Zinssätze bilden sich frei am Markt. Besonders hinsichtlich der Zinssätze ist eine deutliche Abweichung vom gewichteten Durchschnitt der Korbwährungszinssätze zu beobachten, worin sich der Übergang der ECU von einem Währungskorb zur Korbwährung widerspiegelt.

Der private ECU-Markt war ursprünglich ein regional äußerst begrenzter Markt. ECU-Aktivitäten konzentrierten sich überwiegend auf Frankreich und Italien (ECU-Kreditnahme) sowie Belgien und Luxemburg (ECU-Einlagen). Aufgrund dieser geringen regionalen Streuung kam die Befürchtung auf, daß bestimmte Veränderungen in der Faktorenkonstellation, die die Ausweitung des privaten ECU-Marktes begünstigt hat, zu einem Rückgang oder sogar zu einer vollständigen Auflösung dieses Marktsegments führen könnten.[144] Vor dem Hintergrund der Entwicklung in den Jahren 1985 und 1986 scheinen solche Sorgen allerdings an Gewicht verloren zu haben. Auch deuten die bisher vorliegenden jüngsten Daten für das erste Quartal 1987 auf eine aufwärts gerichtete Tendenz der ECU-Aktivitäten hin. Es ist zwar eingetroffen, daß die relativen Anteile Frankreichs und Italiens am ECU-Bankenmarkt etwas abgenommen haben. Dieser Rückgang wurde allerdings durch die Ausweitung an anderen Zentren (Großbritannien, Benelux-Staaten sowie übrige Länder) kompensiert, so daß es nicht zu einem Schrumpfen des Gesamtmarktes gekommen ist.

---

142 Besonders skeptische Stimmen kamen z.B. von *N. Thygesen* (1980), S. 235ff., *M. Fratianni* (1982), S. 430ff., *P. Salin* (1982), S. 175ff. sowie *derselbe* (1984), S. 196ff. Die negative Einschätzung dieser Autorengruppe, die sich im wesentlichen auf die mangelnden Durchsetzungschancen der ECU als Wertaufbewahrungsmittel in einigen Ländern richtet, vermag insofern allerdings nicht zu verwundern, als diese Autoren zu den Mitunterzeichnern des sogenannten Allerheiligenmanifests aus dem Jahre 1975 zählen, in dem sie sich für die Einführung einer kaufkraftstabilen Parallelwährung in der Gemeinschaft aussprechen. Vgl. auch die skeptische Stellungnahme von *H. Pfisterer* und *K. Regling* (1983), S. 273ff.

143 Für eine Beschreibung privater SZR-Aktivitäten vgl. z.B. *IMF-Staff* (1983), S. 561ff. Eine vergleichende Betrachtung von ECU und SZR hinsichtlich der Erfüllung von Geldfunktionen im offiziellen und privaten Bereich findet sich bei *J. Gold* (1984), S. 659ff. bzw. 696ff.

144 In diesem Sinne vgl. *F. Moss* (1984), S. 47.

Diese Beobachtung, daß der private ECU-Markt mittlerweile auf einer geographisch verbreiterten Basis steht, wurde auch von der Betrachtung der regionalen Verteilung der ECU-Emittenten bestätigt. Kamen die ursprünglichen Antriebskräfte im wesentlichen von EG-Institutionen sowie aus einigen wenigen EWS-Ländern, so traten zunehmend auch Emittenten aus Nicht-EWS-Ländern sowie von außerhalb Europas an den Markt heran. 1985 betrug dieser Anteil bereits 30 v.H. aller ECU-Anleiheaktivitäten. 1986 war insgesamt ein Rückgang der begebenen ECU-Emissionen (anzahl- und volumenmäßig) festzustellen. Der Marktanteil der Emittenten von außerhalb der Gemeinschaft konnte sich allerdings behaupten. So wurden allein von amerikanischen Institutionen vierzehn ECU-Emissionen mit einem Volumen von über 900 Mio ECU aufgelegt.[145] Die Daten für das erste Quartal 1987 bestätigen diesen Trend.

Neben dieser für eine weitere Marktentwicklung der privaten ECU als vordringlich angesehenen geographischen Ausweitung des Verwenderkreises wurde ein anderes Problem darin gesehen, daß private ECU-Aktivitäten in den Anfangsjahren im wesentlichen "a purely financial phenomenon"[146] darstellten. ECU-Verwendung im Bereich kommerzieller und industrieller Aktivitäten war in diesen Jahren nur ansatzweise - so z.B. im Rahmen der Außenhandelskreditnahme französischer und italienischer Unternehmen - vorhanden. Die dynamischsten Sektoren, die auch das Renomée des gesamten ECU-Marktes begründeten, stellten der ECU-Anleihemarkt sowie der Interbankenmarkt in ECU dar, die den ECU-Markt auch heute noch dominieren. Zwar ist es der ECU in den Jahren ab 1984 in immer stärkerem Maße gelungen, auch in kommerziellen Bereichen Fuß zu fassen. So z.B. wenn die ECU von verschiedenen Unternehmen im Rahmen ihrer internen Verrechnung Verwendung findet oder - und hierin liegt auch ihr vorerst bedeutendstes Entwicklungspotential - wenn sie für Zwecke der Außenhandelsfakturierung benutzt wird. Wie eine 1985 zu diesem Problemkreis angefertigte Studie gezeigt hat, besitzt die ECU als Transaktionswährung im Außenhandel allerdinsg noch eine vergleichsweise geringe - jedoch zunehmende - Bedeutung. Auch dokumentiert der Zusammenschluß einer Reihe europäischer Banken und Großkonzerne zu einer "Vereinigung für die Währungseinheit Europas" den zunehmenden Stellenwert der ECU im kommerziellen Bereich. Chancen im Außenhandel besitzt die ECU stets in den Fällen, in denen es beiden Marktseiten nicht möglich ist, sich auf eine der beiden nationalen Währungen zu einigen bzw. wenn bisher bereits auf die Verwendung einer anderen Vehikelwährung zurückgegriffen wurde. Angesichts der dominierenden Stellung der Gemeinschaft im Welthandel, die - wie oben herausgestellt - ein zentrales Kriterium für die Herausbildung dominanter Währungen ist, könnte

145 Vgl. hierzu ECU-Newsletter No. 19, Januar 1987, S. 9.
146 Vgl. *F. Abraham u.a.* (1984), S. 20.

die ECU auf diesem Wege zu einer führenden Verrechnungswährung des internationalen Austauschs werden. Durch Überlegungen, bestimmte Rohstofflieferungen auf ECU-Basis zu fakturieren, deutet sich eine derartige Richtung auch bereits an.

Entscheidend für die Beurteilung der bisherigen Entwicklung des ECU-Marktes sowie seiner Perspektiven ist, daß sich die angesprochenen Verwendungsrichtungen - Entwicklung der ECU als Depositen- und Darlehenswährung, für Zwecke der Anleiheemission sowie im kommerziellen Bereich - in gegenseitiger Wechselbeziehung bedingen und sich gleichsam in ihrer Entwicklung fördern.[147] So führt einerseits eine steigende Verwendung der ECU für internationale Handelstransaktionen ggf. zu einer Ausweitung des Bedarfs an ECU-Depositen sowie zu einer Zunahme des Depositenvolumens. Dadurch werden wiederum die ECU-Kreditvergabemöglichkeiten des Bankensystems gefördert, ohne daß die Geschäftsbanken durch Rückgriff auf die nationalen Währungskomponenten den ECU-Korb erst zusammenstellen müssen. Auf der anderen Seite aber erleichtern aktive Geld- und Kapitalmärkte in ECU die zunehmende Verwendung dieses Instruments im Bereich kommerzieller Transaktionen. Überdies werden der steigende Verwendungs- und damit auch Bekanntheitsgrad sowie das zunehmende Vertrauen in das neue Geld, das sich aufgrund der Vielzahl von ECU-Verwendern und der damit verbundenen positiven Erfahrungen, auch bei weiteren Wirtschaftssubjekten durchsetzen wird, langfristige Kreditaufnahme bzw. Kreditgewährung - beispielsweise im Rahmen sich belebender Emissionstätigkeit - stimulieren. Da sämtliche mit der Emission direkt in Verbindung stehenden monetären Transfers - wie z.B. Tilgungs- und Zinszahlungen[148] - in ECU getätigt werden (falls die betreffende Emission nicht eine andere spezifische Regelung vorsieht), trägt eine derartige Entwicklung auch wiederum zu einer Ausweitung der ECU-Depositenhaltung bei. Im Zuge dieses Prozesses zunehmender ECU-Verwendung kommt es auch zu einer Verfeinerung des ECU-denominierten Instrumentariums, das immer stärker den individuellen Bedürfnissen der Geldverwender angepaßt wird. Diese Verfeinerung trägt ihrerseits wieder zu einer Ausdehnung der ECU-Verwendung im Bereich kommerzieller Transaktionen bei[149]. In dem Maße, wie immer mehr Gläubiger-Schuldner-Verhältnisse auf der Basis der ECU begründet werden, beginnt sich ein selbsttragender evolutorischer Prozeß einzustellen, in dessen Verlauf sich die ECU zunehmend im internationalen Verkehr als Rechen-, Wertaufbewahrungs- und Transaktionsmittel durchsetzen wird. Diese Entwicklungsperspektive ist jedoch umso eher zu erwarten, je mehr sich das wirtschaftliche Umfeld in den Partnerländern durch weitgehende Stabilität auszeichnet, da hierdurch das mit der

147 Vgl. auch *P. Reynolds Allen* (1986), S. 17.

148 Vgl. hierzu z.B. *Westdeutsche Landesbank*, Marketletter No. 2, 4. Februar 1985, S. 4.

149 Vgl. hierzu auch *P. Guimbretière* (1986 b), S. 25ff.

ECU verbundene Wechselkursrisiko zurückgeht. Je mehr sich die ECU durch Wertstabilität auszeichnet, desto mehr wird sie an die Stelle nationaler Währungen im internationalen Rahmen treten. Wie wir zudem im folgenden Kapitel noch begründen werden, trägt die Ausweitung der privaten ECU-Verwendung als Wertaufbewahrungs- bzw. Transaktionsmittel ihrerseits zu einer Stabilisierung der Wechselkursverhältnisse im EWS sowie auch zu einer weiteren wirtschaftlichen Harmonisierung im EWS-Raum bei.

FÜNFTES KAPITEL

Die währungspolitische Rolle der ECU in der Übergangsphase zur Wirtschafts- und Währungsunion

A. DIE BEDEUTUNG DES EWS UND DER PRIVATEN ECU FÜR DIE ERRICHTUNG EINER WIRTSCHAFTS- UND WÄHRUNGSUNION IN DER GEMEINSCHAFT

Die EG befindet sich noch immer in der Übergangsphase zu dem bereits 1969 mit der Entschließung der Staats- und Regierungschefs der Mitgliedstaaten als wünschenswert proklamierten Endzustand einer Wirtschafts- und Währungsunion. Nach dem Scheitern eines ersten Anlaufs, dieses Ziel über einen wechselkursorientierten Integrationsansatz zu erreichen, wurde mit dem EWS als einer Kombination von wechselkurs- und währungsorientiertem Ansatz ein integrationspolitischer Konzeptionswechsel i.S. eines Ankerwährungskonzepts vollzogen.

Dieses System hat in den letzten Jahren zunehmend besser funktioniert, wie die selteneren und umfänglich kleineren Leitkursanpassungen zeigen. Erreicht werden konnte dies zu einem wesentlichen Teil über die in Anlehnung an die Vorstellungen *Tindemans* im EWS angelegten Abstimmungs- und Konsultationsvereinbarungen, die, ohne daß konkrete Handlungserfordernisse für die Mitgliedstaaten verbindlich festgeschrieben sind, zu einer verstärkten Harmonisierung der wirtschafts- und währungspolitischen Zielvorstellungen und damit auch Entwicklungen führen. Diese Tendenz wurde darüber hinaus durch äußere Determinanten (Kapitalmobilität / Dollarentwicklung) sowie durch gescheiterte wirtschaftspolitische Alleingänge einzelner EWS-Länder - so das expansionistische Experiment *Mitterands* - verstärkt. Auf diese Weise hat sich mit der Zeit eine Kohärenz wirtschaftspolitischer Zielvorstellungen mit dem Oberziel Preisniveaustabilität durchgesetzt, der sich auch die in Abstufung am System teilnehmenden Volkswirtschaften nicht entziehen konnten.[1]

Parallel zu dem Durchsetzungsprozeß einer "Währungspolitischen Doktrin" im hoheitlichen Bereich und der dadurch erfolgten Stabilisierung des Wechselkursverbundes von innen wuchs die ECU im privaten Sektor in eine Rolle hinein, in der sie in zunehmendem Maße die Funktionen eines international verwendeten Geldes erfüllt. Diese Entwicklung vollzog sich jedoch nicht unabhängig von der Entwicklung des EWS-Wechselkurssystems. So zeigt das bisher vorliegende Zahlenmaterial eine weitgehend positive Korrelation zwischen der Ausweitung der ECU-Verwendung (und der Verbreiterung ihrer geographischen Basis) sowie der Stabilität der EWS-Wechselkurse.

Dieser empirische Befund erscheint ökonomisch begründet, denn mit zunehmender Stabilität der Wechselkursverhältnisse ist die Abschätzbarkeit der tatsächlichen zukünftigen Kursentwicklung der ECU ex ante leichter möglich. In dem Maße, wie das Wechselkursrisiko abnimmt, entwickelt sich im Laufe der Zeit ein Vertrauenskapital, das die ECU - auch bei Verwenderkreisen außerhalb der EG - zunehmend attraktiv macht. In diesem Zusammenhang spiegelt sich letztlich die Logik des Ankerwährungskonzepts EWS wider: Je besser es gelingt, die Wechselkurse zu stabilisieren, desto besser werden die Durchsetzungschancen der privaten ECU als Rechen-, Tausch- und Wertaufbewahrungsmittel sein. Denn dadurch ist sie nicht mehr nur in Ländern mit weicherer Währung eine bevorzugte Alternative, sondern sie wird auch in Ländern mit stabileren Währungsverhältnissen vermehrt akzeptiert werden - so z.B. als Fakturierungswährung im Außenhandel.

1 Ein gutes Beispiel für die in der Konzeption des EWS angelegte "Sogwirkung" stellen die jüngeren Entwicklungen im Mitgliedsland Spanien, das mittlerweile die EWS-Entschließung gebilligt hat und zum 1.1.1988 20 v.H. seiner Gold- und Dollarreserven auf den EFWZ übertragen hat, dar. Die konstruktive Teilnahme dieses Landes am gemeinsamen Zielbildungs- und Entscheidungsprozeß im Rahmen des EWS trug zu einer strengen Anti-Inflationspolitik und dadurch zu einer deutlichen Annäherung an die geldwertpolitischen Vorstellungen der EWS-Vollmitglieder bei. Vgl. hierzu *o.V.* (1987), Madrids Regierung will der Inflation mit drastischen Maßnahmen zu Leibe rücken, in: Handelsblatt vom 27.04.1987. Eine Einbeziehung in den Wechselkursmechanismus wird daher auch seitens der spanischen Währungsbehörden bereits für Herbst 1989 für möglich gehalten. Vgl. hierzu z.B. *o.V.* (1987), Junktim für Liberalisierung, in: Handelsblatt vom 14.05.1987.

Vorschläge[2], die überwiegend aus dem politischen Raum in den letzten Jahren zur Weiterentwicklung des EWS vorgelegt wurden, betonen diesen zentralen Zusammenhang zwischen der Stabilität der EWS-Wechselkurse und der Ausweitung der privaten ECU allerdings nicht. Gefordert werden im offiziellen Bereich eine Verbesserung der EWS-Mechanismen, eine stärkere Betonung der Rolle der ECU sowie eine größere Bedeutung für den EFWZ, der in Richtung auf eine föderalistisch organisierte ECU-emittierende europäische Zentralbank weiterentwickelt werden sollte.[3] Parallel dazu soll die private Verwendung der ECU vorangetrieben werden, indem neben einer Aufhebung rechtlicher Restriktionen und Hindernisse in einzelnen Partnerländern beispielsweise auch eine Emission von auf ECU lautenden Münzen[4] und ggf. auch Noten ins Auge gefaßt wird. Dabei wird die private ECU allerdings - wie *Kloten* es ausdrückt - als ein "Vehikel für die gewünschten Impulse auch in der offiziellen Verwendung der ECU und bei den institutionellen Vorkehrungen auf europäischer Ebene"[5] angesehen. Diesen Überlegungen zufolge soll die zunehmende private ECU-Verwendung als Hebel angesetzt werden, um den Prozeß der monetären (institutionellen) Integration wieder in Gang zu bringen. Dabei berücksichtigen diese Vorschläge, die den ausschließlichen Akzent auf die

2 Aus der Fülle politischer Vorschläge, die zur Weiterentwicklung des EWS vorgelegt wurden, seien stellvertretend folgende Publikationen genannt: Bericht im Namen des Ausschusses für Wirtschaft und Währung über die Konsolidierung und den Ausbau des Europäischen Währungssystems im Rahmen der Vorschläge der Kommission der Europäischen Gemeinschaften vom März 1982, (KOM (82) 133 endg.), Europäisches Parlament, Sitzungsdokumente 1983 - 1984, Dokument 1-1251/83 v. 16. Januar 1984 (sog. *Herman*-Bericht); das 15-Punkte Programm *Helmut Schmidts* (1985) zur Weiterentwicklung des EWS; Vorschläge *Robert Triffins* (1985), S. 8-14; Ad-hoc Ausschuß für institutionelle Fragen, Bericht an den Europäischen Rat, Brüssel 29./30. März 1985 (Schlußbericht des sog. *Dooge*-Ausschusses); zu den Vorstellungen der Kommission vgl. die Mitteilung der Kommission an den Rat zur Stärkung des Europäischen Währungssystems und Entwurf einer Entschließung des Rates (KOM (84) 678 endg.) vom 29.11.1984. Eine Auseinandersetzung mit den Vorstellungen im *Herman*-Bericht und bei *Helmut Schmidt* sowie eine synoptische Gegenüberstellung der wesentlichen Aspekte mit der Position der Deutschen Bundesbank bietet *N. Kloten* (1985), S. 451-466. Eine knappe Beurteilung einzelner Vorschläge gibt *R. Hasse* (1986 b), S. 409-411.

3 So z.B. bei *H. Schmidt* (1985), Punkt 7.

4 Als erstes Land der Gemeinschaft hat nun Belgien mit der Prägung von Geldstücken lautend auf die Europäische Währungseinheit ECU begonnen, die als gesetzliches Zahlungsmittel zugelassen sind. Vom 25. März 1987 an, dem 30. Jahrestag der Gründung der Europäischen Gemeinschaft, sind die Münzen im Nennwert von 5 ECU (Silberstück) und 50 ECU (Goldstück) in Umlauf. Trotz ihres Charakters als gesetzliches Zahlungsmittel werden sie jedoch wegen des Unterschieds zwischen Nennwert und Ausgabepreis vorwiegend als Sammlerobjekte betrachtet werden dürfen.

5 Vgl. *N. Kloten* (1985), S. 452.

Forcierung der privaten ECU-Verwendung legen[6], allerdings nicht - um im Bild zu bleiben - daß ein Hebel an erster Stelle einmal eine feste Aufhängung oder Auflage benötigt, um seine Wirkung überhaupt voll zur Geltung bringen zu können. Betrachtet man in diesem Zusammenhang den Wechselkursmechanismus als die notwendige "Auflage", so muß auch weiterhin sichergestellt sein, daß durch eine Politik stabilitätsorientierter Konvergenz Wechselkursfluktuationen zwischen den Partnerwährungen gering gehalten werden. Eine derartige Politik wird durch die Abstimmungs- und Konzertierungsregelungen des EWS gewährleistet. Über die in den Luxemburger Vereinbarungen vom Dezember 1985 vorgesehene Einfügung eines neuen Artikels in den EWG-Vertrag, in dem die Konvergenz der Wirtschafts- und Währungspolitik in der Gemeinschaft kodifiziert wird, wird dieser Voraussetzung darüber hinaus (implizit) Rechnung getragen.

Vor dem Hintergrund zunehmender Konvergenz in der Gemeinschaft wird sich die private ECU weiter ausdehnen können. Sie wird in neue Verwendungsbereiche vordringen und von einer zunehmenden Anzahl von Wirtschaftssubjekten für monetäre Transaktionen verwendet werden. Eine solchermaßen sich entwickelnde ECU wird dann ihrerseits - dies soll im Rahmen späterer Abschnitte dieses Kapitels begründet werden - einen Beitrag dazu leisten, ihre "Auflage" - den EWS-Wechselkursmechanismus - zu stabilisieren.

In diesem Sinne werden in dieser Schrift das EWS und die private ECU als nicht voneinander zu trennen betrachtet, sondern als ein interdependentes System aufgefaßt, das sich - sehr vereinfacht gesprochen - mit einem Regelkreismechanismus vergleichen läßt: Durch die zunehmende Stabilität der Wechselkurse im EWS wird die Verwendung der ECU im europäischen und außereuropäischen Raum gefördert. Diese Abhängigkeit wurde oben als EWS-ECU-Zusammenhang bezeichnet. Gleichzeitig wirkt die zunehmende Verwendung der ECU als Wertaufbewahrungs- und Tauschmittel ihrerseits stabilisierend zurück auf die Wechselkursverhältnisse im EWS. Diese Beziehung (ECU-EWS-Zusammenhang) bildet den Gegenstand dieses Kapitels. Auf diesem Wege lassen sich dann weitere institutionelle Schritte (z.B. eine Einengung der Bandbreiten) realisieren. Stabilität der Wechselkurse durch zunehmende Konvergenz und die Ausweitung der privaten ECU als sich gegenseitig fördernde Entwicklungen können somit in Richtung auf die Verwirklichung einer Wirtschafts- und Währungsunion wirksam werden.

Damit die positiven Stabilisierungswirkungen der ECU-Verwendung jedoch voll zur Entfaltung kommen können, ist es vorab notwendig, alle rechtlichen Hindernisse, die der ECU-Verwendung im Wege stehen, zu beseitigen.

---

6 Ausnahme hierzu *EG-Kommission* (1984), S. 3f.

B. DIE BESEITIGUNG RECHTLICHER HINDERNISSE ALS VORAUSSETZUNG DER WEITEREN ECU-ENTWICKLUNG

1. Die Zulassung privater ECU-Verbindlichkeiten in der Bundesrepublik

Wie oben bereits festgestellt, war eine entscheidende Voraussetzung für die Ausweitung privater ECU-Aktivitäten dann erfüllt, als die Länder der Gemeinschaft sowie eine Reihe von Drittstaaten der privaten ECU de jure oder de facto den Status einer vollwertigen Fremdwährung übertragen haben. Damit war es in diesen Ländern möglich geworden, ECU-Geschäfte in der gleichen Art und Weise und unter gleichen Bedingungen abwickeln zu können, wie das für andere Devisen der Fall ist. In Ländern mit Kapitalverkehrsbeschränkungen unterlag die ECU damit nur noch den für Fremdwährungen gültigen Regelungen und in Ländern ohne Devisenbeschränkungen konnte völlig frei über sie verfügt werden.

Anders aber die frühere Situation in der Bundesrepublik Deutschland. Trotz der hierzulande prinzipiell verwirklichten Kapitalverkehrsfreiheit wurden seitens der *Deutschen Bundesbank* juristische und währungspolitische Bedenken gegen die private ECU-Verwendung angeführt. Die Bundesbank verwies auf einschlägige Gesetze, wonach die ECU als Recheneinheit nicht über die materiellen Voraussetzungen verfüge, die für eine Währung im Rechtssinne konstitutiv seien.[7] Zudem stellte sie das im Währungsrecht festgelegte Indexierungsverbot von Schuldverhältnissen auf der Basis des § 3 WährG heraus.[8] Insbesondere führte die Anwendung dieses

7 Vgl. hierzu *Deutsche Bundesbank* (1984), S. 74. In dieser Auffassung kommt die unser Währungsrecht beherrschende "Staatliche Theorie des Geldes" zum Ausdruck. Zu dieser Theorie vgl. insbesondere *G.F. Knapp* (1923).

8 Genauer: Erstes Gesetz zur Neuordnung des Geldwesens (Währungsgesetz), Gesetz Nr. 61 der amerikanischen (Amtsbl. der MilReg. Amerik. Kontrollgebiet, Ausgabe J, S. 6) und der britischen (Amtsbl. der MilReg. Brit. Kontrollgebiet Nr. 25, S. 848) Militärregierungen vom 20.06.1948, Verordnung 158 der französischen Militärregierung (Journal Officiel, Nr. 193, S. 1506) vom 18.06.1948. Der vollständige Wortlaut des Gesetzes ist nachzulesen bei *R. Harmening* und *K. Duden* (1949), S. 1ff. Diese Vorschrift wurde 1948 von den Besatzungsmächten zum Schutz der neuen Deutsche-Mark-Währung in ihrer Einführungsphase erlassen, da man damals befürchtete, die neu geschaffene Währung könnte vom Verkehr nicht auf freiwilliger Basis akzeptiert werden. Daß der Vorschrift des § 3 WährG später allerdings die einmal ganz andere Funktion beigemessen würde, einer Indexierung von Geldschuldverhältnissen in der Volkswirtschaft entgegenzuwirken, um damit möglicherweise verbundene inflationäre Tendenzen zu verhindern, konnte zum damaligen Zeitpunkt keiner der an der Gesetzesformulierung Beteiligten vorhersehen. Vgl. in diesem Sinne auch *P. Bofinger* (1985 a), S. 41; ebenso *E.W. Schmalz* (1986), S. 170ff. Zur Regelung des § 3 WährG vgl. allgemein *P. Bofinger* (1985 a), S.

Paragraphen auf ECU-denominierte Schuldverhältnisse dazu, daß es für Gebietsinländer nicht möglich war, rechtswirksam ECU-Konten bei deutschen Kreditinstituten zu führen oder auf ECU lautende Kredite aufzunehmen. Da § 3 WährG nur für Verbindlichkeiten gilt, war auf der anderen Seite das Eingehen von ECU-Forderungen (z.B. Zeichnen von ECU-Anleihen) uneingeschränkt möglich.

Mit den Bundesbankbeschlüssen vom 16. Juni 1987 über die Änderung ihrer währungsrechtlichen Genehmigungspraxis zur ECU[9], denen eine auch im Hause der *Deutschen Bundesbank* zunehmend kontrovers geführte Diskussion vorausging[10], wurde diese währungsrechtliche Asymmetrie der ECU-Verwendung aufgehoben. So wird durch eine allgemeine Genehmigung nach § 3 des Währungsgesetzes insbesondere "die Führung von ECU-Konten bei Kreditinstituten und die Aufnahme bestimmter ECU-Kredite (mit einer Laufzeit von bis zu 12 Monaten, H.F.) erlaubt. Auf Antrag wird die *Deutsche Bundesbank* darüber hinaus unter anderem auch Genehmigungen für die Verwendung der ECU im grenzüberschreitenden Waren- oder Dienstleistungsverkehr und damit zusammenhängenden Anschlußgeschäften im Inland erteilen".[11] Mit diesem Beschluß wurde die früher gültige Diskriminierung der ECU als Zahlungswährung im grenzüberschreitenden Waren- und Dienstleistungsverkehr[12] sowie als inländisches Wertaufbewahrungsmittel (z.B. für

---

41ff.; speziell in bezug auf die Verwendung der ECU in der Bundesrepublik vgl. *H.C. Hafke* (1982), S. 16ff., *P.W. Schlüter* (1984), *S. Bürger* (1984 a), S. 67ff., *Derselbe* (1984 b), S. 265ff., *B. Wahlig* (1985), S. 1ff., *F. Teusch* (1984).

9 Vgl. hierzu Pressenotiz der *Deutschen Bundesbank* über die Änderung ihrer währungsrechtlichen Genehmigungspraxis zur ECU, abgedruckt in: *Deutsche Bundesbank* (Hrsg.), Auszüge aus Presseartikeln Nr. 45 vom 19. Juni 1987.

10 Zu den unterschiedlichen Standpunkten im Hause der *Deutschen Bundesbank* vgl. z.B. *F. Kral*, "ECU / Unterschiedliche Positionen in der Bundesbank (I)", in: Handelsblatt v. 25.02.1986 sowie *derselbe*, "ECU / Unterschiedliche Positionen in der Bundesbank (II)", in: Handelsblatt vom 26.02.1986; vgl. ebenso *o.V.*, "Bald können auch bei uns ECU-Konten geführt werden", in: Handelsblatt vom 12.05.1987. Zur Diskussion um die ECU-Verwendung in der Bundesrepublik vgl. z.B. die Beiträge von *W. Baumann* (1984), S. 801ff.; *P. Bofinger* (1984 a), S. 935f. und *derselbe* (1984 b), S. 293f.; *H. Harlandt* (1986), S. 98ff.; *H.E. Scharrer* (1984 c), S. 1086ff.; *H. Geiger* (1984 b), S. 1073ff.; *W. Filc* (1985 b), S. 350ff.; *C. Hasche-Preuße* (1984), S. 416ff.; *D.B. Simmert* (1984 a), S. 202 ff. und *derselbe* (1984 b), S. 659f.; *N. Kleinheyer* (1984), S. 232ff.; *o.V.* (1986), "Rechnungseinheit soll nicht länger einer Index-Klausel gleichgestellt werden", in: Handelsblatt vom 23.09.1986.

11 Vgl. hierzu die Pressenotiz der *Deutschen Bundesbank* über die Änderung ihrer währungsrechtlichen Genehmigungspraxis zur ECU, abgedruckt in: *Deutsche Bundesbank* (Hrsg.), Auszüge aus Presseartikeln Nr. 45 vom 19. Juni 1987.

12 Die freie Verfügbarkeit der ECU als Zahlungswährung zwischen Gebietsinländern ist damit jedoch noch nicht verbunden. Zwar steht es privaten Wirtschaftssubjekten in der Bundesrepublik jederzeit frei, eine beliebige Fremdwährung als Zahlungswährung zu vereinbaren, sofern dies von den Kontraktparteien gewünscht ist. Dies gilt gleichermaßen für die ECU. Allerdings sind

Termineinlagen bei deutschen Kreditinstituten) aufgehoben. Diese Neuregelung wird die Verwendung der ECU als Fakturierungswährung im Außenhandel begünstigen. Denn so ist es seit dem 16. Juni 1987 nunmehr möglich, ECU-Zahlungen ausländischer Handelspartner sogleich als ECU-Einlage zu verbuchen, ohne sie vor Gutschrift zuerst in D-Mark konvertieren zu müssen. Ebenso können seitdem ECU-Überweisungen von Konten bei deutschen Kreditinstituten auf ECU-Konten im Ausland beispielsweise zur Begleichung von Importrechnungen vorgenommen werden. Früher notwendige Umtauschoperationen sowie damit verbundene höhere Transaktionskosten entfallen somit. Auf diese Weise wird die ECU-Einlagenbildung gefördert. Gleiches gilt nunmehr beispielsweise auch für Zinszahlungen auf ECU-Anleihen, die früher erst in D-Mark zu konvertieren waren, und nun direkt auf ECU-Konten gutgeschrieben werden können.

2. Die Aufhebung von Kapitalverkehrsbeschränkungen in den EG-Partnerstaaten

a) Zum allmählichen Abbau bestehender Beschränkungen

Umfassender als die bisherige Untersagung des Eingehens von ECU-Verbindlichkeiten durch die *Deutsche Bundesbank* stellen sich devisenrechtliche Beschränkungen dar, wie sie in verschiedenen anderen EG-Mitgliedstaaten existieren und von denen ebenso die private ECU - trotz ihres dortigen Status als Devise - betroffen ist. An dieser Stelle sind vor allem die für den freien Kapitalverkehr in der EG hinderlichen italienischen und französischen Bestimmungen zu nennen. Aber auch die kleineren Mitgliedstaaten - Belgien und Irland sowie bis vor kurzem auch Dänemark - haben zur Abschottung ihrer nationalen Kapitalmärkte zu einer Reihe von Beschränkungen Zuflucht genommen, ganz zu schweigen von den neuen Mitgliedern, die noch kaum begonnen haben, sich von der überkommenen Tradition bestehender Isolation zu lösen. Diese Regelungen basieren auf der Inanspruchnahme von Schutzklauseln nach Artikel 73 EWGV, der die sich aus dem EWG-Vertrag grundsätzlich ergebende Liberalisierungspflicht (Artikel 3 EWGV) insofern einschränkt, als es den EG-Mitgliedstaaten prinzipiell gestattet wird, zur Abwehr (spekulativer) Kapitalflüsse sämtliche Kapitalbewegungen behördlichen Kon-

---

die Wirtschaftssubjekte dabei an die Bestimmung des § 3 Satz 1 WährG gebunden, die das Eingehen von Verbindlichkeiten in fremder Währung zwischen Inländern der Genehmigungspflicht durch die *Deutsche Bundesbank* unterwirft. Wird diese Genehmigung nicht erteilt, kann die ECU auch nicht als Zahlungswährung verwendet werden.

trollen zu unterwerfen. Von dieser Möglichkeit haben die betreffenden Länder in unterschiedlicher Weise Gebrauch gemacht, so daß es zu erheblichen Differenzierungen im Liberalisierungsgrad zwischen den einzelnen Volkswirtschaften gekommen ist.

Es braucht nun an dieser Stelle nicht auf detaillierte Regelungen in einzelnen Ländern abgestellt zu werden, da es sich hierbei um eine Fülle teilweise sehr komplizierter Einzelbestimmungen handelt, die zudem in den vergangenen beiden Jahren häufigen Veränderungen unterlagen. Beispielhaft sollen hier nur die bedeutendsten der bislang in Frankreich und Italien geltenden Regelungen angesprochen werden, die in erster Linie auf eine Begrenzung des Kapitalexports von Inländern abzielen und im wesentlichen den Kauf börsennotierter ausländischer Wertpapiere betreffen. So sind in Frankreich seit der Franc-Krise des Jahres 1981 solche Wertpapierkäufe grundsätzlich über den Markt für "Wertpapierdevisen" (devise titre) vorzunehmen, auf dem das Devisenangebot aus Verkäufen ausländischer Papiere durch Inländer gespeist wird und der Kurs mit einem erheblichen Agio gegenüber dem regulären Kurs notieren kann. Eine besondere Freizügigkeit besteht nur für von EG-Institutionen emittierte ECU-Papiere, deren Erwerb zum regulären Devisenkurs gestattet ist. In Italien unterliegen Kapitalexporte der Bardepotpflicht, d.h. einer unverzinslichen Einlage bei der Zentralbank, die erst bei Repatriierung der Anlage wieder freigegeben wird.[13]

Diese Devisenbeschränkungen dienten nicht zuletzt der *Deutschen Bundesbank* auch als Begründung für ihre Weigerung, das Eingehen von ECU-Verbindlichkeiten in der Bundesrepublik zuzulassen. In diesem Zusammenhang wurde seitens der *Bundesbank* darauf hingewiesen, daß das von den Partnerstaaten als Begründung ihrer Forderung nach einer Zulassung der ECU hierzulande angeführte Ziel, nämlich die weitere monetäre Integration, nur im Rahmen einer allgemeinen wirtschaftlichen Integration in der EG denkbar ist. Diese läßt sich nun zunächst auf die Ressourcen- bzw. Kapitalallokation über einen gemeinsamen bzw. integrierten EG-Binnenmarkt beziehen, den die Wirtschaftssubjekte innerhalb der EG bei ihren (wirtschaftlichen) Entscheidungen zugrundelegen können. Für Kapitalanleger bzw. Kreditnehmer bedeutet dies, daß sie innerhalb der gesamten EG ihr Vermögen am Ort größtmöglicher Erträge anlegen bzw. Kredite am Ort mit den niedrigsten Kosten nachfragen und somit eine EG-weite Kapitalallokation bewirken können. Von der Wirkung aus gesehen bedeutet dies, daß das in der EG vorhandene Kapital auf diese Weise EG-weit die volkswirtschaftlich vorteilhafteste Verwendung finden kann.

---

13 Vgl. ausführlich zu diesen Bestimmungen *Deutsche Bundesbank* (1985 b), S. 20f.

Kennzeichnend für Devisenkontrollen ist nun in diesem Zusammenhang, daß hierdurch Kapitalflüsse über die nationalen Grenzen hinweg entweder vollkommen unterbunden werden (devise titre) oder durch einseitige Diskriminierungen von Fremdwährungen in einigen EWS-Staaten (Bardepotpflicht) erschwert werden. Beides führt zum Fortbestehen nationaler Märkte oder - wenn man vom Integrationsziel ausgeht - der Segmentierung des EG-Marktes und ist somit als grundsätzliches Integrationshindernis zu betrachten. Die aus diesem Grunde geforderte und - durch einzelne nationale Maßnahmen sowie durch das Vorgehen der *EG-Kommission* - teilweise bereits erreichte Abschaffung bestimmter Kapitalverkehrskontrollen in den betreffenden Ländern kann somit als Beitrag zur Schaffung eines gemeinsamen Kapitalmarktes gesehen werden.[14]

Die weitere Liberalisierung des Kapitalverkehrs wird die Nutzung der ECU in den einzelnen Ländern, in denen ihre Verwendung bisher durch die nationale Devisengesetzgebung reglementiert ist, positiv beeinflussen. Insbesondere wird es mit weiteren Liberalisierungsschritten dann auch Privatpersonen, die an den in Italien und Frankreich bislang unternommenen Liberalisierungsanstrengungen noch nicht in der gleichen Weise partizipiert haben wie die dort ansässigen Unternehmen[15], ermöglicht, bisher verwehrte ECU-Geschäfte vornehmen zu können. Noch deutlicher wird die Kapitalverkehrsliberalisierung der ECU in den Ländern zugutekommen, in denen bislang grundsätzlich alle Finanztransaktionen mit dem Ausland strengen Kontrollen unterliegen (Griechenland, Spanien, Portugal). Denn mit der Liberalisierung des Kapitalverkehrs können erst die spezifischen Vorteile,

14 So hat Frankreich 1985 seine Devisenkontrollen teilweise abgebaut und im Mai 1986 in einer "zweiten Liberalisierungsphase" den Immobilienerwerb durch Private im Ausland ebenso wie den Kapitalverkehr mit persönlicher Art sowie den Wertpapierverkehr über eine Öffnung des geschlossenen Wertpapiermarkts (devise titre) liberalisiert. Auch Dänemark hat in den Jahren 1983-85 fast alle Restriktionen aufgehoben. Vgl. hierzu *W. Gebauer* (1986 b), S. 17 (Anmerkung 3). Italien hat 1985 weitgehend dem französischen Vorgehen entsprochen, jedoch 1986 erneut kurzfristige Beschränkungen eingeführt. Vgl. zum Stand der Kapitalverkehrsliberalisierung in Italien *o.V.*, "Italiens Devisenwirtschaft wartet noch immer auf die große Freiheit" in: *Handelsblatt* vom 9. Juni 1987, abgedruckt in *Deutsche Bundesbank* (Hrsg.) Auszüge aus Presseartikeln Nr. 42, vom 09. Juni 1987.

15 Die bisher in diesen Ländern verfügten Deregulierungsmaßnahmen zielten auch in erster Linie darauf ab, vorhandene Wettbewerbsnachteile italienischer und französischer Unternehmen auf den internationalen Märkten abzubauen, als den Kapitalverkehr bereits jetzt grundsätzlich und umfassend von bestehenden Fesseln zu befreien. Zum Stand der Kapitalverkehrsliberalisierung in Frankreich und Italien vgl. auch *o.V.* (1987), Regierung lockert erneut Devisenbestimmungen, in: Handelsblatt vom 25.05.1987 sowie *o.V.* (1987), Auslandsbanken erhalten mehr Bewegungsfreiheit, in: Handelsblatt vom 25.05.1987.

die die ECU aufgrund ihrer relativen Wechselkursstabilität und Verzinsung gegenüber anderen Transaktions- oder Anlagewährungen hat, voll zur Geltung kommen.

Dem positiven Effekt, den die Aufhebung nationaler Beschränkungen auf die Nutzungsmöglichkeiten der ECU ausübt, wird jedoch von verschiedenen Seiten entgegengehalten, daß andererseits im Rahmen bisheriger Kapitalverkehrsbeschränkungen auch Privilegierungen der ECU in bestimmten Verwendungsbereichen bestanden haben.[16] Eine generelle Beseitigung von Devisenbeschränkungen würde nun auch die Privilegierungen der ECU gegenstandslos machen und damit auch ihre Vorteile gegenüber anderen Währungen beseitigen.[17] Gegen diese Argumentation läßt sich jedoch einwenden, daß der Beitrag, den Devisenbeschränkungen und bestimmte Bevorzugungen der ECU zum Wachstum des gesamten Marktes geleistet haben, in der Realität weniger bedeutsam gewesen ist, als vielfach angenommen wird. So wurden nämlich bestimmte Maßnahmen, die die ECU gegenüber anderen Währungen begünstigt haben, erst eingeführt, als der ECU-Markt in diesen Ländern bereits ein beachtliches Ausmaß erreicht hatte. Beispiele hierfür sind die in Frankreich erst seit Ende 1984 zulässigen ECU-Kurssicherungsgeschäfte sowie die zur gleichen Zeit inkraftgetretene Begünstigung von ECU-Papieren im Rahmen des devise titre Systems. Zum anderen bezogen sich die ECU-Privilegierungen nur auf ganz bestimmte staatlicherseits gewünschte Verwendungsbereiche, nicht aber auf eine breite marktliche Nutzung der ECU als Transaktions- und Wertaufbewahrungsmittel. Und drittens konnte sich der ECU-Markt besonders auch in den Ländern entwickeln, in denen es keine Devisenbeschränkungen gibt, nämlich in einigen Drittstaaten sowie in den EWS-Ländern Holland und Großbritannien.

b) Der Einfluß der Kapitalverkehrsliberalisierung auf das Wechselkursgefüge des EWS

Die Abschaffung von Kapitalverkehrskontrollen kann jedoch kurzfristig zunächst auch unerwünschte Auswirkungen für das EWS haben und ist deshalb anfangs sukzessive zu vollziehen. Zu dem bereits erfolgten - in Frankreich fast vollständigen - Abbau hat neben einzelstaatlichen Maßnahmen der betreffenden Län-

16 Hier sind beispielsweise französische und italienische Bestimmungen zu nennen, nach denen die Wirtschaftssubjekte dieser Länder durch eine Verschuldung in ECU Beschränkungen der Verwendung der nationalen Währung im internationalen Geldverkehr teilweise in Höhe des Eigenwährungsanteils am Korb umgehen konnten. Vgl. zur Bedeutung von Kapitalverkehrskontrollen auch Kapital 4., D. 1, dieser Schrift.

17 Vgl. zu dieser Auffassung stellvertretend für andere *N. Kloten* (1985), S. 455ff.; ebenso auch *L. Gleske* (1985), S. 12.

der eine Initiative der *EG-Kommission* beigetragen, die ein Vorgehen in zwei Stufen intendiert. So sollen zunächst diejenigen Kapitaltransaktionen liberalisiert werden, die für das reibungslose Funktionieren des Gemeinsamen Marktes von Bedeutung sind. Dazu zählen z.B. die bislang nur bedingt liberalisierungspflichtigen Transaktionen wie langfristige Handelskredite oder der Handel mit nicht börsennotierten Wertpapieren. In der zweiten Phase, die zeitlich mit der Errichtung des Binnenmarkts zusammenfällt, soll dann die Freiheit des Kapitalverkehrs in der Gemeinschaft grundsätzlich hergestellt werden und die Liberalisierung insbesondere auf Finanzkredite und Geldmarktgeschäfte ausgedehnt werden.[18]

Die in den betreffenden Ländern verfügten sukzessiven Liberalisierungsbemühungen sowie der Stufenplan der EG-Kommission stehen im Einklang mit dem bisher erreichten Grad an wirtschaftlicher Konvergenz in der Gemeinschaft. Sie sind somit Reflex des bisher erreichten Harmonisierungsstandes. Denn dieses allmähliche und von Land zu Land unterschiedliche Vorgehen der Kapitalverkehrsliberalisierung ist vor dem Hintergrund einer Ausgangssituation zu sehen, in der - nicht zuletzt bedingt durch die Abschottung nationaler Kapitalmärkte und dadurch möglich gewordener Abweichungen nationaler binnenwirtschaftlich orientierter Geldpolitiken - die Kosten- und Preistrends teilweise erheblich voneinander abweichen konnten. Eine sofortige vollständige Kapitalverkehrsliberalisierung bzw. die Herstellung eines EG-weiten Kapitalmarktes in einem Schritt hätte trotz der gegenwärtig wesentlich geringeren Inflationsdifferentiale zwischen den Partnerwährungen erhebliche Spannungen im Wechselkursgefüge des EWS zur Folge, weil nämlich aufgrund der nun möglichen höheren Kapitalmobilität anzunehmen ist, daß

> "Money demanders will shift from 'low-confidence' currencies to high-confidence' ones, and these demand side shocks will reinforce the inflationry tendencies of the easy-money country and the deflationry tendencies of the tight-money country"[19].

Mit schrittweisem Vorgehen und der nur allmählichen Suspendierung bestehender Beschränkungen wird versucht, diese unerwünschten Auswirkungen weitgehend zu vermeiden, zumal ein schneller Abbau von Kapitalverkehrskontrollen bei auftretenden Störungen an der Währungsfront nur wieder - gewohnte - dann allerdings strengere Kontrollen hervorrufen würde, sofern die Irreversibilität ein-

18 Vgl. zu den Vorstellungen der *EG-Kommission* im einzelnen *W. Gebauer* (1986 b), S. 12f.; ebenso *L. Gleske* (1986 a), S. 5; sowie *o.V.*, EG-Aktion zur Liberalisierung des Kapitalverkehrs, in: Börsenzeitung vom 6. Juni 1986, abgedruckt in *Deutsche Bundesbank* (Hrsg.), Auszüge aus Presseartikeln Nr. 40 vom 6. Juni 1986.

19 Vgl. *M. Melvin* (1985), S. 88f.

mal außer Kraft gesetzter Maßnahmen nicht endgültig sichergestellt ist. Durch die behutsame Marktliberalisierung wird der von freien Kapitalmärkten ausgehende Druck zugunsten einer stabilitätsorientierten Politik für die betreffenden Länder erst allmählich wirksam, während diese Länder gleichzeitig durch die schrittweise Öffnung ihrer Kapitalmärkte zum Ausdruck bringen, daß sie sich künftig mit einer stabilitätskonformen Politik den Zwängen des Festkurssystems und des freien Kapitalmarktes unterwerfen wollen. Dieser Zwang resultiert aus der engen Wechselbeziehung zwischen nationaler Währungspolitik einerseits und der Freiheit des Kapitalverkehrs andererseits. So stimulieren konkrete währungspolitische Maßnahmen in den einzelnen Ländern über die Beeinflussung des Zinses, des Kreditvolumens oder der Liquidität sowie über davon ausgelöste Wechselkurserwartungen Kapitalbewegungen, und andererseits übt dieser grenzüberschreitende Kapitalverkehr wieder Rückwirkungen auf Zinsen oder Wechselkurse aus, die von den nationalen Währungsbehörden bei der Ausrichtung ihrer geldpolitischen Maßnahmen zu berücksichtigen sind.[20] Dieser Druck freier Kapitalmärkte ist umso größer, je weniger die Konvertibilität der einzelnen Währungen eingeschränkt ist.

> "Im Kern heißt dies, daß die disziplinierenden Effekte fester Wechselkurse im Rahmen des EWS und eines freien Kapitalverkehrs für die Wirtschafts- und Währungspolitik der einzelnen Länder bewußt akzeptiert werden."[21]

Mit einem solchen langfristig angelegten Verhalten erhöhen die einzelnen Staaten die Glaubwürdigkeit in die Einhaltung der eingegangenen Wechselkursverpflichtung. Ein solches Signal würde letztlich auch Spekulationsneigungen gegen die bisherigen Schwachwährungen dämpfen und damit einerseits eine weitere Kapitalverkehrsliberalisierung ermöglichen, andererseits das EWS-Wechselkursgefüge zusätzlich stabilisieren.[22] Somit ist die allmähliche Liberalisierung des Kapitalverkehrs zwischen den EWS-Staaten auch als erwartungsstabilisierender Faktor für das Wechselkursgefüge des EWS zu sehen, womit schließlich auch die ECU in ihrer Wertentwicklung stets besser vorhersehbar wird. Wie im letzten Kapitel gezeigt, wirkt sich dies schließlich positiv für ihre weitere Verbreitung aus und trägt somit indirekt zu den von der ECU-Verwendung ausgehenden und im folgenden näher zu behandelnden Stabilisierungswirkungen für das EWS bei. Daneben wird die ECU-Verwendung aber auch direkt durch die Aufhebung von Kapitalverkehrsbeschränkungen begünstigt und kann dadurch entsprechende Stabilisierungswirkungen entfalten.

---

20 Vgl. *L. Gleske* (1986 a), S. 1f. sowie *derselbe* (1986 b), S. 1f.
21 Vgl. *W. Gebauer* (1986 b), S. 9.
22 Vgl. *ebenda*, S. 9.

C. DER EINFLUSS DER PRIVATEN ECU-VERWENDUNG AUF DIE STABILITÄT DES WECHSELKURSGEFÜGES IM EWS

Wir haben oben die Entwicklung des EWS und die Ausweitung der ECU im privaten Bereich als zwei nicht voneinander zu trennende, interdependent miteinander verbundene Entwicklungsstränge gekennzeichnet. In diesem Zusammenhang haben wir bisher die eine Wirkungsrichtung (EWS-ECU-Zusammenhang) deutlich gemacht, blieben aber die andere Richtung (ECU-EWS-Zusammenhang) noch schuldig. Als ECU-EWS-Zusammenhang sollen diejenigen Wirkungen bezeichnet werden, die von der Verwendung der ECU als Transaktions- bzw. Wertaufbewahrungsmittel auf das Wechselkursgefüge des EWS ausgehen. Diese Wirkungen wiederum lassen sich zurückführen auf internationale Kapitalflüsse, die aus der Schaffung und Verwendung der ECU resultieren und sich in den Zahlungsbilanzen der EWS-Länder niederschlagen. Über ihre jeweilige Erscheinung in den Zahlungsbilanzen lassen sich somit die Kapitalflüsse und mit diesen wiederum die Wirkungen der ECU-Verwendung kennzeichnen. Hierbei soll schließlich - je nachdem, ob es sich um reine Finanzströme handelt oder ob den Finanzströmen auch Güterströme gegenüberstehen - im weiteren zwischen den Wirkungen der ECU-Verwendung als Zahlungsmittel und solchen aus der ECU-Verwendung als Wertaufbewahrungsmittel unterschieden werden.

Ziel dieses Kapitels ist zu zeigen, daß die zunehmende Verwendung der ECU als Transaktionsmedium sowie für Zwecke der Wertaufbewahrung ihrerseits positive Rückwirkungen auf die Wechselkursverhältnisse zwischen den Partnerwährungen ausübt (Punkte 2 a und 2 b) sowie zudem einen Beitrag zur weiteren Harmonisierung der Wirtschaftsentwicklung zu leisten vermag (Punkt D.). Mit diesen Überlegungen ist die oben beschriebene Analogie von EWS und privater ECU als "Regelkreismechanismus" geschlossen. Die interdependente Beziehung zwischen EWS-Wechselkurssystem und privater ECU-Verwendung (EWS-ECU-Zusammenhang und ECU-EWS-Zusammenhang) soll im weiteren in der Wirkungsrichtung ECU-EWS-Zusammenhang auf der Grundlage von Zahlungsbilanzwirkungen der Verwendung der ECU in verschiedenen Berichten (Geldfunktionen) herausgearbeitet werden. Die Anregung über die folgenden theoretischen Zusammenhänge geht von einer Studie der belgischen Notenbank aus, in der empirisch für einen bestimmten Zeitraum die Wirkungen der privaten ECU-Verwendung als Depositen- bzw. Darlehenswährung auf die belgische Zahlungsbilanz untersucht werden.[23]

23 Vgl. *Banque Nationale de Belgique* (1986), S. 9ff.

1. Der Niederschlag der privaten ECU-Verwendung in den Zahlungsbilanzen der EWS-Länder

a) Notwendige Bedingungen

Im folgenden ist zunächst zu zeigen, daß die private Verwendung der ECU grundsätzlich mit zahlungsbilanzwirksamen Finanzströmen zwischen allen EWS-Ländern verbunden ist. Hierbei soll davon ausgegangen werden, daß die ECU-Schaffung letztlich in Form von Kreditgewährung der Banken oder in Form von Einlagenbildung der Nichtbanken stattfindet. Damit sich die genannten Operationen, die Einlagenbildung - bzw. genauer die Konversion eines Betrages nationaler Währung in eine ECU-Einlage - und die Gewährung eines ECU-Kredits jeweils in Veränderungen der Zahlungsbilanz ausdrücken, sind zwei Bedingungen zu erfüllen.

Zum einen dürfen die beiden Operationen nicht gleichzeitig (und in gleichem Umfang) vorgenommen werden und sich somit in ihrer Wirkung auf die Zahlungsbilanz gegenseitig neutralisieren. D.h. in der folgenden Betrachtung wird davon ausgegangen, daß es den als Finanzintermediären zwischengeschalteten Banken nicht möglich ist, eine ECU-Einlage gleichzeitig als Kredit weiterzuverleihen bzw. für einen ECU-Kredit kompensierend eine ECU-Einlage zu erhalten und damit die aus dem ECU-Geschäft resultierende offene Devisenposition in voller Höhe abzudecken. Zum anderen - und damit zusammenhängend - setzt das Auftreten von Zahlungsbilanzeffekten jedoch voraus, daß die Banken bestrebt sind, die so entstandenen offenen Devisenpositionen abzudecken, indem sie am Devisenmarkt aktiv werden. Dies soll anhand eines kleinen Beispiels verdeutlicht werden. Es sei angenommen, eine bestimmte Bank erhalte von einem Inländer eine Einlage in einheimischer Währung, die in Erwartung eines Zins- / Wechselkursvorteils in eine ECU-Einlage zu konvertieren ist. Der ECU-Einleger befindet sich nun in der Rolle des ECU-Gläubigers, während sich die Bank in der Rolle des ECU-Schuldners befindet. Gleichzeitig verfügt die Bank über eine offene Devisenposition in Höhe des Anteils fremder Währungen am Korb. Wirkungen auf die Zahlungsbilanz des Inlands bzw. auf die Zahlungsbilanzen der anderen Korbwährungsländer haben sich aus dieser rein buchungstechnischen Transaktion zwischen Inländern noch nicht ergeben. Diese treten erst auf, wenn sich die betreffende Bank zur Absicherung ihres Währungsrisikos aus dem von ihr geschuldeten ECU-Betrag entsprechende Teilbeträge an Korbwährungen - gegen die von ihr erhaltene nationale Währung - in der

Regel auf den Euro-Märkten besorgt.[24] Diese Transaktion führt üblicherweise zu einer Erhöhung der bei ausländischen Korrespondenzbanken unterhaltenen Sichteinlagen in den betreffenden Fremdwährungen. Die damit verbundenen Forderungszunahme an das Ausland stellt aus der Sicht des Inlands einen Kapitalexport in Höhe des Fremdwährungsanteils dar. Für die anderen Korbwährungsländer resultiert daraus eine Zunahme ihrer Auslandsverbindlichkeiten und damit ein entsprechender Kapitalimport in Höhe ihres jeweiligen Korbanteils.

Begründet wird dieses Verhalten der Banken damit, daß sie anderenfalls, d.h. im Falle offener Devisenpositionen, das gesamte Währungsrisiko, das in einer Aufwertung der ECU-Einlage bzw. einer Abwertung des ECU-Kredits besteht, selbst tragen müßten. Dieses Risiko ist allerdings - wie gezeigt - im Falle der ECU begrenzt. Andererseits sind die Banken auch aufgrund rechtlicher Bestimmungen zur Begrenzung offener Devisenpositionen gehalten.[25] Diese Form währungskongruenter Refinanzierung der Banken im ECU-Geschäft gilt jedoch nicht uneingeschränkt. So ist es insbesondere in der Bundesrepublik üblich, daß sich die Banken in den betraglich unbedeutenden Korbwährungen, wie irisches Pfund und griechische Drachme, nicht in jedem Fall absichern. Zum einen gibt es für diese Währungen keine Euro-Märkte, zum anderen ist das Währungsrisiko aufgrund des sehr geringen Korbanteils dieser Währungen begrenzt und offene Devisenpositionen in diesen Währungen bewegen sich in der Regel im Rahmen der nach Grundsatz I a KWG zulässigen Höchstgrenzen. Auch sind die Refinanzierungsmöglichkeiten der Banken bislang durch institutionelle Devisenregelungen in einigen EG-Ländern wie beispielsweise durch den gespaltenen Devisenmarkt in Belgien noch behindert.[26]

Unter diesen beiden Voraussetzungen, der isolierten Kreditvergabe bzw. Einlagengutschrift und einer vollständigen Absicherung offener Devisenpositionen, sollen nun die Wirkungen betrachtet werden, die sich aus der ECU-Verwendung ergeben und die sich in den Zahlungsbilanzen aller EWS-Länder niederschlagen. Diese lassen sich nach vier Kriterien unterscheiden, nämlich nach

24 Unter Euro- (auch Off-Shore- bzw. Xeno-) Märkten werden diejenigen Märkte für Einlagen und Kredite verstanden, die sich außerhalb der Länder, auf deren Währung sie lauten, befinden. Die Euro-Märkte sind über den Arbitragemechanismus, der auftretende Zinsdifferenzen ausgleicht, eng mit den nationalen Märkten in den jeweiligen Währungen verbunden. Vgl. hierzu z.B. *H. Matthes* (1979), S. 10; ebenso *R.S. Masera* (1987), S. 25f.

25 So haben beispielsweise die Erkenntnisse aus dem Zusammenbruch des Bankhauses Herstatt in der Bundesrepublik zu einer ganzen Reihe bankaufsichtsrechtlicher Maßnahmen auf dem Gebiet des Devisenhandels geführt. In erster Linie steht hierunter die rechtliche Begrenzung offener Devisenpositionen durch Grundsatz I a über das Eigenkapital und die Liquidität der Kreditinstitute gemäß §§ 10 und 11 des Gesetzes über das Kreditwesen (KWG). Vgl. hierzu *Deutsche Bundesbank* (1986 c).

26 Vgl. hierzu *Banque Nationale de Belgique* (1986), S. 11f.

- der Art der Transaktion (Kreditgeschäft / Einlage) in Verbindung mit
- der nationalen Zugehörigkeit der an der Transaktion Beteiligten (so führt eine Kreditaufnahme in ECU von Deviseninländern c.p. zu Devisenzuflüssen (Kapitalimporten), von Ausländern c.p. zu Devisenabflüssen (Kapitalexporten),
- der durch die ECU substituierten Währung (Inlandswährung oder eine andere Devise),
- dem Ausmaß der Effekte in Abhängigkeit vom Eigen- bzw. Fremdwährungsanteil der betreffenden Währung am Korb.

Im folgenden soll jedoch nicht auf alle Zahlungsbilanzen der EWS-Länder Bezug genommen werden, sondern jeweils nur auf die des Verwenderlandes, während sich die Wirkungen auf die Zahlungsbilanzen anderer EWS-Länder jeweils analog - entsprechend dem Korbanteil dieser Länder - ableiten lassen.

b) Zahlungsbilanzwirkungen der ECU-Verwendung im Einlagengeschäft

Entsprechend den angeführten Bedingungen lassen sich nun für ein bestimmtes Mitgliedsland des EWS folgende Zahlungsbilanzwirkungen einer ECU-Einlage aufzeigen.[27] Wird einem Deviseninländer substitutiv für eine Einlage in nationaler Währung ein äquivalenter Betrag in ECU gutgeschrieben, dann entfaltet die betreffende Bank eine Devisennachfrage gegen Inlandswährung in Höhe eines Betrages, der dem Produkt aus Einlagensumme und Fremdwährungsanteil entspricht, was für das betreffende Land gleichbedeutend ist mit einem Kapitalexport in eben dieser Höhe.[28] Werden hingegen Fremdwährungseinlagen von Inländern, beispielsweise Dollar-Depots, durch ECU substituiert, so ergibt sich ein Rückfluß an Inlandswährung bzw. eine Verminderung des Abflusses in Höhe des Eigenwährungsanteils des betreffenden Einlagebetrages, je nachdem, ob es sich bei dem Substitutionsvorgang um ein aktuell vorhandenes oder ein potentiell geplantes Fremdwährungskonto handelt. Eine derartige Transaktion läßt sich beispielsweise im Rahmen einer allgemeinen Währungsdiversifikationsstrategie (Wertaufbewahrungsfunktion) bzw. im Rahmen einer Ersetzung von Drittwährungen, die bisher

27 Die folgenden Überlegungen lehnen sich an die Analyse der *Banque Nationale de Belgique* (1986, S. 9f.) an. Vgl. zu den Wirkungen der ECU-Verwendung auf die Zahlungsbilanz auch *R.S. Masera* (1987), S. 24ff.

28 Dieser Kapitalexport tritt allerdings nur dann in der vollen Höhe ein, wenn die Devisen von ausländischen Wirtschaftssubjekten nachgefragt werden.

zur Abwicklung bestimmter Handelsgeschäfte im innergemeinschaftlichen Handel gehalten wurden (Transaktionsfunktion), vorstellen.

In analoger Weise sind die Zahlungsbilanzwirkungen einer ECU-Einlage, die von einem Devisenausländer getätigt wird, jeweils danach zu beurteilen, ob durch die ECU-Einlage ein entsprechendes Deposit in Inlandswährung oder eine andere Fremdwährungseinlage substituiert wird. Es soll beispielhaft davon ausgegangen werden, daß ein Devisenausländer ein Konto lautend auf Inlandswährung einrichten will. In diesem Fall bietet er seine nationale Währung auf dem Devisenmarkt an und läßt sich das Äquivalent in Inlandswährung auf seinem Konto gutschreiben. Wird dieses Konto im Anschluß daran in ein ECU-Konto umgewandelt, vermindert sich der ursprüngliche Kapitalimport für das betrachtete Land um den Fremdwährungsanteil, während ein Kapitalzufluß in Höhe des Eigenwährungsanteils verbleibt. Ein Kapitalimport in Höhe des Produkts aus Einlagesumme und Eigenwährungsanteil ergibt sich für ein EWS-Land stets dann, wenn Ausländer eine ECU-Einlage tätigen, auch dann, wenn sie nicht substitutiv für die Inlandswährung, sondern anstelle irgendeiner anderen Fremdwährung vorgenommen wird. Denn auch in diesem Fall führt die Einrichtung eines ECU-Kontos zu einer Nachfrage nach Inlandswährung in Höhe des Korbanteils und damit zu einem Kapitalimport.

Die abgeleiteten Effekte gelten grundsätzlich für alle Korbwährungsländer. Sie unterscheiden sich jeweils nur in bezug auf den Eigen- / Fremdwährungsanteil am Korb. In Abhängigkeit vom Korbgewicht der Währung des betrachteten Landes sind die Wirkungen

- einer ECU-Einlage eines Inländers, die an die Stelle einer Einlage in nationaler Währung tritt, auf die Zahlungsbilanz seines Landes (als Kapitalexport) umso größer, je kleiner (größer) der Eigenwährungsanteil (Fremdwährungsteil) am Korb ist;
- einer ECU Einlage eines Ausländers anstelle der eigenen oder einer Drittwährung, die allerdings nicht die Währung des Landes ist, dessen Zahlungsbilanz betrachtet wird, auf eine bestimmte Zahlungsbilanz (als Kapitalimport) umso größer, je größer (kleiner) der Eigenwährungsanteil (Fremdwährungsanteil) des Landes ist, dessen Zahlungsbilanz betrachtet wird.
- Ersetzt der Devisenausländer mit seiner ECU-Einlage dagegen die Inlandswährung, so sind die Zahlungsbilanzwirkungen für das betrachtete EWS-Land umso größer, je kleiner der Eigenwährungsanteil ist.

Das ist insgesamt kein erstaunliches Ergebnis, denn je geringer der Korbanteil einer bestimmten Währung ist, desto mehr erhält die ECU aus der Sicht dieses Landes den Charakter einer fremden Währung. Im Grenzfall, in dem der Korbanteil dieser Währung gegen Null geht, sind die Wirkungen identisch mit denen, die auch aus der Verwendung sonstiger Fremdwährungen resultieren würden. Konkret bedeutet das, daß ECU-Einlagen von Inländern einen Kapitalexport von annähernd 100 v.H. bewirken und von Ausländern - aus der Sicht des Inlands - keine Zahlungsbilanzwirksamkeit mehr aufweisen. Für die griechische Drachme und das irische Pfund trifft dies weitgehend zu.

Was nun den Gesamteffekt der seitens Devisenin- und -ausländer gebildeten ECU-Anlagen auf die Zahlungsbilanz eines bestimmten Landes anbelangt, so ist dieser als neutral zu beurteilen, wenn die Kapitalabflüsse, die durch die Transformation der von Deviseninländern in nationaler Währung gebildeten Guthaben in ECU-Einlagen, den Kapitalzuflüssen entsprechen, die aus der Bildung von ECU-Einlagen seitens Devisenausländern substitutiv für fremde Währungen resultieren. Dies ist wiederum dann der Fall, wenn das Verhältnis der von Inländern gehaltenen ECU-Einlagen zu den von Ausländern gehaltenen dem Korbgewicht der Inlandswährung multipliziert mit einem Korrekturfaktor entspricht. Dieser Korrekturfaktor ergibt sich aus der Tatsache, daß die von Ausländern gebildeten ECU-Einlagen zu Kapitalzuflüssen in Höhe des Eigenwährungsanteils eines betreffenden Inlands führen, während inländische ECU-Einlagen Kapitalablüsse in Höhe des Fremdwährungsanteils bedingen. Deshalb ist dieser Korrekturfaktor größer als 1 und variiert proportional mit dem Korbgewicht einer Währung. Er läßt sich auf die folgende Formel bringen:

$$KF = \frac{1}{1-Eg}, \quad Eg < 1;$$

wobei: KF = Korrekturfaktor
Eg = Eigengewicht
1-Eg = Fremdgewicht

Für die Zahlungsbilanzneutralität des ECU-Einlagengeschäftes muß nun gelten:

$$\frac{ECU_{inl}}{ECU_{ausl}} = Eg \cdot KF$$

$$ECU_{inl} = ECU_{ausl} \cdot Eg \cdot \frac{1}{1-Eg}$$

$$ECU_{inl} = \frac{ECU_{ausl} \cdot Eg}{1-Eg}$$

Umgekehrt ist die Zahlungsbilanzwirkung von ECU-Einlagen für ein Land umso größer, je mehr das tatsächliche Verhältnis zwischen inländischen und ausländischen ECU-Einlagen von dem genannten abweicht. So führt beispielsweise für ein Land, dessen Währung einen geringen Korbanteil hat, eine vergleichsweise hohe Einlagenbildung in ECU (gegen Inlandswährung) zu beträchtlichen Kapitalabflüssen, während auf der anderen Seite ein Land, dessen Währung einen hohen Korbanteil aufweist, in dem aber die ECU-Einlagenbildung gering ist, hohe Kapitalzuflüsse zu verzeichnen hätte.

c) *Zahlungsbilanzwirkungen der ECU-Verwendung im Kreditgeschäft*

Spiegelbildlich zu den vorstehenden Überlegungen lassen sich nun die Effekte einer ECU-Kreditvergabe an Devisenin- bzw. Devisenausländer auf eine nationale Zahlungsbilanz darstellen. In Abhängigkeit von der Nationalität der Beteiligten sowie der Art der substituierten Währung ergeben sich folgende Wirkungen.[29]

Wird einem Deviseninländer anstelle eines Kredits in Inlandswährung ein Kredit in ECU gewährt und besorgt sich die betreffende Bank die benötigten Fremddevisen aus Sicherungsgründen, resultiert aus dieser Transaktion ein Kapitalimport in Höhe des Fremdwährungsanteils am Kreditbetrag. Substituiert das betreffende Wirtschaftssubjekt jedoch einen sonst in ausländischer Währung aufgenommenen Kredit nun durch einen ECU-Kredit, so vermindert sich der Kapitalimport um die Höhe des Eigenwährungsanteils am Kreditbetrag.

Wenn nun ein ausländisches Wirtschaftssubjekt einen ECU-Kredit anstelle eines Kredits in Inlandswährung nachfragt, resultiert daraus für die Zahlungsbilanz des betrachteten Landes ein um den Fremdwährungsanteil verringerter Kapitalexport - oder - was dasselbe ist - ein Kapitalexport in Höhe des Eigenwährungsanteils. Ein Kapitalexport in eben dieser Höhe ergibt sich auch unter den Bedingungen des vierten Falles, wenn - aus der Sicht des Inlands - ein Devisenausländer anstelle eines Kredits in der eigenen Währung oder einer sonstigen Fremdwährung einen Kredit in ECU erhält. So ist beispielsweise die beträchtliche ECU-Kreditaufnahme italienischer Wirtschaftssubjekte mit entsprechend großen Kapitalabflüssen aus den Korbwährungsländern verbunden. Die Stärke der auftretenden Wirkungen variiert mit dem Korbanteil der betrachteten Währung. So sind die Zahlungsbilanzwirkungen

- eines ECU-Kredits an einen Inländer, der anstelle eines Kredits in nationaler Währung aufgenommen wird, auf die Zahlungsbilanz seines Landes (als Ka-

29 Vgl. hierzu *Banque Nationale de Belgique* (1986), S. 10.

pitalimport) umso größer je kleiner (größer) der Eigenwährungsanteil (Fremdwährungsanteil) am Korb ist;

- eines ECU-Kredits an einen Ausländer, der anstelle der eigenen oder einer Drittwährung aufgenommen wird, die allerdings nicht die Währung des Landes ist, dessen Zahlungsbilanz betrachtet wird, auf eine bestimmte Zahlungsbilanz (als Kapitalexport) umso größer je größer (kleiner) der Eigenwährungsanteil (Fremdwährungsanteil) des Landes ist, dessen Zahlungsbilanz betrachtet wird.

Der saldierte Zahlungsbilanzeffekt der Kreditgewährung in ECU hängt somit auch wieder vom Verhältnis der an In- und Ausländer vergebenen ECU-Kredite ab. Damit die gegenläufigen Wirkungen auf die Zahlungsbilanz tendenziell kompensiert werden, gilt hier analog zu oben, daß das an ausländische Wirtschaftseinheiten vergebene Kreditvolumen nur bis zu ungefähr dem - bereits im Zusammenhang mit der Einlagenbildung - genannten Verhältnis zwischen inländischer und ausländischer Kreditnahme in ECU ausmachen dürfte. Eine Überschreitung dieses Verhältnisses seitens der Inländer (in Inlandswährung) führt dabei zu Nettokapitalimporten, eine Unterschreitung zu Nettokapitalexporten.

Nachfolgend sind die genannten Zahlungsbilanzwirkungen entsprechend der bisherigen Ordnung tabellarisch noch einmal zusammengefaßt. Dabei wird von der Korbgewichtung Belgiens ausgegangen.[30]

30 Hieraus hat die belgische Notenbank unter bestimmten Annahmen bzgl. des Substitutionsverhaltens - Deviseninländer ziehen ECU-Kredite und -Depositen entsprechenden Geschäften in nationaler Währung (bfrs) vor, während Devisenausländer entsprechende Präferenzen gegenüber ihrer Auslandswährung hegen - sowie unter der Annahme einer vollständigen Absicherung offener Devisenpositionen seitens der Banken beachtliche Effekte der ECU-Verwendung auf die belgische Zahlungsbilanz abgeleitet. Unter Zugrundelegung eines Kurses von 44,8 bfrs pro ECU haben inländische Nichtbanken in der Zeit bis September 1985 ECU-Depositen in Höhe von 1,2 Mrd ECU (54 Mrd bfrs) aufgebaut sowie ECU-Kredite in Höhe von 0,3 Mrd ECU (13 Mrd bfrs) nachgefragt. Unter der gemachten Annahme ergibt sich damit ein belgischer Kapitalexport von 37 Mrd bfrs (-54 Mrd x 0,914 + 13 Mrd x 0,914). Im gleichen Zeitraum haben ausländische Nichtbanken ECU-Depositen in Höhe von 6,1 Mrd ECU gebildet (274 Mrd bfrs), denen eine Kreditnachfrage des Auslands in Höhe von 13,2 Mrd ECU (592 Mrd bfrs) gegenüberstand. Unter den gemachten Annahmen ergibt sich damit ein belgischer Kapitalexport von 27 Mrd bfrs (274 Mrd x 0,086 - 592 Mrd x 0,086). Insgesamt kommt die belgische Notenbank damit zu dem Ergebnis, daß "L'ensemble de l'activité bancaire internationale en ECU (résidents et non-résidents de l'U.E.B.L. (l'Union Economique Belgo-Luxembourgeoise, H.F.) réunis) aurait donc entraîné des sorties nettes de capitaux hors de l'U.E.B.L. pour un montant de 64 milliards, entre la fin de 1981 et la fin du mois de septembre 1985".

Tabelle 18

Wirkungen eines ECU-Depots / Kredits von 100 ECU auf die Zahlungsbilanz am Beispiel Belgiens

1. ECU-Depot

nach nationaler Zugehörigkeit / nach substituierter Währung	Devisen-inländer	Devisen-ausländer
Belgischer Franc ausländische Währung	- 91,4 + 8,6[2]	- 91,4[1] + 8,6

1) Verminderung des ursprünglichen Devisenzuflusses
2) Verminderung des ursprünglichen Devisenabflusses

2. ECU-Kredit

nach nationaler Zugehörigkeit / nach substituierter Währung	Devisen-inländer	Devisen-ausländer
Belgischer Franc ausländische Währung	+ 91,4 - 8,6[2]	+ 91,4[1] - 8,6

1) verminderter Kapitalexport
2) verminderter Kapitalimport

Quelle: Banque Nationale de Belgique (1986, S. 8ff.)

Zusammenfassend sind die dargestellten Zahlungsbilanzwirkungen der privaten ECU-Verwendung als Maximaleffekte zu sehen. Sie treten in voller Höhe nur auf, wenn

- ein bestimmtes Substitutionsverhalten unterstellt werden kann,
- die ECU-Einlagen nicht gleichzeitig wieder als ECU-Kredite weiterverliehen werden bzw. wenn ECU-Kredite nicht stets durch eine entsprechende ECU-Einlage gespeist werden,

- es den im ECU-Geschäft tätigen Banken bei freiem Kapitalverkehr in der Gemeinschaft jederzeit möglich ist, offene Devisenpositionen durch währungskongruente Refinanzierung abzudecken und
- wenn sie sich in der Praxis auch so verhalten.

2. Stabilisierungswirkungen der privaten ECU-Verwendung

Auf der Basis der zunächst theoretisch abgeleiteten Wirkungen der ECU-Verwendung auf die Zahlungsbilanzen der EWS-Mitglieder soll nun untersucht werden, welche Wirkungen die ECU-Verwendung auf die Wechselkurse der EWS-Länder ausübt, wenn sie substitutiv für nationale Währungen die Funktionen eines international verwendeten Geldes erfüllt. Diese Wirkungen sollen nun entsprechend der Erfüllung der Zahlungsmittel - bzw. der Wertaufbewahrungsmittelfunktion abgeleitet werden, wobei diese Differenzierung sich wiederum aus dem Charakter der zugrundeliegenden Zahlungsströme ergibt. So stehen den Kapitalflüssen bei der Erfüllung der Zahlungsmittelfunktion in der Regel entsprechende Waren- oder Leistungsströme gegenüber, während es sich gemäß der Wertaufbewahrungsmittelfunktion um reine Finanzströme handelt.

a) Die zunehmende Verwendung der ECU als internationales Zahlungsmittel

aa) Die Bedeutung des gesetzlichen Zahlungsmittels

Wenn auch die ECU primär als international verwendetes Zahlungsmittel zu sehen ist, so schließt dies jedoch nicht aus, daß sie auch im nationalen Geldverkehr zur Erfüllung von Zahlungsverbindlichkeiten Verwendung finden könnte. Einer breiteren Akzeptanz im Inland steht jedoch - so die allgemeine Argumentation zum Thema Währungswettbewerb in der Literatur - die Fixierung der nationalen Währung als gesetzliches Zahlungsmittel entgegen, die die Verwendung sonstiger

Währungen behindert.[31] Entsprechend dieser Auffassung fordert daher eine Reihe von Autoren, die für die Einführung eines Parallelwährungssystems in der EG plädiert, auch der Parallelwährung die Rechtseigenschaft eines gesetzlichen Zahlungsmittels zu übertragen und sie damit der nationalen Währung gleichzustellen.[32]

Wie sehr jedoch die Bedeutung des gesetzlichen Zahlungsmittels überschätzt wird, läßt sich analog der Situation in der Bundesrepublik aufzeigen.[33] Als alleinige gesetzliche Zahlungsmittel gelten hierzulande die Noten der *Deutschen Bundesbank* sowie die vom Bund in Umlauf gegebenen Scheidemünzen. Nach *Fögen*[34] charakterisieren zwei Eigenschaften ein gesetzliches Zahlungsmittel. Zum einen werden durch die Hingabe dieser Geldform Geldschulden mit befreiender Wirkung getilgt. Zum anderen besteht Annahmepflicht, sofern es die Vertragsparteien versäumt haben, eine andere Währung, in der zu leisten ist, zu vereinbaren. Daraus geht hervor, daß nur, wenn eine solche Übereinkunft fehlt, der Gläubiger gehalten ist, das gesetzliche Zahlungsmittel zur Erfüllung seiner Ansprüche zu akzeptieren und der Schuldner verpflichtet ist, darin zu leisten. Damit steht es den Privaten trotz der Eigenschaft von D-Mark Noten oder Münzen als alleinige unablehnbare Zahlungsmittel jederzeit frei, in privatwirtschaftlichen Verträgen ein auf eine andere Währung als die D-Mark lautendes Zahlungsmittel zu verwenden. Damit wird auch die ECU als inländische Zahlungswährung von der Bestimmung des gesetzlichen Zahlungsmittels nicht diskriminiert. Allerdings sind die Wirtschaftssubjekte, sofern sie eine andere als die D-Mark als Zahlungswährung wünschen, an die Bestimmung des § 3 Satz 1 WährG gebunden, die das Eingehen von Verbindlichkeiten in fremder Währung zwischen Inländern der Genehmigungspflicht durch die *Deutsche Bundesbank* unterwirft. Wird diese Genehmigung nicht erteilt, kann die ECU auch nicht als Zahlungswährung verwendet werden.[35]

31 In diesem Sinne wird *Hayeks* Modell einer kompetitiven Geldordnung als Vorschlag interpretiert, den Annahmezwang auf das hoheitlich geschaffene Geld aufzuheben. Vgl. hierzu beispielsweise *R. Gerding* und *J. Starbatty* (1980), S. 6, *H. Timm* (1979), S. 538, *M. Neldner* (1983), S. 399, *K.F. Dreyhaupt* und *U. Siepmann* (1978), S. 151 sowie *K. Schöler* (1986), S. 352.

32 Vgl. Kapitel 2.C.2.a.

33 Vgl. ausführlich *P. Bofinger* (1985 a), S. 62ff.; ebenso *H. Fögen* (1969), insbesondere S. 1-13.

34 Vgl. *H. Fögen* (1969), S. 7.

35 Wie sehr die Bedeutung des "gesetzlichen Zahlungsmittels" überschätzt und dabei gleichzeitig die währungsrechtliche Lage in der Bundesrepublik mißdeutet wird, läßt sich beispielsweise an einem Zitat *H. Brestels* erkennen: "Will jemand im Inland etwas mit Fremddevisen anfangen, ist er gezwungen, die Devisen in Mark zu wechseln, weil auf dem Binnenmarkt keine andere Währung als die D-Mark als gesetzliches Zahlungsmittel anerkannt wird." Vgl. hierzu *H. Brestel* (1984), Braucht Europa den Ecu?, in: *FAZ* vom 1.9.1984. Wie wir gezeigt haben, steht dem allerdings nicht die Vorschrift des

Andere Länder kennen keine dem § 3 WährG vergleichbare Bestimmung, die die Kontrahierung in Fremdwährungen von der Genehmigung durch die Notenbank abhängig macht. Mit der Abschaffung von Kapitalverkehrskontrollen in einigen Ländern mit schwächerer Währung, die bislang Fremdwährungsoperationen weitgehend unmöglich machten, könnte sich die ECU auch im dortigen nationalen Zahlungsverkehr nach und nach etablieren. Ihre Verwendung wird von der Fixierung der nationalen Währung als gesetzliches Zahlungsmittel nicht verhindert. Ihre freiwillige Verwendung in diesen Ländern hängt ab von ihrem ökonomischen Nutzen. Sie wird sich dort jedoch erst etablieren, wenn sie sich im internationalen Zahlungsverkehr weitgehend durchgesetzt hat. Auf die damit verbundenen Stabilisierungswirkungen ist im folgenden einzugehen.

bb) Außenhandelsfakturierung in ECU

Wie wir oben festgestellt haben, liegt das bedeutendste weitere Entwicklungspotential der ECU in ihrer Verwendung für Zwecke der Außenhandelsfakturierung zwischen den Staaten der Gemeinschaft, aber auch mit Drittstaaten, die sich allmählich aus ihrer Abhängigkeit von einem schwankenden Dollar lösen wollen, so beispielsweise in der ECU-Fakturierung von Rohstoffen, langfristigen Bau- und Lieferkontrakten sowie im wirtschaftlichen Leistungsaustausch mit den Staatshandelsländern des Ostblocks. Daneben sollen bereits die anschließend zu behandelnde Verwendung der ECU als Zahlungsmittel privater Haushalte (im wesentlichen im Reiseverkehr) sowie im Zahlungsverkehr von EG-Institutionen an dieser Stelle angesprochen werden.[36]

Die Zahlungsmittelfunktion der ECU basiert - wie bei allen Währungen - auf ihrer allgemeinen Akzeptanz als Tauschmittel. Da die ECU nicht physisch - in Form von Noten und Münzen - existiert, kann nur giral über sie verfügt werden. Damit ECU-Transfers direkt, d.h. ohne Umweg über die einzelnen Korbwährungen oder über Rücktausch in eine bestimmte Währung, die dann als eigentliches Zahlungsmittel fungiert, vorgenommen werden können, muß es in allen EG-Ländern sowie in Drittstaaten In- und Ausländern erlaubt sein, auf ECU lautende Bankkonten zu führen. Da dies bislang in verschiedenen Partner-Staaten nicht möglich war, war die Funktion der ECU als internationales Zahlungsmittel noch erheblich einge-

---

gesetzlichen Zahlungsmittels im Wege, sondern die maßgebliche Bestimmung lautet § 3 Satz 1 WährG.

36 Zur Stabilisierung der EWS-Wechselkurse durch die ECU-Verwendung vgl. auch *W. Filc* (1985 a), S. 13; sowie *derselbe* (1985 b), S. 351f.

schränkt. Diese faktische Behinderung läßt sich beispielsweise an der durch einen hohen Kreditüberhang gekennzeichneten Asymmetrie des privaten ECU-Marktes erkennen.[37] Dieser Überhang der ECU-Kredite über die Einlagen ist zum einen als Anzeichen dafür zu werten, daß die ECU bisher in erster Linie nicht selbst als Zahlungsmittel Verwendung gefunden hat, sondern daß die sie ausmachenden Korbkomponenten diese Funktion erfüllt haben. Bankgeschäfte in ECU dienten bisher im wesentlichen der Transmission zwischen EWS-Währungen, die in der Regel am Anfang und am Ende von ECU-Transaktionen standen[38]. Zum anderen ist dieses Mißverhältnis aber auch darauf zurückzuführen, daß in bestimmten EWS-Ländern durch Aufnahme von ECU-Krediten anstelle von Fremdwährungskrediten Kapitalverkehrsbeschränkungen umgangen werden konnten.

Die Wirkungen der ECU als Zahlungsmittel auf die Wechselkurse der EWS-Währungen sind vor dem Hintergrund der gegenwärtigen Situation zu sehen, in der die D-Mark im EWS-Raum die dominierende Außenhandelswährung darstellt. Dies wiederum ist einerseits auf die wirtschaftliche Stärke und insbesondere auf die bedeutende Außenhandelsverflechtung der Bundesrepublik mit den EG-Staaten in Verbindung mit der allgemein stärkeren Marktstellung des Exporteurs zurückzuführen[39], andererseits kam der D-Mark hierbei ihre interne Stabilität zugute, die sie auch für ausländische Exporteure sowohl bei Geschäften mit deutschen Handelspartnern als auch mit Handelspartnern aus Drittländern - als Vehikelwährung - attraktiv macht. Da nun die D-Mark allein aufgrund ihrer internen Stabilität meist in Richtung der oberen Bandgrenze im EWS tendiert, während sich die anderen EWS-Währungen (mit Ausnahme des holländischen Gulden) entsprechend in Richtung der unteren Bandgrenze bewegen, führt die mit der Rolle der D-Mark als internationales Zahlungsmittel verbundene Nachfrage nach D-Mark zu einer Erweiterung dieser Differenz der D-Mark zu den übrigen EWS-Währungen und damit zu einer Vergrößerung der latenten Spannungssituation im EWS.

Inwiefern nun die ECU nach Aufhebung aller rechtlichen Verwendungsbeschränkungen in der Lage sein wird, zunehmend an die Stelle der D-Mark als Fakturierungswährung im innergemeinschaftlichen Handel zu treten und damit die bisherige Konzentration auf die D-Mark zu begrenzen, hängt nun wiederum von ihrer Akzeptanz durch die Handelspartner und somit von ihrer Attraktivität ab. Diese haben wir oben bereits in ihrer internen Stabilität sowie in der guten Abschätzbarkeit ihrer Wertentwicklung liegend gesehen. In dem Maße, wie die ECU zunehmend als stabile Werteinheit aufgefaßt wird, dürfte sie von beiden Marktseiten als tragfähiger Kompromiß eingeschätzt werden, wenn eine Fakturierung in einer der

37 Vgl. hierzu Tabelle 12.
38 Vgl. *W. Filc* (1985 c), S. 13; *derselbe* (1985 b), S. 351.
39 Vgl. hierzu auch die Zahlenangaben in *Commerzbank*, Außenhandelsblätter 4/87, Juli/August, S. 6.

beiden nationalen Währungen nicht durchsetzbar erscheint. Insofern soll nun die ECU in ihrer Eigenschaft als international verwendetes Zahlungsmittel primär substitutiv für die D-Mark gesehen werden. Zusätzlich sollen dann die Fälle der Substitution von schwächeren EWS-Währungen - beispielsweise bisherige Lire-denominierte Exporte italienischer Großunternehmen - sowie von Nicht-EWS-Währungen durch ECU berücksichtigt werden.

Die folgende Betrachtung läßt sich nun danach unterteilen, welches der betrachteten Länder - Hart- oder Weichwährungsland - sich jeweils in der Rolle des Export- und welches sich in der Rolle des Importlandes befindet. Unter Hinzunahme des Kriteriums "substituierte Währung" ergeben sich somit insgesamt sechs Fälle, wobei in den ersten drei Fällen ein Export von einem Hart- in ein Weichwährungsland angenommen werden soll.

Als erster Fall soll hier der Export eines Deutschen (allgemein eines Hartwährungsinländers) in ein Weichwährungsland behandelt werden, der in der Währung des Exporteurs, also in D-Mark, zu fakturieren ist. Für den Importeur bedeutet dies, daß er sich den benötigten D-Mark-Betrag entweder kreditiv (z.B. auf dem Euromarkt) oder gegen Hergabe eigener Währung besorgen muß. In dem Fall, in dem er D-Mark gegen Angebot seiner eigenen Währung nachfragt, bewirkt er einen Devisenabfluß in voller Höhe des Rechnungsbetrages aus seinem Land, während die Bundesrepublik einen entsprechenden D-Mark-Zufluß zu verzeichnen hätte. Im erstgenannten Fall der Aufnahme eines D-Mark-Kredits und seiner Weiterleitung an den deutschen Exporteur stellen sich Devisenabflüsse aus dem Weichwährungsland erst mit der Rückzahlung des kreditierten Betrages ein. Allerdings hat der Weichwährungsinländer während der Laufzeit des Kontrakts das gesamte Abwertungsrisiko seiner Währung zu tragen. Diese die Position der D-Mark stärkenden Devisenbewegungen treten in gleicher Weise ein, wenn die D-Mark als Vehikelwährung im innereuropäischen Handel Verwendung findet. Die Devisenzuflüsse in die Bundesrepublik führen zu einer weiteren Stärkung der D-Mark gegenüber den anderen EWS-Währungen und vergrößern so die bilateralen Spannungen zwischen der D-Mark und einzelnen Schwachwährungen und damit die Spannungen im EWS insgesamt.

Nehmen wir nun dagegen an, die Kontraktparteien hätten sich auf ECU-Fakturierung geeinigt und der deutsche Exporteur würde den erhaltenen Betrag aufgrund dauerhafter Außenhandelsbeziehungen auf einem ECU-Sichtkonto stehen lassen oder gegebenenfalls auf ein ECU-Terminkonto transferieren. Dies würde gleich in dreierlei Weise stabilisierend auf das Wechselkursgefüge des EWS wirken. Zum einen würde sich die Nachfrage des Importeurs nach D-Mark auf deren 35%igen Korbanteil reduzieren, zum anderen würde sich sein Angebot an nationaler (Weich-) Währung um den Eigenanteil am Korb verringern. In den Zahlungsbilanzen würde sich diese Transaktion in einer Verringerung der D-Mark-Zuflüsse in die Bundesrepublik auf 35% (den Eigenwährungsanteil der D-Mark) und einer entsprechenden Verringerung des Devisenabflusses aus dem Importland in Höhe des Eigenwährungsanteils der Importwährung am Rechnungsbetrag niederschlagen. Hiervon sind besonders größere Schwachwährungsländer mit entsprechendem Korbanteil ihrer Währung - namentlich Frankreich und Italien - betroffen. Beides würde zu einer Verminderung der bilateralen Spannungen zwischen der Hart- und der Weichwährung führen. Der dritte stabilisierende Effekt würde daraus resultieren, daß mit der ECU-Verwendung eine Nachfrage nach allen EWS-Währungen entsprechend ihres Korbgewichts stattfindet und die damit einhergehenden Devisenzuflüsse in alle EWS-Länder zu einer Stabilisierung des gesamten Währungsverbundes führen. Bei einem späteren Rücktausch in D-Mark würden diese Effekte dann allerdings wieder rückgängig gemacht.

Eine etwas andere Situation bietet sich dagegen im allerdings seltenen Fall, in dem die ECU eine weiche EWS-Währung als Fakturierungswährung bei einem Geschäft zwischen einem deutschen oder einem in einem Drittstaat angesiedelten Exporteur sowie einem Importeur aus einem Weichwährungsland ersetzt. Gegenüber der ursprünglichen Situation, in der der Importeur in seiner Landeswährung bezahlt hätte, hätte eine solche Substitution einen D-Mark-Zufluß in die Bundesrepublik in Höhe ihres Korbanteils am Rechnungsbetrag sowie einen dem Fremdwährungsanteil - bezogen auf die substituierte Weichwährung - entsprechenden Devisenabfluß für das Importland zur Folge. Schließlich würden noch Devisenzuflüsse in sämtliche EWS-Länder entsprechend des jeweiligen Korbgewichts ihrer Währung - erfolgen. Diese gleichmäßige Nachfrage nach allen EWS-Währungen würde stabilisierend auf das Wechselkursgefüge des EWS wirken, während die in diesem Fall angesprochene Substitution das Spannungsverhältnis zwischen Hart- und Weichwährung im EWS gegenüber der ursprünglichen Situation - der Akzeptanz der Weichwährung durch den Exporteur - tendenziell vergrößern würde. Jedoch dürfte es sich hierbei eher um theoretische Effekte handeln, da ein Exporteur aus einem Hartwährungsland den akzeptierten Betrag an schwacher Währung in der Regel sofort in seine harte Währung umtauscht und damit die unter Fall 1 genannten destabilisierenden Effekte herbeiführt - sofern er nicht gleichzeitig mit dem Betrag eigene Importe aus demselben Land bezahlen möchte. Gerade ein solcher Umtausch und die damit für das Weichwährungsland verbundenen Devisenabflüsse in Höhe des Rechnungsbetrages werden jedoch durch eine zunehmende ECU-Verwendung, die nur zu einem Devisenabfluß in Höhe des Fremdwährungsanteils führt, unwahrscheinlicher. Denn im Gegensatz zu der im allgemeinen nur in einem Land verwendbaren Weichwährung kann die ECU grundsätzlich im Verkehr mit allen EWS-Ländern und mit vielen Drittstaaten als Zahlungsmittel verwendet werden. Zudem ist das Risiko eines Währungsverlustes bei der ECU geringer als bei einer Weichwährung, so daß der Exporteur auch aus diesem Grunde eher die ECU auf einem entsprechenden Konto halten würde als beispielsweise die Lira. Damit aber schafft er gleichzeitig die Voraussetzungen dafür, die ECU in zusätzlichen Außenhandelsgeschäften, für die bislang nationale Währungen verwendet wurden, zu benutzen und auf diese Weise die weitere Ausbreitung der ECU zu fördern. Je mehr nun die nationalen EWS-Währungen durch die ECU substituiert werden, desto weniger kann es aber schließlich überhaupt noch zu Nachfrage-induzierten Wechselkursspannungen zwischen ihnen kommen.

Schließlich soll als dritter Fall die Substitution einer Drittwährung im Handel zwischen EWS-Staaten oder zwischen einem EWS- und einem Drittstaat durch ECU behandelt werden. Zunächst soll wieder von einem Hartwährungsinländer als Exporteur und einem Weichwährungsinländer als Importeur ausgegangen werden, die sich allerdings im Gegensatz zu den bisher besprochenen Fällen nicht auf eine Fakturierung in einer der Partnerwährungen, sondern auf Fakturierung in Drittwährung - beispielsweise US-Dollars - verständigt haben. Für den Importeur resultiert aus der Fakturierung in Drittwährung eine Devisennachfrage gegen Angebot seiner eigenen Währung und damit ein entsprechender Devisenabfluß. Gleichzeitig hat der Exporteur aus dem Hartwährungsland (Bundesrepublik) einen entsprechenden Zugang an Drittwährung zu verbuchen. Solange er den erhaltenen Betrag nicht in seine eigene Währung umtauschen möchte, ist damit keine Nachfrage nach Hartwährung und damit auch keine weitere Stärkung der eigenen Währung verbunden. Insgesamt findet hier zwar eine Schwächung der Weichwährung, nicht aber eine Stärkung der Hartwährung im EWS statt, da das Angebot an Schwachwährung nicht zugleich die D-Mark begünstigt, sondern eine dritte Währung. Erst wenn der erhaltene Drittwährungsbetrag in D-Mark umgetauscht wird, ergibt sich eine entsprechende Stärkung der D-Mark. In der Wirkung entspricht dies dann dem ersten Fall, wo sich die beiden Kontraktparteien direkt auf D-Mark Fakturierung geeinigt haben. Entsprechend ist der Fall bei einem Drittstaatenexporteur, der - wenn es sich bei der Fakturierungswährung um seine Heimatwährung handelt - entsprechende Devisenzuflüsse zulasten der Währung des Importeurs zu verzeichnen hat.

Anders ist es hingegen bei der Verwendung der ECU anstelle einer Drittwährung. Wird die ECU zur Fakturierung eines Exports der BRD in einen Drittstaat verwendet, so hätte erstgenannte nun zwar einen die D-Mark zusätzlich stärkenden Zufluß in Höhe von 35% des Rechnungsbetrages zu verzeichnen, gleichzeitig würden aber auch die von dem Handel nicht betroffenen EWS-Länder hiervon durch Devisenzuflüsse in Höhe ihres jeweiligen Korbanteils profitieren. Die ECU-

Verwendung hätte hier eine gleichzeitige Stärkung der EWS-Währungen auf Kosten der substituierten Drittwährung zur Folge.

Ist jedoch nun ein Weichwährungsland Importeur von Waren aus einem Drittstaat und findet die Fakturierung auf ECU-Basis statt, so vermindern sich die Devisenabflüsse des Importlandes in Höhe des Eigenwährungsanteils am Rechnungsbetrag, während alle anderen EWS-Länder Devisenzuflüsse in Höhe ihres Korbgewichts zu verzeichnen haben, gleichgültig, ob sie am Handel beteiligt sind oder nicht. Auch hier würde also das EWS in seiner Gesamtheit von dem Handel profitieren. Dieser Fall ist nun insofern von besonderer Relevanz, als die ECU aufgrund ihrer Stabilität im Vergleich zu den Weichwährungen des EWS im Handel mit Drittstaaten anstelle von deren Währung leichter durchsetzbar sein dürfte. Somit dürfte die ECU-Verwendung gerade den bisher vernachlässigten Schwachwährungen am ehesten zugute kommen, was dem Zusammenhalt des Wechselkursverbundes letztlich nur förderlich sein kann. Denn einerseits würde der Devisenabfluß der Weichwährung um deren Eigenwährungsanteil an der ECU verringert, andererseits würde eine Nachfrage nach anderen EWS-Währungen entsprechend ihres jeweiligen Korbanteils stattfinden. Es fände somit eine Stärkung der EWS-Währungen insgesamt auf Kosten von Drittwährungen statt.

Analog zu den bislang besprochenen Fällen können nun drei weitere Fälle abgeleitet werden, in denen davon ausgegangen wird, daß der Exporteur seinen Sitz in einem Weichwährungsland hat, der Importeur dagegen im Hartwährungsland (BRD). Entsprechend der Richtung der Warenströme in das Hartwährungsland ergeben sich umgekehrte Geldströme in das Land mit weicherer Währung. Im Gegensatz zu den bisher besprochenen Fällen handelt es sich hierbei allein aufgrund der hinter den Zahlungen stehenden Warenströme tendenziell um stabilisierende Devisenflüsse. Als Fakturierungswährungen kommen analog in Betracht: die Hartwährung des Importeurs, die Weichwährung des Exporteurs, eine als Vehikelwährung fungierende Drittwährung. Jede dieser genannten Währungen könnte wieder durch die ECU substitutiert werden. Die einzelnen Fälle sollen nun kurz besprochen werden.

Hier soll im ersten Fall wieder die D-Mark, die hier die Währung des Importeurs darstellt, als substituierte Währung behandelt werden. Solange der Exporteur den erhaltenen D-Mark Betrag nicht in seine nationale (Weich-) Währung umtauscht, hat dies keine entsprechende Nachfrage nach der Weichwährung gegen D-Mark zur Folge; die für das EWS stabilisierenden Kapitalflüsse bleiben also aus. Ein derartiges Verhalten des Exporteurs ist unter der Annahme wahrscheinlich, daß er ebenso auch Waren aus dem Hartwährungsland importiert und dafür die entsprechende Währung benötigt oder aber mit einer Abwertung seiner eigenen

Währung rechnet. Dies würde sich nun wiederum mit der ECU-Fakturierung teilweise ändern. Mit der ECU-Nachfrage seitens des deutschen Importeurs gegen D-Mark werden für die Bundesrepublik D-Mark-Abflüsse in Höhe des Fremdwährungsanteils bezogen auf den Rechnungsbetrag einhergehen, während das Weichwährungsland einen Devisenzufluß in Höhe seines Eigenwährungsanteils am Rechnungsbetrag zu verzeichnen hat. Beides würde nun nicht nur relativ - d.h. im Vergleich zur D-Mark-Fakturierung - sondern auch absolut aufgrund der erfolgenden Zahlungen zu einer Verringerung des bilateralen Spannungsverhältnisses zwischen D-Mark und Weichwährung beitragen. Dies wird hier aber wiederum zusätzlich dadurch unterstützt, daß alle EWS-Währungen - entsprechend ihres Korbgewichts - nachgefragt werden und demzufolge alle EWS-Länder entsprechende Devisenzuflüsse zu verzeichnen haben.

Umgekehrt könnte nun aber im zweiten Fall eine tendenzielle Verringerung der stabilisierenden Wirkungen abgeleitet werden, sofern hierbei die Weichwährung des Exporteurs durch ECU substituiert wird. Denn nun findet nicht mehr ein D-Mark Angebot in voller Höhe des Rechnungsbetrages statt, sondern nur noch gemäß des Fremdwährungsanteils, während sich gleichzeitig der Devisenzufluß für das Weichwährungsland auf dessen Eigenwährungsanteil gemessen am Rechnungsbetrag reduziert. Das bedeutet aber, daß auch mit der ECU-Verwendung ein Teil der stabilisierenden Devisenflüsse erhalten bleibt. Zusätzlich profitieren nun aber auch noch die anderen an der Transaktion nicht beteiligten EWS-Länder durch Devisenzuflüsse in Höhe des jeweiligen Korbgewichts ihrer Währungen, genauso wie das hier betrachtete Weichwährungsland auch aus ECU-fakturierten Geschäften profitiert, bei denen es selbst nicht beteiligt ist. Wenn wir darüber hinaus noch die - aufgrund ihrer Stabilität im Vergleich zur Weichwährung - leichtere Durchsetzbarkeit der ECU als international verwendetes Tauschmittel berücksichtigen, so kann sich für das einzelne Weichwährungsland per Saldo doch eine ECU-induzierte Entlastung ergeben.

Bleibt schließlich wiederum als letzter Fall der der Drittwährungssubstitution durch ECU anzusprechen. In diesem Fall entfaltet der Importeur eine entsprechende Nachfrage nach Drittwährungen gegen angebotene eigene Währung und überweist diesen Betrag auf das Konto des Exporteurs. Die Wechselkursverhältnisse im EWS werden von dieser Transaktion nicht berührt. Die latente Spannungssituation zwischen Hart- und Weichwährung bleibt erhalten. Anders ist es wiederum bei Verwendung der ECU, bei der sich nicht nur der D-Mark-Abfluß für die Bundesrepublik um den D-Mark-Eigenwährungsanteil verringert, sondern auch ein Devisenzufluß - in Höhe des Eigenwährungsanteils der nationalen Weichwährung des Exporteurs - in das Weichwährungsland stattfindet und zusätzlich Devisenflüsse in alle EWS-Länder erfolgen, der Wechselkursverbund also insgesamt stabilisiert wird. Gleichzeitig erfährt der gesamte Währungsverbund dadurch auch gegenüber der Drittwährung eine Stärkung.

Als Fazit läßt sich nun aus den genannten sechs Fällen ziehen, daß die zunehmende Verwendung der ECU als Zahlungsmittel dazu beitragen kann, die aus der hohen Attraktivität und dem damit verbundenen Verwendungsüberhang der Hartwährung D-Mark resultierenden einseitigen destabilisierenden Devisenzuflüsse in das Hartwährungsland zu vermindern und durch Devisenflüsse in alle EWS-Länder das EWS-Wechselkursgefüge zu stabilisieren. Dieser Effekt ergibt sich gleichermaßen, wenn bisher als Vehikelwährungen fungierende Drittwährungen durch die ECU ersetzt werden. Neben den stabilisierenden Effekten der ECU-Verwendung als Zahlungsmittel in einer Phase, in der zunehmend neue ECU-Depositen gebildet werden, wirkt die ECU-Verwendung ebenso stabilisierend auf den Wechselkursverbund ein, wenn bereits ein größerer Anteil nutzbarer ECU-Konten existiert. Je mehr ECU nämlich bereits auf Konten vorhanden sind und je mehr Zahlungen dementsprechend in ECU geleistet werden können, ohne daß ECU erst geschaffen werden müssen, desto weniger werden nationale Währungen - für Umtausch, Einzahlung oder Überweisung - benötigt und desto weniger Devisenmarktgeschäfte und daraus resultierende Wechselkurseffekte fallen an. Die breitere Verwendung der ECU als grenzüberschreitendes Zahlungsmittel entspricht dann der Verwendung einer nationalen Währung im inländischen Zahlungsverkehr und der Handel unter den EWS-Ländern wird dann zunehmend zu einem Binnenhandel.

cc) Die ECU als Zahlungsmittel privater Haushalte

Neben der Außenhandelsfakturierung der Unternehmen ist ein zweites entwicklungsfähiges Verwendungsgebiet der ECU im grenzüberschreitenden Zahlungsverkehr privater Haushalte zu sehen. Hier ist in erster Linie an Zahlungen in Verbindung mit dem Reiseverkehr in Form von direkten Überweisungen ins Ausland oder an die Benutzung von ECU-Reiseschecks zu denken. Als Motiv für die ECU-Verwendung dürfte hier neben ihrer Qualität (Stabilität und Vorhersehbarkeit ihrer Wertentwicklung) insbesondere die Möglichkeit der Ersparnis von Transaktionskosten, die vor allem bei Reisen durch verschiedene europäische Länder ins Gewicht fallen können, im Vordergrund stehen. Eine solche Ersparnis resultiert beispielsweise aus dem Wegfall von Zeit- und Wegekosten bei Umtauschoperationen sowie aus einer Verringerung von Konversionskosten, da eventuell in einem Land zuviel getauschte nationale Währung nicht mehr zurück- oder in die Währung eines anderen Reiselandes getauscht werden muß. Gleichzeitig verbessert die Verwendung der ECU die Vergleichbarkeit der Preise in einzelnen Ländern, da lästiges Umrechnen entfällt.

Hinsichtlich möglicher Wirkungen der ECU-Verwendung ist nun - ebenso wie bei der Außenhandelsfakturierung - vorauszusetzen, daß die ECU nicht nur als Vehikel im Zahlungsverkehr dient, das sogleich wieder in die nationale Währung umgetauscht wird, sondern daß die erhaltenen ECU-Beträge auf Konten stehen bleiben oder als solche weiter verwendet werden. Hierfür dürfte jedoch nicht die konkrete Form der ECU-Verwendung - als Überweisung oder als Reisescheck - ausschlaggebend sein, sondern vielmehr zunächst das Bestehen selbst und die Verbreitung von ECU-Konten, was letztlich wiederum auch in Abhängigkeit von den eingangs dieses Kapitels dargelegten rechtlichen Faktoren zu sehen ist. Die Wirkungen der ECU-Verwendung anstelle der jeweiligen nationalen Währungen sind analog zu den oben beschriebenen Warenim- bzw. -exporten als Dienstleistungsim- bzw. -exporte zu sehen. In Abhängigkeit vom Stabilitätsstatus der Währungen des Verwendungslandes und des Herkunftslandes des Verwenders sollen für die ECU-Verwendung innerhalb des EWS-Raums drei Fälle unterschieden werden:

- Ein Bewohner eines Weichwährungslandes verwendet die ECU in einem Hartwährungsland anstelle der dortigen Hartwährung (Dienstleistungsexport des Hartwährungslandes);
- umgekehrt verwendet ein Hartwährungsinländer die ECU in einem Weichwährungsland anstelle der dortigen Inlandswährung (Dienstleistungsimport des Hartwährungslandes)
- ein Bewohner eines Drittlandes verwendet die ECU anstelle seiner eigenen Währung, wobei dieser Fall im Zahlungsverkehr der EWS-Länder - wie bereits festgestellt - eher die Ausnahme bilden dürfte.

Die im folgenden zu behandelnden Effekte sind analog zu den bereits beschriebenen Wirkungen der ECU-Verwendung bei der Außenhandelsfakturierung zu sehen - und deshalb hier weniger ausführlich zu behandeln. Gleichzeitig ist jedoch festzustellen, daß hier die Nachfrage nach Reisewährungen bzw. der Umtausch der Heimatwährung in die Reisewährung - im Gegensatz zur Außenhandelsfakturierung - meist bereits im voraus, d.h. vor der Inanspruchnahme der Dienstleistungen erfolgt.

Im ersten Fall, in dem ein Weichwährungsinländer die ECU in einem Hartwährungsland anstelle der dortigen Währung im bargeldlosen Zahlungsverkehr verwendet, fragt er die Hartwährung nicht mehr in voller Höhe des Verwendungsbetrages gegen Angebot seiner nationalen Währung nach, sondern nur noch in Höhe des Hartwährungs-Korbanteils. Entsprechend verringern sich auch die Devisenzuflüsse für das Hartwährungsland auf den Eigenwährungsanteil, bzw. um den Fremdwährungsanteil, was wiederum den Aufwertungsdruck auf die Hartwährung zurückgehen läßt und damit zum Abbau latenter Spannungen im EWS beiträgt. Gleichzeitig geht das Angebot an Weichwährung um den Eigenwährungsanteil zurück; es findet also eine entsprechende Verminderung des Devisenabflusses, der ansonsten in voller Höhe des Verwendungsbetrages erfolgt wäre, für das Weichwährungsland statt. Dies wiederum trägt zur Verminderung des Abwertungsdrucks auf die Schwachwährung und damit ebenfalls zur Stabilisierung des Wechselkursverbundes bei. Dies läßt sich nun auch direkt für den dritten Effekt der ECU-Verwendung - die gleichmäßige Nachfrage nach allen EWS-Währungen gemäß ihres Korbgewichts - verbunden mit entsprechenden Devisenzuflüssen in die EWS-Länder feststellen.

Entsprechend umgekehrt stellen sich nun die Wirkungen der ECU-Verwendung in Weichwährungsländern dar. Als entscheidender Unterschied gegenüber dem ersten Fall ist jedoch zu bemerken, daß sich hier das Weichwährungsland in der Rolle des Dienstleistungsexporteurs befindet, so daß die realen Dienstleistungsströme dem Stabilitätsgefälle der Währungen letztlich entgegenlaufen. Zwar müssen wir deshalb analog zum ersten Fall hier feststellen, daß sich durch die ECU-Verwendung anstelle der Weichwährung die Nachfrage nach inländischer (Weich)Währung um den Fremdwährungsanteil verringert, während sich das Angebot an Hartwährung um deren Eigenwährungsanteil vermindert. Insofern vermindern sich zwar durch die ECU-Verwendung bisherige, das bilaterale Spannungsverhältnis stabilisierende Devisenflüsse, andererseits dürfte dieser Effekt aber durch die für das EWS insgesamt stabilisierende Wirkung ausgeglichen werden, die aus der mit der ECU-Verwendung verbundenen gleichmäßigen Nachfrage nach allen EWS-Währungen resultiert.

Schließlich soll hier noch der dritte Fall genannt werden, in dem die ECU eine Drittwährung - dies dürfte vor allem der US-Dollar sein - als Zahlungswährung in einem Hart- oder Weichwährungsland des EWS ersetzt. Hierdurch hätte nun jedes EWS-Land unabhängig von seinem Status als Verwenderland Devisenzuflüsse in Höhe des jeweiligen Korbanteils bezogen auf den Verwendungsbetrag zu verzeichnen. Davon wäre jedoch weniger die interne Stabilität der EWS-Währungen untereinander als (vielmehr) die Stärke des Verbunds gegenüber Drittwährungen betroffen. Wie gesagt dürfte dieser Fall allerdings innerhalb der EWS-Länder äußerst selten und vor allem im Bereich bestimmter Touristenstädte anzutreffen sein. Darüber hinaus dürfte allgemein davon ausgegangen werden, daß die Drittwährung im Gegensatz zur ECU viel eher in nationale Währung des Empfängers umgetauscht würde, so daß es letztlich die nationale Währung wäre, die durch ECU ersetzt würde.

Hierzu läßt sich nun als Fazit der ECU-Verwendung festhalten, daß durch die ECU-Nutzung in einem Hartwährungsland Devisenflüsse zwischen den EWS-Staaten ausgelöst werden, die sich sowohl im Hinblick auf das bilaterale Verhältnis zwischen Hart- und Weichwährung als auch auf das Wechselkursgefüge insgesamt stabilisierend auswirken. In einem Weichwährungsland vermindern sich zwar durch die ECU-Nutzung die bisherigen das bilaterale Verhältnis zwischen Hart- und Weichwährung stabilisierenden Wirkungen, gleichzeitig finden jedoch auch hier das gesamte EWS stützende Kapitalflüsse statt, wenn die ECU als Zahlungsmittel der privaten Haushalte Verwendung findet.

Entscheidender noch als die genannten stabilisierenden Devisenflüsse, die sich aus der ECU-Verwendung ergeben, sind jedoch die langfristigen Wirkungen zu sehen, die aus der allmählichen Substitution nationaler Währungen durch die zunehmende Gewöhnung der Wirtschaftssubjekte an die ECU als Zahlungsmittel resultieren. Denn mit der zunehmenden Verdrängung nationaler EWS-Währungen entfallen schließlich auch Devisenbewegungen zwischen diesen Währungen - Angebot an Inlandswährung des Verwenders gegen Nachfrage der Verwendungslandwährung - und damit entsprechende Einflüsse auf den Währungsverbund EWS. Mit zunehmendem Anteil ECU-denominierter Transaktionen entwickelt sich das EWS in Richtung auf einen einheitlichen Währungsraum.

dd) ECU als internationales Zahlungsmittel offizieller Institutionen

Eine weitere mögliche Verwendungsrichtung der ECU ist in ihrem Gebrauch als internationales Zahlungsmittel zwischen den Organen der Gemeinschaft sowie zwischen diesen und nationalen Institutionen - Zentralgewalten, Regionen, Entwicklungsgesellschaften etc. - zu sehen. Die Wirkungen der ECU-Verwendung auf den Währungsverbund EWS sind nun davon abhängig, welche nationalen Währungen jeweils substituiert werden und ob es sich um eine Zahlungsleistung oder einen Zahlungsempfang seitens der EG-Institutionen handelt. Im folgenden sollen die beiden Transaktionsarten zunächst isoliert betrachtet werden.

In einem ersten Fall sei davon ausgegangen, daß eine Institution der Gemeinschaft eine Zahlung in einer bestimmten Währung zu leisten hat, über die sie selbst nicht verfügt und die sie sich auf dem Devisenmarkt erst besorgen muß. Für das betreffende Land ist diese Transaktion mit einem entsprechenden Devisenzufluß verbunden. Substituiert nun die betreffende Institution die bestimmte Währung durch ECU und zahlt in ECU, so vermindert sie ihre Nachfrage nach der einzelnen nationalen Währung auf deren Eigenwährungsanteil und bewirkt gleichzeitig eine Erhöhung der Nachfrage nach den übrigen EWS-Währungen entsprechend deren jeweiligem Korbgewicht. Wäre nun die Zahlung ursprünglich in einer Hartwährung geleistet worden, so verringerte sich also durch die ECU-Verwendung die Nachfrage auf deren Eigenwährungsanteil, was stabilisierend für das EWS-Wechselkursgefüge wirkt. Analog kann von einer entsprechenden geringeren Stärkung einer Schwachwährung gesprochen werden, wenn die ECU anstelle der Schwachwährung für Zahlungen der EG verwendet wird. In beiden Fällen verbleibt jedoch insofern wieder ein stabilisierender Effekt für das gesamte Wechselkursgefüge als die einzelnen EWS-Währungen nun gleichmäßig entsprechend ihren Korbanteilen nachgefragt werden.

Ein Zahlungsempfang der EG-Institutionen in einer Währung, die sie nicht unmittelbar für Zahlungen weiterverwenden können, bedeutet dagegen, daß sie diese Währungen gegen Währungen, die sie für eigene Zahlungsleistungen benötigen, am Devisenmarkt anbieten. Zahlungen in Weichwährungen würden sich demzufolge tendenziell destabilisierend - sofern nicht eine noch schwächere Währung nachgefragt wird - Zahlungen in Hartwährungen hingegen tendenziell stabilisierend - sofern nicht eine noch stärkere Währung nachgefragt wird - auswirken. Würde nun die Zahlung an die EG-Institution in ECU erfolgen, so würde aufgrund der breiteren Verwendbarkeit der ECU (gegenüber einzelnen nationalen Währungen) die Möglichkeit einer direkten Weiterverwendung für Zahlungsleistungen größer.

Damit brauchte aber die EG-Institution nun auch keinen Umtausch der ECU in eine andere Zahlungswährung mehr vorzunehmen, so daß auch ansonsten auftretende Devisenmarkteffekte entfallen würden. Solche Effekte dürften sich vielmehr eher auf den Zahlungsgeber, also in der Regel einen EG-Staat, verlagern, sofern dieser seine nationale Währung in ECU umtauscht, z.B. aufgrund innergemeinschaftlicher Zahlungsvereinbarungen. Ein solcher Umtausch würde für den betreffenden Staat mit einer Nachfrage nach EWS-Währungen entsprechend des jeweiligen Korbanteils einhergehen. Das bedeutet nun gleichzeitig eine Verringerung der Devisenabflüsse für das betreffende Land um seinen Eigenwährungsanteil - verglichen mit dem Umtausch in eine "reine" Fremdwährung -, was im Falle eines Weichwährungslandes als stabilisierend in bezug auf bilaterale Wechselkursspannungen zu bewerten ist. Demgegenüber muß im Falle eines Hartwährungslandes zwar von einer Verringerung stabilisierender Kapitalflüsse gesprochen werden. In beiden Fällen verbliebe jedoch der stabilisierende Effekt aus der Nachfrage nach allen EWS-Währungen.

Mit zunehmender ECU-Verwendung sowohl für Zahlungseingänge wie für Zahlungsausgänge seitens der EG-Institutionen, aber auch innerhalb der Nationalstaaten würden die genannten Effekte jedoch immer mehr entfallen. Denn im Gegensatz zu bisherigen Zahlungsempfängen und -leistungen seitens der EG-Institutionen, für die eine währungsmäßige Kongruenz nicht immer vorhanden gewesen sein dürfte, so daß entsprechende Umtauschoperationen notwendig wurden, könnte sich die ECU aufgrund ihres Gemeinschaftsbezugs schließlich als alleinige institutionelle Zahlungswährung durchsetzen. Damit würden aber auch entsprechende Umtauschoperationen und Devisenmarkteffekte entfallen, der institutionelle Zahlungsverkehr zwischen Gebietskörperschaften, zu denen nun auch die EG zählt, würde letztlich vergleichbar demjenigen von (national-) staatlichen Institutionen in der eigenen Währung.

b) Zunehmende Verwendung der ECU als Wertaufbewahrungsmittel

aa) Grundsätzliche Überlegungen

Den bisherigen Ausführungen zur Verwendung der ECU als internationales Tauschmittel entsprechend lassen sich nun Wirkungen auf die Wechselkurse im EWS ableiten, wenn die ECU als Objekt der Vermögensanlage und der Wertaufbewahrung Verwendung findet. Von der Funktion der ECU als Wertaufbewahrungsmittel soll immer dann gesprochen werden, wenn mittel- bis langfristige Finanztransaktionen beinhaltende Kontrakte unter dem Gesichtspunkt der Kaufkraftsicherung statt in nationaler Währung in dieser Währungseinheit abgeschlossen werden. Auch fungiert die ECU als Wertaufbewahrungsmittel, wenn die Bewertung von Termin- und Spareinlagen in dieser Einheit statt in einer nationalen Währung erfolgt sowie wenn auf ECU lautende Wertpapiere erworben werden oder auf der anderen Seite, wenn ECU-Kredite aufgenommen werden..

Das Kriterium der Kaufkraftsicherung bezieht sich generell auf die - der tendenziellen Geldentwertung entgegenstehende - Renditeerwartung, in die bei international verwendeten Währungen neben der Verzinsung auch die erwartete Wechselkursentwicklung eingeht, wobei letztgenannte wegen des grundsätzlichen Währungsrisikos einer langfristigen Anlageentscheidung dominierendes Kriterium sein dürfte. Aufgrund ihrer Stabilität hat sich ebenso wie bei der Außenhandelsfakturierung eine dominierende Stellung der D-Mark als Anlagewährung im Vergleich zu den übrigen EWS-Währungen herausgebildet. Dies wiederum betrifft nicht nur ihr Verhältnis zu den anderen EWS-Währungen, indem ihre bevorzugte internationale Verwendung die aufgrund abweichender interner Stabilität zwischen diesen Währungen bestehenden Spannungen verstärkt, sondern auch ihr Verhältnis zu

Drittwährungen, insbesondere zum US-Dollar, und wirkt über diesen wieder auf das EWS zurück.

Vor diesem Hintergrund sollen nun die Wirkungen betrachtet werden, wenn die ECU aufgrund ihrer zunehmenden inneren Stabilität vermehrt an die Stelle der D-Mark tritt oder andere bedeutende Anlagewährungen, insbesondere den US-Dollar, ersetzt. Diese Wirkungen sollen nun anhand der Zahlungsbilanzen der EWS-Länder aufgezeigt werden, wobei auf die Ausführungen des vorletzten Abschnitts zurückzugreifen ist.

bb) Zur Substitution einer D-Mark-Anlage durch ECU in den EWS-Ländern

Bisher hat ein international orientierter Anleger aus einem EWS-Land bei Substitution seiner nationalen Währung durch die D-Mark beispielsweise in Erwartung einer Abwertung seiner eigenen Währung einen Kapitalexport in voller Höhe des Anlagebetrages verursacht, während die Bundesrepublik einen entsprechenden Kapitalzufluß zu verzeichnen hatte (entsprechendes Sicherungsverhalten des beauftragten Bankinstituts unterstellt). Die damit verbundene Devisentransaktion - Angebot an Weichwährung und Nachfrage nach Hartwährung hat die Differenz zwischen der betreffenden Weichwährung und der D-Mark und damit die bilateralen Spannungen zwischen beiden Währungen verstärkt. Um entsprechende Kapitalbewegungen zu vermeiden, mußte das Weichwährungsland Zuflucht zu administrierten Kapitalverkehrsbeschränkungen nehmen.

Wenn nun die ECU aufgrund ihrer zunehmend erwarteten Stabilität an die Stelle der D-Mark tritt und ein ansonsten in D-Mark gebildetes bzw. ein bereits in D-Mark bestehendes Fremdwährungskonto eines Weichwährungsinländers ersetzt, reduzieren sich bei der betrachteten Anlageentscheidung - immer unter den oben angesprochenen Annahmen zum Sicherungsverhalten der Banken - die Devisenabflüsse für das Weichwährungsland um den Eigenwährungsanteil seiner Währung bezogen auf den Anlagebetrag bzw. es findet ein Kapitalrückfluß in Höhe des Eigenwährungsanteils statt. Für die Bundesrepublik ergibt sich gleichzeitig ein um den Fremdwährungsanteil der D-Mark verringerter Kapitalimport bzw. ein bisheriger Kapitalimport in die Bundesrepublik reduziert sich bei Substitution des Auslands-DM-Kontos durch ein ECU-Konto in Höhe des Fremdwährungsanteils der D-Mark am ECU-Korb. Zudem würden nun alle EWS-Länder dem Korbgewicht ihrer Währungen entsprechende Kapitalimporte zu verzeichnen haben. Somit würde die Substitution einer D-Mark-Anlage durch eine äquivalente ECU-Anlage nicht nur das bilaterale Spannungsverhältnis zwischen Hart- und Weichwährung mildern, sondern auch eine gleichmäßige Stabilisierung aller EWS-Währungen herbeiführen.

cc) ECU-Substitution der D-Mark eines Inländers

Entsprechend verhält es sich, wenn ein Deviseninländer beispielsweise anstelle einer D-Mark-Termineinlage eine äquivalente Termineinlage in ECU zu halten wünscht. In diesem Fall entfaltet das betreffende Kreditinstitut eine Devisennachfrage gegen D-Mark in Höhe des Fremdwährungsanteils der D-Mark am Korb (ca. 65 %), was aus der Sicht der Bundesrepublik gleichbedeutend ist mit einem Kapitalexport in gleicher Höhe.

Wird hingegen ein bislang gehaltenes Drittwährungskonto, z.B. ein Dollar-Deposit, durch eine äquivalente ECU-Einlage ersetzt, ergibt sich ein Kapitalrückfluß in Höhe des Eigenwährungsanteils am Korb. Beide Fälle sind für die anderen Korbwährungsländer jeweils mit Kapitalimporten in Höhe ihres Eigenwährungsanteils verbunden. Einziger Unterschied ist, daß im ersten Fall die Nachfrage nach Korbwährungsbeträgen direkt gegen Angebot der D-Mark erfolgt, während im Fall der Substitution des Dollar-Deposits die Partnerwährungen gegen US-Dollars nachgefragt werden; ein entsprechendes D-Mark-Angebot fand hier bereits bei der ursprünglichen Konversion in das Dollar-Konto statt. In beiden Fällen ergibt sich wieder ein stabilisierender Einfluß auf das Wechselkursgefüge des EWS, da mit der Verwendung der ECU eine Nachfrage nach allen Korbwährungen im Verhältnis ihrer Korbgewichte verbunden ist, was wiederum zu einer gleichgerichteten Bewegung der Korbkomponenten führt.

dd) Entlastung des D-Mark-Dollar-Verhältnisses

Entsprechend ihrer internationalen Stellung ist die D-Mark die bevorzugte Anlagealternative zum US-Dollar. Wertveränderungen der US-Währung drücken sich in der Regel sofort in gegengerichteten Ausschlägen der D-Mark-Dollar-Relation aus. Eine stärkere Verwendung der ECU anstelle der D-Mark könnte das stark bipolar geprägte Spannungsverhältnis zwischen beiden Währungen mindern und auf diese Weise Spannungen im EWS-Wechselkurssystem verringern.[40] Wir wollen unseren Überlegungen einmal ein Szenarium voranstellen, wie es *Nydegger* (1985 b) als Folge eines erheblichen Rückzuges aus dem Dollar aufgezeigt hat.

> "Der kurzfristige, prononcierte Rückzug aus dem Dollar wird zuerst einen Run auf jene Währungen auslösen, bei denen die Kapitalbesitzer am sichersten mit einem Wechselkursanstieg rechnen können. Wechselkurserwartungen werden in jener Phase Zinserwartungen, ja sogar Negativzinsen, überspielen. Im Zentrum des Interesses stehen darum einzelne nationale Währungen wie zum Beispiel die D-Mark, aber gerade nicht die ECU. Denn abgesehen davon, daß der ECU-Kurs träger reagiert, wird es innerhalb des offiziellen Europäischen Währungssystems zu erheblichen Kursspannungen zwischen den begehrten Hartwährungen und den übrigen Korbwährungen kommen. Die Realignments werden mit politischen Auseinandersetzungen verbunden sein und infolge rasch wechselnder Verhältnisse mehrmals in kurzen Zwischenräumen aufeinander folgen müssen, sofern das Gefüge überhaupt zusammenhält. Diese Probleme mit der offiziellen ECU werden auch die private ECU ins Zwielicht bringen."[41]

Dieses von *Nydegger* in Erwägung gezogene Negativszenarium hat sich trotz des starken Kursverfalls der US-Devise seit Februar 1985 nicht in der dargestellten (überzogenen) Weise zugetragen. Der Verfall des Dollarkurses hat jedoch die beiden Leitkursanpassungen im EWS von April 1986 und Januar 1987 jeweils mit verursacht. Denn eine Abschwächung des Dollars führt in der Regel zu Devisenbewegungen in die stabilste EWS-Währung, die D-Mark, die wiederum auch - je nach Ausmaß - stärker destabilisierende Wirkungen auf das Innenverhältnis der im EWS-Wechselkurssystem zusammengeschlossenen Währungen ausüben. Jede Bewegung aus dem Dollar in die D-Mark führt zu einer Anspannung des EWS-Leitkursgefüges, weil sich der Abstand zwischen der D-Mark und den schwächeren Währungen, die sich nicht in der gleichen Weise gegenüber dem US-Dollar aufwerten, vergrößert, und die daher in solchen Phasen durch Interventionen kräftig gestützt werden müssen. Diese Anspannung der Wechselkursverhältnisse wird dann noch zusätzlich verstärkt, wenn das Vertrauen der Wirtschaftssubjekte in die Aufrechterhaltung der festgelegten EWS-Paritäten schwindet und in absehbarer Zeit allgemein mit einer Anpassung der Leitkurse gerechnet wird. In dieser Situation aufkommender Auf- bzw. Abwertungserwartungen drehen sich bisherige innereuropäische Kapitalströme entlang des Zinsgefälles um. Das bedeutet nun, daß Kapital dann nicht mehr in Länder mit der höchsten nominalen Rendite fließt, wie das in den Phasen zwischen einer Leitkursanpassung zu beobachten ist, sondern es fließt ab in die aufwertungsverdächtigen Währungen mit niedriger Inflationsrate

40 Vgl. auch *R. Hellmann* (1985), S. 228.

41 Vgl. *A. Nydegger* (1985 b), S. 217.

und Zinsen, wodurch der Auf- bzw. Abwertungsdruck auf die einzelnen EWS-Währungen deutlich zunimmt.

Es soll nun davon ausgegangen werden, daß die ECU als Wertaufbewahrungsmittel anstelle der D-Mark vom Verfall des Dollarkurses und vom Diversifizierungsverhalten internationaler Anlegerkreise profitiert. Dabei kann im folgenden zwischen Dollar-Haltern aus dem EWS-Raum und solchen aus Drittstaaten, die in Erwartung eines weiteren Dollarrückganges ECU-Positionen anstelle von ansonsten aufgebauten D-Mark-Positionen zu halten wünschen, unterschieden werden. Baut ein Investor aus einem Drittstaat ein ECU-Deposit auf, entfaltet er eine Nachfrage nach EWS-Devisen gegen Dollar entsprechend dem relativen Gewichtsanteil am Korb. Diese Transaktion schlägt sich in den Zahlungsbilanzen der EWS-Länder jeweils als Kapitalimport in Höhe des Produkts aus Eigenwährungsanteil und Anlagebetrag nieder. In einer Situation ohne die Alternative einer ECU-Anlage würde dieser Betrag voll in die D-Mark fließen und als einseitiger Kapitalimport für die Bundesrepublik verbucht werden. Damit würde sich der eingangs beschriebene Effekt einer Stärkung der D-Mark auch gegenüber den im Wechselkursverbund zusammengeschlossenen Währungen und damit eine Destabilisierung des Gefüges ergeben. Das Interesse der Investoren an ECU-Anlagen hingegen trägt zu einer Beruhigung der Devisenmärkte bei und führt zu einer Stabilisierung des Verbunds. Denn wird anstelle der stabilsten oder einer anderen Verbundwährung die ECU nachgefragt, so kommen alle im Korb befindlichen Währungen in den Genuß des Aufwertungseffekts, da die einzelnen Korbkomponenten gleichermaßen nachgefragt werden. Die Nachfrage konzentriert sich damit nicht mehr länger auf die stärkste oder die starken Währungen allein. In den Zahlungsbilanzen der Korbwährungsländer drücken sich diese Devisenflüsse jeweils als Kapitalimporte in Höhe des Produkts aus Eigenwährungsanteil und Anlagebetrag aus.

Analog verhält es sich, wenn Dollarpositionshalter aus dem EWS-Raum in Erwartung eines Rückgangs des Dollarkurses die ECU als Anlagewährung nachfragen und entsprechende Dollarpositionen anbieten und zusätzlich noch Wirtschaftssubjekte aus Ländern mit schwächeren EWS-Währungen in Erwartung einer dollarinduzierten Abwertung ihrer Landeswährung einen entsprechenden Umtausch in die ECU vornehmen. In einer Situation ohne ECU und völlig liberalisiertem Kapitalverkehr in der Gemeinschaft würden diese Beträge voll der D-Mark zugute kommen mit allen destabilisierenden Wirkungen auf den Zusammenhalt und die Funktionsweise des EWS-Wechselkursgefüges. Bei Verwendung der ECU als Anlagewährung hingegen ergibt sich ein stabilisierender Einfluß auf das Wechselkurssystem. In dem Maße nämlich, wie sich die ECU quasi als Puffer zwischen D-Mark und Dollar schiebt, wenn sie zunehmend als Objekt der Vermögenslage Verwendung findet, werden alle im Korb befindlichen Währungen nachgefragt und gelangen in den Genuß des Aufwertungseffektes. Für alle Korbwährungsländer - auch für das, in dem Dollarpositionen abgebaut worden sind - ergeben sich Kapitalimporte entsprechend der Eigenwährungsanteile. Eine ECU-Nachfrage, sei es nun durch Anleger aus EWS-Staaten oder sei es durch Drittwährungsinländer kann also grundsätzlich als Stärkung des EWS als Gesamtheit bzw. als Verbund gesehen werden. Je mehr sich nun die ECU als Anlagewährung gegenüber einzelnen EWS-Währungen durchsetzt, je mehr also deren Anteile am gesamten Anlagemarkt zurückgehen, desto weniger dürfte es schließlich zu bilateralen Spannungen zwischen den nationalen Währungen kommen.

Vor dem Hintergrund dieser Überlegungen läßt sich auch die in der Literatur vertretene These, daß bei freiem Kapitalverkehr durch das Vorhandensein der ECU für die einzelnen Wirtschaftssubjekte die Möglichkeit bzw. Bereitschaft, zwischen den nationalen EWS-Währungen (und ECU) zu wechseln, erhöht würde und dies wiederum insbesondere im Vorfeld erwarteter Leitkursanpassungen zu einer zusätzlichen Destabilisierung des Systems führe, in Frage stellen.[42]

Dies läßt sich nun wiederum im Vergleich zu einer Situation ohne ECU aufzeigen, in der zwar Kapitalverkehrsfreiheit besteht, gleichzeitig aber die nationalen Wirtschaftspolitiken der EWS-Länder weiterhin beträchtliche Differenzen aufweisen. Die in einer solchen Situation immer wieder notwendigen Wechselkursanpassungen würden bereits - entsprechend der Kapitalverkehrsfreiheit - zu spekulativen Kapitalflüssen führen, indem nämlich Anleger aus Schwachwährungsländern in Erwartung eines Wechselkursgewinns ihre Einlagen in inländischer (Schwach-) Währung gegen Hartwährungseinlagen eintauschen. Durch diese Hartwährungsnachfrage tragen sie zu einer Erhöhung des Aufwertungsdrucks auf die Hartwährung und gleichzeitig zu einer Steigerung des Abwertungsdrucks auf ihre Schwachwährung in vollem Umfang des Anlagebetrages bei. Anders würde sich dagegen die Situation darstellen, wenn, wiederum Kapitalverkehrsfreiheit vorausgesetzt, die ECU als Anlagewährung zur Verfügung stünde. Wenn sich nun der Anleger aus einem Schwachwährungsland für die ECU und gegen die D-Mark entscheidet, so verringert er nicht nur die Devisenabflüsse für sein Land - um den Eigenwährungsanteil seiner Währung - und den Devisenzufluß in die Bundesrepublik - um den D-Mark-Fremdwährungsanteil - sondern fragt gleichzeitig andere Schwachwährungen entsprechend ihres jeweiligen Korbgewichts nach und trägt somit zu ihrer Stützung bei. Dieser Effekt kann dadurch zusätzlich verstärkt werden, daß Anleger aus anderen Schwachwährungsländern ebenfalls ECU-Einlagen bilden und so die Währung des erstgenannten Landes stärken; es findet also eine gegenseitige Stützung von Schwachwährungen über die ECU-Einlagenbildung statt. Insofern bewirkt also die

42 Vgl. zu dieser These *H.W. Mayer* (1986), S. 17f.

Bildung von ECU-Anlagen gerade im Hinblick auf Realignmenterwartungen eine Stabilisierung des EWS, so daß die Anpassung selbst hinausgezögert werden kann.

Dadurch wiederum werden entsprechende Erwartungen selbst gebremst und die Spekulation verringert, was nun als zusätzliche Stabilisierung gesehen werden kann. Insofern läßt sich die Stabilisierungswirkung der ECU-Verwendung im Zuge von Realignmenterwartungen als selbstverstärkender Prozeß auffassen.

ee) Die Wirkungen der ECU-Verwendung im Kreditgeschäft

Nicht nur bei der Einlagenbildung, sondern auf der anderen Seite auch bei der Aufnahme langfristiger (Konsum-, Investitions)kredite in ECU ergeben sich stabilisierende Wirkungen für den Wechselkursverbund.

Für einen internationalen Kreditnehmer wird der Kreditaufwand einerseits vom Nominalzins der kreditierten Währung, zum anderen von deren Wechselkursentwicklung bestimmt. Hierbei ist jedoch zu fragen, inwiefern es bei Währungen unterschiedlicher Stabilität überhaupt lohnend erscheint, Fremdwährungskredite aufzunehmen. So hätte ein Kreditnehmer aus einem Land mit härterer Währung und niedrigerer Verzinsung bei Aufnahme eines Fremd- (Weich-) währungskredits, mit dem er gleichzeitig - gemäß der Annahmen des vorletzten Abschnitts - einen entsprechenden Kapitalimport für sein Land bewirkt, eine aktuell höhere Zinslast zu tragen, die allerdings langfristig durch die Abwertung der kreditierten Währung ausgeglichen werden dürfte. Die höhere Zinsbelastung dürfte jedoch einer derartigen Kreditaufnahme von vornherein im Wege stehen. Umgekehrt dürfte es von der Zinsbelastung her gesehen für einen Weichwährungs-Inländer eher interessant sein, einen Fremdwährungskredit (in Hartwährung) aufzunehmen und damit Kapitalimporte in Höhe des Kreditbetrages für sein Land herbeizuführen. Dem dürfte jedoch andererseits bisher die Aufwertungsgefahr der Kreditwährung und damit die Erhöhung des Kreditaufwands entgegengestanden haben.

Dieses Aufwertungsrisiko wäre nun für einen - wenn auch vergleichsweise höher verzinslichen - ECU-Kredit geringer und erscheint insbesondere in einem stabiler werdenden EWS besser abschätzbar. Dadurch wiederum können für einen Weichwährungs-Inländer erst die Zinsvorteile, die ein ECU-Kredit gegenüber seiner eigenen Währung hat, zum Tragen kommen und den Kreditnehmer überhaupt erst veranlassen, einen Fremdwährungskredit aufzunehmen - während bezüglich der D-Mark das Aufwertungsrisiko einer solchen Verschuldung von vornherein im Wege gestanden hatte. Mit der Aufnahme eines ECU-Kredits statt eines Kredits in eigener Währung führt aber der Weichwährungs-Inländer, wie im vorletzten Abschnitt (1.c) gezeigt werden konnte, direkt Devisenzuflüsse für sein Land in Höhe des Fremdwährungsanteils herbei, was zur Stützung der inländischen Währung und damit dem Abbau latenter bilateraler Spannungen zu den Hartwährungen beiträgt. Andererseits kann nun zwar argumentiert werden, daß mit der Nachfrage nach ECU-Krediten auch andere Schwachwährungen importiert und damit weiter geschwächt werden. Dies wiederum dürfte jedoch in anderen Kreditgeschäften, in denen ECU-Kredite in diesen Ländern nachgefragt werden, ausgeglichen werden, so daß schließlich per Saldo ein Import der Hartwährungen über die ECU-Kreditnahme für die Weichwährungs-Länder verbleibt.

D. HARMONISIERUNGSWIRKUNGEN DER PRIVATEN ECU-VERWENDUNG

Wie wir in der Einleitung zu diesem Kapitel festgestellt haben, entfaltet die private ECU ihre Wirkungen in der Übergangsphase zur Wirtschafts- und Währungsunion, d.h. bis die Wechselkurse zwischen den Währungen der Partnerländer entweder endgültig fixiert sind oder aber eine gemeinsame Währung in der Gemeinschaft umläuft. Bis dieser schon mit der Entschließung der Staats- und Regierungschefs vom Dezember 1969 in Den Haag angestrebte Endzustand einmal erreicht sein wird, kann die private ECU einen wesentlichen Beitrag dazu leisten, einerseits die externe Wechselkursvereinbarung im Falle internationaler Währungssubstitutionsvorgänge - wie gezeigt - zu stabilisieren. Andererseits fördert die ECU-Verwendung aber auch den Erhalt des EWS, indem sie einen Harmonisierungsdruck auf die internen Währungspolitiken ausübt.

Bei aller Kohärenz wirtschaftspolitischer Zielvorstellungen, die sich in den vergangenen Jahren herausgebildet hat und bei allen Anstrengungen, die unternommen wurden, den Grad innergemeinschaftlicher Harmonisierung zu erhöhen, ist die Koordinierung souveräner Währungspolitiken noch nicht so weit fortgeschritten, daß in allen Ländern ein Zustand erreicht ist, der mit Geldwertstabilität gleichzusetzen ist. Zudem braucht trotz aller Konsultations- und Abstimmungsverfahren, die einen entscheidenden Beitrag zur Konvergenz wirtschaftspolitischer Zielvorstellungen geleistet haben, nicht auf Dauer gewährleistet zu sein, daß nicht doch wieder einzelne Länder ihre stabilitätspolitischen Zielsetzungen zugunsten einer eher beschäftigungspolitisch motivierten Expansion aufzuweichen beginnen.

Zwar werden solche Länder vergleichsweise schnell wieder auf den "Pfad der Tugend" zurückgeführt, wie wir am Beispiel Frankreichs sehen konnten, wo sich die Regierung trotz des verstärkten Rückgriffs auf devisenzwangswirtschaftliche Maßnahmen letztlich durch die zunehmende Verschlechterung der Leistungsbilanzsituation gezwungen sah, ihren expansiven geldpolitischen Kurs zugunsten einer Politik der "rigueur" aufzugeben.

Diese zeitweilige Abschirmung der geldpolitischen Autonomie durch Einführung oder Verstärkung bestimmter Beschränkungen des Kapitalverkehrs wird nach dem endgültigen Verzicht auf die Inanspruchnahme von Schutzklauseln unmöglich. Damit können die Sanktionswirkungen freien Kapitalverkehrs direkt wirksam werden. Insbesondere bedeutet dies den endgültigen Verzicht auf die Autonomie einzelstaatlicher Geldpolitik, sofern die Staaten stabile Wechselkurse im EWS beibehalten und auf die Bereitstellung von Zahlungsbilanzhilfen in größerem Umfang verzichten wollen. Denn solange die interne Geldpolitik in den Dienst des Beschäftigungszieles gestellt wird, müssen länderweise divergierende stabilitätspolitische Rahmenbedingungen zu divergierenden Entwicklungen bei der Geldversorgung, dem Preisniveau und schließlich zur Anpassung der Wechselkurse führen.

Dieser Verlust des geldpolitischen Handlungsspielraums der nationalen Währungsbehörden wird noch dadurch verstärkt, daß mit der privaten ECU ein Währungsmittel bereitsteht, mit dem jederzeit sämtliche geldmäßig relevanten Transaktionen im grenzüberschreitenden Zahlungsverkehr vorgenommen werden können und die eigene Währung dabei je nach Bedarf in beliebiger Weise ersetzt werden kann.

Der damit einhergehende Disziplinierungseffekt wird zusätzlich erhöht, wenn die ECU auch im Rahmen des nationalen Zahlungsverkehrs Verwendung findet. Dabei ist ihre Verwendung zwischen Gebietsinländern nicht davon abhängig, ob ihr der Status eines gesetzlichen Zahlungsmittels verliehen worden ist: denn wie oben am Beispiel der Bundesrepublik gezeigt wurde, wird durch die Vorschrift des gesetzlichen Zahlungsmittels nicht die Wahlfreiheit der Privaten hinsichtlich der Verwendung bestimmter Währungen als Zahlungsmittel oder Schuldmaßstab beschränkt.[43] Entscheidend ist nur - neben ihrer privatwirtschaftlichen Akzeptanz - daß sie nicht durch Regelungen analog denen des § 3 WährG in der Bundesrepu-

43 Vgl. hierzu auch *R. Vaubel* (1977), S. 438.

blik auch in anderen Ländern in ihrer Verwendung behindert wird.[44] Aber da in der Bundesrepublik "contracting in foreign currencies or international currency units (like the European Currency Unit) is restricted more severely than in any other industrialized country"[45], und andere Länder nicht über vergleichbar prohibitive Bestimmungen verfügen, wird die Abschaffung von Kapitalverkehrskontrollen in diesen Ländern, die bislang Fremdwährungsoperationen weitgehend unmöglich machten, der ECU auch eine Durchsetzungschance im dortigen nationalen Zahlungsverkehr geben. Mit der Aufhebung von Vorschriften der Devisenbewirtschaftung wird die Ausweitung des Gebrauchs der privaten ECU gegenüber weicheren EWS-Währungen gefördert, und die ECU kann ihre Wirkungen als Disziplinierungs- bzw. Harmonisierungsinstrument entfalten.[46] Dadurch daß die ECU Geldfunktionen erfüllt, die sonst den nationalen Währungen vorbehalten sind, werden die staatlichen Entscheidungsträger in dem Maße unter einen geldpolitischen Harmonisierungsdruck gestellt, wie ihre nationalen Währungen bei stabilitätsinkonformem Verhalten durch Existenz und breite Verwendbarkeit der ECU mit der Sanktion des Verlusts der Geldfunktion(en) bedroht werden.

In ihrer Ausgestaltung als Standardwährungskorb mit zusätzlicher Bandbreitenregelung (Ankerwährung) wird die ECU einen disziplinierenden Einfluß auf die Währungsbehörden derjenigen Länder ausüben, deren Inflationsrate über der Entwertungsrate der ECU liegt bzw. sie wird solche Länder zu einem stabilitätskonformen Verhalten veranlassen, die aus dem allgemeinen Stabilitätskonvoi auszubrechen versuchen und wieder anfangen, ihre stabilitätspolitischen Zielsetzungen anderen wirtschaftspolitischen Zielvorstellungen zu opfern.[47] Wegen ihrer Konstruktion als Währungskorb reflektiert die Inflationsrate der ECU stets den gewichteten Durchschnitt der Inflationsraten der einzelnen nationalen Währungen, wobei allerdings die ECU-Inflationsrate aufgrund des größeren Korbanteils tendenziell stabilerer Währungen unter dem arithmetischen Mittelwert aller Korbwährungen liegt. Durch die Existenz der ECU und ihre jederzeitige Verwendbarkeit für ökonomische Transaktionen sehen sich daher diejenigen Währungsbehörden der Be-

44 Aber selbst die Bestimmungen des § 3 WährG verhindern die Verwendung der ECU als Zahlungsmittel in der Bundesrepublik zwischen Inländern nicht (wenn man einmal davon ausgeht, daß ein Interesse an Kontrahierung in ECU besteht) da die mit der Überweisung der ECU-Beträge beauftragten Bankinstitute rechtlich nicht verpflichtet sind, sich vor Ausführung des Überweisungsauftrags über das Vorliegen der entsprechenden Genehmigung der Deutschen Bundesbank oder der zuständigen Landeszentralbank zu vergewissern. ECU-Überweisungen zwischen Inländern könnten zu alltäglichen Geschäftsvorfällen werden, wie Überweisungen in anderen Fremdwährungen auch.

45 Vgl. *R. Vaubel* (1985), S. 548.

46 Vgl. in diesem Sinne auch die Auffassung von *P. Bernholz* (1985), S. 18f.

47 Vgl. zu den folgenden Überlegungen *D. Graumann* (1979), S. 101ff.

drohung der allmählichen Substitution ihres nationalen Geldes ausgesetzt, deren Politik unterdurchschnittlich stabilitätsorientiert ist, d.h. deren Währung stärker als die ECU abwertet. Die Gefahr des Verlustes von Geldfunktionen ist dabei für diejenigen Währungen am größten, deren Inflationsrate am weitesten von der Inflationsrate der ECU abweicht.

Vor dem Hintergrund dieser Überlegungen erweist sich die ECU als ernstzunehmender Konkurrent für stärker inflationierende nationale Währungen, deren Existenz die nationalen Währungsbehörden dazu veranlassen wird, sich einer stabileren Geldpolitik zu bedienen. Andererseits ist von einer solchen Entwicklung für die stabileren Währungen wenig zu befürchten, solange diese ihren bisherigen Stabilitätsstandard nicht durch expansive Maßnahmen aufzuweichen beginnen. Als wahrscheinlich kann in diesem Zusammenhang aber angesehen werden, daß die bisherigen Stabilitätsländer auch weiterhin bestrebt sein werden, ihre Inflationsraten auf dem erreichten niedrigen Niveau zu belassen. Sofern die Stabilitätsländer bei ihren Stabilitätsbemühungen somit nicht nachlassen und die bislang stärker inflationierenden Länder ihre Inflationsentwicklung weiter reduzieren, bedeutet das, daß auch die gewichtete Inflationsrate der ECU weiter zurückgeht. Um die eigene nationale Währung attraktiv zu erhalten, ergibt sich daraus für die im EWS zusammengeschlossenen Länder die Notwendigkeit, ihre eigene Inflationsrate stets weiter herabzudrücken. Denn jede Ausweitung der Inflationsratendifferenz zwischen ECU und nationaler Währung würde gleichzeitig einen Attraktivitätsverlust für die eigene Währung bedeuten, die in der Folge mit der Sanktion des Verlusts von Geldfunktionen bedroht würde.

Diese Sanktionswirkung durch die private ECU bestünde allerdings dann nicht, wenn die Zinssätze für die einzelnen nationalen Währungen und für die ECU genau den Wechselkursänderungserwartungen für diese Währungen und die ECU entsprächen, denn dann wäre - nimmt man den Anlagenutzen als Kriterium - die ECU für sich genommen nicht attraktiver als einzelne nationale Währungen. Aber genau unter diesem Aspekt erweist sich die ECU gegenüber einzelnen Währungen als die vorteilhaftere, weil sicherere, Alternative. Denn aufgrund ihrer Korbstruktur ist die effektive Wertentwicklung der ECU stets besser abschätzbar als dies für einzelne nationale Währungen - besonders für solche mit vergleichsweise hoher Inflationsrate - im Zeitablauf möglich ist. Damit kann für die ECU ex ante eine zuverlässigere Aussage über ihre tatsächliche Realverzinsung getroffen werden als für einzelne nationale Währungen, wodurch sie als Vermögensobjekt attraktiv wird. Und unter der Annahme der Unverzinslichkeit - so beispielsweise des Transaktionskassenbestandes von auf ECU oder anderen nationalen Währungen lautenden Sichtguthaben - ist die ECU stets gegenüber den Währungen, die stärker inflationieren, die vorteilhaftere Alternative, wenn man von den anfänglich bestehenden

Transaktionskostennachteilen der ECU gegenüber den etablierten Währungen einmal absieht.

Unter diesen Umständen wird sich in der Gemeinschaft eine Entwicklung vollziehen, in deren Verlauf alle nationalen Inflationsraten sowie die Inflationsrate der ECU beständig zu sinken beginnen (ausgenommen diejenigen Ländern, die bereits weitgehende Preisniveaustabilität erreicht haben), und damit wird eine Harmonisierungsbewegung in Richtung auf das Niveau der Stabilitätsländer einsetzen.[48] Dies entspricht dem fast schon klassisch zu nennenden Lehrbuchfall der Wirkungsweise einer europäischen (Standardkorb)-Parallelwährung, deren Funktion in erster Linie darin gesehen wird, einen Beitrag zur wirtschaftlichen Harmonisierung und damit zur Konvergenz in der Gemeinschaft zu leisten.[49]

Der wesentliche Unterschied jedoch zwischen der Einführung einer Parallelwährung als Integrationsalternative, wie sie ursprünglich als Gegenkonzept zu den Stufenplänen à la *Werner* gedacht war, und dem Harmonisierungsbeitrag, den die private ECU vor dem gegenwärtigen wirtschaftlichen Hintergrund der Gemeinschaft zu leisten vermag, besteht in dem größeren Druck, mit dem eine Parallelwährung wirken würde. In erster Linie sind nämlich mit der praktischen Umsetzung des Konzepts einer Parallelwährung von vornherein beträchtliche Einschränkungen des geldpolitischen Handlungsspielraums in den einzelnen Ländern verbunden. So würde die Einführung einer Parallelwährung insbesondere die Länder mit bislang besonders hohen nationalen Inflationsraten treffen, die aufgrund der anonymisierten Sanktionsautomatik des Konzepts entweder eine rasche Verdrängung ihrer nationalen Währungen aus dem Verkehr zulassen müßten oder aber gezwungen wären, eine Politik rigoroser Inflationsdrosselung zu betreiben, die um so entschiedener durchzuführen wäre, je größer die komparativen Nachteile der nationalen Währungen gegenüber der Parallelwährung eingeschätzt würden.

Diesen politischen Einwendungen und sachlichen Konsequenzen einer reinen Parallelwährungsstrategie waren sich die Initiatoren des EWS vor dem Hintergrund der wirtschaftlichen Situation in den Partnerstaaten 1978 auch voll bewußt. Sie gaben daher einer Lösung den Vorzug, die einerseits die Partnerländer analog der Strategie des *Werner*-Plans über vorwiegend freiwillige Koordination nationalstaatlicher Währungspolitiken an eine Wechselkurs-Union heranführt, die andererseits aber mit der Installation der Rechnungseinheit ECU für offizielle Zwecke bereits den Keim einer europäischen Parallelwährung legt. Mit dieser bewußt zweistufigen Ausgestaltung des EWS konnten die politischen Friktionen einer reinen Parallelwährungsstrategie vermieden werden. Denn in diesem Konzept wird die notwendige Harmonisierung in einer ersten Stufe nicht als erzwungene Konsequenz

48 Vgl. *D. Graumann* (1979), S. 102ff.
49 Vgl. *Ebenda*, S. 101f.

der Wirkungsweise von Marktkräften erreicht, sondern sie ist das Ergebnis verstärkter freiwilliger Anstrengungen der Partnerstaaten, ihre divergierenden geldwertpolitischen Vorstellungen in zunehmende Übereinstimmung zu bringen. Erst in einer zweiten Stufe soll dann über den disziplinierenden Charakter des freien Kapitalverkehrs und über die Wirkungsweise einer Parallelwährung das erreichte Harmonisierungsniveau abgesichert und vertieft werden. Dazu wurde parallel zu dem gemeinschaftlichen Konsensbildungsprozeß durch aktive Förderung der Institutionen der EG die für offizielle Zwecke geschaffene ECU auch im privaten Zahlungs- und Verrechnungsverkehr in Position gebracht und etabliert.

Damit tritt auf der Grundlage des erreichten Harmonisierungsstandes, der dadurch erst möglich gewordenen Liberalisierung des Kapitalverkehrs und der Existenz breiter und funktionsfähiger privater ECU-Märkte das EWS nunmehr in eine zweite Phase (innerhalb der EWS-Anlaufphase), die man als Phase einer zunehmenden inneren Konsolidierung des Systems bezeichnen könnte, in der die ECU in steigendem Maße die Rolle einer Parallelwährung wahrnehmen wird. In dieser Phase wird aber der Beitrag, den die private ECU zur Harmonisierung wirtschaftlicher Größen zu leisten vermag, nicht mehr darin liegen, extreme Inflationsratenunterschiede im Zuge anonymisierter Sanktion einzuebnen, sondern darin, das erreichte Harmonisierungsniveau zu konsolidieren und weiter zu vertiefen, d.h. die noch verbliebenen Unterschiede einander anzugleichen sowie zu verhindern, daß einzelne Staaten wieder in ihren stabilitätspolitischen Anstrengungen nachlassen und aus dem Stabilitätskonvoi auszubrechen versuchen.

E. ZUSAMMENFASSUNG: ZUR ROLLE DER ECU IN DER WÄHRUNGSPOLITISCHEN INTRGRATION

Mit den Überlegungen dieses Kapitels wurde deutlich, daß die von gesetzlichen Beschränkungen befreite private Verwendung der Europäischen Währungseinheit ECU ihrerseits einen wesentlichen Beitrag zur fortschreitenden monetären Integration der EWS-Länder zu leisten vermag. Denn dadurch, daß sie im Rahmen eines zunehmend homogener werdenden EWS in verstärktem Maße als Transaktionsmedium oder als Mittel der Wertaufbewahrung Verwendung findet, übt sie gleichzeitig einen stabilisierenden Einfluß auf den EWS-Wechselkursmechanismus aus und trägt zur weiteren Konvergenz der wirtschaftlichen Entwicklung der Partnerländer bei, was letztlich wiederum ihrer weiteren Verwendung förderlich ist. Mit diesen Betrachtungen erweisen sich die Stabilität des EWS-Wechselkurssystems durch zunehmende wirtschaftspolitische Konvergenz sowie die Ausweitung der privaten ECU-Verwendung als sich wechselseitig fördernde Entwicklungen auf dem Weg in Richtung auf den angestrebten Endzustand einer Wirtschafts- und Währungsunion.

Betrachtet man dieses Ergebnis aus dem Blickwinkel der Integrationstheorie, so läßt sich der traditionelle, die gesamte integrationspolitische Debatte um die geeignete Strategie in Richtung auf eine Wirtschafts- und Währungsunion durchziehende konzeptionelle Dissens zwischen ökonomistischer (funktionelle Integrationsmethode) und monetaristischer Sichtweise (institutionelle Integrationsmethode) zugunsten einer beide Anschauungen integrierenden Gesamtstrategie auflösen. Aus "monetaristischer" Sicht nämlich sollte eine Konvergenz im wirtschaftspolitischen Handeln und in der wirtschaftlichen Entwicklung durch eine institutionelle Verzahnung, insbesondere auf währungspolitischem Gebiet, zunehmend erzwungen werden, während demgegenüber aus "ökonomistischer" Sicht die wirtschaftspolitische Konvergenz eine conditio sine qua non für alle weiteren währungspolitischen Integrationsschritte darstellt. Erst nach dem Gelingen einer derart weitreichenden ökonomischen Harmonisierung sollte dann gleichsam als krönender Abschluß die Währungsunion errichtet werden.

Im Rahmen der hier vorgestellten Überlegungen wirken beide Integrationsmethoden nicht mehr alternativ und ausschließlich, sondern ineinandergreifend und sich wechselseitig fördernd. Damit ergibt sich zwischen der Erreichung weiterer wirtschaftlicher Konvergenz durch einen höheren Grad an innergemeinschaftlicher Übereinstimmung über die zu realisierenden Ziele sowie weiterer Währungs-Vereinheitlichung über einen steigenden Anteil ECU-denominierter Transaktionen eine "dialektische" Wechselbeziehung dergestalt, daß man Fortschritte auf dem Gebiet wirtschaftlicher Konvergenz sowie in der ECU-Verwendung dadurch erreicht, daß auf beiden Feldern gleichzeitig Fortschritte erzielt werden. So wird ein verstärkter Grad an Konvergenz der wirtschaftlichen Entwicklungen die zunehmende Ausweitung der ECU als europäisches Geld positiv beeinflussen, während gleichzeitig die Ausweitung der ECU-Verwendung die Stabilität des EWS-Wechselkurssystems sowie die Harmonisierung der wirtschaftlichen Zielvorstellungen in den Partnerländern begünstigen wird, was letztlich wieder ihre eigene Ausweitung fördert. Mit diesem Prozeß positiver Rückkopplung wird sich im Zeitablauf eine Stabilisierung des EWS-Wechselkursverbunds ergeben, die in deutlich geringeren Interventionsvolumina (intramarginal wie obligatorisch) sowie selteneren und kleineren Leitkursanpassungen zum Ausdruck kommt.

Der Erfolg des EWS beruht - wie Bundesbankpräsident *Pöhl* erst kürzlich im Rahmen eines Vortrags festgestellt hat - im wesentlichen auf zwei Säulen: der Funktionsweise des Interventionsmechanismus sowie der Konvergenz der Wirtschaftspolitiken.[50] Unsere Überlegungen ergänzen diese offizielle deutsche Position nun um eine dritte Säule: die private Verwendung der ECU.

50 Vgl. *K.O. Pöhl* (1987 a), S. 1.

SECHSTES KAPITEL

Währungspolitischer Ausblick: Zur Rolle der privaten ECU in der Endphase (Wirtschafts- und Währungsunion)

Henry Wallich hat in seinem Beitrag für die Festgabe zum 25jährigen Bestehen der *Deutschen Bundesbank* "Forces that Drive International Monetary Evolution" einmal die Auffassung vertreten, daß drei Kräfte für die Entwicklung des internationalen Währungssystems von maßgeblicher Bedeutung seien: theoretische Ideen, historische Erfahrungen und das Wirken von Marktkräften, wobei er hinsichtlich der Reihenfolge zu dem Ergebnis gelangt, daß "the role of market forces in shaping the system has always been considerable and is particularly dominant at the present time. Experience comes in second, theory third"[1]. Diese Überlegungen *Wallichs* wurden von *Werner Ehrlicher* in seinem Aufsatz "Von der Goldwährung zum Multi-Currency-Reserve-System" zum Ausgangspunkt eines Überblicks über die Entstehung, Funktionsweise und Auflösung der internationalen Währungsordnung in den vergangenen hundert Jahren genommen. Ausgehend von den drei Kräften *Wallichs* formuliert *Ehrlicher* in diesem Zusammenhang die These, daß hinsichtlich der grundlegenden Konzeption der betreffenden Währungsordnung die Reihenfolge vielleicht umgekehrt sein sollte, daß nämlich bei der Konzeption einer Währungsordnung die theoretischen Ideen eindeutig dominieren, während die historischen Erfahrungen die zweite Stellung einnehmen und von der dritten Kraft, den Marktkräften, der wohl geringste Einfluß ausgeht.[2]

Betrachtet man die obigen Überlegungen zum Europäischen Währungssystem als einer regionalen (internationalen) Währungsordnung und zur ECU im privaten Bereich aus dem Blickwinkel dieser beiden zitierten Stellungnahmen, so läßt sich feststellen, daß die Konzeption des EWS in erster Linie auf eine theoretische Idee - nämlich auf die Vorstellung der Errichtung eines Ankerwährungssystems als alternativen Weg zur Realisierung einer Wirtschafts- und Währungsunion - zurückgeht. Darüber hinaus wurde an zweiter Stelle über die Einbeziehung der seinerzeit von *Tindemans* eingebrachten Vorschläge zur Konsolidierung der Europäischen Währungsschlange explizit den historischen Erfahrungen mit früheren Integrationsansätzen Rechnung getragen. In der konkreten Entwicklung haben dann allerdings die Marktkräfte - sowohl hinsichtlich des EWS als auch hinsichtlich der ECU im privaten Bereich - die entscheidende Rolle gespielt.

---

1 Vgl. *H. Wallich* (1982), S. 32.
2 Vgl. *W. Ehrlicher* (1984), S. 118.

Auch in der weiteren Entwicklung werden die Marktkräfte auf dem Weg zur Wirtschafts- und Währungsunion die dominierende Rolle spielen. So wird die private ECU in Abhängigkeit von der zunehmenden Stabilität des EWS in einem evolutorischen Prozeß, in dem sich die verschiedenen Verwendungsbereiche der ECU gegenseitig fördern, weitere Marktanteile an sich ziehen können. Gleichzeitig wird ihre vermehrte Verwendung einen Beitrag dazu leisten, den EWS-Wechselkursverbund zu stabilisieren sowie in Richtung auf eine weitere Harmonisierung der Wirtschaftspolitiken zu wirken.

Im Zuge dieses marktlichen Evolutionsprozesses und der zunehmenden Konvergenz der Wirtschaftspolitiken der nationalen Volkswirtschaften wird es im institutionellen (konzeptionellen) Bereich möglich sein, weitere Schritte vorzunehmen. So lassen sich auf dem harmonisierteren Niveau die Bandbreiten zwischen den EWS-Mitgliedswährungen weiter einengen. Zu denken ist in diesem Zusammenhang beispielsweise an eine Schwankungsbreite, die der der bislang festgelegten Abweichungsschwellen entspricht. Die große Bedeutung des Elements der intramarginalen Interventionen vor Erreichen der Abweichungsschwellen sowie die erst kürzlich in Nyborg (September 1987) beschlossene Einbeziehung der intramarginalen Interventionen in den Finanzierungsmechanismus der sehr kurzfristigen Finanzierung lassen sich bereits heute als eine de facto Einengung der Bandbreiten interpretieren. Es ist daher nur ein kleiner Schritt - etwa parallel zur Verwirklichung des Binnenmarktes - auch eine de jure Einengung der Bandbreiten zu vollziehen. Allerdings läßt sich dabei entsprechend dem Konzept der abgestuften Integration eine etwas größere Bandbreite (ggf. von ± 3 v.H.) für schwächere Währungen vorstellen. Die bisher floatenden Währungen im ECU-Korb sind in den Wechselkursmechanismus (ggf. mit erweiterter Bandbreite) einzubeziehen.

Diese konzeptionellen Maßnahmen, die eine weitere Stabilisierung des Verbunds zur Folge hätten, würden unter der Voraussetzung völliger Freiheit des Kapitalverkehrs in der Gemeinschaft auch die Verwendung der Europäischen Währungseinheit ECU im privaten Bereich weiter voranbringen. Es läßt sich auf diesem Wege ein Prozeß vorstellen, in dessen Verlauf die Währungsparitäten in immer stärkerem Maße fixiert werden und sich - parallel dazu - die ECU als gemeinschaftliches Geld durchsetzen wird. In diesem Stadium des Prozesses zeichnet sich die ECU noch durch alle Vorzüge eines Währungskorbes aus. Erst wenn die Paritäten zwischen den nationalen Währungen endgültig fixiert sein werden, was gleichbedeutend ist mit gleicher Güte der nationalen Währungen sowie der ECU, hat die ECU die spezifischen Vorteile eines Währungskorbes abgelegt.

Zu diesem fortgeschrittenen Zeitpunkt wird es dann möglich sein, einen weiteren Schritt auf institutioneller Ebene zu vollziehen, indem die bisherige private ECU in den Rang einer hoheitlich geschaffenen EG-Währung erhoben wird, die von einer europäischen Zentralbank in Umlauf gegeben wird. Als eine von den nationalen Regierungen unabhängige Instanz - nur unter dieser Voraussetzung wird die *Deutsche Bundesbank* überhaupt einer EG-Zentralbank zustimmen - wird diese Institution für Stabilität und Liquidität der neuen Währung sorgen sowie die Außenbeziehungen des EG-Währungsraums zu anderen Währungsgebieten regeln. Mit diesem institutionellen Schritt hätte die ECU auch de jure ihren Charakter als Währungskorb eingebüßt. Als eigenständige Werteinheit ergibt sich ihr Wert gemäß der Knappheit aus Angebot und Nachfrage. In der Endphase einer Wirtschafts- und Währungsunion hätte die bisherige Korb-ECU damit keine Funktion mehr. Auch die bisherigen nationalen Geldzeichen hätten ihre Bedeutung eingebüßt, da die neue Europa-Währung, die weiterhin ECU heißen sollte, als Einheitswährung in der Gemeinschaft umläuft. Damit beruht die Bedeutung der jetzigen Korb-ECU im wesentlichen auf ihrer Funktion in der Übergangsphase zur Wirtschafts- und Währungsunion. So lange die nationalen Wirtschafts- und Währungspolitiken noch nicht vollständig harmonisiert sind, beschleunigt sie den monetären Integrationsprozeß, indem sie zunehmend als europäisches Geld Verwendung findet und auf diesem Wege einen Beitrag zur Stabilität der Wechselkurse und zur Harmonisierung leistet.

Literaturverzeichnis

Abraham, Filip u.a. (1984), The European Monetary System, the European Currency Unit and the Banking World, in: Revue de la Banque/Bank- en Financiewezen, Numéro Spécial, Centre d'études financières Brüssel, S. 5 - 46.

Adebahr, Hubertus (1978), Währungstheorie und Währungspolitik, Einführung in die monetäre Außenwirtschaftslehre, Berlin.

Alchian, Armen A. (1977), Why Money? In: Journal of Money, Credit and Banking Vol. 9, No. 1, S. 133 - 140.

Andersen, Uwe (1977), Das internationale Währungssystem zwischen nationaler Souveränität und supranationaler Integration: Entwicklungstendenzen seit Bretton Woods im Spannungsfeld der Interessen, 1. Auflage, Berlin.

Arendt, Georges (1983), Use of the ECU as a Currency, Paper presented to the Euromoney Conference on the 'Future of the ECU' in Luxemberg 13. - 15. September 1983.

Aschheim, Joseph / Park, Y.S. (1976) Artificial Currency Units: The Formation of Functional Currency Areas, Princeton Essays in International Finance No. 114, Princeton N.J.

Association Belge de Banques (1985), L'ECU et les Banques, Brüssel.

Balassa, Bela (1969), The Theory of Economic Integration, 3. Auflage, London.

Bank für Internationalen Zahlungsausgleich (*BIZ*, 1985 a), Das internationale Bankgeschäft, drittes Quartal 1984, Basel, 19. Februar 1985.
- (*BIZ*, 1985 b), 55. Jahresbericht, Basel, Juni 1985.
- (*BIZ*, 1986 a), 56. Jahresbericht, Basel, 9. Juni 1986.
- (*BIZ*, 1986 b), Das internationale Bankgeschäft, Basel, 25. Juli 1986.
- (*BIZ*, 1986 c), Das internationale Bankgeschäft und die Finanzmärkte, Basel, 27. Oktober 1986.
- (*BIZ*, 1987 a), Entwicklung des internationalen Bankgeschäfts und der internationalen Finanzmärkte, Basel, 28. April 1987.
- (*BIZ*, 1987 b), 57. Jahresbericht, Basel, 15. Juni 1987.
- (*BIZ*, 1987 c), Das internationale Bankgeschäft, Basel, 29. Juli 1987.

Banque Nationale de Belgique (1986), Le développement de l'ECU privé et la politique monétaire, in: Bulletin de la Banque Nationale de Belgique, April, S. 3 - 32.

Basevi, Georgio u.a. (1975), A currency for Europe - The All Saints' day manifesto for European Monetary Union, in: The Economist, 1. November 1975, S. 33 - 38.

Baumann, Wolfgang (1984), ECU im Widerstreit, in: Zeitschrift für das gesamte Kreditwesen, Heft 17, S. 801 - 806.

Bayerische Hypotheken- und Wechselbank AG (1985), ECU-Anlagen: Mehr Rendite - weniger Währungsrisiko, in: Die Börse No. 10 v. 14. März.

Bechler, Ekkehard (1978), Geld und Währung, Band 1, Theorie des Geldes und der Geldpolitik, München.

- (1981), Geld und Währung, Band 2, Zahlungsbilanz und Währungspolitik, München.

Bender, Dieter (1982), Finanzmarkttheorie des Wechselkurses, in: Handbuch der Wirtschaftswissenschaft, Band 9, Stuttgart u.a., S. 748 - 764.

Berg Hartmut (1980), Internationale Währungspolitik, in: WiSt Heft 12, S. 574 - 579.

Bernholz, Peter (1985), Das Europäische Währungssystem - Konsolidierung und Fortentwicklung, in: IFO-Schnelldienst Nr. 23, S. 15 - 19.

Berthold, Norbert (1981), Das Europäische Währungssystem (EWS) - Konzeption und bisherige Erfahrungen, Institut der deutschen Wirtschaft, Beiträge zur Wirtschafts- und Sozialpolitik Band 95/96, Köln.

Besters, Hans (1984), Währungspolitische Turbulenzen und Autonomie der Geldpolitik, in: Hans Besters (Hrsg.), Währungspolitik auf dem Prüfstand, Gespräche der List-Gesellschaft e.V., N.F. Band 9, 1. Auflage, Baden-Baden 1984, S. 89 - 106.

Bofinger, Peter (1984 a), Die ECU als Währung, in: Zeitschrift für das gesamte Kreditwesen, Heft 20, S. 935 -936.

- (1984 b), Ist die Europäische Währungseinheit (ECU) eine Währung? In: Sparkasse, Heft 8, S. 293 - 294.

- (1984 c), Verstärkte private Verwendung der ECU: Hindernisse, Chancen, Risiken, in: Wirtschaftsdienst, Heft 8, S. 448 - 454.

- (1985 a), Währungswettbewerb, Eine systematische Darstellung und kritische Würdigung von Friedrich A. von Hayeks Plänen zu einer grundlegenden Neugestaltung unserer Währungsordnung, Köln u.a.

- (1985 b), Europäische Währungsintegration durch eine ECU-Parallelwährung? In: Wirtschaftsdienst, Heft 8, S. 420 - 425.

- (1986 a), Die private Verwendung der ECU, in: WiSt, Heft 7, S. 367 - 370.

- (1986 b), Private ECU: Triade der Überzeichnung, in Wirtschaftsdienst, Heft 7, S. 345 - 352.

Brestel, Heinz (1984), Braucht Europa den ECU? Viele Vorbehalte gegenüber einer europäischen Gemeinschaftswährung, in: Frankfurter Allgemeine Zeitung vom 1. September 1984.

- (1987), Neugier auf ECU-Anlagen, in: Frankfurter Allgemeine Zeitung vom 27.6.1987.

Bröder, Ernst-Günther (1985), Perspektiven der ECU, Vortrag im Rahmen des Symposiums über "Die neue globale Rolle der ECU" in Luxemburg, am 19. und 20. September 1985, abgedruckt in: Europäische Investitionsbank (Hrsg.), Informationen der EIB, Nr. 46, Oktober 1985, S. 1 - 3.

Brown, Pamela, J. (1982), Constitution or Competition? Alternative Views on Monetary Reform, in: Literature of Liberty, Heft 5, S. 7 - 52.

Brunner, Karl / Meltzer, Allan H. (1971), The Uses of Money: Money in the Theory of an Exchange Economy, in: American Economic Review, Vol. 61, No. 5, S. 784 - 805.

Bürger, Siegfried (1984 a), Überlegungen zur Verwendung von Rechnungseinheiten nach deutschem Geld- und Währungsrecht, in: Walther Hadding u.a. (Hrsg.), Handelsrecht und Wirtschaftsrecht in der Bankpraxis, Festschrift für Winfried Werner zum 65. Geburtstag am 17. Oktober 1984, Berlin und New York 1984, S. 67 -80.

\- (1984 b), Zur Verwendung von ECU nach deutschem Währungsrecht, in: Die Bank, Heft 6, S. 265 - 267.

Burret, Mario (1982), Rechnungseinheiten als Instrument der monetären Integration, Freiburg 1982.

Caesar, Rolf (1975), Monetäre Wirkungen eines Multiwährungs-Interventionssystems mit Saldenausgleich - untersucht am Beispiel der Europäischen Währungsschlange, in: Kredit und Kapital, Heft 1, S. 91 - 122.

\- (1987), Internationaler Zinszusammenhang und deutsche Zinspolitik im Europäischen Währungssystem, in: Konjunkturpolitik, Heft 1, S. 47 - 70.

Caesar, Rolf und *Dickertmann, Dietrich* (1979), Einige kritische Anmerkungen zum Europäischen Währungssystem, in: Kredit und Kapital, Heft 3, S. 279 - 312.

Carr, Jonathan (1983), Das Europäische Währungssystem und nationale Interessen - Der US-Dollar als externer Föderator? In: H.E. Scharrer / W. Wessels (Hrsg.), Das Europäische Währungssystem, Bilanz und Perspektiven eines Experiments, Bonn 1983, S. 31 - 49.

Centi, Jean-Pierre (1984), Intégration Européenne et Concurrence des Monnaies, Paris.

Cezanne, Wolfgang / Möller, Hans (1979), Die Europäische Union als Währungsunion? 1. Auflage, Baden-Baden.

Cezanne, Wolfgang (1983), Monetäre Integration in der Europäischen Gemeinschaft - Ein Überblick über Theorien, Pläne und Maßnahmen, in: H.E. Scharrer / W. Wessels (Hrsg.), Das Europäische Währungssystem, Bilanz und Perspektiven eines Experiments, Bonn 1983, S. 1 - 30.

Charles, André (1984), L'experience de l'utilisation de l'ECU dans les opérations import - export, in: Instituto Bancario San Paolo di Torino (Hrsg.) ECU-Newsletter, Numéro Spécial, Mars 1984, S. 45 - 48.

Chrystal, K. Alec (1977), Demand for International Media of Exchange, in: American Economic Review, Vol. 67, S. 840 - 850.

Claassen, Emil-Maria (Hrsg., 1977), Kompendium der Währungstheorie: Monetäre Ansätze des internen und externen Gleichgewichts, München.

- (1977), Europäische Währungsunion, Einige Anmerkungen zum Konzept der Parallelwährung, in: Derselbe (Hrsg.), Kompendium der Währungstheorie, München 1977, S. 201 - 204.

- (1980), Der monetäre Ansatz der Wechselkursbestimmung: Kaufkraftparität, in: WiSt Heft 1, S. 1 - 5.

- (1984), Monetary integration and monetary stability: The economic criteria of the monetary constitution, in: P. Salin (Hrsg.), Currency Competition and Monetary Union, Den Haag 1984, S. 47 - 58.

Clower, Robert W. (1971), Foundations of Monetary Theory, in: Derselbe (Hrsg.), Monetary Theory, Selected Readings, Harmondsworth, S. 202 - 211.

Cohen, Benjamin J. (1981), The European Monetary System: An Outsider's View, Essays in International Finance No. 142, Princeton N.J.

Commerzbank AG (1985), ECU-Anleihen: Begrenztes Wechselkursrisiko bei hoher Rendite, in: Bericht der Abteilung Volkswirtschaft vom 24.1.1985.

- (1986), Zunehmende private Verwendung der Europäischen Währungseinheit (ECU), in: Bericht der Abteilung Volkswirtschaft vom 26.6.1986.

- (1987), Außenhandelsblätter, Juli/August 1987.

Cotto, Mario (1983), Stabilité du change et taux d'intérêt à court terme: marchés récentes de l'écu par rapport aux principales devises, paper presented to the Euromoney Conference on 'The Future of the ECU' in Luxemburg, 14.-15.09.1983.

David, Jacques-Henri (1984), Système Monétaire Européen - un success incontestable, in: Banque No. 436, Février, S. 166 - 168.

Derix, Hans-Herbert (1985), Säkuläre Inflation, kompetitive Geldordnung und "unbeschränkte Demokratie", Zu Bedeutung und Problematik der politischen Theorie der Inflation F.A. von Hayeks, Stuttgart und New York.

Deutsche Bank AG (1984), Der ECU - Eine interessante Anlagealternative, in: Börsenbild und Anlagespiegel Nr. 11.

Deutsche Bundesbank (1961), Mitteilung Nr. 1009/61 (Recht und Währung) der Deutschen Bundesbank vom 24. August 1961, Betreff: Eingehung von Verbindlichkeiten in fremder Währung.

- (1979), Das Europäische Währungssystem - Aufbau und Arbeitsweise, Monatsberichte der Deutschen Bundesbank, März, S. 11 - 18.

- (1982), Monatsberichte der Deutschen Bundesbank, Mai.

- (1984), Geschäftsbericht der Deutschen Bundesbank für das Jahr 1983.

- (1985 a), Geschäftsbericht der Deutschen Bundesbank für das Jahr 1984.

- (1985 b), Zur Freizügigkeit im Kapitalverkehr der Bundesrepublik mit dem Ausland, Monatsberichte der Deutschen Bundesbank, Juli, S. 13 - 24.

- (1986 a), Geschäftsbericht der Deutschen Bundesbank für das Jahr 1985.

- (1986 b), Internationale Organisationen und Abkommen im Bereich von Wirtschaft und Währung, Sonderdrucke der Deutschen Bundesbank Nr. 3, 3. Auflage, Frankfurt am Main.

- (1986 c), Gesetz über das Kreditwesen, Sonderdrucke der Deutschen Bundesbank Nr. 2, 8. Auflage, Frankfurt am Main.

- (1987 a), Auszüge aus Presseartikeln Nr. 16.

- (1987 b), Die Märkte für private ECU, Monatsberichte der Deutschen Bundesbank, August, S. 32 - 40.

- (1987 c), Geschäftsbericht der Deutschen Bundesbank für das Jahr 1986.

- (1987 d), Die Deutsche Bundesbank ändert die währungsrechtliche Genehmigungspraxis für die private Verwendung der ECU, Pressenotiz der Deutschen Bundesbank, Frankfurt am Main, vom 16. Juni 1987, abgedruckt in: Deutsche Bundesbank, Auszüge aus Presseartikeln Nr. 45, vom 19. Juni 1987.

Deutsche Bundesregierung (1978), Erklärung der Bundesregierung über die Ergebnisse des Europäischen Rates in Brüssel, abgegeben von Bundeskanzler Helmut Schmidt vor dem Deutschen Bundestag am 6. Dezember 1978, abgedruckt in: R. Hellmann, Das Europäische Währungssystem, 1. Auflage, Baden-Baden 1979, S. 176 - 184.

Deville, Volker / Gebauer, Wolfgang (1987), ECU Basket Weight Expectations, Interest Rates and Inflation, Geld und Währung, Working Papers No. 3, Institut für Geld und Währung der Universität Frankfurt.

Dickertmann, Dietrich / Siedenberg, Axel (1979), Instrumentarium der Geldpolitik, 3. Auflage, Düsseldorf.

Dreyhaupt, Klaus F. / Siepmann, Udo (1978), Privater Wettbewerb im Geldwesen, in: ORDO, Jahrbuch für die Ordnung von Wirtschaft und Gesellschaft, Band 29, S. 140 - 155.

Eckes, Ernst-Hermann / Kleinheyer, Norbert (1986), ECU-Funktion und Verwendung, Sparkassenheft Nr. 85, Stuttgart.

Ehrhardt, Barbara (1979), Wirtschafts- und Währungsunion - Realismus oder Utopie? Institut für Europäische Politik, Materialien zur Europapolitik, Band 3, Bonn.

Ehrhardt, Carl A. (1984), Die Doktrin "Alle oder Keiner" verliert in der Gemeinschaft an Bedeutung, in: Handelsblatt vom 1.6.1984.

Ehrlicher, Werner (1975), Geldtheorie, in: W. Ehrlicher u.a. Kompendium der Volkswirtschaftslehre, Band 1, 5. Auflage 1975, S. 352 - 420.

- (1980), Von Bretton Woods zu einer neuen internationalen Währungsordnung, in: T. Dams (Hrsg.), Ausgewählte Probleme internationaler Wirtschaftsbeziehungen aus der Sicht Japans und der Bundesrepublik Deutschland, Berlin 1980, S. 102 - 119.

- (1984), Von der Goldwährung zum Multi-Currency-Reserve-System, in: Jahrbuch für Sozialwissenschaft, Band 35, S. 117 - 131.

Eilenberger, Guido (1984), Die Geldpolitik der Kreditinstitute, Inländische und internationale Geldmärkte und Geldgeschäfte, Optimal- und Realbedingungen der Gelddisposition, Frankfurt.

Emminger, Otmar (1971), Die Rolle der Währungspolitik in der europäischen Integration, in: H. Giersch (Hrsg.), Integration durch Währungsunion? Tübingen 1971, S. 67 - 77.

- (1979), The View of the Central Banker on Monetary Integration, Address at the World Business Conference of the Financial Times, Frankfurt am 14. Februar 1979, wieder abgedruckt in: Deutsche Bundesbank, Auszüge aus Presseartikeln Nr. 14, vom 19.2.1979, S. 4 - 7.

Erbes, Raymond (1982), L'Epargne en ECU, Notes économiques et financières No. 3, Crédit Européen, Luxembourg.

Esser, Sigrid (1984), Clearingsystem ermöglicht ECU-Einsatz im Außenhandel, in: Die Bank, Heft 7, S. 323-326.

Europäische Gemeinschaften - Europäischer Rat - (1970), Bericht einer vom Rat der Europäischen Gemeinschaften eingesetzten Arbeitsgruppe an Rat und Kommission über die stufenweise Verwirklichung der Wirtschafts- und Währungsunion in der Gemeinschaft vom 8.10.1970 (Werner Bericht), abgedruckt in B. Ehrhardt, Wirtschafts- und Währungsunion - Realismus oder Utopie? Bonn 1979.

- (1971), Entschließung des Rates und der Vertreter der Regierungen der Mitgliedstaaten vom 22. März 1971 über die stufenweise Verwirklichung der Wirtschafts- und Währungsunion in der Gemeinschaft, in: Abl. EG C 28/2.

- (1972), Entschließung des Rates und der Vertreter der Regierungen der Mitgliedstaaten vom 21. März 1972 betreffend die Anwendung der Entschließung vom 22. März 1971 über die stufenweise Verwirklichung der Wirtschafts- und Währungsunion in der Gemeinschaft, in: Abl. EG C 38/3.

- (1978), Entschließung des Europäischen Rates vom 5.12.1978 über die Errichtung eines Europäischen Währungssystems und damit zusammenhängende Fragen, in: Bulletin EG Nr. 146, S. 1361 - 1364.

- (1978), Verordnung (EWG) Nr. 3180/78 des Rates vom 18. Dezember 1978 zur Änderung des Wertes der vom Europäischen Fonds für währungspolitische Zusammenarbeit verwendeten Rechnungseinheit, in: Abl. EG L 379/1.

- (1978), Verordnung (EWG) Nr. 3181/78 des Rates vom 18. Dezember 1978 über das Europäische Währungssystem, in: Abl. EG L 379/2.

- (1978), Entscheidung des Rates vom 22. März 1971 über die Einführung eines Mechanismus für den mittelfristigen finanziellen Beistand (71/143/EWG) in unter Berücksichtung der Ratsentscheidungen vom 18.12.1978, 19.12.1977 und 21.12.1978 geänderter Fassung, abgedruckt in R. Hellmann, Das Europäische Währungssystem, Baden-Baden (1979), S. 161-165.

- (1979), Akte über den kurzfristigen Währungsbeistand vom 13. März 1979 mit Abkommen vom 9. Februar 1970 zur Errichtung eines Systems des kurzfristigen Währungsbeistands unter den Zentralbanken der Mitgliedstaaten der Europäischen Wirtschaftsgemeinschaft in kodifizierter Fassung nach dem Stand vom 13. März 1979, abgedruckt in R. Hellmann, Das Europäische Währungssystem, Baden-Baden (1979), S. 161 - 168.

- (1979), Abkommen zwischen den Zentralbanken der Mitgliedstaaten der Europäischen Wirtschaftsgemeinschaft über die Funktionsweise des Europäischen Währungssystems, abgedruckt in R. Hellmann, Das Europäische Währungssystem, Baden-Baden (1979), S. 150 - 160.

- (1985), Ad-hoc-Ausschuß für institutionelle Fragen (Dooge-Ausschuß), Bericht an den Europäischen Rat (Brüssel 29./30. März 1985), Brüssel und Luxemburg.

Europäische Gemeinschaften - Europäisches Parlament (1984), Bericht im Namen des Ausschusses für Wirtschaft und Währung über die Konsolidierung und den Ausbau des Europäischen Währungssystems im Rahmen der Vorschläge der Kommission der Europäischen Gemeinschaften vom März 1982 (KOM (82) 133 endg.), EP. Sitzungsdokumente 1983 - 1984, Dokument 1 - 125/83 vom 16. Januar 1984.

Europäische Gemeinschaften - Kommission der Europäischen Gemeinschaften (1973) Generaldirektion Wirtschaft und Finanzen, Europäische Wirtschaftsintegration und Währungsvereinigung, Brüssel.

- (1975 a), Generaldirektion Wirtschaft und Finanzen, Bericht der Studiengruppe "Wirtschafts- und Währungsunion 1980" (Marjolin Bericht), Brüssel.

- (1975 b), OPTICA Report 1975, Towards Economic Equilibrium and Monetary Unification in Europe, Brüssel.

- (1976), OPTICA Report 1976, Inflation and Exchange Rates: Evidence and Policy Guidelines for the European Community, Brüssel.

- (1979), Das Europäische Währungssystem, in: Europäische Wirtschaft, Heft 3, S. 67 - 94.

- (1982), Dokumentation zum Europäischen Währungssystem, in: Europäische Wirtschaft Nr. 12.

- (1983), Mitteilung der Kommission an den Rat über die verstärkte Verwendung der Europäischen Währungseinheit auf internationaler Ebene, KOM (83) 274 endg., 24. Mai 1983.

- (1984), Mitteilung der Kommission an den Rat zur Stärkung des Europäischen Währungssystems und Entwurf einer Entschließung des Rates, KOM (84) endg., 29. November 1984.

- (1986 a), Einheitliche Europäische Akte, in: Bulletin EG, Beilage 2/1986.

- (1986 b), Das Europäische Währungssystem, in: Stichwort Europa 15/1986, Brüssel.

- (1986 c), Jahreswirtschaftsbericht 1986 - 1987, Jahreswirtschaftsübersicht 1986 - 1987, in: Europäische Wirtschaft Nr. 30.

Feldsieper, Manfred (1980), Währungsunionen II: Zielsetzungen und Probleme, in: Handwörterbuch der Wirtschaftswissenschaften, Band 8, Stuttgart u.a., S. 546 - 562.

Fidalgo, Luis F. (1986), Karl Otto Pöhl, presidente del Bundesbank, cree prematuro que Espana entre en el Sistema Monetario Europeo y critica la reacción de EE UU ante la ampliación de la CE, in: Deutsche Bundesbank (Hrsg.), Auszüge aus Presseartikeln Nr. 46, Juli 1986, S. 9 - 10.

Filc, Wolfgang (1979), Devisenmarktinterventionen versus Leitkursanpassungen im Europäischen Währungssystem, Devisenmarktanalyse für das erste Vierteljahr 1979, Hannover.

- (1981 a), Wiederholung der Fehler nach dem ersten Ölpreisschub? Devisenmarktanalyse für das zweite Halbjahr 1980, Berlin.

- (1981 b), Internationale Zinsdifferenzen, Wechselkurse und Finanzierung von Leistungsbilanzdefiziten, Devisenmarktanalyse für das erste Vierteljahr 1981, Berlin.

- (1982), Das Europäische Währungssystem am Scheideweg, Devisenmarktanalyse für das erste Vierteljahr 1982, Berlin.

- (1983), Der ECU-Wirrwarr, Devisenmarktanalyse für das zweite Vierteljahr 1983, Berlin.

- (1984), Das Dollarproblem ist ungelöst, Devisenmarktanalyse für das erste Quartal 1984, Berlin.

- (1985 a), Der Streit um die ECU, Devisenmarktanalyse für das erste Vierteljahr 1985, Berlin.

- (1985 b), Währungspolitische Vorteile einer stärkeren privaten Verwendung der ECU, in: Sparkasse, Heft 9, S. 350 - 354.

- (1985 c), Die Notwendigkeit der Internationalisierung der Wirtschaftspolitik, Devisenmarktanalyse für das zweite Vierteljahr 1985, Berlin.

- (1986 a), Leitkursänderungserwartungen im EWS, Devisenmarktanalyse für das erste Vierteljahr 1986, Berlin.

- (1986 b), Orientierungshilfen für Leitkursänderungen im EWS, Devisenmarktanalyse für das erste Vierteljahr 1986, Berlin.

Filc, Wolfgang / Köhler, Claus (Hrsg., 1985), Stabilisierung des Währungssystems, Berlin.

Fischer, Wolfram (1982), Markt- und Informationsnetze in der (neuzeitlichen) Wirtschaftsgeschichte des atlantischen Raums, in: Information in der Wirtschaft, Schriften des Vereins für Socialpolitik, N.F. Band 126, E. Streißler (Hrsg.), Berlin 1982, S. 337 - 359.

Fischer-Erlach, Peter (1982), Handel und Kursbildung am Devisenmarkt, Stuttgart u.a.

Fisher, Douglas (1978), Monetary Theory and the Demand for Money, London.

Fögen, Herman (1969), Geld- und Währungsrecht, München.

Förster, Gerhard (1985), Die Chipkarte als Bargeld der Zukunft, Frankfurt.

Franzmeyer, Fritz (1976), Neue Wege zur währungspolitischen Integration in der Europäischen Gemeinschaft? In: Vierteljahreshefte zur Wirtschaftsforschung, Heft 3, S. 153 - 161.

Fratianni, Michele (1982), The Dollar and the ECU, in: J.S. Dreyer u.a. (Hrsg.) The International Monetary System, A Time of Turbulance, Washington D.C. und London (1982), S. 430 - 453.

Friedman, Milton / Jacobsen Schwartz, Anna (1970), Monetary Statistics of the United States, Estimates, Sources, Methods, National Bureau of Economic Research (Hrsg.), New York.

Gablers Wirtschaftslexikon (1971), Wiesbaden.

Ganaye, Renaud (1984), La compensation des réglements en écu, in: Eurépargne, Heft 7, S. 15 - 18.

Gebauer, Wolfgang (1986 a), ECUnomics - Perspektiven einer europäischen Geldverfassung, in: Kredit und Kapital, Heft 2, S. 159 - 177.

- (1986 b), ECU-Märkte und Kapitalverkehrskontrollen in der Europäischen Gemeinschaft, in: Schriften des Vereins für Socialpolitik.

Geiger, Helmut (1984 a), Die private Verwendung der ECU, in: Wirtschaftsdienst, Heft 2, S. 79 - 82.

- (1984 b), Europa und die ECU, in: Zeitschrift für das gesamte Kreditwesen, Heft 23, S. 1073 - 1076.

Gerding, Rainer / Starbatty, Joachim (1980), Zur Entnationalisierung des Geldes. Eine Zwischenbilanz, Walter Eucken Institut Vorträge und Aufsätze Nr. 78, Tübingen.

Gleske, Leonhard (1985), Währungspolitische Rolle der ECU? Vortrag vor dem Europa-Institut der Universität des Saarlandes am 18. Juni 1985, in: Vorträge, Reden und Berichte aus dem Europa-Institut Nr. 49, G. Ress / M.R. Will (Hrsg.), Saarbrücken.

- (1986 a), Die Liberalisierung des Kapitalverkehrs in der EG, Vortrag vor dem Institut für Kapitalmarktforschung am 3. Juli 1986, in: Deutsche Bundesbank (Hrsg.), Auszüge aus Presseartikeln Nr. 48, vom 9. Juli 1986.

- (1986 b), Die Geldpolitik in der EG und die Liberalisierung des Kapitalverkehrs, Beitrag zur Paneldiskussion der 'Forex-Conference' am 25. November 1986 in Luxemburg, in: Deutsche Bundesbank (Hrsg.), Auszüge aus Presseartikeln Nr. 81, vom 27. November 1986.

- (1987), ECU, EWS und Dollarkurs ..., Interview des Bundesverbands der Deutschen Volksbanken und Raiffeisenbanken e.V., Bonn, Juli 1987, in: Deutsche Bundesbank (Hrsg.), Auszüge aus Presseartikeln Nr. 52, vom 20. Juli 1987.

Godschalk, Hugo (1983), Computergeld, Frankfurt.

- (1986), Private und offizielle ECU: ein ordnungspolitisches Problem, in: Österreichisches Bank-Archiv, Heft 4, S. 130 - 141.

Gösele, Willi (1979), Grundzüge des Europäischen Währungssystems, in: Kredit und Kapital, Heft 3, S. 377 - 404.

Gold, Joseph (1984), A New Universal and a New Regional Monetary Asset: SDR and ECU, in: Derselbe (Hrsg.), Legal and Institutional Aspects of the International Monetary System, Selected Essays: Volume II, International Monetary Fund, Washington D.C. 1984, S. 659 - 722.

Grabitz, Eberhard (1983), Das integrationspolitische Anliegen des Abstufungs-Konzepts und sein Verhältnis zum rechtlich-institutionellen Gefüge der Gemeinschaft, in: R. Bieber (Hrsg.), Integrationskonzepte auf dem Prüfstand, 1. Auflage, Baden-Baden 1983, S. 67 - 78.

- (Hrsg., 1984), Abgestufte Integration: eine Alternative zum herkömmlichen Integrationskonzept? Ergebnisse eines Forschungsprojektes des Instituts für Integrationsforschung der Stiftung Europa-Kolleg Hamburg, Kehl und Straßburg 1984.

Grabitz, Eberhard und *Iliopoulos, Constantin* (1984), Typologie der Differenzierungen und Ausnahmen im Gemeinschaftsrecht, in: E. Grabitz (Hrsg.), Abgestufte Integration: eine Alternative zum herkömmlichen Integrationskonzept? Kehl und Straßburg 1984, S. 31 - 46.

Graumann, Dieter (1979), Die Parallelwährung als europäische Integrationsalternative, Frankfurt u.a.

Grauwe, Paul de (1975), Conditions for Monetary Integration - A Geometric Interpretation, in: Weltwirtschaftliches Archiv, S. 634 - 646.

Grauwe, Paul de / Peeters, Theo (1979), The European Monetary System, A Step Towards Monetary Stability, Katholieke Universiteit Leuven, Centrum voor Economische Studien, International Economics Research Paper No. 21.

Greiner, Larry E. (1972), Evolution and revolution as organizations grow, in: Harvard Business Review, Juli/August 1972, S. 37 - 46.

Groeben, Hans von der / Mestmäcker, Ernst-Joachim (Hrsg., 1972), Ziele und Methoden der europäischen Integration, Bericht über eine Arbeitsgemeinschaft im Zentrum für interdisziplinäre Forschung der Universität Bielefeld, Frankfurt a.Main.

Guglielmotto, Enrica / Passatore, Guiseppe (1985), The private ECU Market: A case of international financial innovation, Economic Research and Planning Division, Instituto Bancario San Paolo di Torino.

Guimbretière, Pierre (1984), Les crédits bancaires syndiqués en Ecu, in: Eurépargne, Heft 2, S. 9 - 12.

- (1985 a), Catalogue des instruments en Ecu, in: Eurépargne, Heft 3, S. 11 - 16.

- (1985 b), Les instruments monétaires, in: Eurépargne, Heft 4, S. 9 - 14.

- (1986 a), Questions, réponses, in: Eurépargne, Heft 4, S. 27 - 32.

- (1986 b), Les outils financiers en Ecu à la disposition des entreprises, in: Eurépargne, Heft 7, S. 25 - 30.

- (1986 c), La création monétaire en écu, in: Eurépargne, Heft 12, S. 20 - 24.

- (1987 a), Le marché des Emissions en Ecu en 1986, vorläufige Fassung für Eurépargne, Heft 2.

- (1987 b), Chronique de l'Ecu, Relevés et Statistiques, vorläufige Fassung für Eurépargne, Heft 4.

Gutowski, Armin / Scharrer, Hans-Eckart (1983), Das Europäische Währungssystem - Ein Erfolg? In: W. Ehrlicher und R. Richter (Hrsg.), Geld- und Währungsordnung, Schriften des Vereins für Socialpolitik, N.F. Band 138, Berlin.

Hafke, Heinz-Christian (1982), Zur Verwendung von ECU nach nationalem Währungsrecht und dem Währungsrecht der Gemeinschaften, Vorträge, Reden und Berichte aus dem Europa-Institut der Universität des Saarlandes Nr. 10, G. Ress und M.R. Will (Hrsg.), Saarbrücken.

Harbrecht, Wolfgang (1978), Die Europäische Gemeinschaft, Stuttgart und New York.

- (1981), Europa auf dem Wege zur Wirtschafts- und Währungsunion, Theoretische und politische Probleme der Errichtung einer Wirtschafts- und Währungsunion in der Europäischen Gemeinschaft, Bern und Stuttgart.

Harlandt, Hans (1986), Die ECU zulassen! In: Zeitschrift für das gesamte Kreditwesen, Heft 3, S. 98 - 100.

Harmening, R. und *Duden, K.* (1949), Die Währungsgesetze, Handausgabe, München und Berlin.

Hasche-Preuße, Christine (1984), ECU - Von der Insider- zur Parallelwährung? Entwicklung, Bestandsaufnahme und Perspektiven, in: Kredit und Kapital, Heft 3, S. 416 - 440.

Hasse, Rolf (1971), Die Europäische Währungsunion - Illusion oder Wirklichkeit? In: Aus Politik und Zeitgeschichte, Beilage zur Zeitschrift 'Das Parlament', 15. Mai 1971, S. 3 - 33.

- (1985), Das Europäische Währungssystem: Gebändigte Regeln, in: WISU, Heft 4, S. 201 - 206.

- (1986 a), Ziele und Konflikte des Europäischen Währungssystems, in: WiSt, Heft 4, S. 177 - 181.

- (1986 b), Die Vorschläge zur Weiterentwicklung des EWS: Visionäres und Realisierbares, in: WiSt, Heft 8, S. 409 - 411.

Hayek, Friedrich- August von (1976), Choice in Currency, A Way to Stop Inflation, Institute of Economic Affairs, Occasional Paper No. 48, London.

- (1977), Entnationalisierung des Geldes, Eine Analyse der Theorie und Praxis konkurrierender Umlaufsmittel, Tübingen.

Helfferich, Karl (1923), Das Geld, 6. Auflage, Leipzig.

Hellmann, Rainer (1979), Das Europäische Währungssystem, Kritische Einführung mit Dokumentation, 1. Auflage, Baden-Baden.

- (1983), Das Europäische Währungssystem und die Erweiterung der Gemeinschaft - Probleme einer abgestuften Mitgliedschaft, in: H.E. Scharrer und W. Wessels (Hrsg.), Das Europäische Währungssystem, Bilanz und Perspektiven eines Experiments, Bonn 1983, S. 421 - 442.

- (1985), Die ECU - Ein Beitrag zur Stabilisierung der Devisenmärkte, in: W. Filc und C. Köhler (Hrsg.), Stabilisierung des Währungssystems, Berlin 1985, S. 211 - 233.

Hellwig, Martin F. (1985), What do we know about Currency Competition? In: Zeitschrift für Wirtschafts- und Sozialwissenschaften, Heft 5, S. 565 - 588.

Helmstädter, Ernst (1976), Wirtschaftstheorie, Band 2, Kreislaufgleichgewicht, Expansionsgleichgewicht - München.

Hieber, Manfred (1980), Zur Frage nach der Konsistenz des Europäischen Währungssystems (EWS), Mitteilungen aus dem Institut für das Spar-, Giro- und Kreditwesen an der Universität Bonn, Nr. 5, Bonn.

- (1985), Aspekte einer monetären Integration in Europa, in: D. Cansier / D. Kath (Hrsg.), Öffentliche Finanzen, Kredit und Kapital, Festschrift für Werner Ehrlicher zur Vollendung des 65. Lebensjahres, Berlin 1985, S. 557-572.

Hieber, Manfred / Kleinheyer, Norbert (1982), Optionen für eine Weiterentwicklung des Europäischen Währungssystems (EWS), in: Beihefte zu Kredit und Kapital, Heft 7, Geld- und Währungspolitik in der Bundesrepublik Deutschland, Berlin 1982, S. 479 - 498.

Holzheu, Franz (1976), Der "Europa": Ein neuer Weg zur europäischen monetären Integration? Institut für Wirtschaftswissenschaften der technischen Universität Berlin, Diskussionspapier Nr. 22, Berlin.

Hrbek, Rudolf (1986), EG-Reform in kleinen Schritten, in: Wirtschaftsdienst, Heft 4, S. 172 - 178.

IMF-Staff (1983), Evolution of the SDR outside the Fund, in: G.M. von Furstenberg (Hrsg.), International Money and Credit: The Policy Roles, International Monetary Fund, Washington D.C. 1983, S. 561 - 586.

Instituto Bancario San Paolo di Torino, ECU-Newsletter, verschiedene Jahrgänge.

Issing, Otmar (1976), Einführung in die Geldtheorie, München.

Jäckel, Hans (1984), Leitkursarithmetik im Europäischen Währungssystem, in: WiSt, Heft 4, S. 183 - 185.

Jarchow, Hans-Joachim (1978), Theorie und Politik des Geldes, Band 1, Geldtheorie, 4. Auflage, Göttingen.

Jarchow, Hans-Joachim / Rühmann, Peter (1984), Monetäre Außenwirtschaft II, Internationale Währungspolitik, Göttingen.

Jenkins, Roy (1977), Rede des Präsidenten der Kommission der Europäischen Gemeinschaften in Florenz am 27. Oktober 1977 zur Frage der Währungsunion (Jean-Monnet-Vorlesung), abgedruckt in Lloyds Bank Review Nr. 127, S. 1 - 14; in offizieller deutscher Übersetzung bei R. Hellmann, Das Europäische Währungssystem, 1. Auflage, Baden-Baden 1979, S. 113 - 126.

Kenen, Peter B. (1983), The Role of the Dollar as an International Currency, Group of Thirty, Occasional Paper No. 13, New York.

Keyzer, Marinus (1983), Comment on 'International Monies and Monetary Arrangements in Private Markets' by D.F. Lomax, in: G.M. von Furstenberg (Hrsg.), International Money and Credit: The Policy Roles, International Monetary Fund, Washington D.C. 1983, S. 319 - 322.

Kindleberger, Charles P. (1972), The Benefits of International Money, in: Journal of international Economics. Vol. 2, S. 425 - 442.

Kindler, Herbert S. (1979), Two Planning Strategies: Incremental Change and Transformational Change, in: Group and Organization Studies, Vol. 4, S. 476 - 484.

King, Robert G. (1983), On the Economics of Private Money, in: Journal of Monetary Economics, Heft 12, S. 127 - 158.

Klein, Benjamin (1974), The Competitive Supply of Money, in: Journal of Money Credit and Banking, Vol. 6, S. 423 - 453.

\- (1976), Competing Monies, A Comment, in: Journal of Money, Credit and Banking, Vol. 8, S. 513 - 519.

\- (1978), Competing Monies, European Monetary Union and the Dollar, in: M. Fratianni und T Peeters (Hrsg.), One Money for Europe, New York und London, S. 69 - 105.

Klein, Benjamin / Melvin, Michael (1982), Competing International Monies and International Monetary Arrangements, in: M.B. Conolly (Hrsg.), The International Monetary System - Choices for the Future, New York, S. 199 - 225.

Kleinheyer, Norbert (1980), Der Abweichungsindikator im EWS, in: Kredit und Kapital, Heft 1, S. 83 - 100.

\- (1984), Wachsender Bedarf für private ECU, in: Sparkasse, Heft 6, S. 232 - 236.

\- (1987 a), Gesetzgeber sollte aus dem ECU-Beschluß der Bundesbank jetzt Konsequenzen ziehen, in: Handelsblatt vom 9.9.1987.

- (1987 b), Die Weiterentwicklung des Europäischen Währungssystems, Überlegungen zur stabilitätsorientierten Ausgestaltung der "Zweiten Stufe", Berlin.

Kleinheyer, Norbert / Simmert, Diethard B. (1984), Fünf Jahre Europäisches Währungssystem - Bilanz und Perspektiven, in: Wirtschaftsdienst, Heft 4, S. 197 - 203.

Klingelhöfer, Wolf-Dieter (1978), Grundlagen einer rationalen Kreditpolitik in der Europäischen Gemeinschaft, Berlin.

Kloten, Norbert (1979 a), Das Europäische Währungssystem aus der Sicht der Bundesrepublik, in: Außenwirtschaft, 34. Jg. S. 84 - 90.

- (1979 b), Das Europäische Währungssystem - Geldpolitik unter neuen Bedingungen, in: H. Besters (Hrsg.); Zwischenbilanz Europa, Baden-Baden 1979, S. 104 - 120.

(1980 a), Das Europäische Währungssystem - Eine europapolitische Grundentscheidung im Rückblick, Rheinisch-Westfälische Akademie der Wissenschaften - Vorträge Nr. 294, Opladen.

- (1980 b), Der Kompromiß: Eine Chance für das Europäische Währungssystem, in: K. Borchardt und F. Holzheu (Hrsg.), Theorie und Politik der internationalen Wirtschaftsbeziehungen, Hans Möller zum 65. Geburtstag, Stuttgart und New York 1980, S. 325 - 338.

- (1981), Zur "Endphase" des Europäischen Währungssystems, in: A. Woll (Hrsg.), Internationale Anpassungsprozesse, Schriften des Vereins für Socialpolitik, N.F. Band 114, Berlin 1981, S. 161 - 193.

- (1985), Die ECU: Perspektiven monetärer Integration in Europa, in: Europa Archiv, Heft 15, S. 451 - 466.

- (1986), Die monetäre Integration: Was steht ihr im Wege? In: H. Besters (Hrsg.), Was trennt Europa?, Gespräche der List Gesellschaft e.V., N.F. Band 10, 1. Auflage, Baden-Baden 1986, S. 84 - 98.

Kloten, Norbert / Gösele, Willi (1982), Der Fall EWS, Theoretische und Empirische Aspekte, in: Beihefte zu Kredit und Kapital, Heft 7, Geld- und Währungspolitik in der Bundesrepublik Deutschland, Berlin 1982, S. 449 - 478.

Klump, Rainer (1986), Entstehung und Verwendung internationaler Schlüsselwährungen, Theoretische Erklärungen, historische Erfahrungen, wirtschaftspolitische Schlußfolgerungen, Hamburg.

Knapp, Georg Friedrich (1923), Staatliche Theorie des Geldes, 4. Auflage, Berlin und Leipzig.

Köhler, Claus (1979), Geldwirtschaft, Band 2, Zahlungsbilanz und Wechselkurs, Berlin.

König, Rainer (1985), Das Europäische Währungssystem, Eine Zwischenbilanz unter wirtschafts-, währungs- und agrarpolitischen Aspekten, Vortrag vor dem Institut für Agrarökonomie der Universität Göttingen am 22. Januar 1985.

Kohler, Beate / Schlaeger, Gert (1968), Ein Markt und eine Währung, Zur Problematik einer EWG-Währung, Köln.

Krämer, Hans R. (1969), Formen und Methoden der internationalen wirtschaftlichen Integration, Versuch einer Systematik, Tübingen.

- (1983), Die zweite Stufe des EWS in rechtlicher Sicht - Grenzen des Pragmatismus, in: H.E. Scharrer / W. Wessels (Hrsg.), Das Europäische Währungssystem, Bilanz und Perspektiven eines Experimentes, Bonn 1983, S. 443 - 465.

Kral, Fritz (1986 a), ECU/Unterschiedliche Positionen in der Bundesbank I, Juristen: Genehmigungspraxis ließe sich nicht auf Teilbereiche beschränken, in: Handelsblatt vom 25.2.1986.

- (1986 b), ECU/Unterschiedliche Positionen in der Bundesbank II, Internationale Abteilung betont Gewicht für Wirtschaft und EG-Harmonisierung, in: Handelsblatt vom 26.2.1986.

Krug, Wilfried (1978), Rezension zu F.A.v. Hayek, Entnationalisierung des Geldes, Tübingen 1977, in: Zeitschrift für die gesamte Staatswissenschaft, Band 134, S. 573 - 576.

Krugman, Paul (1980), Vehicle Currencies and the Structure of International Exchange, in: Journal of Money, Credit and Banking, Vol. 12, S. 513 - 526.

Laidler, David (1978), Difficulties with European Monetary Union, in: M. Fratianni / T. Peeters (Hrsg.), One Money for Europe, London, S. 52 - 63.

Langeheine, Bernd (1984), Rechtliche und institutionelle Probleme einer abgestuften Integration in der Europäischen Gemeinschaft, in: E. Grabitz (Hrsg.), Abgestufte Integration: Eine Alternative zum herkömmlichen Integrationskonzept? Kehl und Straßburg, S. 47 - 124.

Langeheine, Bernd / Weinstock, Ulrich (1984), Abgestufte Integration: weder Königspfad noch Irrweg, Zur Auseinandersetzung über die Weiterentwicklung der Europäischen Gemeinschaft, in: Europa-Archiv, 39. Jg., S. 261 - 270.

Lefoulon, Jean-Pierre (1986), Das Europäische Währungssystem und die Rolle der ECU, in: W. Engels (Hrsg.) Internationaler Kapitalverkehr und Devisenhandel, Frankfurt 1987, S. 95 - 112.

Lehment, Harmen (1978), Der Bremer-Plan für ein Europäisches Währungssystem - Zurück nach Bretton Woods, Kieler Diskussionsbeiträge, Heft 59.

Lipp, Ernst-Moritz (1979), Parallelwährung für Europa - Pläne als Risiko oder Chance für die europäische Einigung? Baden-Baden.

Logue, Dennis E. / Willet, Thomas (1976), A Note on the Relation between the Rate and Variability of Inflation, in: Economica, Vol. 43, S. 151 - 158.

Lomax, David F. (1983), International Monies and Monetary Arrangements in Private Markets, in: G.M. von Furstenberg (Hrsg.), International Money and Credit: The Policy Roles, International Monetary Fund, Washingten D.C. 1983, S. 261 - 318.

- (1986), The Evolution of the ECU-Market; A Private Sector View, Paper presented at the Conference on the ECU-Market: Current Developments and Future Prospects, Graduate School of Business Administration, New York University, 30./31. January 1986.

Magee, Stephan P. / Rao, Ramesh, K.S. (1980), Vehicle and Non-Vehicle Currencies in International Trade, in: American Economic Review, Vol. 70, S. 268 - 273.

Maier, Gerhard (1987), Die inlandswirksame Geldmenge in einer interdependenten Welt: eine Untersuchung zur Abgrenzung der Geldmenge einer offenen Volkswirtschaft bei flexiblen Wechselkursen, durchgeführt am Beispiel der Bundesrepublik Deutschland, Berlin.

Masera, Reiner S. (1987), An increasing role for the ECU, Essays in International Finance, No. 167, Princeton New Jersey.

Matthes, Heinrich (1979), Die Banken und der Ausgleich der Zahlungsbilanz, in: Die Bank, Heft 1, S. 4-13.

- (1986), Das Europäische Währungssystem und die ECU, in: Ist die ECU die Europäische Währung der Zukunft? Schriftenreihe der Schweizerischen Vereinigung für Währungsfragen Nr. 3, S. 8 - 23.

- (1987 a), Europäische Wirtschafts- und Währungsintegration - Erreichtes und Erstrebtes, Vortrag vor dem Institut für Kapitalmarktforschung an der Johann-Wolfgang-Goethe-Universität in Frankfurt am Main, am 29. Januar 1987.

- (1987 b), Koordinierung der Wirtschaftspolitik innerhalb der EG, in: Wirtschaftsdienst, Heft 5, S. 247 - 256.

Mauro, Mario (1984), Les financements import-export en ECU: quelques réflexions, in: ECU-Newsletter, Numéro spécial, Mars 1984, S. 33 - 39.

Mayer, Helmut W. (1986), Private ECUs Potential Macro-Economic Policy Dimensions, BIS Economic Papers No. 16.

Meade, James E. (1973), European Monetary Union, in: European Economic Integration and Monetary Unification - Synthesis - , Kommission der EG (Hrsg.), Brüssel 1973, Part II: Individual Contributions, S. 89 - 98.

Melvin, Michael (1985), Currency Substitution and Western European Monetary Unification, in: Economica Vol. 52, Nr. 205, S. 79 - 91.

Micossi, Stefano (1985), The Intervention and Financing Mechanisms of the EMS and the Role of the ECU, in: Banca Nazionale del Lavoro Quarterly Review, Heft 3, S. 327 - 345.

Moltke, Albrecht von (1986), Die private Verwendung von ECU, Beiträge zu internationalen Wirtschaftsfragen, Reutlingen.

Morgan, John (1986), Wie SWIFT den neuen Bedürfnissen der Mitgliedstaaten Rechnung trägt, in: Sparkassen International, Heft 3, S. 55 - 57.

Moss, Frank (1984), The private use of the ECU: its implications for national monetary authorities in EEC member states, in: Révue de la Banque / Bank- en Financiewezen, Numéro Spécial, Centre d'études financières Brüssel, S. 41 - 64.

Müller, Burkhardt (1987), Konstruktion und Berechnung von Währungskörben, in Jahrbücher für Nationalökonomie und Statistik, Band 203/2, S. 188 - 199.

Neldner, Manfred (1983), Notenausgabemonopol oder Währungswettbewerb? In: WiSt, Heft 8, S. 397 - 403.

Neumann, Manfred J.M. (1983), Comment on 'International Monies and Monetary Arrangements in Private Markets' by D.F. Lomax, in: G.M. von Furstenberg (Hrsg.), International Money and Credit: The Policy Roles, International Monetary Fund, Washington D.C. 1983, S. 322 - 326.

Niehans, Jürg (1971), Money and Barter in General Equilibrium with Transactions Costs, in: American Economic Review, Vol. 61, No. 5, S. 773 - 783.

\- (1980), Theorie des Geldes, Synthese der monetären Mikro- und Makroökonomie, Bern und Stuttgart.

Nölling, Wilhelm (1985), The European Monetary System and the private use of the ECU - A new approach to European Integration? Address to the interparty working group on European monetary problems of the European Assembly, Straßburg, 12.03.1985.

Nydegger, Alfred (1985 a), Die beiden ECU, in: Basler Zeitung vom 7.9. 1985, abgedruckt in: Deutsche Bundesbank (Hrsg.), Auszüge aus Presseartikeln Nr. 57 1985.

\- (1985 b), ECU - Versuch eines Ausblicks (auch auf den Dollar), in: Außenwirtschaft, 40. Jg., S. 209 - 218.

Ortoli, Francois-Xavier (1979), The European Community Looks at Monetary Integration, Address at the World Business Conference of the Financial Times Frankfurt, 14.2.1979, abgedruckt in: Deutsche Bundesbank (Hrsg.), Auszüge aus Presseartikeln, Nr. 15 (1979), vom 26.2.1979.

o.V. (1983), Mit der neuen Visa-Karte ist der ECU auf dem Weg zum Zahlungsmittel, in: Handelsblatt vom 2.11.1983.

- (1985), Profitables Geschäft mit der Europa Währung, in: Handelsblatt vom 26.02.1985.

- (1985) ECU-Sektor profitierte von Dollar-Unsicherheit, in: Börsen-Zeitung vom 11.5.1985.

- (1985), Hollands Sparer wild auf Europas Kunstwährung, in: Handelsblatt vom 15.11.1985.

- (1986), EG-Aktion zur Liberalisierung des Kapitalverkehrs, in: Börsenzeitung vom 6.6.1986, abgedruckt in: Deutsche Bundesbank (Hrsg.) Auszüge aus Presseartikeln Nr. 40, vom 6. Juni 1986.

- (1986), Roms Notenbank warnt vor Euphorie über den erstaunlich guten Lira-Kurs, in: Handelsblatt vom 9.6.1986.

- (1986), Das Clearingsystem für die private ECU, in: EIB-Information Nr. 50, Oktober 1986.

- (1986), Die Zahl der beteiligten Banken soll nicht stärker ausgeweitet werden, in: Handelsblatt vom 15.12.1986.

- (1987), Madrids Regierung will der Inflation mit drastischen Maßnahmen zu Leibe rücken, in: Handelsblatt vom 27.04.1987.

- (1987), Bald können auch bei uns ECU-Konten geführt werden, in: Handelsblatt vom 12.05.1987.

- (1987), Junktim für Liberalisierung, in: Handelsblatt vom 14.05.1987.

- (1987), Regierung lockert erneut Devisenbestimmungen, in: Handelsblatt vom 25.05.1987.

- (1987), Auslandsbanken erhalten mehr Bewegungsfreiheit, in: Handelsblatt vom 25.05.1987.

- (1987), Italiens Devisenwirtschaft wartet noch immer auf die große Freiheit, in: Handelsblatt vom 9.6.1987.

- (1987),Europäische Konzerne bilden Lobby für ECU, in: Handelsblatt vom 3.12.1987.

Padoa-Schioppa, Tommaso (1985), Wirtschafts- und währungspolitische Probleme der europäischen Integration, Luxemburg.

- (1986), Possible future developments within the European Monetary System and the associated difficulties, Excerpts from a lecture delivered before the European University Institute in Florence on February 20, abgedruckt in: Deutsche Bundesbank (Hrsg.), Auszüge aus Presseartikeln Nr. 19, vom 5. März 1986.

Padoa-Schioppa, Tommaso / Papadia, Francesco (1984), Competing Currencies and Monetary Stability, in: R.S. Masera / R. Triffin (Hrsg.), Europe's Money - Problems of European Monetary Coordination and Integration, Centre for European Policy Studies, New York 1984, S. 79 - 110.

Page, S.A.B. (1981), The Choice of Invoicing Currency in Merchandise Trade, in: National Institute Economic Review, Vol. 98, S. 60 - 72.

Pfisterer, Hans / Regling, Klaus (1983), Die Rolle der ECU im privaten Bereich - geringe ökonomische Anreize, in: H.E. Scharrer und W. Wessels (Hrsg.), Das Europäische Währungssystem - Bilanz und Perspektiven eines Experiments, Bonn 1983, S. 273 - 283.

Pillet, Jacques (1984), Facturation et paiement des échanges intersociétés en ECU, in: Instituto Bancario San Paolo di Torino (Hrsg.), ECU Newsletter, Numéro Spécial, Mars 1984, S. 43 - 44.

Pöhl, Karl Otto (1979), Zum Europäischen Währungssystem, in: Zeitschrift für das gesamte Kreditwesen, Heft 1, S. 21 - 22.

- (1985), Das Europäische Währungssystem - Konsolidierung und Fortentwicklung, in: IFO-Schnelldienst, Heft 23, S. 10 - 14.

- (1986), Auf dem Weg zu einer Europäischen Währung, in: O. Franz (Hrsg.), Europäische Währung - eine Utopie? Schriftenreihe der Gesellschaft zur Förderung eines Vereinigten Europas e.V., Bonn 1986, S. 41 - 44.

- (1987 a), Aktuelle währungspolitische Aspekte, Rede vor der Gesellschaft für Finanzwirtschaft in der Unternehmensführung e.V., Frankfurt am Main, am 29.05.1987, abgedruckt in: Deutsche Bundesbank (Hrsg.), Auszüge aus Presseartikeln Nr. 40, vom 1. Juni 1987.

- (1987 b), Pressegespräch mit Karl Otto Pöhl am 14. September 1987 in Frankfurt, abgedruckt in: Deutsche Bundesbank (Hrsg.), Auszüge aus Presseartikeln Nr. 66, vom 16. September 1987.

Polak, Jacques J. (1979), The SDR as a Basket of Currencies, in: IMF-Staff Papers, Vol. 26, S. 627 - 653.

Rambure, Dominique (1984), The Clearing of the ECU Payments, in: Instituto Bancario San Paolo di Torino (Hrsg.), ECU-Newsletter No. 9, S. 8 - 10..

Reynolds Allen, Polly (1986), The ECU: Birth of a New Currency, Group of Thirty Occasional Paper No. 20, New York.

Rieke, Wolfgang (1979), Die ECU als Bezugsgröße und Reserveinstrument im EWS, in: Kredit und Kapital, 12. Jg., S. 341 - 353.

Rittmann, Herbert (1975), Deutsche Geldgeschichte 1484 - 1914, München.

Rose, Klaus (1981), Theorie der Außenwirtschaft, 8. Auflage, München.

- (1984), Flexible Wechselkurse auf dem Prüfstand, Die Lehren der Bundesrepublik Deutschland, in: Jahrbuch für Sozialwissenschaft, Band 35, S. 132 - 145.

Sachverständigenrat (1976), Jahresgutachten des Sachverständigenrates zur Begutachtung der gesamtwirtschaftlichen Entwicklung 1976/77, Bundestagsdrucksache 7/5902 vom 25.11.1976.

- (1978), Jahresgutachten des Sachverständigenrates zur Begutachtung der gesamtwirtschaftlichen Entwicklung 1978/79, Bundestagsdrucksache 8/2313 vom 23.11.1978.

Salin, Pascal (1982), Lessons from the European Monetary System, in: M.B. Conolly (Hrsg.), The International Monetary System - Choices for the Future, New York 1982, S. 175 - 198.

- (1984 a), Towards a better European Monetary System, in: Derselbe (Hrsg.) Currency Competition and Monetary Union, Financial and Monetary Policy Studies, Band 8, Den Haag 1984, S. 279 - 285.

- (1984 b), Monetary Europe Today: A Cartel of Central Banks, in: Derselbe (Hrsg.), Currency Competition and Monetary Union, Financial and Monetary Policy Studies, Band 8, Den Haag 1984, S. 196 - 214.

Scharrer, Hans-Eckart (1973), Europäische Wirtschafts- und Währungsunion - Pragmatismus ohne politisches Konzept, in: Derselbe (Hrsg.), Europäische Wirtschaftspolitik - Programm und Realität, Bonn 1973.

- (1983), Der Wechselkurs- und Interventionsmechanismus im EWS - Aus den Erfahrungen lernen? In: H.E. Scharrer / W. Wessels (Hrsg.), Das Europäische Währungssystem - Bilanz und Perspektiven eines Experiments, Bonn 1983, S. 175 - 213.

- (1984 a), Abgestufte Integration - Eine Einführung, in: E. Grabitz (Hrsg.) Abgestufte Integration: Eine Alternative zum herkömmlichen Integrationskonzept? Kehl und Straßburg 1984, S. 1 - 30.

- (1984 b), Das Europäische Währungssystem - abgestufte Integration in der Praxis, in: E. Grabitz (Hrsg.), Abgestufte Integration: Eine Alternative zum herkömmlichen Integrationskonzept? Kehl und Straßburg 1984, S. 225 - 259.

- (1984 c), Europa und die ECU, in: Zeitschrift für das gesamte Kreditwesen, Heft 23, S. 1086 - 1091.

Scharrer, Hans-Eckart / Wessels, Wolfgang (1983), Das Europäische Währungssystem - Bilanz und Perspektiven eines Experiments, Bonn.

- (1983), Eine Zukunft für das EWS? - Optionen künftiger Währungspolitik in der Gemeinschaft, in: Dieselben (Hrsg.), Das Europäische Währungssystem, Bilanz und Perspektiven eines Experiments, Bonn 1983, S. 495 - 517.

Schiemann, Jürgen (1983), Dilatorische Kompromisse auf dem Wege zur Europäischen Währungsunion, Eine Analyse der Konzepte zur Währungsintegration in Europa, in: Jahrbuch für Sozialwissenschaft, 34. Jg. S. 200 - 231.

Schilcher, Rudolf (1973), Geldfunktionen und Buchgeldschöpfung, Ein Beitrag zur Geldtheorie, 2. Auflage, Berlin.

Schlüter, Peter-Wilhelm (1982), Die ECU und der Europäische Währungsfonds, in: Integration, 5. Jg., Beilage zur Europäischen Zeitung 4/1982.

- (1983), Die zukünftige Rolle der ECU - Die Grenzen einer Europäischen Korbwährung, in: H.E. Scharrer / W. Wessels (Hrsg.), Das Europäische Währungssystem - Bilanz und Perspektiven eines Experiments, Bonn 1983, S. 247 - 272.

- (1984), Die ECU als Devise, Vortrag im Rahmen der Studientage über "Die Zukunft der ECU", veranstaltet von Eurépargne und Banque Fédérative du Crédit Mutuel am 4. und 5. Mai 1984 in Bischenberg / Straßburg.

- (1986), Diskussionsbeitrag zum Panelgespräch: "Ist die ECU die Europäische Währung der Zukunft?" In: Ist die ECU die Europäische Währung der Zukunft? Schriftenreihe der Schweizerischen Vereinigung für Währungsfragen Nr. 3, S. 24 - 27.

Schmalz, Ernst-Werner (1986), Die Stabilität des Geldwerts als Problem des Privatrechts, München.

Schmidt, Helmut (1985), Vorschläge für eine Weiterentwicklung des Europäischen Währungssystems, in: Handelsblatt vom 3./4.. Mai 1985; wieder abgedruckt in: Europa-Archiv, 40. Jg., S. 223 - 232; ebenso abgedruckt als: The European Monetary System: Proposals for further Progress, in: Instituto Bancario San Paolo di Torino (Hrsg.), ECU-Newsletter Nr. 12, Survey No. 7.

Schöler, Klaus (1986), Preisniveaustabilität durch kompetitive Geldsysteme? In: Kredit und Kapital, Heft 3, S. 351 - 365.

Schroeder-Hohenwarth, Hanns C. (1986), Bundesbank sollte Banken den Weg zum Spezialmarkt Ecu freigeben, in: Handelsblatt vom 30.01.1986.

Schulenburg, J.-Matthias Graf von der (1984), Who Wants to Go Shopping with a Currency Basket? A Risk Theoretical Study, in: Jahrbücher für Nationalökonomie und Statistik, Band 199, S. 65 - 75.

Schweizerischer Bankverein (1985), Die ECU als Anlagewährung, o.O.

Selgin, George A. / White, Lawrence H. (1985), The Evolution of a Free Banking System, Economic Research Reports, New York University.

Sell, Erwin / Thieme, H. Jörg (1980), Nebenwährungen bei zentraler Planung des Wirtschaftsprozesses, in: A. Schüller, u.a. (Hrsg.), Außenwirtschaftspolitik und Stabilisierung von Wirtschaftssystemen, Stuttgart und New York 1980, S. 127 - 140.

Siebke, Jürgen / Willms, Manfred (1974), Theorie der Geldpolitik, Berlin u.a.

Simmert, Diethard, B. (1984 a), Der Markt soll entscheiden, in: Sparkasse, Heft 6, S. 202ff.

- (1984 b), Keine Restriktionen mehr für private ECU-Verwendung, in: Zeitschrift für das gesamte Kreditwesen, Heft 14, S. 659 - 660.

Smith, Vera, C. (1936), The Rationale of Central Banking, London.

Sommer-Herberich, Ursula (1983), Probleme der Interventionspolitik am Devisenmarkt unter besonderer Berücksichtigung des Europäischen Währungssystems, Frankfurt u.a.

Starbatty, Joachim (1982), Zur Umkehrung des Gresham'schen Gesetzes bei Entnationalisierung des Geldes, in: Kredit und Kapital, Heft 3, S. 390 - 410.

Stobbe, Alfred (1975), Gesamtwirtschaftliche Theorie, Berlin u.a.

Stock, Walter (1972), Die europäische Wirtschafts- und Währungsunion - Eine integrationspolitische Perspektive? Berlin.

Strohmeier, Rudolf W. (1980), Das Europäische Währungssystem - Eine neue währungspolitische Initiative der EG und ihre Auswirkungen auf die währungspolitische Autonomie der Deutschen Bundesbank, Würzburg.

Stützel, Wolfgang (1979), Das Mark-gleich-Mark-Prinzip und unsere Wirtschaftsordnung - Über den sogenannten Nominalismus, insbesondere im Schuld- und Steuerrecht, Baden-Baden.

Swings, André (1986 a), ECU im Privatgebrauch, Theorie und Praxis in der Bundesrepublik Deutschland, in: Kommission der EG, Berichte und Informationen Nr. 13.

- (1986 b), Introductory Address to the Round Table Conference on the subject "Is the ECU an interesting alternative for the international investors?" during the 14th annual congress of the European Federation of Financial Analysts Societies (EFFAS) held in Florence (Italy) on October 15 - 17 1986, in: Instituto Bancario San Paolo di Torino (Hrsg.), ECU-Newsletter No. 18, S. 13 - 14.

Tenholt, Herman (1985), Zentralbankmonopol oder Bankenwettbewerb? Ein idealtypischer Vergleich von Geldsystemen, Freiburg.

Teusch, Friedhelm (1984), Plädoyer für eine private Verwendung der ECU, in: Handelsblatt vom 20. November 1984.

Thygesen, Niels (1980 a), Problems for the European Currency Unit in the Private Sector, in: The World Economy, Vol. 3, S. 235 - 264.

- (1980 b), Some Economic and Financial Issues, in: R. Triffin / A. Swings (Hrsg.), The Private Use of the ECU, Brüssel 1980, S. 9 - 24.

Timm, Herbert (1979), Entnationalisierung des Geldes? Einige kritische Bemerkungen zu einem revolutionären Vorschlag, in: P. Bohlen / G. Tolkemitt (Hrsg.), Wirtschaftswissenschaft als Grundlage staatlichen Handelns, Tübingen 1979, S. 537 - 554.

Tower, Edward / Willett, Thomas (1976), The Theory of Optimum Currency Areas and Exchange-Rate Flexibility, Special Papers in International Economics, No. 11, Princeton University, International Finance Section.

Triffin, Robert (1985), Vorschläge zur Stärkung des Europäischen Währungssystems - eine Auseinandersetzung mit deutschen Einwänden, in: IFO-Schnelldienst 17/18, S. 8 - 14.

Trummer, Harry W. (1984), Die Harmonisierung der Geldpolitik in der Europäischen Gemeinschaft, Frankfurt.

Tullock, Gordon (1975), Competing Monies, in: Journal of Money, Credit and Banking, Vol 7, S. 491 - 497.

Ungerer, Horst u.a. (1983), The European Monetary System: The Experience 1979 - 82, International Monetary Fund Occasional Paper No. 19, Washington D.C.

Ungerer, Horst (1984), Das Europäische Währungssystem und das internationale Wechselkurssystem, in: H. Seidel (Hrsg.), Geldwertstabilität und Wirtschaftswachstum, Göttingen 1984, S. 97 - 113.

Ungerer, Horst u.a. (1986), The European Monetary System: Recent Developments, International Monetary Fund Occasional Paper No. 48, Washington D.C.

Van Schil, John (1984), The ECU and the European Investment Bank, Manuskript eines Vortrags in Tokio am 20.04.1984.

Van Schil, John (1985), Zur privaten Verwendung der ECU, in: Informationen der EIB, Nr. 44, Mai 1985, S. 7 - 10.

Vaubel, Roland (1972), Die Pläne für eine Europäische Parallelwährung, in: Die Weltwirtschaft, Heft 2, S. 136 - 153.

- (1977), Free Currency Competition, in: Weltwirtschaftliches Archiv, Band 113, S.435 - 461.

- (1978), Strategies for Currency Unification, The Economics of Currency Competition and the Case for a European Parallel Currency, Kieler Studien Nr. 156, Tübingen.

- (1979), Die Rückkehr zum neuen Europäischen Währungssystem, in: Wirtschaftsdienst, Heft 1, S. 25 - 30.

- (1983), Aufgaben für ein Europäisches Währungssystem unter den Bedingungen der 80er Jahre, in: H.E. Scharrer / W. Wessels (Hrsg.), Das Europäische Währungssystem, Bilanz und Perspektiven eines Experiments, Bonn 1983, S. 99 - 121.

- (1985), Competing Currencies: The Case for Free Entry, in: Zeitschrift für Wirtschafts- und Sozialwissenschaften, Heft 5, S. 547 - 564.

Veit, Otto (1969), Grundriß der Währungspolitik, Frankfurt.

Wahlig, Bertold (1985), Rechtsfragen zur privaten Verwendung der ECU in der Bundesrepublik Deutschland, in: Wertpapier-Mitteilungen Nr. 35, wieder abgedruckt in Deutsche Bundesbank (Hrsg.), Auszüge aus Presseartikeln Nr. 58 vom 13. September 1985.

Wallich, Henry C. (1982), Forces that Drive International Monetary Evolution, in: Geld- und Währungspolitik der Bundesrepublik Deutschland, Beiheft 7 zu Kredit und Kapital, W. Ehrlicher und D.B. Simmert (Hrsg.), Berlin, S. 19 - 32.

Walser, Robert (1979), Die europäische Währungsintegration: Theorie und Praxis, einige Betrachtungen aus schweizerischer Sicht, in: Außenwirtschaft 34. Jg., S. 357 - 387.

Walter, Norbert (1972), Europäische Währungsintegration: Kartell-Lösung vs. Eurowährung, in: Die Weltwirtschaft, Heft 1, S. 41 - 51.

- (1973), Europäische Währungsintegration und die Reform des Weltwährungssystems, in: Zur Neuordnung des internationalen Währungssystems, Beihefte der Konjunkturpolitik, Heft 20, Berlin 1973, S. 115 - 136.

Wegner, Manfred (1985), Das EWS - ein Teilerfolg, in: IFO-Schnelldienst 17/18, S. 15 - 25.

Weinstock, Ulrich (1984), Abstufung als Realität und Chance, in: E. Grabitz (Hrsg.), Abgestufte Integration: eine Alternative zum herkömmlichen Integrationskonzept?, Kehl und Straßburg 1984, S. 345 - 385.

Wessels, Wolfgang (1983), Das EWS - Konflikt zwischen Währungs- und Integrationspolitik? In: H.E. Scharrer / W. Wessels (Hrsg.), das Europäische Währungssystem - Bilanz und Perspektiven eines Experiments, Bonn 1983, S. 147 - 174.

Westdeutsche Landesbank (1985), ECU-Paper: A Market Winner, in: Marketletter No. 2.

White, Lawrence H. (1984), Free Banking in Britain: Theory, Experience and Debate 1800 - 1845, Cambridge.

- (1985), Depolitizing the Supply of Money, Economic Policy Papers, C.V. Starr Center for Applied Economics, New York University.

Wilhelmy, Arnd (1987), Entwicklung und Chancen privater ECU-Märkte, in: Ausgewählte Probleme des internationalen Finanzgeschäfts, 32. Wissenschaftliches Kontaktgespräch der Institute für das Spar-, Giro- und Kreditwesen am 29. April 1987 in München, Mitteilungen aus dem Institut für das Spar-, Giro- und Kreditwesen an der Universität Bonn Nr. 23, S. 53 - 70.

Willms, Manfred (1972), Der Transmissionsmechanismus der Geldpolitik, in: WiSt, Heft 10, S. 442 - 446.

- (1980), Währung, in: D. Bender u.a. (Hrsg.), Kompendium der Wirtschaftstheorie und -politik, München 1980, S. 191 - 221.

Wisdorff, Eberhard (1985), Kommentar zur Reform der Gemeinschaft, in: Handelsblatt vom 5.12.1985.

Witte, Hermann (1985), Die Bestimmung der ökonomischen Integration in der Europäischen Gemeinschaft: Ein empirischer Ansatz unter Beachtung der Wirkungen des Verkehrssystems, Berlin.

Woll, Artur (1978), Allgemeine Volkswirtschaftslehre, 6. Auflage, München.

Ypersele, J. van und *J.C. Koeune* (1984), Das Europäische Währungssystem, Geschichte, Funktionsweise und Aussichten, Brüssel und Luxemburg.

Untersuchungen über das Spar-, Giro- und Kreditwesen

Abteilung A: Wirtschaftswissenschaft

Herausgegeben von G. Ashauer, W. Ehrlicher, H.-J. Krümmel, F. Voigt

Seit Sommer 1976 sind erschienen:

84 **Das Geld-, Bank- und Versicherungswesen in Köln 1700 - 1815.** Von U. Perlitz. 399 S. 1976. DM 88,–

85 **Stadt-Sparkasse Düsseldorf 1825 - 1972.** Von E. J. Haas. 404 S. 1976. DM 86,–

86 **Der Fishersche Preiserwartungseffekt als Erklärungsansatz für das Gibson-Paradoxon.** Von J. R. Badura. 317 S. 1977. DM 88,–

87 **Der Einfluß sozio-ökonomischer Faktoren auf ausgewählte Geldvermögensarten privater Haushalte in der Bundesrepublik.** Von W. Riedel. 236 S. 1977. DM 74,60

88 **Geld- und Kreditpolitik in einer planifizierten Wirtschaft.** Von H. Schui. 195 S. 1977. DM 76,–

89 **Erfolgskontrolle finanzpolitischer Stabilisierungsmaßnahmen.** Von J.-G. Grunwald. XX, 452 S. 1977. DM 64,–

90 **Geld und Vermögen in makroökonomischen Modellen.** Von D. Schoof. 157 S. 1977. DM 74,–

91 **Anlegerschutz im Recht der Effektenkommission.** Von G. Schneiders. 153 S. 1977. DM 46,–

92 **Raumwirtschaftliche Implikationen der Organisation der Kreditwirtschaft.** Von M. Hartmann. 297 S. 1977. DM 88,–

93 **Kurssicherungsgeschäfte.** Von M. Backes. 141 S. 1977. DM 68,–

94 **Refinanzierungsprobleme der Bausparkassen.** Von H. Siebert. 176 S. 1977. DM 69,60

95 **Die Aktivastruktur deutscher Banken.** Von W. Fuhrmann. 347 S. 1978. DM 89,–

96 **Bestimmungsgründe der Verteilung von Bodeneinkommen und ihre Beeinflussung.** Von J. Wassermann. 463 S. 1978. DM 126,–

97 **Qualitätspolitik im Wettbewerb der Kreditinstitute.** Von H. Griesel. 209 S. 1978. DM 76,–

98 **Gegenstand und Analyse der Pläne zur Neugestaltung der internationalen Geldverfassung.** Von W. Zippel. 247 S. 1978. DM 58,–

99 **Einflußfaktoren der Mitarbeitermotivation in Kreditinstituten.** Von K.-G. Stocker. 214 S. 1978. DM 74,60

100 **Wettbewerb und Eigenkapital in der deutschen Kreditwirtschaft.** Von J.-G. Grunwald und St. Jokl. XX, 290 S. 1978. DM 58,60

101 **Inflation und Sparen.** Von K. Kleps. 242 S. 1979. DM 68,–

102 **Die Möglichkeiten zur Bestimmung zeitlicher Verzögerungen in der Stabilitätspolitik.** Von J.-G. Grunwald. 300 S. 1979. DM 88,–

103 **Bankenaußenorganisation.** Von R. Hauser. 138 S. 1979. DM 44,60

104 **Die Bestimmungsgründe der Zentralbankgeldbeschaffung und der freien Liquiditätsreserven der Kreditinstitute.** Von M. Hartmann. 226 S. 1980. DM 68,–

105 **Bankenverhalten und Bankenregulierung.** Von P. Liepmann. 206 S. 1980. DM 64,–

106 **Bankbetriebliche Kassenhaltung.** Von H. Wieneke. XIX, 386 S. 1981. DM 148,–

107 **Ökonomische Wirkungen von Wechselkursänderungen.** Von K.-W. Riechel. 173 S. 1981. DM 64,–

108 **Eigenkapital und Einlegerschutz bei Kreditinstituten.** Von A. Erdland. XVI, 546 S. 1981. DM 68,–

109 **Der optimale Geldmengenbegriff.** Von G. Förster. 229 S. 1981. DM 88,–

110 **Portfolioeffekte öffentlicher Kreditnahme.** Von H.-H. Francke. 221 S. 1981. DM 88,–

111 **Grundzüge einer „Soziotheorie“ der Inflation.** Von J. Pfister. 282 S. 1981. DM 88,–

112 **Die Sonderziehungsrechte im internationalen Währungssystem.** Von M. Bargelame. 160 S. 1981. DM 58,–

113 **Geld- und Geldsubstitute in der Bundesrepublik Deutschland.** Von F. E. Reither. 195 S. 1981. DM 76,–

114 **Inflation, Beschäftigung und rationale Erwartungen.** Von R. Lübbers. 221 S. 1981. DM 88,–

115 **Führung und Zusammenarbeit in Sparkassen-Zweigstellen.** Von G. Knabe. 282 S. 1981. DM 76,–

116 **Wettbewerbspolitische Aspekte der Neuregelung des haftenden Eigenkapitals der Sparkassen im Bankenaufsichtsrecht.** Von M. Hieber. 144 S. 1982. DM 49,60

117 **Euromärkte und nationale Finanzmärkte: Eine Analyse ihrer Interdependenz.** Von J. H. Käsmeier. 179 S. 1984. DM 68,–

118 **Staatliche Agrarkreditpolitik und ländliche Finanzmärkte in den Ländern der Dritten Welt.** Von J. von Stockhausen. 291 S. 1984. DM 118,–